温州道教史

History of Taoism in Wenzhou

陈安金　孔令宏　韩松涛　等　著

社会科学文献出版社
SOCIAL SCIENCES ACADEMIC PRESS (CHINA)

目　录

第一章
导　论

本书属于地域道教史。既有的地域道教史多以省级行政区划为单位，相比于以国家为单位的宏大叙事，固然范围小了不少，叙事细致了一些，但对于一些历史上道教比较发达的省来说，还是显得粗疏。为此，本书以比省更小一级的地区为单位来阐述。温州是浙江省历史悠久、道教特别发达的地区之一，其丰富的内容值得用专著的形式来呈现。在展开其道教史画卷之前，需要交代其历史地理、文化特点，了解它具有多元信仰盛行的背景，进而搞清楚温州在道教的宗教地理学方面的情况。了解这些背景，有助于理解温州道教史。

第一节　温州历史地理特点

温州历史悠久，人杰地灵。浙南一带称作瓯。瓯本为一种陶制器皿。远在 6000 多年前的新石器晚期，已有先民在这里繁衍生息，他们制作的陶器很精美，这一地区遂被称为瓯。在温州境内已发现新石器时代晚期文化遗址 100 余处，出土有石犁、石镰、石斧、石锛、石刀、石凿、石镞、石网坠、石矛及纺轮等劳动工具。此外还有夹炭陶片和夹粗砂陶片。可见，温州地区先民从这一时期开始从事渔猎和耕作。

兹述温州政区沿革的主要脉络如下。

楚威王七年（前 333），楚威王破越国，杀越王无疆。越部分族人迁往东瓯定居。此时温州属越国。

秦始皇帝二十六年（前 221），秦统一中国，划天下为三十六郡，温州属闽中郡。

西汉惠帝三年（前 192），惠帝刘盈立越王勾践后裔驺摇为东海王，都城设在东瓯，俗称为东瓯王。

东汉顺帝永和三年（138），分章安之东瓯乡置永宁县，章安之西仍属处州。县治开始位于瓯江下游北岸今永嘉县瓯北镇境内。这是温州建县的开始。

东晋明帝太宁元年（323），析临海郡温峤岭以南地区置永嘉郡，治所设于永宁，辖永宁、安固、横阳、松阳四县。建郡城于瓯江下游南岸（今鹿城区）。据《温州府志》载，323 年建城时，太守郭璞登上西山说，城绕山外，当聚富盛，然不免兵戈水火。城建于山，则寇不入斗，可长保安逸。于是他仿照北斗七星位置，围绕诸山筑城，故称斗城。传说有只白鹿衔花疾奔而来把花吐在城墙上，然后化作一团祥云飞入天际。人们为取吉利，遂称温州为“白鹿城”或“鹿城”，把这座山称为“郭公山”。这是温州建郡的开始。

南朝宋武帝永初三年（422），谢灵运被贬永嘉，遍历诸县，多有题咏，成为山水诗鼻祖。此前数年，郑缉之撰《永嘉郡记》。这是温州最早的地方志，今存孙诒让辑本一卷。

隋文帝开皇九年（589），永宁、安固、横阳、乐成四县合并，称为永嘉县，隶属处州。三年后，处州改名括州。州治设于括苍（今丽水市）。

隋炀帝大业三年（607），改括州为永嘉郡，郡治仍位于括苍，辖永嘉、括苍、松阳、临海四县，计 10542 户。

唐高祖武德四年（621），改永嘉郡为括州。次年，析括州之永嘉县置东嘉州，辖永宁、安固、乐成、横阳四县。

唐高宗上元二年（675），改东嘉州为温州，简称“瓯”或“温”。从这时到今天，历 1300 余年，州境无大的变化。

唐玄宗天宝元年（742），改温州为永嘉郡，辖四县，共计 42814 户，241690 口。

唐肃宗乾元元年（758），复改永嘉郡为温州。

清宣统三年（1911）11 月 29 日，温州组成军政分府，隶属浙江军政府，徐定超任临时都督。翌年 7 月废温州军政分府，置温州府。

1914 年 6 月置瓯海道，辖温州、处州二府，道尹公署驻永嘉县，属浙江省。

1932 年建立行政督察区。温州区初称浙江省第十县政督察区，督察专员办事处驻永嘉县，后数度更名，称第四特区、第三特区、永嘉行政督察区、第八行政督察区，1948 年 4 月，改称第五行政督察区。

1949 年 5 月 7 日温州和平解放，建立温州市军事管制委员会。8 月 26 日成立第五专区，并设温州市。1949 年后，改称温州区专员公署。其后，名称和辖县有所变动。

1981 年 6 月，从平阳县析出一部分建苍南县。1981 年 9 月温州地区和温州市合并建立温州市，实行市管县体制，辖鹿城、龙湾、瓯海三区，瑞安、乐清二市（县级）和永嘉、洞头、平阳、苍南、文成、泰顺六县。2019 年，苍南县龙港镇独立出来成为县级龙港市。

继述温州的区位情况如下。

温州市位于浙江省东南部，东濒东海，南与福建省宁德市的福鼎、柘荣、寿宁三县市毗邻，西及西北部与丽水市的缙云、青田、景宁三县相连，北及东北部与台州市的仙居、黄岩、温岭、玉环四县（市、区）接壤。

温州为沿海地区。《山海经》说："瓯居海中。"温州海域广阔，陆地海岸线长 355 公里，有岛屿 436 个。海岸线曲折，形成磐石等天然良港，还有洞头、北麂、南麂、乐清湾等渔场，有近百万亩的浅海滩涂，养殖着蛏、蚶、蛎、虾、蟹等海洋生物。

温州境内地势是由西南向东北呈现梯形倾斜。绵亘洞宫、括苍、雁荡诸山脉，泰顺白云尖海拔 1611 米，为全市最高峰。玉苍山、雁荡山等山脉层峦叠嶂，青翠欲滴，山体主要由流纹岩和凝灰岩构成，局部有花岗岩。由于长期受流水侵蚀，或受地震影响，山体崩塌形成了无数奇峰、异洞、怪石、陡壁、峡谷、飞瀑。奇特的造型，优美的神韵，深邃的意境，令人不能不慨叹天工造物之美。

东部平原地区，天然河道及人工河道纵横交错，主要水系有瓯江、飞云江、鳌江和楠溪江等。温州境内大小河流有 150 余条。沿海平原是温州主要产粮区，一年三熟，以水稻为主。

西部山区有大量的林产品资源。

温州地形地貌复杂，环形分布的丘陵山地使温州古代交通显得较为封闭和孤立。但是，众多河流和四通八达的运河又使得温州区内交通颇为便利，地处东南沿海中段的区位优势使得温州的对外贸易比较繁荣。

《浙江通志》引《图经》说："温州其地自温峤山西，民多火耕，虽隆冬恒燠。"意思是温州地处温峤岭以南，冬无严寒，夏不酷热，气候温润，所以称为温州。温州属亚热带季风气候。季风是盛行风向随季节转换而有显著变化的大气环流现象。冬季严寒的亚洲内陆形成强大的蒙古高压，温暖的海洋是低压，所以温州冬季盛行从大陆吹来的偏北风，气温较低，雨水较少，湿度较小，干燥，寒冷。相反，夏季海洋是高压，亚洲内陆是低压，风从海洋吹向大陆，温州盛行从海洋吹来的偏南风，湿度大，雨量多，气温较高。春季天气多变，时常阴雨连绵。秋季各地多吹稳定的偏北风，天气晴朗，大气较稳定，常见"秋高气爽"的天气。温州年平均气温为18℃，相对湿度平均值在75%～80%之间，无霜期达285天，平均每年积雪只有一次。全年气候总特点是：随着风向的季节交替，气温、降水、湿度等主要气候要素随之发生明显的变化。春、夏之间和秋季季风交替期，阴雨多，气候变化复杂。总的气候特点是：温度适中，热量丰富；雨水充沛，夏季炎热；四季分明，季风显著；气候多样。

这样的气候导致温州物产丰富，历史上即以手工业发达著称，商业随之兴盛。滨海的地理位置又使得它的海洋贸易发达，南宋时即已被辟为对外通商口岸。

第二节　温州文化特点

综括温州多方面的情况，我们认为，温州文化的特点可以概括为四点：山海文化的矛盾，移民所导致的不同族群间文化的矛盾与交融，以永嘉学派为代表的事功文化，多元宗教盛行。本节先阐述前三点。

把山海文化的矛盾视为温州文化的特点是林亦修提出的，笔者同意这一观点，但只把它作为温州文化的特点之一。林亦修指出：“山海文化是浙南文化的特性。水作为地理空间带来从容的感觉，它开拓了溪谷的前程……水性使人通，山性使人塞；水性使人合，山性使人离。山与水的紧密结合是东瓯文化区别于吴越文化的特性。山与水的矛盾表现为东瓯文化特性中的……封闭与开放的辩证、丰饶与不足的矛盾、守望与权变的统一……构成独立与隔离、局促与苟安、自闭与开拓、自强与自弃的空间生存心理。”①

这首先表现在温州农业与商业并举，农业文化与商业文化同在。北宋时期，温州就已经是一个工商业繁荣，海上交通、贸易发达的城市。北宋末年，温州为全国 11 个造船中心之一，造船的岁额达六百艘，与明州（今浙江宁波市）同居全国首位。滨海的地理位置、工商业的发达为温州人漂洋过海提供了方便，一些温州商人随贸易商船去国外经商，有的则客居他国经商。据有关史料记载，早在 1000 年前的北宋时期就有温州人移居海外了。20 世纪 20 ~ 30 年代，温州人纷纷漂洋过海到日本、东南亚、欧洲诸国经商谋生，到 1949 年前，温州已有华侨 3.8 万人。海上交通的发达给了温州人外出谋生的机会，也逐渐铸造了温州人四海为家，喜欢闯荡的个性。另一方面，宋代以来，江南因相对安定的社会环境，使不愿受少数民族统治的北方人民大量南下，“四方之民云集二浙，百倍常时”②。温州人口急剧增加。至南宋中期的淳熙年间温州人口骤增至 90 多万人。垦田面积大大超过前代，亩产增加，“上田收米三石，次等二石”③。传统农业血缘、地缘等乡土关系所形成的惯例、习俗对温州经济与人民生活产生了重大的影响。这给温州模式家族制特色的形成设下了

---

① 林亦修：《温州族群与区域文化研究》，上海三联书店，2009，第 25 ~ 26 页。

② （宋）李心传：《建炎以来系年要录》，《景印文渊阁四库全书》第 327 册，台湾商务印书馆，1986，第 217 页。

③ （宋）陈傅良撰《止斋先生文集》卷四十四，《四部丛刊》影印乌程刘氏嘉业堂藏明弘治乙丑刊本［CD］，学衡数据，2018，第 446 页。本书所引《四部丛刊》均依据学衡数据版本，以下不再一一注明。

伏笔。大海文化与乡村文化的交融在一定的条件下孕育了独特的温州模式。

其次表现在温州文化的自强与偏安的矛盾。自强的方面源于环境的恶劣和生存的艰苦。温州面临大海，台风、洪涝灾害多发频发，给温州人民生命财产带来了巨大的威胁并造成不少损失。滨海地理位置使得渔业在温州经济中占据颇为重要的位置。与面朝黄土背朝天的农业生产相比，海洋捕捞的不确定性、冒险性更大，这造就了温州人敢闯、敢于冒险的“岛国”文化特性。一方面，渔民的收入具有不确定性。在一定的气候条件下，农业耕种，有多少辛勤付出，相对地就有多少回报，收益相对稳定。海洋捕捞则不同，渔民出海前并不知道此行能捕多少鱼，存在很大的不确定性。所以，渔民的思维相对活跃。另一方面，渔民生活相对农耕生活更具危险性。俗话说“天有不测风云”。相对于农民的耕种庄稼和饲养家畜来说，渔民出海打鱼要危险得多，弄不好就会葬身大海。因此，可以说渔民的每一次出海都是一次冒险活动。

但是，另一方面，温州属于亚热带气候，雨水充沛，这导致温州自然资源相对丰富。这使得它对外来移民有一定的吸引力。所以，温州是一个移民之地。温州在历史上曾因远离中原而被视为偏僻的边地。三国时期，温州曾是吴国的流放之地，到宋朝时，温州还属于朝廷的轻刑犯流放地。在眷土恋乡的中国，移民往往被视为背井离乡，是不得已而为之的无奈之举。移民过程一路艰辛，沿途坎坷。因此，但凡移民者必须具有能吃苦的基本品格、强烈的求生欲望和改善生活的坚强毅力。移民到温州的人，大多是躲避战乱者和被流放者，与一般的移民相比，对苦楚具有更强的忍耐力。

温州人的生存环境较为恶劣，这表现在三个方面。其一，土地资源短缺，生存空间狭窄。温州背山面海，平原土地奇缺，生存条件恶劣。为拓展生存空间，温州人民早在汉代就开始了围海造地，开展了一轮又一轮与大海争夺地盘的生死搏斗。大海的凶险，台风暴潮、海溢给温州人民带来了惨重的损失。其二，交通不便。极其不便的交通阻隔了温州对外的交往和商业往来，特别是明清两代朝廷实行海禁，“片板不得入海”的高压政策和海盗、倭寇的轮番摧残对温州的对外贸易造成了毁灭性的影响。其三，人均资源占有量小。温州人口众多。历史上不断有外来移民进入温州，特别是太平天国期间大批流民迁入温州山区，导致温州人口激增，人多地少的矛盾更加突出。到 1979 年改革开放前，温州人口达到 690 多万人，人均耕地不到半亩。当前，温州常住人口更是达到了 800 万人之多，人均耕地不足 0.3 亩。人均资源占有量小的局面激发了温州人强烈的创业欲望。

温州因为三面环山，一面临海，地理形势十分封闭。这在语言方面有所表现。温州的主体方言温州话继承了许多古代汉语的特征，没有随北方吴语演变为现代吴语，仍然保持宋朝时期甚至更早时期汉语的特点，因此，温州话作为温州文化最具代表性的象征，也被称作古汉语的“活化石”。① 对外相对封闭的地形地貌和地理位置，使得温州自古就形成了相对独立的社会生态体系，每逢战乱，温州总能因为交通不便和地理位置上的偏僻而成为远离战乱的避难所。农业和农村生活也导致小富即安的心理。一旦有一定的经济实力，就往往强争面子，攀缘比附，民风民俗上颇为奢侈。“永嘉绝在海隅，民生老死不识兵革，其俗习于燕安，以浮奢相高，糜衣鲜食，崇饰室庐，嫁娶丧葬，大抵无度，坐是至贫窭不悔。”② 这样，容易形成封闭保守的文化心理。

移民所导致的不同族群间文化之间的矛盾与交融，是温州文化的第二个特点。

早在距今五六千年的新石器晚期，东瓯已有先民繁衍生息。西汉建元三年（前 138），因闽越发兵围攻东瓯，东瓯粮食用尽，东瓯王广武侯率众举国外迁。此后，温州人就不断迁徙，频繁流动。据史料记载，温州大规模的移民共有 4 次：两晋、南朝中原丧乱，百姓南迁，温州吸纳了大量避难百姓；晚唐、五代大批移民避乱徙温；南宋全国重心南移，温州移民剧增；太平天国期间大批流民迁入温州山区。以上 4 次大规模

① 沈克成：《温州话——古汉语的活化石》，《温州日报》2010 年 12 月 30 日，第 15 版。
② （宋）林季仲：《竹轩杂著》，《景印文渊阁四库全书》第 1140 册，第 217 页。

移民均与战乱有关。晚唐之前的移民主要是东瓯时期的瓯人、瓯越人和山越人，永嘉郡时期的北方士族、吴越移民，他们已在“隋唐时期逐渐消失，在唐宋转型中分化、融合”[①]。晚唐以来的移民潮主要是：唐末五代和两宋时期的福建移民、北方移民，明清时期的倭患卫所、海商（盗）移民，随美洲作物番薯传播形成的移民，20 世纪 80 年代以来温州的外来务工农民（现在温州有 400 万左右的外来务工者，多数人为高中及以下学历的年轻人）。“南宋时期的城乡移民使福建移民和北方移民达到一定程度的融合，清初迁界使明代卫所移民族群在某种程度上融合于地方族群，明清温州的宗族文化导致了各种移民族群大融合。温州族群迁移总体上始终在江淮和闽越之间回环，具有南徙而北顾的自身冲突，南来移民以生存型为主，北来移民以发展型为主。”[②] 移民对温州历史文化具有重大的影响。

两宋之际的移民对温州历史文化影响最大。宋室南渡之后，定都临安（杭州），宗室勋戚、文武百官纷纷南迁。宋高宗在南渡之初，为避金兵，曾浮海逃至温州，“以州治为行宫”[③]，甚至把太庙也迁至温州，温州府因此一度成为南宋的临时行在。北方士绅平民，包括大批官吏、贵族、绅商、手工业者、小商贩、文人墨客和民间艺人等，纷纷随之来到温州，温州人口在短期内骤增翻倍。城市消费人口与日俱增，进一步推动了商业经济的发展。温州随即迅速成为南宋的商业都市之一，“控带山海，利兼水陆，东南之沃壤，一郡之巨会”[④]，是当时对外贸易的重要通商口岸，设有市舶司，窑业、造船业、铜器业、绸业等尤为著名。南宋时的温州地区社会安宁，商业发达，经济繁荣，发展达到了一个顶峰。这为当时和后来温州的经济文化发展奠定了一个非常好的基础。例如，学术上形成了以叶适为代表的永嘉学派，成为南宋时期中国重要的儒家学派之一，与朱熹的“理学”、陆九渊的“心学”呈鼎足之势。儒学颇

① 林亦修：《温州族群与区域文化研究》，上海三联书店，2009，第 3 页。
② 林亦修：《温州族群与区域文化研究》，第 3～4 页。
③ 《中国地方志集成·浙江府县志辑》第 58 册，上海书店出版社，1993，第 111 页。
④ （清）嵇曾筠：《浙江通志》，《景印文渊阁四库全书》第 519 册，第 510 页。

为发达。根据乾隆《温州府志》，程门的温州籍学士有周行己、许景衡、刘安节、刘安上、戴述、鲍若雨、沈躬行、谢佃、潘旻、陈经正、陈经邦、陈经德、陈经郛等十三人，朱门弟子中的温州籍学士有周端朝、叶味道、陈埴、戴蒙、林武、钱木之、徐寓、徐容、沈僩、蒋叔蒙、包定、包显道、包敏道、包祥道、林湜、蔡玙实等十六人。南轩门下（张栻弟子）则有周去非等人。诗坛上也出现了“永嘉四灵”① 诗派。一时间，学者大家辈出，史称“温多士，为东南最”②，陈亮称“人物满东瓯”③。学者众多，以致纳兰容若列举了20名温州学者姓名后感叹道：“谚曰温居瀛壖，理学之渊，不信然与!”④ 由于南宋时期温州文人学士辈出，故而温州也被称作“东南邹鲁”。南宋时期，温州人参加科举考试而有功名者也很多。

务实事功，是温州文化的第三个特点。地理位置偏僻，生存环境恶劣，人口众多，人均资源占有量小，人与人之间的竞争激烈，必然导致温州在文化上形成务实事功的特点。历史上，温州经济发达，在文化这样务虚的领域则成就不多、不大。例如，文学领域温州人贡献不大，晋代谢灵运、唐代孟浩然、南宋陆游、元代黄公望等浙江名士均不是温州人，或者成就不是在温州做出的。稍有例外的是戏剧。元朝，温州出现了中国最早的戏剧形式——南戏。14世纪中叶剧作家高明的《琵琶记》后被译为多国文字。永嘉昆曲、温州鼓词等也是温州重要的戏剧品种。但是，应该看到，戏剧是可能通过演出获得高额收益的文化品种。

温州文化这种务实事功的特点，在永嘉学派中可谓反映得淋漓尽致。黄宗羲指出：“永嘉之学，教人就事上理会，步步着实，言之必使可行，足以开物成务。盖亦鉴一种闭眉合眼，蒙瞳精神，自附道学者，于古今

① “永嘉四灵”指当时生长于浙江永嘉（今浙江温州）的4位诗人徐照（字灵晖）、徐玑（字灵渊）、赵师秀（号灵秀）、翁卷（字灵舒）。因他们同出永嘉学派叶适之门，其字或号中又都带有“灵”字，故称永嘉四灵。

② （清）黄宗羲：《宋元学案》第三册，浙江古籍出版社，1986，第984页。

③ （宋）陈亮：《陈亮集》（增订本），中华书局，1987，第508页。

④ （清）嵇璜：《钦定续文献通考》，《景印文渊阁四库全书》第630册，第141页。

事物之变不知为何等也。”[①] 永嘉学派的核心思想为“事功”学说，主张利与义的一致性，“以利和义，不以义抑利”，反对某些道学家的空谈义理。这是永嘉学派的最大特点。以永嘉学派为代表，温州在南宋时期的学术颇为繁荣[②]，但元明时期就很快衰落下去。晚清温州学者宋恕指出：“南都临安，温为王畿，士多入太学，游公卿间，解额几半今之全浙……遂甲禹域，所谓永嘉之学也。自元、明都燕，取士法陋，温复僻荒，至皇朝荒益甚。”[③] 这里指出，南宋之后，杭州不再是全国文化中心，温州退而与全国文化中心的距离变远，温州士子在科举考试中成功的人数减少，永嘉学派也衰落下去。关于永嘉学派衰落的原因，陈彩云指出：“永嘉学派切合南宋社会现实，具有极强的时代特征，传播过分依赖科场传承，元代朱学兴起后，垄断科场学校，不容永嘉学派染指，加之固有之讲学家流弊，传承人多辞章之能，鲜有经世致用之能，多项因素叠加，才是永嘉学派衰微乃至断绝之因。”[④]所谓讲学家流弊，意指不注重深层次的义理探求，不注重道德心性的涵养，不注重精神境界的提升和个人的发展，缺乏哲理的深度与广度。这里明确指出，后期永嘉学派关注的焦点是怎样修饰辞章而力争在科举考试中胜出，以致对经世致用的知识也不再重视。实际上，南宋晚期独尊朱学之后，永嘉学者的影响没有减弱，人们对叶适的文章（包括诗赋策论墓志铭）击节赞叹，把陈傅良的时文格律奉为圭臬，可是永嘉学派真正有价值的部分却被历史淘汰了。像真德秀这样的朱学巨子可以对叶适的墓志铭表示敬佩，[⑤] 却批评真正反映叶适思想独创性的《习学记言》为“放言”，加之朱子之学在温州的深耕细作，对原有地域文化传统进行清理、分疏，然后注入朱学的核心精神，逐渐地永嘉学派的思想由于自身和客观因素晦而不彰了，其衰落也是必然的。永嘉学派核心思想实际上是对温州人脚踏实地、创新通变、追

① （清）黄宗羲：《宋元学案》第三册，第56页。

② 王宇：《永嘉学派与南宋温州区域文化的进展》，浙江大学博士学位论文，2005。

③ 胡珠生编《宋恕集》，中华书局，1993，第324～325页。

④ 陈彩云：《元代温州研究》，浙江人民出版社，2011，第222页。

⑤ （宋）真德秀撰《西山先生真文忠公文集》，《四部丛刊》影印江南图书馆藏明正德刊本［CD］，第121、1390页。

求实利的心理的理论呈现。温州文化的这一特点，一直延续到现代。1978年底，中共十一届三中全会胜利召开，中国进入改革开放新时期，温州的商业文明再一次复苏，温州模式强势崛起。这也是这一特点的典型反映。

第三节　温州多元信仰盛行的文化特点

环境的恶劣，生命遭受个人难于排解的威胁，是宗教信仰形成的温床。温州经常遭受台风的侵袭。7～9月的强台风威力巨大，形成风灾。此时往往同时迎来天文大潮，风助潮涌，形成海溢，俗称“红潮烫”。水从山地往下泻，往往酿成涝灾，俗称“满大水”。根据文献资料统计，公元291年永宁、安固、横阳海溢。从那时起，到“‘1911年秋，台风大水居民数万被淹，浮尸蔽江’的1600年中，温州共遭遇各种大型灾害57次，平均约30年遭遇一次大灾。其中由台风引起的暴雨、海溢共35次，占灾害总数的60%以上”①。在气候环境方面，温州面临大海，台风、洪涝灾害多发频发，给温州人民生命财产带来了巨大的损失和威胁，台风、洪涝灾害始终是温州人民的心腹之患。温湿的气候固然导致物产丰饶，却也导致“江南卑湿，丈夫早夭”②，人的寿命不长。温湿的气候导致生物容易腐烂变质，进而导致虫、蚊、蝇、蛇的孳生，瘟疫频发。③这些来自自然界的威胁让温州人心中往往不安。地处偏僻，三面环山、一面临海的封闭空间让温州人难以突破心理的局限，山林的神秘，海洋的诡异又让温州人有了很大的想象空间。人口众多，资源有限，人与人之间竞争激烈，人际关系复杂，往往让温州人难得有恬淡宁静的心境。务实功利的态度让人心里没有寄托。所有这些，都导致温州人敬重鬼神，宗教信仰盛行。

敬鬼好祀是东瓯以来温州人的传统。西汉成书的《史记》即已指出：“越人俗鬼，而其祠皆见鬼，数有效。昔东瓯王敬鬼，寿百六十岁。

① 林亦修：《温州族群与区域文化研究》，第19页。
② （汉）司马迁：《史记·货殖列传》，中华书局，1964，第3268页。
③ 林亦修：《温州族群与区域文化研究》，第18页。

后世怠慢，故衰耗。”[①] 历两晋南北朝依然如故。唐代陆龟蒙记载：“瓯越间好事鬼，山椒水滨多淫祀，其庙貌有雄而毅、黝而硕者则曰将军，有温而愿、哲（皙）而少者则曰某郎，有媪而尊严者则曰姥，有妇而容艳者则曰姑。”它们“生能御大灾，捍大患；其死也，则血食于生人”。民众相沿成习，祭祀不辍。“牲酒之奠，缺于家可也，缺于神不可也。一日懈怠，祸亦随作，耋孺畜牧栗栗然疾病死丧。”[②]《太平寰宇记·江南东道》中的“温州风俗”条记载：“俗好淫祀，有瓯越之风。”[③] 唐初成书的《隋书·地理志》也说温州“其俗信鬼神，好淫祀”。[④] 唐代顾祝《释祀篇》记载：“龙在甲寅，永嘉大水，损盐田。温人曰：雨潦不止，请陈牲豆，备嘉乐祀海龙。拣辰告晦，拜如常度。”[⑤] 宋代情况也没有发生改变。“温为郡并海，俗信巫祝禁忌，至使良民陷于不义。”[⑥] 生老病死、旱涝灾害、消灾纳福等，温州人都习惯于祈祷神灵保佑。明代的情况也差不多。明《万历温州府志》说：“东瓯王敬鬼，俗化焉，多尚巫祀。”[⑦] 明代胡用实《禁异端正礼俗约》记载：“本县俗尚鬼巫，崇信佛老，凡有丧祭，藐弃家礼，率用浮屠，杂以黄冠，钟磬之声达于旦夕，甚乖旧称邹鲁之意。行乡约，长训谕，总甲人等访查呈举究治。”[⑧] 清代依然。《乾隆温州府志》记有：“瓯俗多敬鬼乐祠。”[⑨]

历史上涌入温州地区的移民来源地有河南、陕西、山西、河北、山东、湖北、江苏、安徽、江西、浙江、福建等省。大致可分为北方和南方两类。南宋及以后在政治、经济、文化上有成就者，多为从北方迁移

① （汉）司马迁：《史记·封禅书》，第1399页。
② （唐）陆龟蒙：《笠泽丛书》，《景印文渊阁四库全书》第1083册，第262页。
③ （宋）乐史：《太平寰宇记》，中华书局，2007，第975页。
④ （唐）魏徵等：《隋书》，中华书局，1973，第904页。
⑤ （清）李琬：《乾隆温州府志》，清乾隆二十五年刊民国三年补刻本［CD］，鼎秀古籍全文检索平台，2016，第382页。本书所引方志除依据《中国地方志集成》者，均依据鼎秀古籍全文检索平台，不再一一注明。
⑥ （宋）周行己：《浮沚集·沈子正墓志铭》，《景印文渊阁四库全书》第1123册，第669页。
⑦ （明）汤日昭：《万历温州府志》，万历三十三年刻本，爱如生中国方志库，第139页。
⑧ （清）李琬：《乾隆温州府志》，清乾隆二十五年刊民国三年补刻本，第384页。
⑨ （清）李琬：《乾隆温州府志》，清乾隆二十五年刊民国三年补刻本，第377页。

而来的移民。据史书记载，温州历代取得殿试资格者，祖籍南方者占六成，祖籍北方者占三成，而真正属本地籍者，尚不足一成。这样一来，必然导致不同移民族群之间、移民与本地世居民之间的政治、经济上的矛盾。如何减少摩擦，尽可能和谐共生就成了重要的问题。于是，强化以血缘关系为纽带的宗族文化，强化宗教信仰就成为必然。于是，多元信仰盛行，就成了温州在文化上的一条亮丽的风景线。

温州移民人口数量多，移民来源也多，不同族群有不同的信仰。移民往往还把祖居地的信仰带进来，导致神多、庙多，多元信仰盛行。不合于朝廷规定的神祀，即为淫祀。江南才子文徵明的父亲文林在温州任职时曾经拆毁大量庙宇："前此文徵明乃翁先生林守温，凡淫祠拆毁殆尽。"① 但这样的强制措施往往只能见一时之效，过后很快即死灰复燃。多元信仰盛行是温州文化的特点之一。与中国其他沿海地区相比，温州人更热衷于宗教信仰。因此，温州宗教信仰源远流长，佛教、道教、基督教历经沧桑，至今不衰。各种宗教在温州都相当盛行，得到了很大的发展。温州地区的寺院、道观、教堂之多，信徒之众，在全国都是罕见的。与宗教信仰相关，需要提及的是，祖先崇拜在温州也极为流行，各村镇的大姓往往都建有祭祖祠堂，近现代以来有的称为纪念堂，甚至与老年活动中心、文化活动中心相结合。清明节上坟在温州几乎可以说是一种宗教仪式，厚葬之风因此盛行不衰，屡禁不止。

以下分别叙述民间信仰、道教、佛教、摩尼教与明教、天主教、基督教在温州的历史情形，以明了温州道教在历史上的宗教生态环境。

一 民间信仰

明代温州人姜准撰写的《岐海琐谈》②，专记宋元明时期温州地方掌故。其中提及的温州民间神庙众多，供奉的地方神主要有：东瓯王、忠

① （明）黄汉：《瓯乘补》，《中国地方志集成·浙江府县志辑》第58册，上海书店出版社，1993，第724页。

② （明）姜准撰，蔡克骄点校《岐海琐谈》，上海社会科学院出版社，2002，第201～219页。

靖王（温元帅）、林三益、杨府爷、平水圣王、三港大圣、丽阳神、广济侯王、城隍神、仁济圣王、惠民大圣、威济侯、临海神、龙母、灶神、岳庙神、晏公海神等130位[①]。这些地方神大致可分为四类。第一类是来自道教的神，如东岳神。其中城隍、土地、关帝、妈祖本是民间俗神，后来进入了道教。第二类是有功于民的历史人物，尤其是官员，被视为神。在温州，台风、海溢、洪水、干旱、瘟疫、各种动物等都随时可能危害人的生命，于是消除危害和惧怕成了温州人的集体共识和行为。温州历史上不少英雄人物或地方官员在与自然斗争中立下了功勋，于是老百姓立祠纪念，赋予他们死后仍然具有与各种灾害、危害斗争的能力。第三类是在文艺作品的影响下，某些作品中的英雄人物被视为神，如《西游记》中的孙悟空，《杨家将》系列小说、鼓书、评书中的杨文广，等等。第四类是行业祖师神、劳动者之神等。

《岐海琐谈》中有大量篇幅记述了古老的民间信仰。其一是关于鬼、妖、神、仙的信仰。其中神与仙是向善的，能消灾除难、惩治奸恶、护国佑民等，与人的关系亲善。神往往得到天界或人间统治者的册封，有职位有地位，人们往往立庙祀奉。仙是道教的价值观念的体现，自由自在，逍遥快活。鬼、怪则是向恶的，往往附人身体，为害人间。其二是巫卜类信仰，有占卜、兆、数、风水、算命、扶箕、求签等多种形式。

（一）占卜与兆

占卜指通过某种方式来预测吉凶福祸的迷信行为，是一种极为古老的民间信仰。最初用龟甲和蓍草，后来出现占天、占星、占梦、占日、占卦等许多形式。兆也称为“预兆”“征兆”“征候”等，指事物发生前的某些迹象、预示。常见的兆有天象兆、植物兆、动物兆、人体兆、梦兆等。占卜与兆有密切的联系，占卜通常是以兆来预知吉凶。《岐海琐谈》中有大量篇幅记述占卜与兆。主要形式如下。

① 蔡克骄、刘同彪：《明代温州民俗文化》，知识产权出版社，2011，第68~71页。

1. **梦卜**

梦卜又称“占梦”、“祈梦”或“圆梦”，指祈求神灵托梦，通过对梦的解释，来预测福祸。《岐海琐谈》记载了陈德靖、朱达卿等人祈梦于丽阳神；叶宗、黄信中卜梦于城隍神等案例。可见梦卜在当时是一种十分流行的占卜方式。

2. **梦兆**

梦兆指某事发生前在梦中显示的迹象。宋元明时期采用科举制选拔文武官吏，传说，有人考试前通过梦兆预知了考试题目。如《岐海琐谈》第五〇八条“应试辄梦题目”记载：“吴某每应试，辄梦题目，自游庠以至出贡，屡验无爽。”① 旧时，人们十分相信梦，甚至有人以梦定婚姻大事。第五〇〇条“王铮中毒”记载：“其邑蓝氏女，先夕梦有都御史来游家园。主人奇其梦，翼〔翌〕日候之，及至，乃子孝也，即以是女妻之。以竹山籍应选贡荐应天乡书，登嘉靖庚戌（1550 年）进士，官至佥都御史。”②

3. **天象兆**

天象兆由来已久，是旧时常见的一种兆，它根据日月星辰等天象的变化来预知祸福。如《岐海琐谈》第三三五条“天河卜米价”记载：“时俗以七夕后，天河显晦，卜米价之贵贱。”③ 第五〇二条“落星谶语”记载：“吴宝秀任南康守，先前有星陨于府治，因筑为台，名为‘落星’。吴别号惺台，恶其音同，疑非吉兆。”④

4. **异兆**

异兆是根据日常生活中遇到的异常现象来预知吉凶。如《岐海琐谈》第五三四条“瑞安首富李孟奇”记载：“或传孟奇始生，有道流飞神上叩天阍，旁睨谷堆旗插李孟奇字，则其致富非偶矣。”⑤ 第五二二条

① （明）姜准撰，蔡克骄点校《岐海琐谈》，第 245 页。
② （明）姜准撰，蔡克骄点校《岐海琐谈》，第 241 页。
③ （明）姜准撰，蔡克骄点校《岐海琐谈》，第 166 页。
④ （明）姜准撰，蔡克骄点校《岐海琐谈》，第 241 页。
⑤ （明）姜准撰，蔡克骄点校《岐海琐谈》，第 260 页。

“回禄之神”记述：“甲午（1594年）夏，王阳德家蓄水，大缶忽无故震响迸裂而碎。于时诸从子及从孙辈将治装应试。喜语之曰：‘吾闻昔茅见沧及第，其家以椟集磁器，砉尔作声，俱成碎砾，已而捷音踵至。今者若此，殆吾门得隽之先兆邪？’”①

（二）其他巫卜形式

1. 数

数指定数、命运，相信人的命运由一种异己的力量决定，是一种古老的民间信仰。旧时在民间较为流行。如《岐海琐谈》第五一〇条“王阳德先期失火”记载：“甲午（1594年）岁除日，王阳德先期失火，邹子昭往唁，坐定，慰之曰：‘公构此变，无非定数于天，何足介意。’……夫古今异时，人品殊致。然数之一定，有时刻不容爽者。”②

2. 风水

风水，指宅地或坟墓周围水流、山脉、风向等地理形式，有些人认为风水的好坏可以影响家族、子孙的盛衰。旧时，“看风水”不仅盛行于民间，上层宫廷也较为流行。《岐海琐谈》中有关风水的条目比较多，反映了宋元明时期，风水在温州民间十分流行。如第四九五条“地灵人杰”突出反映了民众浓厚的风水观念。此条记述：“何氏始迁祖原籍处州，曾从山中猎兽，越境至永嘉之方岙。羡其风气攸钟，即有卜居之意，购地一区，结庐为驻脚计，嗣迁眷属而定宅焉。至今子孙繁昌，聚族斯地，称世家焉。又有张氏之先从事贩鬻，自外境至于石濑，亦利其风水之善，从而定居，厥后富甲一方。”③ 民间有一批擅长看风水的人，称为“形家”“术者”“相地者”等，如《岐海琐谈》第二九〇条“王氏宜父墓”记载：“英桥王仕宜，尝有道人寄以馆谷，经二三载，一日告别，语主人曰：‘某谙形家术，愿选吉壤以酬厚德。’即于本地连觅数旬，末

① （明）姜准撰，蔡克骄点校《岐海琐谈》，第253页。
② （明）姜准撰，蔡克骄点校《岐海琐谈》，第246页。
③ （明）姜准撰，蔡克骄点校《岐海琐谈》，第238页。

至今之西坟，指之曰：‘我久寻尔，不竟在此。君求葬地，天逾于斯。’”①

3. **算命**

算命是指根据人的生辰八字、相貌、手纹等预测人的命运，断定人的吉凶福祸。《岐海琐谈》第五三九条“盐箩王钲”记载：“溪桥王钲，少日贫贱，鬻盐糊口。曾同厮辈负盐渡茅竹岭，见有日者推命，同群厮叩之。日者打发其众，独约王以诘朝来取。如期而往，谓曰：‘汝命超众，吾故另谈，若年迈四旬，不胜富贵，世之所称甜瓜命者，以其愈老愈香也。’……果逾强年，二子联登甲科，以仲子贵，贻封通政，日之言验矣。”②

4. **风鉴**

风鉴又称求鉴，是一种占卜方式。寺庙往往以竹片制成竹签，上写诗句，经编号后贮藏于竹筒里。有心事不明，想得到神指点的人前往求请。《岐海琐谈》第五四〇条“沈朝用精于风鉴”记述了这一占卜方式：“沈朝用，不知何处人氏，精于风鉴。五子扬先往求鉴，许登甲科，官跻四品。乃兄子明，次日访之，许荐乡书，官等黄甲。……迨后伯氏以乡科授官参议，仲氏以甲科授官祭酒。”③

5. **扶箕**

扶箕，又称“扶乩”“扶鸾”，由二人扶一丁字型木架，使下垂一端在沙盘上画字，假托为神的指示。《岐海琐谈》第二〇六条“忠靖王附箕对”记载：“有一对云：‘风动棕榈，似千手佛摇折叠扇。’众莫能对，因请乩。附乩之神自称温元帅，以‘霜凋荷叶，如独脚鬼戴逍遥巾’对之。温元帅即吾里当境神忠靖王也。”④

直到近代，这些巫卜术数活动仍有传承并有形式上的演变，如打卦。打卦者肩背带有珓杯和带钩的竹竿，挨家挨户抛珓杯，念下面的歌词。

① （明）姜准撰，蔡克骄点校《岐海琐谈》，第 143 页。

② （明）姜准撰，蔡克骄点校《岐海琐谈》，第 262 页。

③ （明）姜准撰，蔡克骄点校《岐海琐谈》，第 262 页。

④ （明）姜准撰，蔡克骄点校《岐海琐谈》，第 107 页。参见刘同彪、蔡克骄《从〈岐海琐谈〉看温州民间信仰》，《温州大学学报》2006 年第 4 期。

念毕，有的指点禳解灾祸的办法，主人则给钱、米。歌词是：

> 口说明香透上苍，紫金炉内放豪光。不请别州和别县，单请山西蒲州关大王。马前三十六卦，马后三十六爻。卦卦有灵，卦卦有准。贵姓地盘，有财报财，有喜有报。三爿阴，三爿阳，曹操摆酒请云长；云长不吃曹操酒，拉起马头转回乡。卦绳扭一扭，养猪大如牛。卦绳圈一圈，旺起九子百万孙，个个儿孙中状元。卦尖对卦尖，竖屋九间两头轩，满屋人象活神仙。卦臂对卦臂，户户有个聚宝盆，吃不完来用不完。卦爿收起，大吉大利。①

温州的民间信仰主要是巫卜类信仰与地方俗神信仰和祖先崇拜相结合。此外，温州还有多种宗教与民间信仰糅合而成的一些民间宗教，如三一教、释教、普庵教等。例如，仅苍南一县，现在仍有三一教教堂20多座。“目前温州13个县市区中，有20平方米以上建筑面积的民间信仰场所8579处。”②

二　道教

温州各地都修建有具有历史意义和规模的道观，星罗棋布地分布在大大小小的山麓间。道教在温州颇为盛行，本地信众虔心供奉香火，并维系着千年来抽签、卜卦、算命、还愿等民间传统，成为各地名山胜景处的一大宗教特色。

在道教的洞天福地中，三十六小洞天中温州占有一个，即温州的华盖山被列为三十六小洞天中的第十八洞天，名为容成太玉天。七十二福地中，温州占有五个，即温州永嘉县北一百五十里的大若岩陶公洞为道教七十二福地中的第十二福地，瑞安的仙岩三皇井（今属瓯海区）被列为第二十九福地，瑞安的陶山被列为第二十八福地，文成的南田山被列

① 郁宗鉴、侯百朋编《温州故实杂录》，作家出版社，1998，第249页。

② 林亦修、鲁益新：《地方化：温州陈靖姑宫庙神班研究》，载叶明生主编《澳门陈靖姑文化论坛——首届澳门临水夫人陈靖姑文化国际学术研讨会文集》，宗教文化出版社，2016，第191页。

为第六福地，乐清的仙磕山被列为第三福地。此外，乐清的丹霞山、白鹤山也是道教名胜。

图 1－1　第十八洞天华盖山

图 1－2　华盖山旧城墙

图 1－3　华盖山蒙泉洞

晋代永嘉籍道士刘根曾隐居积谷山飞霞洞，乐清籍道士张文君则结庐于乐清丹霞山。唐代温州籍道士左元泽著有《真一颂》。五代吴越时期，林仁药辞官后居荪湖修炼，其孙林升真传虚一，虚一传水南，遂开创水南派。

图 1－4　清末的积谷山

图 1－5　积谷山飞霞洞

宋元，温州道教发展迅速，出现了林灵素（1075—1119）、蒋叔舆（1162—1223）等高道，其中林灵素参与创建神霄派，对北宋政治和道教均有重大影响。蒋叔舆垂二十年之功编有《灵宝玉检》七十五卷，其中包括《黄箓斋仪》三十六卷、《自然斋仪》十五卷、《度人修斋行香诵经仪》二十四卷。这一时期，温州还涌现出了水南家学等道教宗派。元代永嘉有玄妙观、慈济道院、容成道院、飞霞观、三元道观、紫霄道观、合真道院等。乐清县有元和道院、镇福道院、东华道院、崇真道院、佑圣道院、泰安道院、玄真道院、长安道院、仙源道院、金井佑圣道院、养真道院、崇真观、宗元道院、林阳道院、栖云道院等。[①] 与道教关系密切的民间神有东岳大帝、城隍、王雷岗、侯侯铉、忠靖王（温太保、温元帅）、平水大王周凯、天妃、广济侯林三益，等等。高道有林灵真（1239—1302）、林天任、林任真（？—1324）、金志扬（1276—1336）、郑进元（1277—1307）等。

图 1－6 林灵素像

明清时期，温州道教继续发展。高道有王九灵、章本旭、叶明达、王理湘、华理勋等。清代，台州龙门派向温州传播，其中主要的全真龙门派道士是翁复泉、陈复朴、林园丹、薛园顺等。清末，薛明德参与了与太平天国运动相呼应的温州“神拳会”暴动。这一时期，温州道教发展有所减弱，但在民间依然有很大影响。

进入民国以来，在政治、社会反传统、反迷信、反宗教的背景下，温州道教逐渐衰落，其影响力主要停留于社会中下层。

温州道教在历史上鲜有开宗立派，但各宗派在温州都有流传，并与

① 陈彩云：《元代温州研究》，第 350～351 页。

巫卜类信仰、佛教等紧密结合，相互影响。温州道教具有地域性特色，反映温州人的心理，如“逐耗保境”的巫道仪式在民间颇为盛行。此外，温州道教与其他宗教一样，世俗化严重。

清末民国时期，温州市区有道观85座，永嘉32座，乐清18座，瑞安102座，平阳21座，泰顺2座。现在，温州道教宫观庙宇有1900多所，其中浙江省政府发证276所（道教宫观），温州市政府发证729所（道教固定场所），如果算上那些没有登记的，数量更多。道士人数，已登记的即已多达5000人，如果算上那些没有登记的正一派散居道士，人数将超过1万。无论是从庙宇的数量还是道士的人数来看，温州都占全国总量的1/10以上。由此可见温州道教的重要性。

此外，值得一提的是，温州现代出现了著名的道教研究专家王明。王明（1911—1992），字则诚，号久思，乐清蒲岐镇华秋村人，曾为中国社会科学院哲学研究所研究员、中国哲学史研究室主任，中国社会科学院研究生院兼任教授、博士生导师。主要著作（含古籍整理）有《太平经合校》《抱朴子内篇校释》《无能子校注》《道家和道教思想研究》《道家与传统文化研究》等，在现代道教研究史中有较大影响。

三　佛教

温州佛教颇为兴盛，禅宗、天台宗、律宗、密宗、净土宗等宗派在温州都有传播。

西晋元康五年（295），永嘉罗浮山已建立佛塔①；东晋太宁三年（325），永嘉习礼坊（今鹿城公园路）建崇安寺。此寺到唐代改称开元寺。这开创了温州佛教的先河。自南北朝到隋、唐，温州建寺院近百座。

麟德到开元年间，玄觉大师在永嘉西山龙兴寺创禅宗道场，弘扬禅法，成为江浙一带的禅学中心。玄觉禅师（665—713），温州永嘉人，俗姓戴，字明道，号永嘉玄觉，唐朝禅宗、天台两宗大师，倡天台、禅宗融洽之说。他先在天台学止观法门，后到广东韶关参谒六祖慧能。在六

① 吴明哲编《温州历代碑刻二集（上册）》，上海社会科学院出版社，2006，第5页。

祖那里得法以后，回温州弘法，住龙兴寺。杨亿的《行状》说玄觉回温州后，“策公乃留师。翌日下山回温江，学者辐凑”①。号称玄觉弟子的魏静在《永嘉集序》中也说：“三吴硕学，辐辏禅阶；八表高人，风趋理窟。”② 玄觉致力于弘教，学人奔骤其门下，门庭若市。玄觉著有《证道歌》一首、《禅宗悟修圆旨》一卷、《永嘉集》十卷。玄觉圆寂之后，李邕左迁浙江丽水司马，为他撰写了神道碑，自称是玄觉弟子的庆州（今甘肃庆阳）刺史魏静为玄觉整理了著作《禅宗永嘉集》，宋初的杨亿为之作《行状》，宋太宗于淳化年间（990—994）诏本州岛重修玄觉的龛塔。玄觉盛誉日隆，弟子众多。《宋高僧传》载有其弟子惠操、惠特、惠慈、玄寂等人，“皆传师之法，为时所推”③。惜这些门人此后未再传世。

唐代以来，佞佛之风日盛，温州城内有开元寺、嘉福寺、崇德寺、江心寺等，乐清地区则有名刹白鹤寺。会昌三年（843）唐武宗下昭灭佛，寺庙被毁，僧尼还俗，温州虽地处海隅，亦遭波及，但很快恢复。

五代十国，吴越王钱弘俶笃信佛法，在平阳南雁荡山设螺溪“普照道场”，建崇教禅寺等十八座寺庙及沉香塔、铁塔。温州新建了普觉瑜伽寺、太平寺、密印寺等。

宋代，温州经济繁荣，信徒猛增，寺院发展迅速，寺庙已达200座，仅雁荡山就有寺院20余所。这时，天台宗已分化为山家与山外两派。文昌、继忠法师弘扬山家宗，主妙果寺，又设开元寺道场；山外宗信者众多，立教有规，著述辞理切直，为世人所崇信。唐朝盛传的“永嘉禅”（即禅宗），入宋后深入民间，分化为临济宗、曹洞宗、云门宗、法眼宗等四宗。南宋时，政府对江南的禅寺规定等级，国家经营的有五山十刹，乐清雁荡山（能仁寺）为五山之一，温州江心龙翔寺位列十刹之第六。此时江心寺、雁荡山都有外国僧人前来游历、学习禅法。宋末战乱，部分佛教寺院被毁。

---

① 石峻等编《中国佛教思想资料汇编》第二卷第4册，中华书局，1981，第149页。

② 《大正藏》第四十八册，第387页。

③ 《大正藏》第五十册，第758页。

元、明、清三代，温州佛教曾几度兴衰。元代至正年间，日本著名禅师大拙祖能（广园明鉴禅师）与同伴数十人从福州长乐县到温州江心屿，参拜龙翔禅院的无言宣禅师后北上。① 元代，省初法师著《五门禅》，弘扬天台宗教规。元代新建和修建的寺院有60所。② 元代温州佛教世俗化颇为严重，寺院经济恶性膨胀。或与此有关，元末战争，温州佛教寺院被焚毁劫掠得严重。宋末以来，禅宗五家中临济宗最盛，曹洞宗次之，其余三宗式微不明。温州著名僧人主要是临济宗松源系的横川如珙（1222—1289）和临济宗祖先系的万峰时蔚（1303—1381）。此外，铁关法枢禅师及其弟子逆川智顺、释文信也有一定知名度，如逆川智顺有《逆川智顺禅师语录》，著有《善财南询华藏海因经》等。

明初，逆川法师（曾主持钟山无遮法会）回温州后兴建大龙山报恩寺、茶山实际寺等十余座。金壁峰禅师创玉苍道场，成为玉苍派（属临济宗）开山祖师，后在浙南、闽北陆续分化为仙坛、半山庵、岩庵、宝兴庵等师徒相承、经济相袭的子孙派系。

清初，著名高僧法幢在头陀山重建密印寺，设临济宗道场，温州禅门又呈中兴之势。清末，谛闲法师竭力中兴天台宗，光绪皇帝赐《龙藏》一部，谛闲奉旨于密印寺传戒，并在岑岐重建宝坛讲寺、灵岩寺等。

明代之前，由于温州距离天台山较近，所以天台宗在温州传播较盛。禅宗传播也颇为兴盛。此后天台宗衰落，禅宗从元代起也逐渐衰微。明清时期，在全国范围内净土宗颇为兴盛的背景下，温州佛教同样渐以净土宗为主流，观音、阿弥陀佛名号深入民心，家喻户晓，妇幼皆知。

1912年，弘一法师到达温州，卓锡庆福寺、江心寺、景德寺、伏虎寺，闭关潜修，著《四分律比丘戒相表记》。20世纪50年代初，部分僧尼还俗，有些寺院改作他用。60年代中期，庙宇、佛像、法器等遭受严

① 〔日〕木宫泰彦：《日中文化交流史》，胡锡年译，商务印书馆，1980，第448页。
② 陈彩云：《元代温州研究》，第314～319页。

重毁损，宗教活动停顿。80 年代初，政府实施宗教信仰自由政策，归还改作他用的寺庙。众多佛教寺庙几经翻修、重建，致使寺庙林立，金砖碧瓦，宏伟亮丽，瓯越大地呈现一片辉煌景象。

佛教在温州传播的历史较长，信徒很多，佛教寺庙遍布全市城乡各处，其中最著名的是江心寺、妙果寺等。每逢初一、十五，大量虔诚的教徒前往寺庙烧香礼佛。

四 摩尼教与明教

摩尼教，又称作牟尼教，是由波斯（今伊拉克一带，中国古史称为苏邻国）人摩尼（Mani，215 年或216—277?）在琐罗亚斯德教二元论的基础上，吸取基督教、佛教、诺斯替教等思想而创立的伊朗古代宗教。它的根本教义是二宗三际论。二宗是指世界的两个本原，即黑暗与光明、善与恶，三际是指世界发展的三个过程，即初际（过去）、中际（现在）和后际（将来）。认为明王及其光明王国的诸神在初际后期与中际时期同魔王率领的黑暗王国群魔不断斗争，终在中际末期大获全胜，旧世界毁灭，明王（大明尊）将人类带回光明王国。光明王国里充满着现实世界中人们所向往的一切美好东西，人们通过长期修持，必能使灵魂经过月宫，浮升日宫，回归光明王国，最终得救。为达到这一目的，它给信徒们制订了一系列相当严格的清规戒律，如不结婚、不积聚财产。它提倡裸葬，教徒白衣乌帽，戒酒素食。但在传播过程中，为了适应传播地的国情和风俗习惯，摩尼教的支流渐渐发生了很大的变化，如据日本学者佐藤圭四郎的研究，传入西亚的摩尼教，在当地传统习惯的影响下，坚持起近亲结婚，主张与自己姐妹或女儿结婚。在唐代武后延载元年（694）传入中国的一支，先是在唐代受佛教影响，后在宋代受道教影响，形成寺院制度，僧侣们拥有固定资产。在中国唐代，由于信仰者多素食，教首称“魔头”“魔王”“魔翁”“魔母”，故称食菜事魔教。唐武宗“会昌灭佛”（843），连带禁绝摩尼教。摩尼教不得已加快了中国化的进程。在这一背景下，五代、宋代以后中国化了的摩尼教改称明教（这起因于信徒称呼他们的神为“明尊”）。教义也由二宗三际理论演化为“清净、光明、大力、智慧”八个字。明教因相信黑暗就要过去，光明即将来临，故敢于造反，屡有反政府之举。自北宋末年起，浙江、江西、安徽等地，皆曾发生明教造反之事，如方腊暴动、王念经暴动等。其后明教又与弥勒教、白莲社相结合，而演变成明代末年之白莲教。明教主要在下层民间存在。宋元时期明教在中国内地的传播，有福州和温州两个中心。

明教从波斯不远万里来到温州，只有两条路径：一是沿丝绸之路西来中土再向南传入温州，二是沿海上丝绸之路从泉州上岸，经福建北上温州。毛剑杰指出，地方文献及相关史料均未有明教传教士在温州活动的记载，于是移民便成了温州明教兴起的唯一原因。与此相关的温州历史上大规模的移民潮有三次：唐末五代闽东移民潮，南宋乾道二年（1166）温州洪水后官府动员大量闽人入浙，明末清初闽南移民入浙。所以，摩尼教传入温州的时间可上溯至晚唐五代闽东移民大量涌入温州之时。明代何乔远《闽书》记载，唐武宗“会昌灭佛”中，连带禁了摩尼教，有一位明教僧侣呼禄法师避难来到福建继续传教。当时海上丝绸之路已经繁盛，有很多波斯人、阿拉伯人来到泉州，闽浙一带明教的持续兴盛，与这些人有密切关系。可资印证的是，晚唐五代从闽东迁来苍南的彭、林、温、蔡、陈、徐等族，在其族谱中都能找到先人信仰明教的记载。

温州明教鼎盛约在北宋时，有系统的教理和规范的崇拜仪式，当时温州12万户人家中，正规明教寺院以外的“斋堂”就达40余处。所谓“斋堂”，是设在居民家中的信徒聚会点。已确认的正规明教寺院是位于今天苍南县金乡镇西侧彭家山的选真寺，距离选真寺仅十里开外又有潜光院。元人陈高的《不系舟渔集》卷十二《竹西楼记》于至正十一年（1351）载录：“温之平阳，有地曰炎亭。……潜光院者，明教浮图之宇也。明教之始，相传以为自苏邻国流入中土，瓯越人多奉之。其徒斋戒持律颇严谨，日一食，昼夜七时，咏膜拜。”[①] 潜光院

① （元）陈高：《不系舟渔集》，《景印文渊阁四库全书》第1216册，第237页。

以道观面目出现，实际上是明教庙宇。《竹西楼记》详细记载了当时潜光院周边明教传播的情形。温州现存明教遗址，此外还有瑞安曹村的明教寺、文成县大樟山村旁山崖上所刻的三尊摩尼佛像、永嘉桥头溪心村瑜珈寺遗址等。

摩尼教传入中国之初就积极依附佛教和道教以求生存。敦煌文书《老子化胡经》就有老子西去波斯化身摩尼的说法。同样的说法也记录在中国道教典籍中。摩尼教主动依附道教，而道教也积极吸纳摩尼教企图使之成为道教的一个分支。宋代，朝廷还把明教经典编入了《道藏》。对佛道的依附及自身教义的浅显简明使明教得以在民间广泛传播，由宋至元，官府或禁或弛，但明教始终没有断绝，只是局限在福建、浙江一带沿海传教。至明初，闽浙两地已成为中国仅存的明教流行区。此时温州明教依然活跃，引起了官府的注意。浙江按察司检事熊鼎借口明教上犯国号予以禁绝，明朝皇帝于是下旨“明教、白云宗会等，为首者绞”，明令禁止明教活动。丧失了公开活动权利的明教，终于在明代中叶以后逐渐混同于佛、道教及其他民间宗教，很难再从外表上识别了。明教因依附佛道而获得顽强的生命力，最终也因为依附佛道而走向不可逆转的没落衰败。但是，明教直至民国时期，在温州民间仍有余风。

五 天主教

在历史上，天主教（这里所指本为广义的基督教，但在中国语境中，基督教往往指16世纪宗教改革运动后脱离罗马教会的一系列新兴教派，即新教）曾两度传入温州，均受挫而止。

第一次是景教。景教即唐朝时期传入中国的基督教聂斯脱里派，也就是东方亚述教会，起源于今日叙利亚，被视为最早进入中国的基督宗教教派。唐贞观九年（635），景教由波斯传入中国，先称波斯教，后改称景教。后因唐武宗会昌三年禁绝外来宗教而沉迹，但并未彻底绝灭。当时是否传到温州，史料无证，不得而知。但据马可波罗报告，元代中国浙江的杭州和温州、福建的泉州都有景教徒和景教寺。

元代时，天主教再次在中国流行。此时它被称为“也里可温”，是蒙古语的译音，意为“奉福音者”、“福分人”或“有缘人”。元成宗大德八年（1304），江浙行省准中书省咨，向礼部省集贤院呈报：“温州路有也里可温，创立掌教司衙门，招收民户，充本教户计”，由主教领导，管理教务。他们人数日增，与佛道不和，纷争时起，乞请禁绝。[①] 近代法国传教士冯烈鸿在其《书信集》中称，元代温州天主教是从福建泉州传入的，在城区有教堂四个，分别在东门天宁寺、南门花柳塘、西门庆云寺、小南门外靠城池处[②]。随着元朝的衰落，温州地区的也里可温教也每况愈下销声匿迹。

明末清初，天主教再度传入中国。1611 年春，耶稣会士郭居静在钱塘李之藻家中设立浙江第一个教堂并举行首祭。同年，杭州现存的中山北路教堂也由耶稣会士卫匡国设计和兴建，后由其会友洪渡贞在他死后予以竣工开堂。1637 年，多明我会黎玉范（西班牙籍）等传教士，从福建福安来永嘉、瑞安、平阳等地传教。意大利籍耶稣会士卫匡国由杭州南下，奔波于浙闽边境传教。明末清初，复苏后的温州教会屡遭挫折。1700 年前后，法国籍耶稣会士朴莱马神父在温州地区传教。[③] 此后，伴随着“中国礼仪之争”，天主教在中国的传播变得比较困难，终因雍正帝 1724 年和 1735 年的两道禁令而受到致命打击，天主教的传播转入地下，但在温州仍然有传教活动。[④] 此后，清朝道光二十六年（1846），法国遣使会传教士以宁波为主教驻地，在浙江开展传教活动。1869 年，乐清陈希林、陈茂庆到黄岩栅桥天主堂领洗信教；1874 年 11

① 《元典章》卷三十六，陈高华等点校，中华书局、天津古籍出版社，2011，第 14 页。

② 莫法有：《温州基督教史》，建道神学院基督教与中国文化研究中心，1988，第 26 页。

③ 1700 年 11 月 1 日，在温州的朴莱马神父写信给会长郭比安。此信收集在 1831 年法国巴黎出版的《灵趣性函犊》第二十六卷第 110 页。

④ 原浙江教区田加璧主教，后调北京，于 1874 年 5 月 8 日写给他的继任者苏凤文主教（二人均为法籍遣使会士）的回信中说：“前天我收到你 4 月 25 日来函，多谢你告知台州和杭州方面的一些好消息。使我特别欣慰的是你终于发现温州有三户教友，即钢锡业二户和糖业一户。你可知道温州昔日曾有一位福建主教助手（代理）的住所，并有为数众多的教徒群众。”（《宁波教区简讯》，期刊，1935 年合订本，第 106 页）此信的写作时间虽是晚清时期，反映的却是清朝中期或早期的事迹。

月，该堂中国籍马宗良神甫访温州，为祖籍福建的三十来位老教徒在温州花柳塘巷设立活动点。1880 年 12 月，温州成立本堂区；1930 年升格为总本堂区。从此，温州天主教教务隶属于宁波教区。法籍遣使会士西彼良和冯烈鸿，从 1889 年至 1928 年的 30 年里，一直在温州传教。此后，平阳于 1911 年，永强于 1920 年，虹桥、枫林于 1928 年，瑞安于 1930 年，钱库、坎门于 1932 年，蒲门于 1941 年，先后成立本堂教区。1949 年 6 月，温州天主教脱离宁波教区，自成教区。初名为永嘉教区，不久改为温州教区。主教由宁波主教戴安德（法籍）兼任，副主教为苏希达。

1948 年 10 月和 1949 年 5 月，天津望海楼教堂法籍传教士司仪芳两次来温州，在董若望医院进行反对共产党的活动，妄图破坏中国人民的解放事业。1952 年 9 月，与该医院大姆姆葛良贞（意籍）同时被驱逐出境。1949 年 9 月 8 日，温州市区周宅祠巷教堂组织“圣母军”支会，随后，永强、平阳、钱库等本堂区亦建立支会。1950 年设温州区会，并向“爱尔兰总部”备案。“圣母军”敌视中国当时的各项政治运动，所以在 1951 年 12 月被人民政府依法予以取缔。

1952 年 1 月 4 日，潘嘉禄、吴钦华等 32 人发起，响应四川广元天主教徒《自立革新宣言》，发表《温州市天主教革新宣言》，倡导发扬自治精神，实行经济自养，贯彻自传原则。3 月 12 日成立温州天主教革新委员会。1958 年 6 月 1 日召开温州天主教第一届代表会议，建立了天主教爱国会，主任为陈达夫；同月 4 日，方志刚被选为主教，成为温州教区首任正权主教。1999 年，天主教温州教区召开第二届换届选举会议，蔡叔毅当选温州天主教爱国会主任。

1949 年统计，温州地区有天主教信徒 32730 人，其中玉环 757 人，青田、温溪 628 人。到 1999 年统计，天主教信徒已发展到 98397 人，约占浙江全省的 70%①，其中大多数来自乐清，这近 10 万人中还不包括未登记的信徒。

① 《中国天主教信徒为地震灾民祈祷》，联合早报网，2016 年 8 月 12 日。

六 基督教

基督教在19世纪中后期由来自英国的内地会和循道会（时称偕我会，United Methodist Free Church）传教士传入。[①] 1867年11月，中国内地会来华后的第二年，派遣曹雅直（George Stott）牧师到温州传教，这是基督教新教传入温州的开始。据其夫人薛氏（Grace Stott）在《在华26年传教岁月》一书中回忆，他们先后在温州办起了男孩寄宿学校、女孩寄宿学校。曹雅直夫人不仅协助丈夫传教，而且在女子教育、女子放足运动中扮演着重要的角色。他们夫妇俩的传教使得温州地区成为内地会在中国最兴旺的地区[②]，当时开辟的花园巷堂存留至今。1878年10月，在宁波传教的英国偕我会传教士阚斐迪（Frederick Galpin）的鼓动下，该会传教士李庆华（Inkermann Exley）来温传教，次年在温州嘉会里巷租房设立教堂，李庆华1881年6月病逝于温州。尽管只有短短三年的时间，信教人数也寥寥无几，但李庆华却为偕我会在温州的宣教工作打下了基础。

1928年，一批平阳县传道人参加倪柝声在上海哈同路文德里召聚的得胜聚会后，脱离原有宗派，回乡建立地方教会。此后，温州地区，尤其是南部苍南、平阳一带，陆续成立了数百处地方教会，成为地方教会在中国最兴旺的地区之一。

历史上温州的基督教教派，除了前述的内地会和循道会，还有耶稣教自立会、温州中华基督教自立会、基督复临安息日会浙南分会、基督徒聚会处（又称兄弟会、地方教会）等。现简述如下。

1. 内地会

1867年7月由英国传教士曹雅直从宁波传入，1877年设堂于市区花园巷，是基督教传入温州最早的一个教派。后逐渐扩大到永嘉、乐清、瑞安、平阳、泰顺等县。“五卅”反帝爱国运动后，教徒要求自办教会，

---

① 19世纪中后期到20世纪50年代，循道会派往温州的英国传教士共计17人，加上其他新教差会派往温州的传教士，共有外籍新教传教士31人。

② 蔡锦图：《戴德生与中国内地会》，建道神学院，1998，第8页。

于1927年改名为中华基督教自治内地会。到1949年，内地会在温州建有城区、西区、永乐、永瑞、瑞文、平泰六个区联会，有分堂134座。

2. **循道会**

1877年10月由英国传教士李华庆传入，翌年3月在城西街嘉会里巷购房设堂。于1911年与同宗派的教会合并，称“圣道公会”，1934年再与同宗派的教会等合并，改称“循道公会”。先后建立城厢、永嘉楠溪（枫林）、永嘉西内（碧莲）、永嘉西外（西溪）、江北、上戍、乐清西（柳市）、乐清东（虹桥）、瑞安、平阳十个联区，1949年时有分堂115座，栈房120处。

3. **耶稣教自立会**

1907年平阳林湄川、黄里中等响应上海“中国耶稣教自立会”号召，从内地会和循道会中分裂出来，开展自立运动，至1910年春，堂、点发展到40处，正式成立平阳耶稣教自立会。1912年，梁景山、谢楚廷等在府城施水寮建立中国耶稣教自立会温属分会，1914年7月建首座教堂于乘凉桥。1920年，经中国耶稣自立会全国代表会议同意，分别建立温州、平阳分总会。平阳分总会称为浙闽分总会，温州分总会称为温属总会，1941年迁址至三牌坊教堂。

4. **温州中华基督教自立会**

在“五卅”反帝爱国运动的推动下，中国籍牧师尤树勋等脱离由外国传教士控制的“圣道公会”自立，于1925年7月在沧河巷建立中华基督教自立会，活动范围逐渐扩及永嘉、乐清、瑞安、青田、玉环等县。1949年在温州建有五个联区，121座分堂。

自中华人民共和国成立后，内地会、循道公会、基督教自立会、耶稣教自立会都取消各派名称，统一实行联合礼拜。这就意味着上述四个派别不再独立存在。

5. **基督复临安息日会浙南分会**

1916年，上海的曾路得、熊湘元来温州宣讲安息日道理，在五马街建立活动点。后又派遣支访坚、郇天恩来温州传道，活动点迁至甜井巷，后移沧河巷。1918年夏，华东教区联合会会长韩尚理（美籍）来温州筹建安息会浙南分会，翌年春在南塘街成立，会长为美国传教士韦更生。1924年建总堂于头梳脑。至1949年，设有永嘉、乐清、瑞安、平泰四个区分会，53座堂点（主要分布在温州、瑞安、苍南）。它区别于其他教派的是定“星期六”为“守安息日”。

6. 基督教聚会处（又称兄弟会、地方教会）

1929年平阳桥墩信徒王禹亭、张悟生等人在石丁步头建立。翌年春，温州信徒潘活灵、章高来等先后在珠冠巷、大厅巷、仓坦前进行聚会活动，1934年在西城下购房建堂。1949年有活动场所111处，现在有堂点360多处。地方教会自称无上下组织隶属，以地名为名，无论大小均一律平等，故称为兄弟会。教会里不设牧师、教师等圣职人员，只有信徒、同工、长老称谓，只负责聚会时的整领，兼办理一些事务性工作。

基督教从19世纪传入温州，到1949年以前，温州地区已经有7万多基督教信徒，占全中国的1/10。今天，基督教在温州仍然非常活跃。市区著名的基督教堂有：温州城西堂（城西街73号）、花园巷教堂、永光堂、将军桥教堂、吴桥堂、警世堂等。

七　伊斯兰教

在元朝，就有回族在温州活动。大量迁入当在明清之际，以福建迁入的丁、郭两姓居多。丁姓始祖是元初政治家赛典赤·瞻思丁（1211—1279），为大食国布哈拉回回人。其子纳速拉丁继承父业，曾任云南行省平章政事，生四子，以其父名分纳、速、拉、丁四房。第四房名义卜伯克（1215—1298），号乌马儿，汉名伯颜，行贾泉州，任刺桐（泉州）港泊司。九世孙丁暄（1415—1488）于宣德十年（1435）从晋江陈埭迁苍南桥墩松山，后移居桥墩后隆，为后隆始迁祖，生五子，分衍苍南大渔、马站、赤溪双剑、观美及温州永嘉、瓯海等地。郭氏始祖德广、德昭兄弟，其先世落籍浙江富阳，元至大年间（1308—1311）奉命至泉州。后德昭迁南安蓬岛，为蓬岛始祖，其十三世孙应科、应传两兄弟为避当地社会之乱，于明万历五年（1577）迁徙今苍南霞关库下、榻头；德广移居晋江法石，孙仲远于洪武九年（1376）迁惠安白奇，为白奇开基祖，后裔朝佐、南窗于清顺治十五年（1658）从白奇和晋江石湖迁至洞头县寮顶、隔头。

鹿城区的回族，大多于清代和民国间从河南、山东、江苏、福建及杭州、宁波、丽水等地迁入，有陈、马、沙、冯、曾、袁、季、脱、郭等20余个姓氏。

目前，回族在温州各地都有较广的分布。人数约为1.4万人。

有回族，自然就有伊斯兰教的信仰与传播。1915年，河南南阳人王文兴从北平回文学校毕业，被派到温州任伊斯兰教阿訇。1923年，山东禹城人马级三从杭州凤凰寺调至温州清真寺，先后任阿訇、教长，负责温州伊斯兰教务工作。20世纪60年代“文革”爆发后，温州的伊斯兰教陷于停顿，2009年开始恢复。

温州地区自古以来，民间信仰和宗教都发达，几乎村村有庙，教堂、寺院、道观数量之多，信徒之众，在全国占比例很高。改革开放以来，温州成为14个沿海开放城市之一，经济迅速崛起，为世人瞩目。但同时，各种信仰依然盛行。其中，佛教信众人数最多，基督教在最近30年来增长非常迅速。道教和民间信仰的人数居其次。天主教的信众人数较少。摩尼教和明教几已绝迹。多种宗教和民间信仰竞争共存，这无疑为研究民间信仰与宗教信仰、各种宗教的互动生态、宗教的世俗化、传统文化与现代化的关系等提供了一个绝佳的典型案例，具有重大的学术价值和现实意义。

第四节　温州的道教地理

浙江是道教大省。洞天福地是道教的宗教地理。全国十大洞天，浙江占三个；三十六小洞天，浙江占十个；七十二福地，浙江占十八个。而温州一地也有不少洞天福地，并留有高道遗迹。由于政区沿革，部分古代属温州的洞天福地，今天未必在温州境域。比如古代玉溜山属温州，今已属台州所辖，本节做了些许考证。著名的雁荡山也是温州境内的道教名山。

一　三十六小洞天第十八洞天华盖山洞

据司马承祯《天地宫府图》，三十六小洞天之“第十八华盖山洞，周回四十里，名曰容成大玉天，在温州永嘉县，仙人羊公修治之”[①]。杜光庭《洞天福地岳渎名山记》所记基本相同：“华盖山容城太玉洞天，四千里，在温州永嘉县。”[②] 温州称九斗山城，九斗山为：华盖山、海坛山、西郭山、松台山、积谷山、仁王山、巽吉山、黄土山、灵官山。华盖山（又名东山、资福山），是温州九山之首，在府治正东，一名东山，城跨其上。郡城九斗山，此山镇其口。山上有容成太玉洞，“道书谓天下第十八洞天，有三生石、五粒松、青牛坞、丹井、蒙泉诸胜，山回九里。遥望似华盖，故名。有涌泉，涌泉旱潦如一……峰下有一清泉，甘冽可愈热疾”[③]。《明一统志》《天下名胜志》《嘉靖温州府志》《乾隆温州府志》都有记载。山上还有东瓯王庙、东岳庙、三官殿、双忠祠、文昌阁等，香火都很旺盛。[④]

山上又有大观亭（又名：江山一揽亭），明万历年间重建，改为今名“吸江亭”。蒙泉系一石窟，涓涓细流自岩壑中流出，注入酷似砚槽的石罅中，终年不涸不溢，故被称为“砚瓦槽”。明代万历癸丑仲冬，刻青石匾额“蒙泉”。两旁岩上镌有“太玉洞天”牌坊。清代著名诗人袁枚，登华盖山有诗曰：“相传容成子飞升在华盖。于今四千年，仙迹宛然在。”[⑤] 容成公与华盖山的传说流传至今。

二　七十二福地第三福地仙磕山

据司马承祯《天地宫府图》，七十二福地之“第三仙磕山，在温州

① （宋）张君房：《云笈七签》，李永晟点校，中华书局，2003，第608～631页。

② 《道藏》第11册，第58页。本书引用《道藏》皆以文物出版社、上海书店出版社、天津古籍出版社1988年影印版为准，下文皆略。

③ （清）王棻：《光绪永嘉县志》，清光绪八年刻本，第16页。

④ 周孔华主编《温州道教通览》，天马图书有限公司，1999，第20页。

⑤ （清）袁枚：《小仓山房诗文集》，周本淳标校，上海古籍出版社，1988，第729页。

梁城县十五里，近白溪草市，真人张重华治之”[①]。其中《天地宫府图》称“温州梁城县”应有误，温州并无梁城县，或为乐城县，唐时称乐城县，五代吴越国时改为乐清，现为乐清市。或是因“乐”之繁体“樂”近似“梁”，故有讹误。温州乐清有白溪乡，古时乐清县有白溪驿，系浙闽驿路乐清四驿之一，为南北交通要塞，货物集散街市。《天地宫府图》称“白溪”有“草市”，草市是唐朝坊市制度下乡村的定期集市，大都位于水路交通要道或津渡及驿站所在地。故“白溪草市”即在乐清白溪驿，当无问题。这就是说道教所谓的七十二福地之一的仙磕山位于乐清境内，毋庸置疑。

仙磕山在宋代又称石磕山，宋代道士李思聪在《洞渊集》中称“第五福地石磕山，在台州天台县”[②]，已将“仙”字更正为“石”字。乐清市境内有白龙山，又名石骨山，当是道教福地的“仙磕山”或称“石磕山”。据《乐清县道教志》，民国三十六年（1947）时，白龙山有青云观、纯顶观。其中青云观今尚存，又称青云道观。[③] 青云道观，原名聚讲坛，又名龙水喷，据《乐清县志》记载，青云道观建于南宋时期，至今已有860余年历史，是闻名遐迩的道教名胜古迹之一。[④]

三 第十二福地大若岩

司马承祯《天地宫府图》记载：“第十二大若岩，在温州永嘉县东一百二十里，属地仙李方回治之。”[⑤] 五代杜光庭《洞天福地岳渎名山记》说：“大若岩在温州永嘉县，贞白先生修《真诰》处。”[⑥]

《康熙永嘉县志》曰：“大若岩，为天下第十二福地，乃李方回真人所治。其东西两溪合流过岩下，汇为龙潭。相传有赤水时出，又名赤水山。三国王元贞居此修炼，梁陶弘景于此纂集《真诰》，又名真诰岩。

① （宋）张君房：《云笈七签》，李永晟点校，第611页。
② 《道藏》第23册，第843页。
③ 乐清县道教协会编《乐清县道教志》，内部资料，1990，第10、26页。
④ 周孔华主编《温州道教通览》，第351页。
⑤ （宋）张君房：《云笈七签》，李永晟点校，第612页。
⑥ 《道藏》第11册，第59页。

唐时傅隐遥亦于此飞升。有石室，可容千人，又有龟岩瀑、登仙岩，即朱孺子食枸杞根汁升仙处。”① 文中可容千人的石室即陶公洞。

元虞集有《大若岩广福灵真宫铭》，曰：“唐时，人间以水旱疾疫，祷辄应。咸通七年，恩王府参军知永嘉监崔元德始请于朝，为立祠，度道士居之，予田四百五十亩，禁樵采一里。”此时陶公祠始建。又曰：“宋宣和三年，建三清殿岩中，赐名广福灵真宫。岩中风雨不及，至今若新成者。又有两殿五祠一钟楼，皆在岩中，道馆厨库在岩外。庆元中，道士娄怀玉、王希皓知宫事，修治之。入国朝，用温州道箓兼领，故其徒散，宫废不治。大德四年，曹渊龙始专居之，出私钱，募人，上垦其山，下堤其溪水，除导其烟芜。得田数十亩，益以己之私产，悉以资宫中之用。”此后，“天子下玺书护之，俾以其徒其传，勿敢有所易”。②

清康熙五十九年（1720），陈氏邦圣等四人在洞内始建胡公殿。胡公殿位于上层天台后方，是一座浓缩的牌楼，上方有一“神功浩荡”匾，正中端坐威灵显赫、“为官一任，造福一方”的胡公大帝。“胡公”坐像由樟木雕成，方头大耳、赤面、黑髯，大小与常人相近。据说，陶公洞的众多神佛中，只有“胡公”最为灵验。有关“胡公”灵异的事迹很多，传播也很广，故前来朝拜求签的人络绎不绝，“胡公”案前的祭品时常堆积如山，香火极盛，陶公洞也因胡公而显。③

四　第二十八福地陶山

司马承祯《天地宫府图》记载：“第二十八陶山，在温州安国县（应为安固），陶先生曾隐居此处。”④ 五代杜光庭《洞天福地岳渎名山记》说：“陶山在温州安固县，贞白先生修药处”。⑤

陶山位于浙江省瑞安市西北部。在陶山区陶峰镇有一座小山，俗名

① 《中国地方志集成·浙江府县志辑》第59册，上海书店出版社，1993，第650页。

② （元）虞集：《道园学古录》，《四部丛刊》影印上海涵芬楼藏明刊本［CD］，第00784页。

③ 胡晓慧：《天下第十二福地——陶公洞探源》，《中国道教》2007年第4期。

④ （宋）张君房：《云笈七签》，李永晟点校，第614页。

⑤ 《道藏》第11册，第58页。

屿山，高几十米，周围二里许，形像木鱼，又名木鱼山。因坐落于市集之内，又称市山。陶弘景曾在屿山、福泉山、璋儿岩居住，后人为了纪念他，把屿山改名为陶山，在陶山背建通明寺，在福泉山建福泉寺，在璋儿岩外绿溪东首建贞白祠。这些寺、祠都用陶公的字号命名。福泉寺外，现尚留陶公修炼道术的遗迹，称“炼丹岩”。①

五 第二十九福地三皇井

司马承祯《天地宫府图》记载：“第二十九三皇井，在温州横阳县，真人鲍察所治处。”② 五代杜光庭《洞天福地岳渎名山记》说：“三皇井在温州仙岩山。”③

谢灵运曾任永嘉太守，有《舟向仙岩寻三皇井仙迹》诗：“弭擢向南郭，波波浸远天。拂鲦故出没，振鹭更澄鲜。遥岚疑鹫岭，近浪异鲸川。蹑屐梅潭上，冰雪冷心悬。低徊轩辕氏，跨龙何处巅。仙踪不可即，活活自鸣泉。”④ 从中可看出三皇井在晋代就被看成仙迹，也可旁证道教洞天福地的传说自晋代就有了。

据传说，轩辕氏（黄帝）曾在此修炼，有龙来迎，得道后，黄帝即乘龙飞升。故有皇井、黄帝池、天河、龙须瀑、升仙岩、炼丹台等古迹。因轩辕氏在三皇中排序第三，又称之为“三皇井”。传说罗隐曾在此地一洞中避难，故有“罗隐洞”遗迹。又传说，晚唐诗人刘冲曾在此洞中隐居。仙岩还有梅雨潭，朱自清散文名篇《梅雨潭的绿》使仙岩及梅雨潭在当代名满天下。

六 道教名山雁荡山

北雁荡是道教名山之一，位于浙江省乐清县东北境内，分为灵峰、三折瀑、灵岩、大龙湫、雁湖、显圣门、仙桥、羊角洞八个景区，东南

---

① 钱顺清：《陶弘景与陶山》，《中国道教》1996 年第 3 期。

② （宋）张君房：《云笈七签》，李永晟点校，第 614 页。

③ 《道藏》第 11 册，第 59 页。

④ （清）李琬：《乾隆温州府志》，清乾隆二十五年刊民国三年补刻本，第 1021 ~ 1022 页。

部风景较为集中，其中“二灵一龙”的灵峰、灵岩、大龙湫号称“雁荡三绝”。[①] 境内气候调和，空气新鲜，风景秀丽，环境幽雅，素为仙道僧人修炼的布教胜地之一，文人墨客游山访古之佳境。山内主要的道教名胜古迹有仙姑洞、北斗洞、羊角洞、南天门、仙人桥、仙亭山、仙游洞等，其中最为著名的是北斗洞与仙姑洞，均为古今雁荡道教胜地。两洞开发都较晚，仙姑洞属于雁荡山最北的仙桥景区，下临龙湖，清朝咸丰庚申（1860）时才有人进洞栖息修炼。北斗洞在灵峰景区内，踞灵峰右侧，是雁荡山最大的道教宫观。民国十年蒋叔南先生撰写的《维建北斗洞碑记》中记载：“清光绪初年，道人赵至贤来自玉环，夷巉岩，斩荆棘，结茅庵仅容膝，苦行清修。居久之，徒众渐集四出募化，建凌霄殿，为楼四重，未落成，至贤羽化。”直至“民国六年（1917），至贤再传弟子蒋宗松，独阐宗风，经营奔走六七年，仗十方善信资助，残者补之，迫者拓之，旁舍既成，百堵皆作。北斗洞殿宇建筑始具规模，洞内楼房倚崖傍壁构筑，中间四层自下而上，依次为客厅、海会楼、集贤阁、凌霄殿”。北斗洞的建成，胜于雁荡山诸梵宇琳宫，虽为时较晚，然当时兴盛气象，顿冠一山。[②]

中雁荡原称白石山，奉北宋名道，邑人李少和为开山之祖。李少和（930—1021），名士扬，字性柔，北宋开宝年间进士，曾任太学博士。太平兴国年间（976—984）辞官回到乐清白石山，定居洞中，志于方外，静修苦炼。淳化、至道、咸平、祥符年间，宋代皇帝四次召见，后人尊其为“李真人仙师”。白石山有集真观，“《旧志》：在白石山，宋至和九年，道士李少和居此。大中祥符间赐名白石院，宣和中改今名”。[③] 又有仙源道院，“在白石，元泰定间里人徐氏建”。[④] 现存五龙观，始建于宋代，主神奉李少和。[⑤]

---

① 胡念望：《温州揽胜》，上海书画出版社，2006，第25页。

② 周孔华主编《温州道教通览》，第357页。

③ （清）李琬：《乾隆温州府志》，清乾隆二十五年刊民国三年补刻本，第1045页。

④ 《光绪乐清县志》，《中国地方志集成·浙江府县志辑》第61册，上海书店出版社，1993，第587页。

⑤ 周孔华主编《温州道教通览》，第387页。

南雁荡素以洞奇而闻名，诸洞之中以仙姑洞为最胜。仙姑洞，又名西洞，位于碧溪以西，西山之腰，唐时称“石室”，宋时方称“仙姑洞”。仙姑洞道观始建于宋孝宗隆兴年间（1163—1164），至今已有800多年的历史。

据《平阳县志》记载，北宋崇宁间本县闹村闺女朱婵媛在西洞辟谷20年，晚能言人祸福，替人治病，药到病除，人尊称朱仙姑，后终脱迹不知所在。当地民众认为她已得道成仙，遂将西洞改称仙姑洞，建道观塑神像供瞻仰朝拜，有关传说轶闻被编成《南雁圣传・仙姑宝卷》传世。《仙姑宝卷》记载详细，称朱仙姑名“婵媛”，家住闹村，是南宋高宗绍兴年间进士朱璧登之女。她幼时就不食荤，闻鱼便吐，见肉便呕。她八岁能文，十岁能诗。待长到十六岁，其父母把她订给南湖大财主刘百万做媳妇，她一心向仙，坚决不同意这门婚事。她拜白水漈老道姑为师，父亲发火，带领奴仆到白水漈，一把火烧掉茅庵。婵媛并未因此转意。她离开白水漈，到南雁西洞继续修道，夜间织麻，日间采药，自食其力。有一年，瘟疫流行，她用草药治好三百多人，连三个被认为已经死去的孩子也被救活了，老百姓感激万分。她名气也越来越大，宋朝皇帝知道后，御笔题诗：“朕躬有罪在万方，道法无边遣瘟瘟，朱卿智勇平夷狄，臣女神通定安邦。置（致）君泽民慈保障，护国救人建奇功，霎时辞帝登云去，洪福齐天御笔封。”一天月夜，朱婵媛无影无踪不知去向，人们都说她已升仙了。后百姓为了纪念她，就在她修行的洞中，修建道观并立了敕封朱氏仙姑牌位。从此，“石室”称为“仙姑洞”。[①]

笔者在田野调查中发现了一册《朱氏仙姑灯科》[②]，上述所称宋朝皇帝的御笔题诗便在卷首。《灯科》称朱氏仙姑为“南雁洞主敕封护国佑民救苦救难保民慈母朱氏婵媛仙姑”，又称其父为“圣父朱卿护国天仙”，其母为“周氏救生娘娘”，又有“圣兄士髦开化高仙”“圣嫂助惠真仙”“圣侄乃犹仙子”。略述其行状曰：“雁荡著名，宋代熙宁……十二岁化身于南雁之洞…年未及廿而度世，彰示灵誓以救民，功高莫测，

① 林来顺：《浙南道教名山——南雁荡山》，《中国道教》1995年第4期。

② 温州道士钟鸿收藏。

德庇无涯……”与《仙姑宝卷》略同。

清中叶以来，仙姑洞道观扩建玉皇殿、仙姑殿、占梦楼、阄韵楼、功德堂等建筑。玉皇殿列为平阳县级文物保护单位。19 世纪 90 年代，复增建藏经楼，规模宏伟，蔚为壮观。至今仙姑洞道观仍有仙姑信仰的民俗活动。仙姑圣诞农历九月二十九，每年此时西洞都会举行庙会活动，会期三天；期间浙南闽北各县市信徒云集西洞，仙姑洞口高挂楹联“名扬四海，南雁风光焕新貌；德被群生，龙门法统有传人”。仙姑道场是庙会的重要内容，由圣诞早课、圣诞清醮、圣诞晚课组成。早课于凌晨四时三十分开始，圣诞清醮中午进行，晚课于晚七时三十分开始，仪式由高功、经师、监院等主持，高功说文，高念贺词，信徒叩拜。相关的民俗活动还有超度道场、度关道场等。①

七　峤岭、东仙源与玉溜山的归属

司马承祯《天地宫府图》记载：“第四东仙源，在台州黄岩县，属地仙刘奉林治之。第五西仙源，亦在台州黄岩县峤岭一百二十里，属地仙张兆期治之。”②五代杜光庭《洞天福地岳渎名山记》亦记“峤岭、东仙源在温州白溪”③。《天地宫府图》称东仙源在黄岩，西仙源在黄岩峤岭。杜光庭《洞天福地岳渎名山记》却称峤岭与东仙源都在温州白溪，这个问题需要辨明。

《洞渊集》卷四：“第六十九福地西源山，在台州黄岩县。”④ 可知西仙源在宋代时就称为西源山。《嘉庆太平县志》卷一曰：“西源山，在县西十二里。本名西仙源，见杜光庭《洞天福地记》及《云笈七签》，并云在峤岭，唐张兆期修真于此。顶有丹灶、丹井，至今存。西源庵在其下，环庵种竹，徐竹隐赋诗指为‘清凉国’者也。有桥曰西源桥，一名

---

① 赵文杰：《南雁荡山风景名胜历史变迁调查研究》，浙江农林大学硕士学位论文，2015，第 32 页。

② 《道藏》第 22 册，第 201 页。

③ （宋）张君房：《云笈七签》，李永晟点校，第 611 页。

④ 《道藏》第 23 册，第 844 页。

张老桥。（宋临海陈耆卿《访赵公戴》诗：‘西源仙境即西山，流水桃花隔世间。自笑重来湖海客，红尘惹到白云关。’）”①《温岭县地名志》曰：“西源山，以山处张郎桥西得名。本名西仙源。又名西山、张老桥山。位于温峤镇中部，南连大龙山。高 113 米，多松，间有杨梅、梨等果园。温岭至大溪公路经其东麓。”② 从中可知“黄岩县峤岭”今已在温岭市境内，故西仙源现当在温岭。

东仙源则在黄岩县。金渭迪认为：“名列七十二福地第四位的东仙源在委羽洞东北，‘第二洞天’石坊北约 300 米处，地仙刘奉林主之。解放前后有道士张宗泽、张宗友主持，宫外路廊终年为行人供应茶水。”③ 之所以有这个结论，金渭迪另有《东仙源考》一文称：“2009 年 2 月份，在黄岩委羽山新区指挥部编撰《委羽仙踪》一书时，笔者在‘第二洞天’石坊北约 300 米处发现‘东仙宫’的指路牌，怀着好奇心进去一看，一幢三间二层楼高的大殿门首悬有‘东仙宫’、‘公元二〇〇七丁亥春，重修东仙（源）元’的木匾，殿内神龛上方悬挂‘凌霄宝殿’和‘第四福地’等匾，神龛正中祀玉皇大帝、刘奉林等神像。”④ 从中可知东仙源现尚存道观，并供奉《天地宫府图》所称的“刘奉林”像。

以上考证可知，东、西仙源均不在现温州境内，杜光庭《洞天福地岳渎名山记》所记“峤岭、东仙源在温州白溪”当误。

司马承祯《天地宫府图》：“第七玉溜山，在东海，近蓬莱岛，上多真仙居之，属地仙许迈治之。”⑤五代杜光庭《洞天福地岳渎名山记》则称：“玉瑠山在温州海中。”⑥ 不过现在玉瑠山所在的玉环县属台州，已经不在温州境内了。

---

① （清）庆霖等：《嘉庆太平县志》，清光绪二十二年重刻本，第 58 页。

② 黄晓慧：《寻访西仙源》，《温岭日报》，2007 年 5 月 11 日，第 7 版。

③ 金渭迪：《委羽仙踪》，黄岩在线，2009 年 5 月 13 日，http：//www. 05760576. com/2009/05/13/1849002310_10. html。

④ 金渭迪：《东仙源考》，黄岩在线，2009 年 6 月 8 日，http：//www. 05760576. com/2009/06/08/1447012345. html。

⑤ （宋）张君房：《云笈七签》，李永晟点校，第 612 页。

⑥ 《道藏》第 11 册，第 58 页。

第二章

两汉六朝时期温州道教的发端

中国的神仙信仰起源很早，先秦就出现了端倪，但制度性的道教起源于汉代，以起源于四川的五斗米道和起源于中原的太平道为代表。浙江道教虽然并非太平道和五斗米道活动的中心区域，但也出现了一些对后世非常有影响的人物和经典。会稽上虞人魏伯阳所著《周易参同契》，被誉为“万古丹经之王”。《后汉书·方术列传》中所记的赵炳，被宋代皇帝先后封侯封王，民间称其为白鹤大帝，其信仰流传至今。金华牧羊之黄大仙，其影响广为传播，成为东南亚一带的主要信仰之一。《史记·日者列传》记述的司马季主，道教称其主领道教十大洞天之一的委羽山，对后世上清派有较大的影响。三国时葛玄，师从左慈，传说于浙江天台山得道，不但被时人尊称为葛仙翁，还被后世尊为道教灵宝派的创始人。六朝时期，浙江道教也颇为活跃。从以上道教人物与事迹来看，浙江道教在道教史上也有重要的地位。温州一地，在两汉六朝时期也有道教的起源与发展。

第一节　两汉三国时期温州道教人物与传说

一　东瓯王

温州之开埠，上可追述至秦汉之际的东瓯王驺摇。《史记》的《东越列传》记述了东瓯王称王的过程：

> 闽越王无诸及越东海王摇者，其先皆越王句践之后也，姓驺氏。秦已并天下，皆废为君长，以其地为闽中郡。及诸侯畔秦，无诸、摇率越归鄱阳令吴芮，所谓鄱君者也，从诸侯灭秦。当是之时，项

> 籍主命，弗王，以故不附楚。汉击项籍，无诸、摇率越人佐汉。汉五年，复立无诸为闽越王，王闽中故地，都东冶。孝惠三年，举高帝时越功，曰闽君摇功多，其民便附，乃立摇为东海王，都东瓯，世俗号为东瓯王。[1]

现在有学者据《越绝书》之佚文“东瓯越王所立，周元王四年，范蠡筑”认为，周元王四年（即越王勾践二十五年，前472年），东瓯王国已经建立。[2] 东瓯属越地，越人信巫鬼，故东瓯民俗亦同。《史记·封禅书》曰：“是时既灭两越，越人勇之乃言‘越人俗鬼，而其祠皆见鬼，数有效。昔东瓯王敬鬼，寿百六十岁。后世怠慢，故衰秏’。乃令越巫立越祝祠，安台无坛，亦祠天神上帝百鬼，而以鸡卜。上信之，越祠鸡卜始用。”[3] 东瓯王由于敬鬼，长寿至一百六十岁，明显是有方术之人，这或是后人崇祀东瓯王的一个主要原因。同时该记载可证明，驺摇之前已经有一个长寿至一百六十岁的东瓯王，也就是东瓯王并非自驺摇始。但是，由于驺摇佐汉平秦的历史功绩，及对瓯越早期经济、文化开发所做的巨大贡献，故后人所敬仰和纪念的，还是驺摇这位东瓯王。

东瓯王当年的势力范围约在今温州、丽水、台州三个地区，其都城，刘宋郑缉之《永嘉郡记》曰：“（瓯）水出永宁山，行三十余里，去郡城五里入江。昔有东瓯王都城，有亭，积石为道，今犹在也。”孙诒让集校曰：“永宁山在今永嘉县……瓯水盖即今楠溪。”[4] 据此，东瓯王故城应在瓯江北岸的楠溪下游一带。[5]

传说东瓯王墓有五处，《岐海琐谈》曰：“《绍定旧编》云：东瓯王冢五处，太平寺前谢婆埭洋有两冢，西山、吴平山有两冢，与瓯浦之冢，

① （汉）司马迁：《史记》，第2979页。

② 殷惠中主编《温州历史人物》，作家出版社，1998，第1页。

③ （汉）司马迁：《史记》，第1399页。

④ （清）孙诒让：《籀庼遗文·郑缉之永嘉郡记校集》，徐和雍、周立人辑校，中华书局，2013，第206页。

⑤ 蔡克骄：《瓯越文化史》，作家出版社，1998，第11页。

凡五处。”[①] 瓯浦山有东瓯王庙，《乾隆温州府志》曰：“殁葬瓯浦山，因立庙焉。”[②]

明代洪武初年，明太祖朱元璋钦封汉东瓯王之神，每年三月初八致祭。[③] “明成化丁酉，邑令文林（文徵明之父）改岳庙祀之。”[④] 该事件王叔杲《重修汉东瓯王庙记》称：“成化间郡守三山项公澄命邑令姑苏文公林厘正群祀，诸弗隶制典者汰之。以故王庙隘弗称，毁东岳诸神像，易庙额，崇王祀焉。”其后，“嘉靖初，门廊拔于飓风。会郡丞新淦刘公正亨以祷雨，至庙顾瞻神宇，喟焉。首捐俸率作，予（王叔杲）乐于襄其成，遂鸠工简材，易朽蠹，涂丹雘，累甓为壁，撤桥为台，面衢重树门屏。望之金碧辉灿，苍翠森交，闳丽埒帝居”。[⑤]

清康熙二年（1663），东瓯王庙因年久重修，道光二十年（1840）再次重修。辛亥革命后，温州军政分府临时都督徐定超，与吕渭英等地方绅士，共同集资修葺东瓯王庙。内外门堂深邃，楹联匾额琳琅，目之所及，无不与华盖山上的浮岚紫翠相映成趣。1949 年前，东瓯王庙曾一度成为国民党军警的办公场所，后被社会上的游民和乞丐占用。解放战争初期，这里成了南下部队二十六军的营房，并养有军马。1955 年，部队将此处与原设于今温州军分区范围内的东山、崇德两小学对调，在华盖里的东瓯王庙内，将其合并改办为县学前小学，大殿做礼堂，两廊做教室，学校里的桌椅板凳，均在暑假期间由部队的马车运送。后改称华盖里小学，再改办温州市聋哑学校。[⑥]

从明朝开始，每年农历三月初八，华盖里的东瓯王庙均会隆重进行拥东瓯王塑像巡游街市、驱灾祈福活动。清代方鼎锐在《温州竹枝词·

---

① （明）姜准撰，蔡克骄点校《岐海琐谈》，第 142 页。

② （清）李琬：《乾隆温州府志》，清乾隆二十五年刊民国三年补刻本，第 248 页。

③ 黄兴龙：《千秋俎豆 东瓯王庙》，温州日报瓯网，2013 年 3 月 21 日，http：//www.wzrb.com.cn/article456690show.html。

④ （清）李琬：《乾隆温州府志》，清乾隆二十五年刊民国三年补刻本，第 248 页。

⑤ （清）李琬：《乾隆温州府志》，清乾隆二十五年刊民国三年补刻本，第 248 页。

⑥ 黄兴龙：《千秋俎豆 东瓯王庙》，温州日报瓯网，2013 年 3 月 21 日，http：//www.wzrb.com.cn/article456690show.html。

赛会逐疫》中描述："迎神赛会类乡傩，磔攘喧阗满市过，方相俨然司逐疫，黄金四目舞婆娑。"①

出巡时，各司事抬着东瓯王神像，"方相"前导，"七星"（北斗七星神）旁侍，旌旗棨戟，环回拥护。所谓"方相"即上古"方相氏"，四只眼，传说为逐疫驱鬼之神，用竹篾编成，外罩绸衣，足履虎头鞋，手执钢叉，被大家视为开路神。巡游队伍的最前面，是两面各由两人抬着的大铜锣开道。紧随其后的，有高灯，灯笼上贴着"天下太平"四个金色大字；有头牌一对，均上书"东瓯圣王"四个大字；有高照，有帅字旗；"肃静""回避""代天行化""赐福降祥"等全套銮驾紧随其后。队伍之间穿插笙箫管弦及各式各样的彩旗。随之而来的是"敕亭"，所谓敕亭，就是四个身穿黄衣的人，抬着一顶上供东瓯王"印信令旗"的亭状轿子。最后是由八个人抬着端坐在交椅上的东瓯王神像，黄罗伞盖，前呼后拥往前走。整个仪仗队中还有滚龙舞狮、扮犯人、踏高跷的表演，以及骑着高头大马、化妆成各式戏曲人物的马队。

除了三月初八的隆重祭祀与巡游，历史上的正月十五（后改为正月十八）、三月初七（东瓯王诞辰的前一日），温州双屿瓯浦垟村民与来自四面八方的信众，会分别在东瓯王墓和墓附近的东瓯道观，举行隆重的拜谒仪式以祈福祉。此外，正月初一、元宵节、二月十五日，信众还分别在东瓯王庙举行抢点头香及灯会、庙会等活动。

清代孙同元的《永嘉闻见录》记载："永嘉晴雨无常，冷暖难测，人多时症，地鲜良医，辄以为天时不正，瘟疫流行。"② 为此，每逢瘟疫、旱涝或田禾有虫灾时，民间还会在东瓯王庙举行盛大的罗天大醮，禳灾七昼夜。东瓯王庙罗天大醮是瓯越诸神信仰中最为隆重的大型信俗活动。其目的，一是护国佑民，二是消灾迎祥，三是降恩赐福，四是济民利生。罗天大醮分设天坛、皇坛、都坛、经坛、忏坛、顺星坛、青玄坛、玄妙坛、明道坛九坛。其中天坛又名"翻九台"或"登九重天"，

① 叶大兵辑《温州竹枝词》，文化艺术出版社，2008，第103页。

② （清）孙同元：《永嘉闻见录》，清光绪戊子温州博古斋刻本，杭州古籍书店重印，1963，第19页。

用九张八仙桌，逐张吊、叠，形成总高度约十米的“九台”，师公从地面逐层翻至台顶，类似如今浙闽的非遗项目“翻九楼”，台下“龙角弯弯吹天响，鼓乐齐鸣旗帜扬”。整个过程不设任何防护性措施，师公站在九台之巅，口中念念有词，进行高危动作的“步罡踏斗”，仰望者莫不提心吊胆。整个活动持续七昼夜，最后一个项目是“送瘟神”。待到夜间瓯江潮水大落时辰，数百壮夫将东瓯王庙的“神船”，在灯笼火把照耀下，鸣锣击械、高呼口号疾步抬到朔门码道，随即派船只载送至出海口，置纸船于大木板上，点火焚之，船乘风势，飘入海中，不知所往，寓意“将瘟鬼送去”。整个活动持续七昼夜。[①]

近期，华盖里的东瓯王庙正在修缮重建，东瓯王庙及其信仰当会复兴。

二　梅福

《康熙永嘉县志》卷十一记载，在永嘉“流寓”者有梅福，“字子真，王莽时弃官而隐，慕永嘉山水，遂居焉。今梅屿即其地也”[②]。《康熙永嘉县志》卷一有“梅屿山”，注称：“汉梅福隐此，故名。”[③] 梅福，正史有传，《汉书》本传曰：

> 梅福字子真，九江寿春人也。少学长安，明《尚书》、《穀梁春秋》，为郡文学，补南昌尉。后去官归寿春，数因县道上言变事，求假轺传，诣行在所条对急政，辄报罢。是时，成帝委任大将军王凤，凤专势擅朝，而京兆尹王章素忠直，讥刺凤，为凤所诛。王氏浸盛，灾异数见，群下莫敢正言。福复上书曰……上遂不纳。成帝久亡继嗣，福以为宜建三统，封孔子之世以为殷后，复上书曰：臣闻“不在其位，不谋其政”……。福孤远，又讥切王氏，故终不见纳。……上以其语不经，遂见寝。至成帝时，梅福复言宜封孔子后以奉

① 黄兴龙：《历史上的东瓯王信俗活动》，《温州日报》2013 年 4 月 18 日，第 5 版。
② 《中国地方志集成・浙江府县志辑》第 59 册，第 725 页。
③ 《中国地方志集成・浙江府县志辑》第 59 册，第 650 页。

汤祀。绥和元年，立二王后，推迹古文，以《左氏》、《穀梁》、《世本》、《礼记》相明，遂下诏封孔子世为殷绍嘉公。语在《成纪》。是时，福居家，常以读书养性为事。至元始中，王莽颛政，福一朝弃妻子，去九江，至今传以为仙。其后，人有见福于会稽者，变名姓，为吴市门卒云。①

据《汉书》所载，梅福字子真，寿春（今安徽寿县）人，因避王莽之乱，弃家求仙，自江西入浙，曾隐居于会稽修道炼丹，自称“吴市门卒”。坊间并传其成仙事迹。

《光绪乐清县志》曰：“梅福，《全唐文》杨智远《梅仙事实》：访雁荡诸山，即会稽之南也。按：此梅福尝至吾邑。”② 《全唐文》中杨智远《梅仙事实》收入卷九百二十八，称“智远，仙坛观道士”。其中确有“访雁荡诸山，即会稽之南也”之句。③《梅仙事实》又收入《道藏·洞玄部·记传类》之《梅仙观记》④。《梅仙观记》中有宋元丰年间（1078—1085）的《尚书省牒》，称：“昨据梅仙坛观道士杨智远状：本观元系汉朝梅福遗迹之所，古坛丹井庵基见存。观宇已是汉代兴建，名垂典祀，乞奏闻赐真君名号。”即宋元丰年间，梅仙坛观道士杨智远向朝廷为梅福申请加封，从中可知杨智远为宋初道士。加封令随后而下，曰：“牒奉敕梅福在汉之际，数以孤远极言天下之事，其志壮哉。晚而家居读书养性，卒于遗俗高蹈，世传为仙。今大江之西，实存庙像，祷祠辄应，能泽吾民。有司上闻，是用锡兹显号，光灵不泯，其服朕恩，宜特封‘寿春真人’。牒至准敕故牒。元丰五年七月。”⑤ 后于绍兴二年（1132）闰四月十八日，再次加封梅福为“寿春吏隐真人”。⑥

梅福，后世被奉为染料和染布行业的祖师神。“后世染布作坊敬奉梅

① 班固：《汉书·杨胡朱梅云列传》，中华书局，1962，第2917、2924、2926～2927页。

② 《中国地方志集成·浙江府县志辑》第61册，第589页。

③ （清）董诰辑《全唐文》，山西教育出版社，2002，第5706、5707页。

④ 《道藏》第11册，第61～70页。

⑤ 《道藏》第11册，第64页。

⑥ 《道藏》第11册，第65页。

福和葛洪为祖师……因为梅福和葛洪被认为是染料、颜料及染布方法的发明者，被奉为行业的祖师……旧时，四川大足建有二仙宫，供梅福和葛洪，由染坊业者奉祀之。苏州建有花缸祖师庙，奉梅、葛。清代山西颜料商在北京建有颜料会馆，又称仙翁庙，内祀梅和葛。”①

三　刘根

据温州方志，刘根为寓居温州的修道之人，不过方志记载有出入。《乾隆温州府志》说：“晋刘根。《仙家杂记》：字君安，隐积谷山飞霞洞，尝乘赤霞至天台赤城访紫灵君。旧传有孺子鬻糖，遇一道人引之入洞，见台阁森严，二人对弈，归语其母，母往视之，至则岩壁合矣。《通志》：按《名胜志》，晋邑人刘根隐飞霞洞，则根乃永嘉人，与《后汉书》所载之刘根系颍川人，不当混而为一。”②《乾隆温州府志》认为刘根为晋代邑人，但是《康熙永嘉县志》却将刘根放入了“流寓”之中，称：“汉刘根。长安人，成帝时游居积谷山，尝乘赤霞至天台访紫灵君。”③虽然两部地方志将刘根分别作为汉代人与晋代人，但从其事迹隐居“积谷山”及“尝乘赤霞至天台赤城访紫灵君”来看，应是一人。《后汉书·方术列传》及《神仙传》中均有刘根其人，都称其为汉代人，故刘根应以汉代为是。并且《乾隆温州府志》称刘根为邑人，源于《雍正浙江通志》，通志所据《名胜志》当是明代时的《舆地名胜志》，明距汉晋已远，当不足据。故刘根当以《康熙永嘉县志》所述为是。

《后汉书》卷八十二《方术列传》：

> 刘根者，颍川人也。隐居嵩山中。诸好事者，自远而至，就根学道，太守史祈以根为妖妄，乃收执诣郡，数之曰：“汝有何术，而诬惑百姓？若果有神，可显一验事。不尔，立死矣。”根曰：“实无它异，颇能令人见鬼耳。”祈曰：“促召之，使太守目睹，尔乃为

① 范恩君：《道教神仙》，宗教文化出版社，2007，第242页。
② （清）李琬：《乾隆温州府志》，清乾隆二十五年刊民国三年补刻本，第1052页。
③ 《中国地方志集成·浙江府县志辑》第59册，第725页。

明。”根于是左顾而啸，有顷，祈之亡父祖近亲数十人，皆反缚在前，向根叩头曰：“小儿无状，分当万坐。”顾而叱祈曰：“汝为子孙，不能有益先人，而反累辱亡灵！可叩头为吾陈谢。”祈惊惧悲哀，顿首流血，请自甘罪坐。根嘿而不应，忽然俱去，不知在所。①

《太平御览》卷六百六十二引《神仙传》曰：

刘根字君安，京兆长安人。少明五经，汉武帝时人也。入嵩山石室峻绝之处。尝曰：“上药有九转还丹、太一金液，次有云母、雄黄之属，亦可长生。次乃草木之药，能治病益气。上可数百岁，下即全其所禀而已。必欲长生，即先定心志，除嗜欲，乃可授神方五色篇。”根后入鸡头山，仙去。②

《康熙永嘉县志》与《神仙传》都称刘根为长安人,《后汉书·方术列传》称其为颍川人。刘根“隐居嵩山中”,嵩山属颍川郡,故《后汉书·方术列传》或是以隐居地作为其籍贯,应有误。刘根应作为长安人为是。

刘根之师为韩众，《三洞群仙录》引《神仙传》曰：

请问根学仙时本末。根曰：“吾昔入山精思，无所不到。后于华阴山，见一人乘白鹿车，从者十余人，左右玉女执采旌之节。余载拜稽首，求乞一言。神人告曰：‘尔闻有韩众否?’答曰：‘实闻之。’神人曰：‘我是也。’”③

据《太平御览》卷六百七十一引《上元宝经》，刘根又得郭少金传服食之方：

清虚王真人授南岳魏夫人谷仙甘草丸方。……此本九宫右真公郭少金撰集，此方诸宫久已有之。至郭氏更撰集，次第序说所治耳，

① （宋）范晔：《后汉书》，《景印文渊阁四库全书》第253册，第611页。

② （宋）李昉等：《太平御览》，中华书局，1960，第2957页。

③ 《道藏》第32册，第313页。

> 犹如青精乃太素之法，而今谓太极真人也。学仙道者，宜先服之。昔少金以此方授介象，又授刘根、张陵等数十人，亦称此丸为少金丸。宜斋戒修合，并无毒，无所禁食，一年大益，无责旦夕之效也。俗人亦皆可服之。[①]

另《魏书·释老志》载：

> 牧土（指牧土上师李谱文）之来，赤松、王乔之伦及韩终、张安世、刘根、张陵，近世仙者，并为翼从。牧士命谦之为子，与群仙结为徒友。幽冥之事，世所不了，谦之具问，一一告焉。[②]

文中韩终即韩众，为刘根之师。《魏书》与《上元宝经》都将刘根与天师张陵并举，可知刘根为后汉时知名的道士。

刘根得道处在毛公坛，杜光庭《洞天福地岳渎名山记》曰："毛公坛在苏州洞庭湖中，包山七十二坛，刘根先生修道处。"[③] 陆龟蒙《毛公坛》云："古有韩终道，授之刘先生。"[④] 宋范成大《吴郡志》卷九《古迹》："毛公坛即毛公坛福地，在洞庭山中，汉刘根得道处也。根既仙，身生绿毛，人或见之，故名毛公，今有石坛在观傍，犹汉物也。"[⑤] 据《吴郡志》则刘根即毛公。

关于毛公坛，唐令狐楚《送周先生住山记》曰："先生姓周氏，名隐遥，字息元，宗其道者相号为太元先生，汝南人也。……贞元初，游苏州吴县之包山林屋洞。秋八月，始于洞西得神景观。讯其居者，曰：'距此数里，世传毛公坞。毛公道成罗浮，居山三百余岁，有弟子七十二人。聚石为坛，遗趾犹存。尔能勤求，吾请以导。'既行而萝篠迷密，不知所往。先生冥目久之，逢一物焉，双眸尽碧，毛色紫而本白，高数尺

① （宋）李昉等：《太平御览》，第2991页。
② （北齐）魏收：《魏书》，中华书局，1974，第3052页。
③ 《道藏》第11册，第58～59页。
④ （唐）陆龟蒙：《唐甫里先生文集》，《四部丛刊》影印江南图书馆藏黄荛圃校本［CD］，第55页。
⑤ （宋）范成大：《吴郡志》，《景印文渊阁四库全书》第485册，第57页。

余，随而行之，视乃鹿也，须臾乃跪止，若有所告，先生默记之而还。至十九年冬，剃木翳茅，奠厥攸居。得异石一方，上有虫篆，验之，即毛公镇地符也。”① 文中所称毛公道成罗浮，有弟子七十二人，又传有“毛公镇地符”。

刘根在温州隐居的积谷山，为九斗山之一，这里有谢池、池上楼、小赤壁、谢客岩、飞霞洞、升仙台、留云亭等。西麓的谢池巉岩壁立，东南数百步有“东山书院”。“飞霞洞”，传说因刘根修炼时身旁总是飞霞缭绕而得名，被誉为“山之胜，甲一郡”。景点有飞霞春晓、池塘春草、山楼夜雨、赤壁夕照、碧波秋月、蓼岸归鸿、带桥残雪、雪亭松涛八景，并有历朝历代摩崖题刻甚多。

后世温州苍南之林灵真及其后学编有《灵宝领教济度金书》，其卷二百六十载有“灵宝大法紫英灵书摄召法”，传说为刘根所传。《紫英灵书品》曰：“灵宝大法紫英灵书摄召法，始于唐叶天师，汉刘天师，皇宋抱一真人王太初。次陆先生，次田先生师道，次路真官（时中），遇天师授此法。叶仙官（九龄）自十六岁，参授天心正法，政和间，在建康府，礼路真官，受灵宝大法，应验颇多。但不能召摄亡魂，显现形影，令老少亲见耳。昔于绍兴十一年九月，在处州城下隐仙院，亲遇昔路真官书室内，所见者刘天师（讳根）。天师隐山中时，焚香礼拜，叩齿出血，三日内授余大法，符图秘诀，天神名讳，授毕不知所在。后依天师所授秘旨行持，并应誓言，拔度幽魂，不可计数。”② 从中可见刘根不但为汉代著名道士，也有相关的道术传承下来，在道士传承体系中有一定地位。

四　朱孺子

《康熙永嘉县志》记三国吴有朱孺子，“逸其名，幼师道士王元真，居大若岩下。后遇西归子，授以要言。一日溪畔见二花犬，逐之，入苟

---

① （清）董诰等编《全唐文》，第131页。此文，明王鏊撰《姑苏志》中录作《送周先生记》。

② 《道藏》第8册，第244页。

杞丛下，朱与王劚其地，得苟杞根，类犬，煮三昼夜。朱先尝其滓，飞立前峰，谢师而去”[①]。王玄真与朱孺子，均为三国时道士。

朱孺子的记载，首见于约是南齐顾欢整理的《道迹经》逸文《道迹灵仙记》，曰："赤水山中有学道者朱孺子，吴末入此山，服菊华及术饵。后遇西归子，从乞度世，西归子授以要言，入室存泥丸法。三十年，遂能致云雨于洞房中。今年八月五日，西王母遣迎，即日乘五色云车登天，今在积石室。"[②] 此段记述又见《真诰》卷十四《稽神枢第四》，陶弘景在文后作注曰："赤水山云在鄞县南十里，从楠溪口入三百里，山正赤，周回五十里，高千余丈，如此则应是临海永嘉东北名赤岩者也。许先生所住赤山，一名烧山，即此。"[③] 指明朱孺子所居为永嘉东北的"赤山"。《历世真仙体道通鉴》有《朱孺子》，与《真诰》所述相同，只是把"今年八月五日"改为"晋穆帝永和元年八月五日"。[④]《真诰》是陶弘景对上清派一杨二许（即杨羲、许谧、许翙）降真所记的真迹所做整理和注释。但在陶弘景之前，顾欢就整理过上清经，称《道迹经》或《真迹经》，北周武帝宇文邕敕纂《无上秘要》[⑤] 中多有引用。《历世真仙体道通鉴》所记朱孺子年代与顾欢所记不符，顾欢为南齐人，当以顾欢所记"吴末"为准。

《康熙永嘉县志》又记朱孺子师事道士王元真，事迹出于五代沈玢《续仙传·朱孺子》，不过《续仙传》中称王元真为王元正，其文曰：

> 朱孺子，永嘉安固人也。幼而师事道士王元正，居大若岩（岩即陶隐居修《真诰》于此，亦谓之真诰岩。岩之西有陶山存焉。）勤苦事于元正。深慕仙道，常登山岭采黄精服饵，历十余年。一日就溪濯蔬，忽见岸侧有二花犬相趁。孺子异之，乃寻逐，入苟杞丛下。归语元正，讶之，遂与孺子俱往伺之。复见二犬戏跃，逼之，

① 《中国地方志集成·浙江府县志辑》第 59 册，第 726 页。

② 《道藏》第 11 册，第 49 页。

③ 《道藏》第 20 册，第 575 页。

④ 《道藏》第 5 册，第 198 页。

⑤ 《道藏·太平部》，收入《道藏》第 25 册。

> 又入苟杞下。元正与孺子共寻掘，乃得二苟杞根，形状如花犬，坚若石。洗泽挈归，煮之。而孺子益薪着火，三昼夜不离灶侧。试尝其汁，味最甘美，吃不已。及见根烂，以告元正，来共取食之。俄顷，孺子忽然飞升在峰上。元正惊异。久之，孺子谢别元正，升云而去。至今俗呼其峰为童子峰。元正后饵其根尽，不知其年寿，亦隐于岩之西。陶山有采樵者，时或见之。①

《太平广记·朱孺子》与上大同小异，只是称其师为“王玄真”。《康熙永嘉县志》这段记载似是综合了《道迹灵仙记》与《续仙传》两书中的“朱孺子”篇。朱孺子最早见录于上清派经典，则当与上清派有一定的关系。

从上述记载可知，温州的道教信仰起源较早，特别是作为温州开埠的东瓯王信仰，根据所记“殁葬瓯浦山，因立庙焉”② 可知，其信仰始于汉初，早于制度性道教建立的东汉，这与温州属越地，多奉巫鬼方术有关。东瓯王信仰起源可被视作温州的道教前史。道教形成后，东瓯王的信仰归入了道教，特别在明太祖朱元璋钦定官祭汉东瓯王之神后，更让东瓯王成为道教正神，有出神巡游与罗天大醮举行，成为从汉代至今延绵不绝的道教信仰。其余所记三位都是得道之士，除朱孺子是本地人，梅福与刘根都是当时著名的道士，说明温州的洞天福地在汉代时已经为世人所知，从汉代起温州的道教已与浙江乃至全国相交通，成为中华道教的一个重要组成部分。

第二节　两晋南北朝温州道教人物与传说

两晋南北朝是东部道教的大发展时期，流传后世著名的灵宝派与上清派都创立于这个时期，灵宝派著名的道士葛洪与上清派宗师陶弘景都

① 《道藏》第5册，第78页。

② （清）李琬：《乾隆温州府志》，清乾隆二十五年刊民国三年补刻本，第248页。

在温州留有遗迹。这一时期温州本地也有名道张文君出现，王羲之还曾来拜访。这一时期温州出现了两个重要的人物及信仰，一是传说为温州卜城的郭璞，创立了温州城独特的格局；二是死后成神的昭明太子萧统，其信仰以温州为核心在浙南传播。这个时期道教还有一个重要事件，即曾为三吴天师道领袖的杜昺其弟子孙泰及其侄孙恩暴动，影响了东部诸郡，温州也在其中。

对于内容较多篇幅较长的孙恩暴动及陶弘景温州遗迹考我们单独设立章节，其余都在本节介绍。

一　葛洪

葛洪在温州的遗迹主要与平阳相关。《乾隆平阳县志》卷十七《人物下·流寓》称葛洪来平阳"览胜"后，"修炼于东山，有丹灶遗迹。今东郭之仙坛寺、迎仙庵，南郭之葛泉亭，西郭之葛坛庵，皆因此得名"。①

葛洪，字稚川，丹阳句容人，东晋道教学者，著名炼丹家、医药学家。据《晋书·葛洪传》，葛洪有两位师父，一为从祖葛玄之弟子郑隐，二为丈人鲍靓。② 关于葛洪的行踪，其父为昭陵太守，则其幼年当在湖南昭陵。又于余杭山见何幼道、郭文举，《晋书·郭文传》称"余杭令顾飏与葛洪共造之"③，则此时葛洪当居于余杭，并与余杭令顾飏相友善。后葛洪以战功被封伏波将军，至都城洛阳搜求异书。此时是西晋末，葛洪见天下已乱，南至广州在刺史嵇含手下为官。嵇含于永兴三年（306）被害后，葛洪"遂停南土多年"④。葛洪在浙江的杭州、宁波、温州等地都有遗迹，当是在此时留下的。至东晋咸和（326—334）初，葛洪闻交阯出丹，求为句漏令，至广州，刺史邓岳强留，葛洪于是在罗浮

① （清）徐恕：《乾隆平阳县志》民国七年刻本［CD］，籍古轩中国数字方志库，2010，第1页。

② （唐）房玄龄等：《晋书》，中华书局，1974，第1911~1913页。

③ （唐）房玄龄等：《晋书》，第2440页。

④ （唐）房玄龄等：《晋书》，第1911页。

山炼丹。葛洪传玄业，兼综医术，居山多年，“著述篇章富于班马”。年八十一，传其尸解。有学者考证，葛洪生年为西晋武帝太康四年（283），卒年为东晋建元元年（343），年六十一卒，可备一说。①

《乾隆平阳县志》卷十八《杂志·古迹》曰：“葛泉亭，在凤山东。”“怀仙亭，在仙坛。”“葛翁小岩栖、石床、丹灶，俱在仙坛山。”并注曰：“小岩栖岩上刻葛洪诗云：阴洞泠泠，风佩清清，仙居永创，花木长荣。”“葛坛，在仙坛山。”“葛翁石棋枰，在万全乡神山寺后石洞内。”②

从众多遗迹来看，葛洪来平阳修炼当有其事。民国二年平阳县令周继善作《问丹亭记》，考之甚详：

> 平阳旧传有葛仙遗迹，莫知所始。其附郭东有仙坛寺、迎仙庵；南有葛泉亭；西有葛坛庵，皆缘是得名。坡南广福宫有葛洪丹井，而仙坛山则有石床、丹灶、小岩栖诸胜，名迹尤著。宋元以来，仙坛题咏名作林立。山旧有怀仙亭，遗迹湮没无考，而志载吴令永申诗尚有足征者。余于公暇，尝一至其地，爱其岩壑幽邃，迥绝尘境。邑人黄君枚生、姜君啸樵，请于其旁辟址筑亭以增眺览之胜。余欣然从之，倡为捐泉，鸠工庀材，经营逾月而亭成。亭在仙坛寺后，与怀葛楼相对。石磴萦纡，拾级而上，岩罅通水，略彴可过。登亭远望，野树墟烟，历历如画。虽地不甚轩敞，而临流踞石，遐览仙踪，令人有飘然凌云之思。夫葛洪闻交趾出丹砂，求为句漏令，句漏远在交广。史载其生平足迹仅及余杭而未一涉浙东，惟其从祖玄号葛仙公，天台有葛仙公山，温台接壤，其来平阳玄欤洪欤，不可得知。然而神仙踪迹，烟云缥缈，世说流传，何必遽求其实。③

晋代温州已经有道观出现，传永嘉乌牛镇东蒙山天然道观始建于晋

① 崔红建：《葛洪生卒年考辨》，《潍坊教育学院学报》2006年第4期。

② （清）徐恕：《乾隆平阳县志》民国七年刻本［CD］，籍古轩中国数字方志库，2010，第498、507、508页。

③ 符璋、刘绍宽：《民国平阳县志》，民国十四年刻本，第1069页。

代。东晋道学家葛洪于此修炼，丹台遗址犹存。[①]

二　张文君

关于张文君，《康熙永嘉县志》卷十一《隐逸》记载："晋张鹰号文君，居丹霞山，王羲之造访，入苦竹中不与见，其地尝有白鹤飞翔，故名白鹤山。"[②] 由于"鹰"与"薦"形近，故也有称为张荐者。《永乐乐清县志·仙释》所载略有不同，但更详尽："张文君，字子雁，乐清人，世居白鹤山下，得神仙修炼之术，于所居傍炼丹。郡守王羲之慕其名，往访焉。文君以余药掷溪水，遁入竹中，右军不获见而去。后遂舍宅为寺，日中乘白鹿入山，不知所之。人以其所入竹为笙簧，其声绝佳。至今溪石有金星之点，相传以为余药所渍云。"[③] 王羲之造访张文君，确有其事，事见南朝刘宋郑缉之《永嘉郡记》："乐成县民张荐者，隐居颐志，不应辟命。家有苦竹数十顷，在竹中为屋，恒居其中。王右军闻而造之，荐逃避竹中，不与相见。一郡号为高士。"[④] 此事后世屡有提及。《全唐诗》卷四百七十九载张又新《游白鹤山》诗云："白鹤山边秋复春，张文宅畔少风尘。欲驱五马寻真隐，谁是当初〔入〕竹人。"明人陆应阳纂《广兴记》"人物"云："张文君。永嘉人，隐丹霞山，郡守羲之造访，即遁入竹中不得见。"[⑤] 可见张文君的事迹，从南朝始，唐、宋、明、清一直连续记载。

《乐清县志》称："传张文君在丹霞山隐居炼丹，于永和三年（347）仙去。"[⑥]《乾隆温州府志》称乐清县有紫芝观："《明一统志》：在县治东泉山下，宋至和中建。《县志》：张文君修丹地，旧有道士林守淳依岳祠筑庵，宋绍兴丁卯道士邱大同经始成观。"[⑦]

---

① 周孔华主编《温州道教通览》，第 372 页。

② 《中国地方志集成·浙江府县志辑》第 59 册，第 724 页。

③ 《永乐乐清县志》，《天一阁藏明代方志选刊》第 20 册，上海古籍书店，1981，第 233 页。

④ （清）孙诒让：《籀庼遗文·郑缉之永嘉郡记校集》，徐和雍、周立人辑校，第 211 页。

⑤ （明）陆应阳：《广兴记》卷十一，清康熙刻本，第 529 页。

⑥ 乐清市地方志编纂委员会编《乐清县志》，中华书局，2000，第 1019 页。

⑦ （清）李琬：《乾隆温州府志》，清乾隆二十五年刊民国三年补刻本，第 1045 页。

三 郭璞

郭璞，以卜筮闻名于世，又因卜筮而身死。《晋书·郭璞传》曰：

> 郭璞，字景纯，河东闻喜人也。……璞好经术，博学有高才，而讷于言论，词赋为中兴之冠。好古文奇字，妙于阴阳算历。有郭公者，客居河东，精于卜筮，璞从之受业。公以《青囊中书》九卷与之，由是遂洞五行、天文、卜筮之术，攘灾转祸，通致无方，虽京房、管辂不能过也……
>
> 敦将举兵，又使璞筮。璞曰："无成。"敦固疑璞之劝峤、亮，又闻卦凶，乃问璞曰："卿更筮吾寿几何？"答曰："思向卦，明公起事，必祸不久。若住武昌，寿不可测。"敦大怒曰："卿寿几何？"曰："命尽今日日中。"敦怒，收璞，诣南冈斩之。……及王敦平，追赠弘农太守……
>
> 璞撰前后筮验六十余事，名为《洞林》。又抄京、费诸家要最，更撰《新林》十篇、《卜韵》一篇。注释《尔雅》，别为《音义》、《图谱》。又注《三苍》、《方言》、《穆天子传》、《山海经》及《楚辞》、《子虚》、《上林赋》数十万言，皆传于世。所作诗赋诔颂亦数万言。①

郭璞作为卜者和风水师的名气很大，除其本传提到的卜筮记录，著名的《宅经》与《葬书》也为郭璞所作。郭璞还是道教中人，在净明道的经典《净明忠孝全书》中，张氲为"经师"，胡慧超为"法师"，郭璞为"监度师"。②《历世真仙体道通鉴》卷二十一有《路大安》条云："（路大安）居华山，以混元箓传之丁义，以《混元经》传之郭璞，以混元法传之许旌阳，以混元针灸传之妙通朱仙。"③ 郭璞也是道教《混元

① （唐）房玄龄等：《晋书》，第1899、1909、1910页。
② 《道藏》第24册，第628页。
③ 《道藏》第5册，第220页。

经》的传承人。

郭璞与温州的关系匪浅，相传“温州在晋明帝太宁元年决定修建郡城时，恰巧郭璞客寓于瓯，故请他‘为卜郡城’”①。该事件文献中多有记载。最早的记载见于南宋祝穆《方舆胜览》卷八《瑞安府·形势》“城当斗口”条引：“《郡志》：‘始议建城，郭璞登山相地，错立如北斗，城之外曰松台、曰海坛、曰郭公、曰积谷，谓之斗门，而华盖直〔锁〕其口，瑞安门外三山，曰黄土、巽吉、仁王，则近类斗柄……若城绕其颠，寇不入斗，则安逸可以长保，于是城于山上。”②

其次见于元代。林景熙《登谢客岩》诗“巀嶭镇九斗”句，元统二年（1334）章祖程注云：“《郡志》：‘始议建城基，郭璞登山相地，九山错立如北斗，因谓之斗城。’”又，《鹿城晚眺》题下章注：“郭璞卜东嘉城基，有白鹿衔花而出，故名为鹿城。”“古城仙鹿远……海气千年聚”句，又注：“郭璞《卜城谶》云：‘此去一千年，气数始旺。’”③

明《弘治温州府志》卷一“府城”载：“晋明帝太宁癸未（元年）始建。郭璞初谋城于江北（今有地名新城），取土称之，江北土轻，乃过江，登西北一峰（今名郭公山），见数峰错立，状如北斗，故名斗城（内则联络海坛、华盖、积谷、松台、郭公山如斗魁，而华盖山锁斗口；外则接凑巽吉、黄土、仁王、灵官如斗柄，而灵官又为辅星，以象天之北斗）。时有白鹿衔花之瑞，又号曰白鹿城（仰忻诗云：世传初造郡，白鹿见林丘）。凿井二十八以象列宿，街巷沟渠大小布列如井田状。”④

《康熙永嘉县志》沿其说曰：“晋明帝太宁元年，置郡始城。初，郭璞卜城于永宁江北，嫌其土轻，乃置于江之南。登山见九峰错立如斗，因曰：若城于山外，后当骤致富盛，然不免兵戈水火。若城绕其巅，寇不入斗，则安逸可以长保。于是□城于山，故名斗城。时有白鹿衔花之

① 潘善庚主编《历史人物与温州》，作家出版社，1998，第3页。

② （宋）祝穆：《方舆胜览》，《景印文渊阁四库全书》第471册，第606页。

③ （宋）林景熙著，（元）章祖程注，陈增杰补注《林景熙集补注》上，浙江古籍出版社，2012，第58、231页。

④ （明）王瓒、蔡芳编《弘治温州府志》，胡珠生校注，上海社会科学院出版社，2006，第9页。

瑞，又名鹿城。"[1] 又曰："至今郭仙庵、白鹿庵、白莲堂俱立像祀之。"[2]

从记载来看，只能上溯至南宋的文献，这与事件发生的晋代，时间上确实相差较远，以至于有学者"认为此项记载于史无征，不应再入载"[3]。也有学者力挺此事，认为郭璞至永嘉于史有据。[4] 研究信仰问题，我们认为，即便一些事迹是虚构的，但这些虚构的事迹如果影响了后世信仰的话，这些虚构的事件也就成了历史的一部分，我们也要对这些虚构的事件进行考证研究。

四 萧统

萧统，字德施，小字维摩，梁武帝长子，两岁时便被立为皇太子。他尚文好学、聪颖正直，深得梁武帝喜爱。性情宽和容众，仁孝之声朝野俱闻，其人格魅力为时人所称赞。这样一个贤明有为的太子却不幸意外伤亡，年仅三十一岁。昭明太子亡后没有淡出历史舞台，反而在千百年的历史流传中，渐渐由人演变为百姓尊崇的神灵。从国家角度来看，朝廷对昭明太子的封祀肇迹于梁，于宋并达到顶峰，宋以后基本沿袭前制。朝廷通过对神祠授予庙额、封号，将地方祠祀纳入国家祭祀体系，主要是出于加强对民间信仰的管理、维护国家政治统治的目的。与此同时，地方官员的积极推动也使得昭明太子信仰进一步形成。对当地民间信仰的认可是外来官员了解民风民情快速融入当地社会的一种手段，他们认为昭明太子聪明仁孝的优秀品质有助于教化民风。[5]

温州流传有昭明太子的传说："温州瑞安门，俗称大南门，出城半里许，有英济庙，俗呼白马庙。相传神为昭明太子，既无旧碑可考，

---

① 《中国地方志集成·浙江府县志辑》第 59 册，第 647 页。

② 《中国地方志集成·浙江府县志辑》第 59 册，第 725 页。

③ 侯百朋：《郭璞永嘉郡卜城说质疑》，《温州师范学院学报（哲学社会科学版）》2002 年第 5 期。

④ 胡珠生：《郭璞永嘉郡卜城史实不容否定——与侯百朋先生商榷》，《温州师范学院学报（哲学社会科学版）》2003 年第 1 期。

⑤ 方蓬：《人神之际——昭明太子信仰研究》，安徽大学硕士学位论文，2011，第 2 页。

里人亦无能详其原委者。庙中有潘宗耀楹贴云：'白马溯光仪，彩仗霓旌，尚振英风昭肹蚃；黄縻谈故事，仁浆义粟，长传闿泽济嗷鸿。'跋云：'英济庙神灵最著，里俗相传梁昭明太子拯饥来此，时乘白马，故又称白马庙'云云。"[1] 瑞安、苍南、龙泉等地都有英济庙，祀的也是昭明太子，看来，萧统赈灾的范围很广，不止温州一地，遍及整个浙南地区。

白马庙，现名白马殿，坐落于温州市解放南路 214 号，占地面积 1200 多平方米。白马殿始建于南北朝，历经沧桑，几度修复。清朝咸丰年间重建，原是三进回廊式木结构建筑。中轴线上有门厅、戏台、正殿、观音阁。正殿面阔五间，前殿飞檐翘角、梁枋、悬柱、斗拱，雕饰精致华丽。"1985 年温州市人民政府批准公布白马殿为文物保护单位，今是道教文物保留完整的古建筑。因该殿长期失修，砖化木朽，危墙急需抢修。"1997 年由温州市道教协会会员杜爱弟住持负责维修，她"带领全体管理人员组织抢修，得到各级政府部门领导支持和关怀，进行全面修建，二进一廊，配修古井，井四周以青石刻成花鸟、八仙过海。有昭明太子在温州功绩图刻，生动宏伟"。大殿中奉昭明太子，后殿奉三清圣像，后楼中奉观音大士圣像。"全殿整修保持原貌，精致雕刻、图纹精彩生辉，紫光髹漆，大殿八角顶，九龙盘柱……井桥上有香焚宝鼎，香烟冉冉通向九霄，壮观威严。"[2]

在温州，祀昭明太子的还有瑞安鲍田镇梁储道观（又称梁储庙），始建于明朝天启六年（1626），1925 年重修。1994 年中秋后毁于台风。后鲍五村将其与叶氏大宗祠合并重建，"祠庙合而有分，占地面积 1386 平方，神位中堂 340 平方……塑像造形鲜明，银屋灿烂，四大柱蟠龙舞凤，金碧辉煌"[3]。

① （清）梁章钜：《浪迹续谈》卷二，《浪迹丛谈、续谈、三谈》，陈铁民校点，中华书局，1981，第 270 页。

② 周孔华主编《温州道教通览》，第 36 页。

③ 周孔华主编《温州道教通览》，第 154 页。

第三节　孙恩暴动与温州

《晋书·孙恩传》云："孙恩，字灵秀，琅邪人，孙秀之族也。世奉五斗米道。恩叔父泰，字敬远，师事钱唐杜子恭。而子恭有秘术……子恭死，泰传其术。"[①] 五斗米道即张陵所创之天师道，之后也被称为正一道。江东之地奉天师道要从孙泰之师杜子恭所奉道派说起。葛洪于东晋初年撰《抱朴子》，对他所了解的各种民间黄老道派有不少介绍，却从未说到天师道。钟国发认为："江东之有天师道，当是永嘉之乱后随南渡士庶传入的。"[②] 而刘屹认为："北方人在永嘉之乱（307—313）开始南迁时，当时的移民并非是从关中、洛阳地区直接渡江到达江东的，江东最初所接纳的主要是来自山东、淮北方向的移民。而这些来自东部滨海地区的北方人，他们自有产生了太平道的那个宗教信仰和社会心理基础，而不一定非要五斗米道传来。"[③] 从文献来看，作为钱塘天师道团组织的领袖杜子恭似是钱塘本地人，而其师是余杭陈文子，余杭与钱塘相邻，故其师亦是本地人，则杜子恭作为三张天师道传人的说法多从推测而来，"五斗米道要在两晋之际以前就深入三吴之地，这从现有的材料是得不到印证的"[④]。如果刘屹所言"所谓'天师'、'祭酒'和'静室'、'治'等通常被认为是西部米道专有的概念，汉末以降的东部道教传统也在使用"[⑤] 成立的话，杜子恭是当地江东道团的领袖。后世称杜子恭为三张天师道传人，应是另有曲折。

---

① （唐）房玄龄等：《晋书》，第 2631、2632 页。

② 钟国发：《东晋江东天师道首领杜昺考论》，载连晓鸣主编《天台山暨浙江区域道教国际学术研讨会论文集》，浙江古籍出版社，2008，第 251 页。

③ 刘屹：《神格与地域：汉唐间道教信仰世界研究》，上海人民出版社，2011，第 189 页。

④ 刘屹：《神格与地域：汉唐间道教信仰世界研究》，第 188 页。

⑤ 刘屹：《神格与地域：汉唐间道教信仰世界研究》，第 189 页。

《三洞珠囊》引《道学传》[①] 曰："杜炅，字子恭。及壮，识信精勤，宗事正一。少参天师治箓，以之化导，接济周普。"[②]《云笈七签》："杜昺，字叔恭，吴国钱塘人也。……师余杭陈文子，受治为正一弟子。"[③]"天师"的称呼最早见于《庄子·徐无鬼》，也出现于《太平经》中，此时"天师"一词并非如后世专称张道陵及其子孙。杜子恭"少参天师治箓"只能说明其少年学道。从陈文子与杜子恭的籍贯来看，都是钱塘本地之人，陈文子与杜子恭所奉的或是东部之道教，及杜子恭壮年时才"宗事正一"。其时为4世纪60～70年代，正一道或已经传至三吴，且为当时政权所承认，故道教信徒多以三张天师道为正宗。这或是杜子恭"及壮""宗事正一"的原因。这也说明，在杜子恭壮年时，三张天师道已经南传至江东，并有一定的影响，但还不足以控制原来南方的道团。

西晋之孙秀为孙恩之族人。孙秀曾加入西晋八王之乱中赵王伦之阵营。《晋书·赵王伦传》曰："伦、秀并惑巫鬼，听妖邪之说。秀使牙门赵奉诈为宣帝神语，命伦早入西宫。又言宣帝于北芒为赵王佐助，于是别立宣帝庙于芒山，谓逆谋可成。"[④] 据此来看，赵王伦与孙秀似都是信奉巫鬼，却不知道属什么教派。关于孙秀所信奉的教派，唐长孺认为或是太平道。"陈寅恪先生已据《晋书·赵王伦传》证泰族人孙秀信巫术，但孙秀所奉是否五斗米道，却无明证。"并引其传文"使杨珍昼夜诣宣帝别庙祈请，辄言宣帝谢陛下，某日当破贼。拜道士胡沃为太平将军，以招福佑"，称"这些宗教活动看不出什么特点，却封了个道士为太平将军，似有太平道的嫌疑"，最终认为"高平郗氏，琅邪王氏、孙氏之奉天师道，很可能倒是由太平道转事的"。[⑤]

---

① 《道学传》最早著录于《隋书·经籍志》，为二十卷，不著撰人；《旧唐书·经籍志》与《新唐书·艺文志》皆录作《学道传》二十卷，马枢撰；《通志·艺文略》录作《道学传》二十卷，马枢撰。据《茅山志》（《道藏·洞真部·记传类》）卷十五，马枢活动于梁陈时期，卒于陈太建十三年（581）。

② （唐）王悬河：《三洞珠囊》，《道藏》第25册，第296页。

③ （宋）张君房：《云笈七签》，李永晟点校，第2423页。

④ （唐）房玄龄等：《晋书》，第1601页。

⑤ 唐长孺：《天平道与天师道札记十一则》，《中华文史论丛》（总第八十三辑），2006，第60～61页。

孙恩崇奉五斗米道，或也是以五斗米道为旗帜，持东部道教的信仰。孙恩失利时，数次退入海中之岛屿，一般认为是舟山群岛。故可以推测孙恩的道团以岛民为基础。孙恩兵败时，《晋书》本传称：“恩穷戚，乃赴海自沉，妖党及妓妾谓之水仙，投水从死者百数。”[①] 虽然史书称孙恩“世奉五斗米道”，但是按其所称“水仙”等语，根本不可能是来自西蜀的五斗米道的传统。“水仙”这样的概念应该来自东方滨海地区。越族本有内越和外越之分，外越生活在近海的岛屿上，孙恩道团的基础或是当年外越的后人。

孙恩暴动波及温州。温州时称永嘉。从孙恩、卢循本传来看，永嘉似一度为孙恩之大本营，而由卢循所驻守。

《永嘉县志》称：“县人张永率众响应孙恩起义，杀太守司马逸。”[②] 此事属实，见于《晋书》孙恩本传：

> 及元显纵暴吴会，百姓不安，恩因其骚动，自海攻上虞，杀县令，因袭会稽，害内史王凝之，有众数万。于是会稽谢鍼、吴郡陆瓌、吴兴丘尫、义兴许允之、临海周胄、永嘉张永及东阳、新安等凡八郡，一时俱起，杀长吏以应之，旬日之中，众数十万。于是吴兴太守谢邈，永嘉太守谢逸（误，当为司马逸），嘉兴公顾胤，南康公谢明慧，黄门郎谢冲、张琨，中书郎孔道，太子洗马孔福，乌程令夏侯愔等皆遇害。[③]

此后孙恩听闻“（刘）牢之已济江（即浙江），乃曰：孤不羞走矣。乃虏男女二十余万口，一时逃入海”[④]。此为隆安三年（399）十二月事。

此后，孙恩于隆安四年（400）四、五月，又从海上攻占余姚，并占领永嘉。《魏书》卷九十六《司马睿传》：“（孙恩）既破永嘉、临海，

① （唐）房玄龄等：《晋书》，第 2634 页。
② 永嘉县地方志编纂委员会编《永嘉县志》，方志出版社，2003，第 9 页。
③ （唐）房玄龄等：《晋书》，第 2632 页。
④ （唐）房玄龄等：《晋书》，第 2633 页。

复入山阴，谢琰战殁，于是建业大震。”①

之后，孙恩北上与晋将刘牢之、刘裕多次激战，战事多在建业（今南京）附近。没有提到永嘉，则永嘉或被孙恩占据。刘宋郑缉之《永嘉郡记》：“孙恩城，妖贼孙恩所筑。”② 刘宋上距孙恩活动之晋末不过数十年，故其记载可信度很高。又，《玉环县志》称：“永和元年—升平五年（345—360），临海太守郗愔于木榴山（今玉环岛）上，置田庄，建别墅。隆安五年（401）被孙恩部将孙安捣毁。”③ 此两条方志文献或可作为孙恩占据永嘉的间接证据。

而后，孙恩最终为临海太守辛昺所破。黄汉《瓯乘补》卷一记载：“《太平志》引《读史方舆纪要》：乐清温岭，相传温州之名以此……晋时辛昺破孙恩于此立城，永嘉刘滂有碑，在小岭洪山寺。”④

孙恩死后，“余众推恩妹夫卢循为主”⑤。《永嘉县志》称：“元兴二年八月，卢循攻永嘉，为晋将刘裕击败，浮海南走。”⑥ 此说有误，此说当出于《晋书》卢循本传，原文为：“元兴二年正月，寇东阳。八月，攻永嘉。刘裕讨循至晋安。”⑦ 冯君实认为：“按孙恩于元兴元年二月赴海死，循本传元兴二年正月始有攻东阳之记载，其间九月余循军之动向，本传漏志，盖其时循曾据有永嘉等地。”⑧ 《宋书》卷二十五《天文志》：“（恩死），卢循自称征虏将军，领其余众略有永嘉、晋安之地。”⑨

所以事实是，卢循先是以永嘉、晋安为根据地，所以才有“桓玄欲且绥宁东土，以循为永嘉太守”⑩ 之事。但“循虽受命，而寇暴不已”⑪。

---

① （北齐）魏收：《魏书》，第 2107 页。
② （清）孙诒让：《籀庼遗文·郑缉之永嘉郡记校集》，徐和雍、周立人辑校，第 209 页。
③ 浙江省玉环县编史修志委员会编《玉环县志》，汉语大词典出版社，1994，第 1 页。
④ （清）黄汉：《瓯乘补》，《中国地方志集成·浙江府县志辑》第 58 册，第 675 页。
⑤ （梁）沈约：《宋书》，中华书局，1974，第 4 页。
⑥ 永嘉县地方志编纂委员会编《永嘉县志》，第 9 页。
⑦ （唐）房玄龄等：《晋书》，第 2634 页。
⑧ 冯君实：《晋书孙恩卢循传笺证》，中华书局，1963，第 52 页。
⑨ （梁）沈约：《宋书》，第 728 页。
⑩ （梁）沈约：《宋书》，第 4 页。
⑪ （梁）沈约：《宋书》，第 4 页。

然后，才有“正月，寇东阳”之事。但是，卢循在东阳为刘裕所败，而后是刘裕于八月攻永嘉，胜利后，又追至晋安，而后卢循被赶出浙南之地，“循窘急，泛海到番禺。寇广州，逐刺史吴隐之”①，此事《宋书》卷一《武帝纪》记载得较为清楚：“玄复遣高祖（即刘裕）破循于东阳，循奔永嘉，复追破之，斩其大帅张士道，追讨至于晋安，循浮海南走。”② 此为元兴二年（403）八月之事。

而后卢循占有广州，义熙元年（405）为广州刺史。之后，卢循、徐道覆于义熙六年（410）从江西、湖南两路北伐，兵力一度达60万人，最终兵败，徐道覆于义熙七年（411）二月自杀，卢循于义熙七年六月赴水而死。

从社会史来看，孙恩暴动虽然以失败告终，但其妹夫卢循继其军队，一度任广州刺史，也算是使暴动有了一定的成果。卢循最后败于刘裕之手。刘裕因为剿灭孙恩卢循的暴动，建立起自己的威信，说明孙恩暴动从侧面为刘裕建立刘宋政权起到了一定程度上的推动作用。从道教史来看，孙恩能够发动暴动，是道教这个时期特定的组织方式造成的。从张鲁起，就存在“米户”，张鲁曾在汉中建立了政教合一的政权，称五斗米道，其信徒入道需交米五斗。而在江南地区钱塘杜昺，称其“操米户数万”③，说明东晋时期道教还存在与后汉张鲁时期相近的组织形式，不过进入南朝后，这种组织方式逐渐被宫观道教、奉道世家等不同的道教组织方式所代替，由此，道教进入了一个新的时代。

第四节　陶弘景温州事迹考

陶弘景，字通明，号华阳隐居，丹阳秣陵（今南京）人。生于宋孝武帝孝建三年（456），一生经历南朝宋、齐、梁三个朝代，卒于梁武帝

① （唐）房玄龄等：《晋书》，第2634页。

② （梁）沈约：《宋书》，第2页。

③ （宋）张君房：《云笈七签》，李永晟点校，第2423页。

大同二年（536），谥曰贞白先生。陶弘景十岁读《神仙传》，年二十九师从孙游岳学道，为道教上清派第九代宗师。隐居茅山四十余年而不出仕，深得梁武帝信任，“国家每有吉凶征讨大事，无不前以谘询，月中常有数信，时人谓为山中宰相”[①]。撰有《真诰》《登真隐诀》《真灵位业图》《周氏冥通记》《本草经集注》《补阙肘后百一方》等，为著名的道教思想家、医药家。

一　陶弘景温州踪迹考

陶弘景在温州的遗迹，温州的方志多有记载，但多言辞简略且不准确。《乾隆温州府志》曰：“陶弘景，《万历志》：丹阳秣陵人……永明十年，脱朝服挂神武门，上表辞禄。历江左诸名山，至永嘉安固山中栖止。”[②] 此说不确。陶弘景隐安固县之说，估计是由于七十二福地之温州陶山的记载，杜光庭《洞天福地岳渎名山记》曰：“陶山在温州安固县，贞白先生修药处。”[③] 陶弘景确实曾隐于安固县，但时间不在永明十年（492）。据《华阳陶隐居内传》[④] 及《新订华阳陶隐居年谱》[⑤]，齐永明十年陶弘景虽然辞官，但是“乃隐于句容之句曲山，即茅山。于大茅、中茅间之积金岭西筑华阳上下馆，因自号华阳隐居”[⑥]。

陶弘景寓居温州的时间，主要在入梁以后。梁武帝天监七年（508），因作丹不成，陶弘景对外称要“静斋五旬”，实际却携从者二人外出寻炼丹之地，“初欲入剡，或度天台至浙江，值潮波甚恶，乃上东阳，仍停长山，闻南路有海掠，不可行，稍进赤岩，宿瞿溪石室，梦人告云：欲求还丹，三永之间。乃自思惟，知是永嘉、永宁、永康之际”[⑦]。此事《康熙永嘉县志》亦有记载，其卷十一曰：“一日梦人告

① （宋）沈枢：《通鉴总类》，《景印文渊阁四库全书》第462册，第101页。

② （清）李琬：《乾隆温州府志》，清乾隆二十五年刊民国三年补刻本，第1052页。

③ 《道藏》第11册，第60页。

④ 《道藏》第5册，第499~513页。

⑤ 王家葵：《陶弘景丛考》，齐鲁书社，2003，第315~376页。

⑥ 王家葵：《陶弘景丛考》，第337页。

⑦ 《道藏》第5册，第506页。

曰，欲求还丹，三永之间。知是永嘉、永宁、永康，遂入楠溪青嶂山修道。”[①]

不过，据《华阳陶隐居内传》，陶弘景在永康不止到过青嶂山。“因是出访村人，咸云过此室上百余里，至永康兰中山，最为高绝，诘朝乃往经纪，山良可居，唯田少无议聚糠[②]。后入楠溪青嶂山，爱其稻田，乃居。会荒俭连岁，不谐，兼寇掠充斥。乃曰尝闻《五岳图》云：霍山是司命府，必神仙所都。乃自海道往焉……”[③] 由于霍山亦“人稀田寡，复以无糠为患”，陶弘景“复自海道还永嘉，至太溜形势殊好”。注云：“《登真隐诀》云：壬辰年六月，便乘海还永嘉木溜屿，乃大有古旧田墟，孤立海中，都无人居，甚可营合。”[④] 但仅两月后，梁武帝使者司徒慧明就找到了陶弘景，《华阳陶隐居内传》注引《登真隐诀》曰：“八月至木溜，见其可居，始上岸起屋，十月司徒慧明至……相随而还也。”[⑤]

“木溜”又名地肺山、木榴山。《嘉靖太平县志》卷一“玉环山”引顾野王《舆地志》：“乐清东南港中有地肺山，一名木榴山，避钱王讳改今名。”[⑥]《太平寰宇记》卷九十九：“玉环山……在海中，周回五百余里，去郡二百里，上有流水，洁白如玉，因以为名。”[⑦]《玉环县地名志》：“一说宋高宗遗玉环于此，故名……东晋时已有数百家（居民）……面积约173平方公里，最高峰田螺尖，海拔375米，为浙江第二大岛。”[⑧]

从梁武帝天监七年（508），至天监十一年（512），陶弘景除中途去过霍山，大多数时间寓居温州。在温州期间，传说其在大若岩撰修《真

① 《中国地方志集成·浙江府县志辑》第59册，第725页。

② “糠”为炼丹的燃料之一，由于炼丹时日很长，要大量的“糠”，故能否得到大量的“糠”，成为陶弘景选址的一个必要条件。

③ 《道藏》第5册，第507页。

④ 《道藏》第5册，第507页。

⑤ 《道藏》第5册，第507页。

⑥ 《嘉靖太平县志》，《天一阁藏明代方志选刊》第17册，上海古籍书店，1981，第24页。

⑦ （宋）乐史：《太平寰宇记》，第1980页。

⑧ 浙江省玉环县地名办公室编《玉环县地名志》，内部资料，1984，第237、258页。

诰》。此事也见于温州方志，如《康熙永嘉县志》卷一曰："青嶂山，梁陶弘景隐地……大若岩……梁陶弘景于此纂集《真诰》，故又名真诰岩。"① 在大若岩撰修《真诰》之说也见于《茅山志》卷十，云："至永嘉楠江青嶂山，梦佛授记，名胜力菩萨。住大若岩修所著《真诰》。"②

不过陶弘景在大若岩修《真诰》的时间，也可能不在天监七年至天监十一年之间。《华阳隐居先生本起录》：

> 先生以甲子、乙丑、丙寅三年之中，就兴世馆主东阳孙游岳，咨禀道家符图经法，虽相承皆是真本，而经历模写，意所未惬者，于是更博访远近以正之。戊辰年始往茅山，便得杨许手书真迹，欣然感激。至庚午年，又启假东行浙越，处处寻求灵异。至会稽大洪山，谒居士娄慧明，又到余姚太平山，谒居士杜京产；又到始宁岇山谒法师钟义山；又到始丰天台山谒诸僧标，及诸处宿旧道士。并得真人遗迹十余卷，游历山水二百余日乃还。爰及东阳长山、吴兴天目山，于潜、临海、安固诸名山，无不毕践。③

此处所述甲子年为永明二年（484），该年起陶弘景受教于孙游岳。戊辰年为永明六年（488），得到了杨许真迹。永明七年（489）孙游岳卒。陶弘景于庚午年，即永明八年（490）"东行浙越""二百余日"，并得一杨二许"真人遗迹十余卷"。文中提到"安固"为其目的地之一，则很有可能在"安固"对新得到的"真人遗迹"进行整理摹写，所以陶弘景在温州修《真诰》，很有可能是在永明八年。

陶弘景在温州时还收有弟子周子良，周子良即陶弘景所撰《周氏冥通记》的主角。周子良，字元龢，《周氏冥通记》曰："本豫州汝南郡汝南县都乡吉迁里人，寓居丹阳建康西乡清化里……父耀宗，小名金刚，文郎（耀宗父名）第五子，郡五官掾，别住余姚，天监二年亡，年三十

① 《中国地方志集成·浙江府县志辑》第59册，第650页。

② 《道藏》第5册，第600页。

③ 《道藏》第22册，第732页。

四。……母永嘉徐净光……。乃以建武四年丁丑岁正月二日人定时生于余姚明星里。期岁，为姨宝光所摄养，同如母之义……十岁，随其所养母还永嘉。”[①] 据此，周子良生于建武四年（497），十岁时，即天监六年(507)，随其姨母即养母到了永嘉。

陶弘景从梁武帝天监七年出发，先居永宁青嶂山，后游霍山等地。“忽值永嘉人，谈述彼山水甚美。复相随度峤至郡，投永宁令陆襄，陆仍自送，憩天师治堂。而子良始已寄治内住，于此相识……于时子良年十二。”[②]

周子良生于497年，年十二为509年，即天监八年，此时陶弘景与周子良相识。此后，周子良“仍求入山伏节为弟子，始受《仙灵箓》《老子五千文》《西岳公禁虎豹符》……后随往南霍，及反木溜，旦夕承奉，必尽恭勤。十一年从还茅岭。此后进受《五岳图》《三皇内文》”[③]。周子良于天监八年拜陶弘景为师，并在陶弘景还茅山时随行，离开了温州。

从以上陶弘景在温州的事迹来看，陶弘景与温州关系非常密切，一是在到江苏浙江各地收集二杨一许真迹时，就到过温州；二是从梁武帝天监七年起，在温州寓居了大约四年，留下了众多的遗迹；三是在温州收了周子良做弟子，并根据周子良的遗稿，写了著名的《周氏冥通记》，该书中的神明体系与《真诰》《真灵位业图》中的体系如出一辙，为后世多方面的研究提供了非常珍贵的资料。

二　陶弘景《永嘉邑居图》辨伪

世传陶弘景有《永嘉邑居图》传世，但经过考证，这只是以讹传讹。

明姜准《岐海琐谈》卷四：“郭若虚《画论》有陶弘景《永嘉邑居图》。考之地志，玉环山之木流岙、贤宰乡之永宁山、永宁乡之绿嶂山、

① 《道藏》第5册，第518页。
② 《道藏》第5册，第518页。
③ 《道藏》第5册，第518页。

清通乡之乌石、白泉山均为弘景流寓之区，见有遗迹存焉。”[①]

清代黄汉《瓯乘补》卷一也有相似的记载：“劳大舆《瓯江逸志》：郭若虚《画论》有陶宏景《永嘉邑居图》。考之地志，若木榴屿、永宁山、绿嶂山、白泉、乌石均为宏景流寓之区，现在遗迹存焉，不知所图者果何属耳？汉按：陶宗仪《辍耕录》：陶宏景自号华阳隐居，梁天监七年东游海岳，权驻会稽。永嘉十一年乙未岁还茅山。又按唐裴孝源《公私画史》：《永嘉屋邑图》见隋朝官本。与郭论痛斥谓‘邑居图’微异，是否即此，俟考。”[②]

但考之郭若虚为宋代人，著有《图画见闻志》，其卷一《叙论》十六篇，有《论制作楷模》《论衣冠异制》《论气韵非师》《论用笔三病》《论曹吴体法》《论三家山水》《论黄徐体异》《论古今优劣》等，均为专题论文，或是《岐海琐谈》与《瓯江逸志》所说的“郭若虚《画论》”，但画论中所著录的是“陶景真《永嘉邑居图》”[③]，也就是《永嘉邑居图》非陶弘景所作，《岐海琐谈》、《瓯江逸志》与《瓯乘补》记述有误。“陶景真”之名与陶弘景相近，或是三书记述有误的原因。又《瓯乘补》所述“唐裴孝源《公私画史》：《永嘉屋邑图》见隋朝官本”也没有陶弘景之名。唐裴孝源所编为《贞观公私画史》，此处简称为《公私画史》，该书中确实提到了《永嘉屋邑图》，但其原文如下：

> 虎豹图　孔雀鹦鹉图（上一卷《太清目》所有）
>
> 右二卷，陶景真画，隋朝官本。
>
> 颍川先贤图（得于杨素家）　惠持师像　问礼图　永嘉屋邑图（已上皆梁《太清目》中所有）
>
> 右四卷，宗炳画，隋朝官本。[④]

---

① （明）姜准撰，蔡克骄点校《岐海琐谈》，第 69 页。

② （清）黄汉：《瓯乘补》，《中国地方志集成·浙江府县志辑》第 58 册，第 673～674 页。

③ （宋）郭若虚：《图画见闻志》，俞剑华注释，江苏美术出版社，2007，第 11 页。

④ （唐）裴孝源：《贞观公私画史》，《景印文渊阁四库全书》第 812 册，第 24 页。

从上述文本来看，陶景真画了《虎豹图》《孔雀鹦鹉图》，而宗炳画了《永嘉屋邑图》。如果《永嘉邑居图》为《永嘉屋邑图》之讹，则《永嘉屋邑图》或是陶景真画，而《贞观公私画史》文本次序或有误。但无论如何，《永嘉邑居图》或《永嘉屋邑图》都与陶弘景无关，上述相关记述都是因“陶景真”与“陶弘景”名字相近而误记。

第三章

隋唐宋温州道教的成熟（上）

——以东华派及宋代道典为中心

隋代国家统一，道教南北各宗交流顺畅，同时，道教得到了朝廷较大程度的支持，因而继南北朝之后，其一体化进程大为推进。唐代，李渊、李世民基于稳固政权的考量，借神权保君权，把道教教主李耳认定为自己的祖先，用政权的力量采取一系列措施尊崇、弘倡道教，如把道教定为国教并在儒、道、佛三教中列为第一，追封道教教主老子为“太上玄元皇帝”，把道士、女冠（女道士）作为皇族宗室看待，规定士人习《老子》《庄子》《文子》《列子》者可以参加科举考试，等等。道教因而得到了较大的发展。晚唐至宋代是道教发生转型的时期。转型的表现主要是如下几个方面。其一，在政治和作为主流意识形态的儒学、拥有广泛信众的佛教的挤压下，道教不得不倡导道家学术，关注社会秩序的维护，重视伦理，佐助教化，道教老学、道教庄学在这时期的发达和劝善书的出现就是两个典型的表现。其二，在佛教重视思辨和心性论的刺激下，道教关注的重心由外而内，外丹术在内外因素的共同作用下开始衰落，内丹术逐渐兴盛并进而取代其主流地位。其三，在内丹术逐渐兴盛的背景下，一方面内丹术力图改变自己独善其身的局面而向科仪之术扩展以影响社会现实；另一方面科仪之术要攀附逐渐兴盛的内丹术而获得理念解释基础和社会话语权，这两方面的作用形成了“内炼成丹，外用成法”，内丹与科仪水乳交融的局面。其四，两宋之际，政治动荡，战争频仍，人民生活在水深火热之中，为宗教提供了发展的温床，道教滋生了众多新道派，如天心正法派、东华派、神霄派、清微派、净明派等。它们把符咒、科仪、内丹三者紧密结合，进一步强化了道教传统的以天人感应为核心的巫术性思维模式，法术化、地域性倾向明显。

隋唐宋三代，温州道教出现了名动天下的高道，也出现了流传至今的道派，终于站在了道教的舞台中央。永嘉人林灵素谒宋徽宗而成就神霄派，并使神霄神话一度成为政教合一的政权基础，成为道教的一段神话。温州本地的林氏创立水南派，传承东华派，在道教科仪方面有很高的地位，并流传至今。其他如撰写《无上黄箓大斋立成仪》的蒋叔舆，撰写《混元圣纪》的谢守灏，以及发挥南宗丹法的夏元鼎都是道教史上的著名人物。另外温州本地还有李少和、傅隐遥等一批高道出现。同时，温州归属于道教的民间信仰也较多，其中影响较大并流传至今的有温琼温元帅、陈靖姑、杨府侯王等。

第一节　平阳林氏及东华派传承

林灵真是平阳林氏道学传承中的一位宗师级人物。林灵真号水南，故当地将其家传学派称水南派，也称水南家学。林灵真又是宋元之际流传于浙东的东华派的宗师。水南与东华两派各有传承，只是在林灵真这个结点上有了交集。东华派有记载的最后一位宗师是正一派第三十九代天师张嗣成，他于延祐三年（1316）袭位。一般认为东华派传至张嗣成后，与正一派合流。但从温州方志来看，水南派至少传至明代。从近年进行的田野调查来看，温州当地有道士自称为东华派道士，则东华派或持续传承与传播至现在。

一　平阳林氏传承

平阳林氏始于林倪。“据平阳、苍南一带的林氏宗谱记载，横阳（含今平阳、苍南、泰顺）林氏肇基祖林嵩，为避唐末战乱由莆田‘九牧堂’林族迁出，先迁长溪赤岸（今福建霞浦），后又于大顺元年（890）再迁横阳县亲仁乡荪湖里（即今苍南县望里镇）隐居。林嵩长子林可萃，治荪湖田庄，生子林倪；三子林护，析居林坳（荪湖附近），为林坳林氏肇基祖。”①

① 林孝瞭：《荪湖道乡》，《中国道教》2006年第4期。

林倪曾仕吴越国，钱氏归宋后还乡隐居。《民国平阳县志》曰："林倪，字仁药（旧志《隐逸传》），仕吴越为虞候。击福州寇王潮有功，历官至节度使。钱氏归宋，乃辞爵结茅苏湖山，习长生久视之道。寿百有二岁（旧志《仙释》仁药本传）。"①

林倪所传有道法与武术，"林倪的'长生久视之道'是公开的，而其首创的'五基拳法'，则秘传于林氏家族"。"南宋 150 年间，温州共出了武进士 393 人，其中平阳县（含今苍南县）就达 294 人，武状元有 13 名。这其中林家又占了相当比例。南宋时期，林管、林梦新、林时中三人高中武状元。还有武榜眼林景衡、林景新，武探花林武子，及武进士林雷震、林有声、林自宪等 71 人，武举 200 多人。"② 林家之武术一直流传至今。

林倪又传道法于子孙，《隆庆平阳县志》曰："林升真，仁药之孙，能神游上清，知人祸福，祷雨旸辄应。年八十余，一日冠裳端坐而化。以其教授虚一，虚一传水南，故苏［湖］有道乡之称。"③

水南即林灵真（1239—1302），名伟夫，字君昭，法名灵真，自号水南，人称水南先生。"经纬史传、诸子百家，若方外之书，靡不洞究。而于四辅、三奇、阴符、毕法之旨，独加意焉。……累举不第，卒授登仕郎……适丁时艰……于是弃儒从道，舍宅为观。"④《正统道藏》收署名宁全真授、林灵真编之《灵宝领教济度金书》三百二十卷，《灵宝领教济度金书·水南林先生》曰："自号水南，遂榜其门曰水南福地。投礼提点复庵先生戴公焆为师。取丹元方诸之义，扁其宅曰丹元观……公每曰：予学道于虚一先生林公，东华先生薛公，于兹有年矣。幸造道域，参玄律，讵可韫所学而不济于世，乃绍开东华之教，尉为一代真师。"⑤

从"予学道于虚一先生林公"可知《隆庆平阳县志》所称林倪传其

① 符璋、刘绍宽：《民国平阳县志》，民国十四年刻本，第 962 页。

② 林子周：《苍南林家的武林传奇》，《温州日报》2013 年 7 月 17 日，第 10 版。

③（明）朱东光修，万民华补遗，（清）石金和等增补《平阳县志》，明隆庆五年刻本，清康熙增补抄本，第 260 页。

④《道藏》第 30 册，第 498 页。

⑤《道藏》第 7 册，第 19 页。

孙林升真，而林升真所传之虚一也姓林，则亦应是林氏族人，而虚一所传之“水南”，即林灵真。则林倪至林灵真的林氏子孙的传承清晰：

林倪（林仁药）——林升真——林虚一——林灵真

林灵真初奉戴㷆为师，戴㷆是温州永嘉人。《弘治温州府志》曰：“戴㷆，号复庵，永嘉人，少师文端公溪之孙，仕宋为临安府知录。咸淳间，谢后得异疾，舌出口数寸不能收。御诊莫能治，招名医无敢应者。㷆时为知录，即应召，以消风散傅之立愈。后大喜，询知文端孙，以侄女妻之。丁丑（景炎二年），元兵至，耻事二姓，遂隐迹簪裳。一日，遇异人授以赤天之秘，能飞神谒帝。为龙兴宫道士，黼黻灵坛，科斋仪，法式条理悉备，章奏其应如响，为一代宗师。延祐甲寅（元年），游龙虎山，至衢州，有吏抱文书卷其右，俾署左判官衔，下署毕，索视，则是岁八月回禄文也。㷆大惊，问曰：吾庐可免否？吏答曰：可当为寄声至家。是日，其家有人至，言早在衢城相见，今寄声可多蓄水防虞。家人未之信，姑从其言。里人咸笑其家。未几，郡果大火，旧庐丹室无恙。晚筑室曰抱瓮。制丹施药，获济者众。后无疾而化，至今灵宝之派皆宗之。”① 从中可知戴㷆是灵宝一系传人，与重斋醮的东华派有很大的关系，林灵真后来能成为东华派的宗师，或与其启蒙老师戴㷆有关。

林灵真的另一师父东华先生薛公，即《道法会元》卷二百四十四之《灵宝源流》所列之薛熙真②，不过薛熙真生平不详。

林灵真传法于林天任，《灵宝领教济度金书·水南林先生》曰：“一日贻书于天任曰：吾嗣教诸子，皆在遐方，而密迩相依，袭香火之缘者维子耳。”③《灵宝领教济度金书·水南林先生》后署名：“大德六年十月七日门人凝和通妙观明法师玄学讲师林天任状。”即水南先生之传由林天任所撰，林灵真卒，与林天任嗣教都在大德六年（1302）。

---

①（明）王瓒、蔡芳编《弘治温州府志》，胡珠生校注，第404页。

②《道藏》第30册，第496页。

③《道藏》第7册，第20页。

林天任（？—1324）即林任真，《民国平阳县志》曰：“林任真，字器之（旧志），号横舟（霁山集），幼从刘敬堂学，涉猎经史。仕宋为修职郎，兴化司尹参军。宋亡归隐苏水。遂参水南家学，历湖海采摭洞辅群书，藻会科典、黄箓玄坛，在在具瞻。若昆阳盖竹洞天，长溪古崧福地，安阳崇真玄馆，普度修炼之夕，皆现大圆像，其采九色，遐迩惊异。泰定甲子春，修斋于崇真观，事毕语侍者曰：御气而来，乘化而归，吾今往矣。怡然而解（旧府县志）。”[①] 林任真在宋代入仕，宋亡后入道，擅长科仪。所作《大江词·寿仙尉》被收入《全宋词》。林任真墓地在杭州西湖区三台山下“道士洼”。墓建于元泰定元年元月（1324 年 2 月），清道光十年（1830）重建，1947 年三茅观道众和其后裔重修。墓碑刻字为“特进通真灵妙弘教大宗师崇德高士养晦林真人墓”。元代陈性定《仙都志》卷下《高士》记载：“林天任号横舟，昆阳人，昔授修职郎。际陵谷变迁，归心玄学，遂采摭道典，黼黻教科，屡阐黄箓大斋。尝于施炼之夕显大神光，烜赫九色，亘天彻地，民具尔瞻。”[②]

《民国平阳县志》记刘修真从林天任学道，曰：“刘修真，号静趣，自幼通涉经史诸子百家，年二十始慕入道，师事横舟、虚白二真人，受东华上道；游江淮，又从霞隐张真人参全真内功；谒孤绝禅师问竺乾的意，俱得其传。爱飞霞洞烟水之胜，即莲渚故址，构屋以居。水莲万柄，四围环绕，因号曰莲花博士。至元己卯夏日，容成洞天修斋事毕，归即沐浴更衣，端坐谓弟子曰：‘古人谓生死事大，无常迅速，然清净心源，圆满广博，性含万法，体绝百非，生死去来，了无关涉。’有进笔求语者，笑曰：‘有言末也。’遂安然而寂，越三日貌如生（旧志）。”[③] 其中所称横舟即林天任。虚白，《民国平阳县志》曰：“顾泰真号虚白。从郡城陈静心学。历览山川，后遇麻衣道人于浦城，能神游太空，洞知祸福，复授洞真何真人掌心雷法。指呼旸雨，叱咤风雷。洪武十九年夏旱，有司礼请祷于钱仓宝胜寺，登坛有顷，雷电交作，大雨如注，三日乃止。

① 符璋、刘绍宽：《民国平阳县志》，民国十四年刻本，第 963 页。
② 《道藏》第 11 册，第 82 页。
③ 符璋、刘绍宽：《民国平阳县志》，民国十四年刻本，第 963 页。

二十一年夏四月，赴醮金乡，既发奏，得龙蛇会鸡鼠则终之语。因谓弟子曰：‘辰年巳月酉日子时，吾将化矣。’至期，沐浴端坐，索笔书云：‘三十六年春梦足，参玄学道空忙碌。夜半骑龙上玉虚，浩歌一段无生曲。’书毕恬然而逝（旧志）。”① 从年代来看，顾泰真于洪武二十一年（1388）年卒，上距刘修真去世的至元己卯（1339）有 49 年，刘修真所师之虚白为顾泰真虽然并非没有可能，但确有疑问。

元末明初，平阳出现了一位东华派高道。《民国平阳县志》载：

> 陈镐，字德高，号玄逸子（平仲集碣铭）。……遂以丁酉入东华道院为道士。师事镜水周先生，受洞玄法箓、黄白变化之术。……密修大洞回风混合之道。……洪武七年春，示微疾，谓诸子曰：“天地无物不归于尽，吾将休矣。虽然，人而不学，何以通古今，识道理。我死后，汝等勉之。”翛然而逝，三月五日也，春秋五十有八（平仲集）。②

陈镐于 1357 年进入东华道院，修炼上清派大洞回风混合之法，这说明此时平阳的东华派尚有传承。

林天任之后，林氏子孙嗣教水南派的有林仕贞。《隆庆平阳县志》曰：

> 林仕贞，水南派下第十六代嗣教师，出自右族，奉持三天之教，悟玄而又玄之，自修炼于城南广福宫内，宋圣寿宫是也。洪熙元年，召天下道会赴京师修荐扬大斋，而仕贞预焉。既毕，敕谕遣归，厚嘉赏赉。其词云：“尔能恪（恪）承朕命，致其精虔，阐扬宝范，自初至讫事，天宇澄明，凝寒之月，云飚不作，和气冲融，瑞景武照（式昭），福应斯集，得其道妙者，斯能见诸功用，即此可知其功行云。”③

---

① 符璋、刘绍宽：《民国平阳县志》，民国十四年刻本，第 965 页。

② 符璋、刘绍宽：《民国平阳县志》，民国十四年刻本，第 964 页。

③ （明）朱东光修，万民华补遗，（清）石金和等增补《平阳县志》，明隆庆五年刻本，清康熙增补抄本，第 265 页。《民国平阳县志》称林仕贞为十八世嗣教师，当误。

通过上述资料，可知林灵真之后，水南派传承为：

林灵真——林天任……林仕贞（十六代）
　　　　└—刘修真

洪熙元年为1425年，林仕贞于洪熙宣德年间任水南嗣教师，已至十六代，如林氏后人上溯林侻为水南派第一代的话，林升真为其孙，应该是第三代，林虚一为第四代，林灵真为第五代，林天任应是第六代嗣教师，其袭位于1302年。至1430年前后，约过了120年，林仕贞为第十六代嗣教师，其中相隔有九代，应该也是非常有可能的，只是这九代宗师姓名无考。

二　东华派传承

宁全真是东华派创立的关键人物。从《道法会元》卷二百四十四之《灵宝源流》所载东华派的谱系来看，除上清、灵宝两系之神仙与先祖，东华派主要传承为：

洞灵上卿青玄府下教司命三官保命司主簿丹元姚真人讳圆字耀灵

司命神盖宝惠尚书王真人讳古字贤孙

灵虚诚应紫极田真君讳思真字清夫

洞微高士赞化先生开光救苦宁真人讳全真名本立字道立

上清宝川王真人讳褀字光宝坚

领教真师玉田赵真人讳德真字义夫[①]

宁全真之前，有姚圆（字耀灵）、王古（字贤孙）和田思真（字清夫）三人。卿希泰主编《中国道教史》认为“东华派实际创始人为两宋间的宁全真”[②]。陈文龙则认为：“‘丹元姚真人’不知是何许人，极可能

① 《道藏》第30册，第496页。

② 卿希泰主编《中国道教史（修订版）》（第三卷），四川人民出版社，1996，第113页。

是创教者之一。……尚书王古是第二任继承者，田灵虚也对该派有所贡献，这三人是东华派初期的重要人物。”① 两者观点的差异或与对东华派的理解有关。如果将东华派看作浙东的一个道派，则是由宁全真南渡后才建立的，那么宁全真是其实际创始人。但如果“东华”作为一个道派原来就存在，只不过北宋灭亡后在浙东再行发展，那么姚圆很可能是创教者。

《道法会元》卷二百四十四所载之《赞化先生宁真人事实》称：“会尚书王古入朝，雅知先生（指宁全真）有道，檄充史掾。尚书嗣丹元真人东华嫡传，又闻田灵虚遇陆简寂于庐山，玄授三洞经教，与东华丹元玄旨会合。”又曰：“一日，（田）灵虚言于尚书（王古）曰：‘裴氏子（指宁全真）根器深重，骨相合仙，异日当负大名，然振起吾东华教者，必此人也。’”② 从这里可以看出，所谓“东华”作为道派，似从丹元真人姚圆始，王古为第二代。王古为北宋徽宗前后的一位好道的官员，懂药剂，且与钟离权等唱和。所谓田灵虚“玄授”陆修静（简寂）三洞经教，是指玄中所授，或是扶乩一类。而“与东华丹元玄旨会合”，则说明东华派之斋法亦有对陆修静三洞经教的传承。

明张宇初《岘泉集》卷一曰：“倡其宗者，田紫极、宁洞微、杜达真、项德谦、王清简、金允中、高紫元、杜光庭、寇谦之、镏冲靖，而赵、林、白、陈而下，派亦衍矣，是有东华、南昌之异焉。”③ 其中提到东华派历代宗师只有田思真与宁全真两人，则田思真所持“三洞经法”对后世的影响应大于王古，同时也证明宁全真在东华派的影响力也是很大的。宁全真南渡后，又有上清一系的传授神话，《赞化先生宁真人事实》曰：

前是，杨司命得道华阳，以灵宝玄范四十九品，五府玉册符文，一宗印诀，进于朝。诏藏秘府。司命登真，付于嗣法仕子仙，曰：

① 陈文龙：《走向民间的道派——上清灵宝东华派略述》，《世界宗教研究》2011 年第 2 期。

② 《道藏》第 30 册，第 496 页。

③ 《道藏》第 33 册，第 187 页。

“尔嗣吾上道，谨勿轻泄。若遇绯衣人付之。”后仕君于江南时，先生尚从裴姓。仕君曰：“吾昔受先师绯衣之祝（嘱），今始悟绯衣者，子姓也。”即以图策心印付度。[①]

金允中的《上清灵宝大法》认为宁全真所授王契真所撰《上清灵宝大法》是继承了《天台四十九品》，陈文龙通过对东华派部分经典内容的考证，认为“王氏得自宁氏的天台四十九品可能是杨司命与仕子仙传给宁氏的《灵宝玄范四十九品》或是以该书为底本作一些修改而成的著作”[②]。仕子仙之传承虽然近于神话，但其所传“灵宝玄范四十九品，五府玉册符文，一宗印诀”应是实有其物，且其中的“灵宝玄范四十九品”是宁全真所授上清灵宝大法的重要内容之一。并且，仕子仙是直接传与宁全真的。从上述多个仙授或玄授神话来看，宁全真确实是东华派传承中的关键人物，即使他不是东华派的创立者，也是东华派后世所传斋法内容的构建者，是东华法嗣中弘扬东华派的主要传人。

宁全真“名本立，字道立，讳全真，开封府人也”。生于建中靖国之辛巳（1101），卒于淳熙辛丑（1181），年八十一。宁全真北宋时在汴京，受王古与田思真所传东华法脉，“自是修持不怠，能通真达灵，飞神谒帝，名振京师”。而后，北宋灭亡，随母南渡，时年二十七岁。绍兴（1131—1162）中，据称以斋醮祈祷有功，被赐号“洞微高士”，继进“赞化”二字。“是后朝廷凡有醮礼，皆属先生其主典之。”孝宗朝（1163—1189），遭左街道录刘能真嫉妒陷害，被囚十余日后黥隶军籍。此后他发誓“东华灵宝，上道宗派，真真相授，不许传黄冠”，故后世宁全真的弟子大多是在家人。此后，宁全真“即晦迹深遁，益勤修炼，士夫慕而归者如市”。浙右诸处士庶率多请其建斋醮，多有应验。晚年住婺州（今浙江金华市）何淳真家，“以崇代一宗付玉牒赵义夫，宝婺兰

① 《道藏》第30册，第497页。

② 陈文龙：《王契真〈上清灵宝大法〉研究》，中国社会科学院研究生院博士学位论文，2011，第32页。

溪何淳真”。[1] 可见此两人得传其法箓。除上述两人，宁全真还有弟子宋扶、何德阳、王承之、章友直、宗妙道、胡元鼎、胡次裴、赵怀政、胡仲造、杜文豫等多人。卒后，其弟子赵义夫嗣教。

宁全真弟子中有王契真，编有《上清灵宝大法》，署名为“洞微高士开光救苦真人宁全真授，上清三洞弟子灵宝领教嗣师王契真纂”。[2] 东华之谱系在宁全真之后，赵义夫之前，有“上清宝川王真人讳褀字光宝坚”[3]，可能就是王契真。

王契真的生平资料很少，只有《天台山方外志》曰：“宋王茂端，行上清大洞法，通真达灵，事验甚著。养母至百岁，自年九十八，清健不衰，人呼为灵宝。其弟契真，亦行大洞法，号小灵宝，所著《灵宝教法秘箓》十卷留桐柏观。”[4] 从中可知王契真有一兄，人称“王灵宝”，应该亦是灵宝法传人，且寿近百岁仍健在。而王契真称“小灵宝”，其“小”字未必是指道法不如其兄，或是因为其为弟弟的缘故。从文中意思来看，此时王茂端或健在，而王契真已卒。因为如果王契真在世，则亦应该有九十余岁，文中应并称两兄弟高寿才合理。又说王契真“所著《灵宝教法秘箓》十卷留桐柏观”，似是对已故之人的评语。关于王茂端活动的时间，《天台山方外志》卷九《神仙》曰：“商伯夷叔齐：道书称二子死为九天仆射，治桐柏山。今桐柏观有二石像镌制奇古，体色温润。或云王灵宝请之徽宗宫中，然无所据。”[5] 可知王茂端在北宋末之徽宗朝就有活动。南宋著名诗人，号称“永嘉四灵”之一的赵师秀在《清苑斋诗钞》里的《桐柏观》一诗中也提到王灵宝，诗云：

山深地忽平，缥缈见珠庭。瀑近春风湿，松多晓日青。
石坛遗鹤羽，粉壁剥龙形。道士王灵宝，轻强满百龄。[6]

---

① 《道藏》第30册，第496～498页。
② 《道藏》第30册，第864页。
③ 《道藏》第30册，第496页。
④ （明）释传灯：《天台山方外志》，清光绪二十年刻本，第193页。
⑤ （明）释传灯：《天台山方外志》，清光绪二十年刻本，第181页。
⑥ （清）嵇曾筠：《浙江通志》，《景印文渊阁四库全书》第526册，第470页。

赵师秀（1170—1219）生于南宋孝宗朝，卒于宁宗朝，则此诗写于宁宗朝的可能性很大，则王茂端出生时间不会早过北宋徽宗朝，其弟王契真也应出生于徽宗朝。

宁全真入天台与王契真相遇的时间，《赞化先生宁真人事实》有一记载，称："天台巾子山素有飞猴，为郡之患。有吴崇哲者，受其害，请先生治之。"① 该事件又见于《夷坚志补》卷二十二"侯将军"："郡人言：'此地有宁先生，道法通神，盍往告！'吴即日持牒奔谒。宁书符箓，使置于门首。……宁先生名全真，字立之，京师人。绍兴二十一年七月也，赤城赵彦成亲见其事，作《飞猴传》记之。"② 从郡人言"此地有宁先生"，可知此时宁全真应居于天台，则宁全真与王契真见面很有可能是在绍兴二十一年（1151）前后，从王契真出生于徽宗朝来看，其时年纪为四十余岁。

赵义夫之后的东华派传人，据《道法会元》卷二百四十四之《灵宝源流》为：

> 云林先生宋真人讳存真
> 玉虚先生张真人讳洞真
> 太玄先生孔真人讳敬真
> 丹霞先生卢真人讳谌真
> 东华先生薛真人讳熙真
> 灵宝通玄弘教法师水南先生林真人讳灵真
> 太极高闲先生董真人讳处谦字巽吉
> 三十九代天师太玄张真人讳嗣成③

《灵宝源流》赵义夫之后所列五人生平不详，以后东华派著名传人是温州人林灵真，林灵真生于南宋末年，其主要活动年代已进入了元代。

① 《道藏》第 30 册，第 497 页。
② （宋）洪迈：《夷坚志》，何卓点校，中华书局，1981，第 1750～1751 页。
③ 《道藏》第 30 册，第 496 页。

林灵真于逝世前，所传弟子甚众，“在州里不下百余人。在方外则天师门下高闲董公，宗师堂下闲闲吴公，金华谢公，括苍雨峰周公，武林槃隐王公，吴门静境周公。派系有庐山锺岳于公，赤城天乐赵公，武林廛隐方公，练溪岩谷周公，虚舟平公，竹林张公。此玄门之表表尤著者。其从游参妙肩摩踵接，未可一二记之，亦可谓一时授受之盛”①。上列诸人，除闲闲吴公为玄教第二代大宗师吴全节，余皆不详。

林灵真临终前，贻书弟子林天任，命其嗣教。林天任虽被授命嗣教，但《灵宝源流》所列东华历代宗师名单中，却未列其名。在林灵真之后，列太极高闲先生董真人，讳处谦，字巽吉；三十九代天师太玄张真人，讳嗣成。这是所列的最后两代祖师。《林灵真传》称“高闲董公”（即董处谦）是天师门下弟子，即正一派龙虎宗道士。而三十九代天师张嗣成，于元延祐三年（1316）嗣教做正一教主，表明此后东华派即融入正一道而不单传。据推断，前述林天任所承袭的应该是水南派之传。而后世在温州有道士称东华派传人，很有可能也是林灵真所传水南派之后。或者说在温州当地，林灵真是水南派与东华派两派之宗师，故在温州或将水南派的传承也称作东华派。

第二节 《灵宝领教济度金书》考

《灵宝领教济度金书》正文三百二十卷并目录一卷，嗣教录一卷，总计三百二十二卷，《正统道藏》收录在洞玄部威仪类，是现存卷数最多的科仪经书。《灵宝领教济度金书》题录为“洞微高士开光救苦真人宁全真授，灵宝通玄弘教水南先生林灵真编”。宁全真、林灵真都是东华派宗师，《灵宝领教济度金书》的编撰承袭北宋东京科仪的传统，其科仪以显扬灵宝斋法为己任，而又代表了东华派的科仪特色。据《灵宝领教济度金书·嗣教录》，宁全真、林灵真相距百余年，两人其实并无直接

① 《道藏》第30册，第499页。

的授受关系。《灵宝领教济度金书·嗣教录·水南林先生》就载林灵真宣称："予学道于虚一先生林公，东华先生薛公，于兹有年矣。"[①] 林灵真直接师承的东华先生薛公，即《灵宝源流》所列之薛熙真。该经题录为"宁全真授、林灵真编"的目的或是要为东华派编撰一部重要经典，也有可能编撰的部分内容确由宁全真传授并流传下来。

一　《灵宝领教济度金书》概述

《灵宝领教济度金书·嗣教录》载林灵真"乃退居琳宇，尽三洞领教诸科，及历代祖师所著内文秘典，准绳正一教法，撰辑为篇，目为济度之书一十卷，符章奥旨二卷"。[②] 说明该书宋末元初编撰初期仅十二卷。

北京神乐观提点杨震宗为《上清灵宝济度大成金书》所撰《后序》称林灵真"以三洞领教诸科，及历代祖师所著内文秘典，准绳正一教法，辑撰为济度之书、符章奥旨三十四卷，流行于世，以资施用"[③]。

据上述记载可以推测，林灵真所撰十二卷科书，至少至明代宣德年间已增补为三十四卷。《灵宝领教济度金书》从最初的十二卷，到三十四卷，到最后入《道藏》的三百二十二卷，后世应有一个不断增撰的过程。而从实际来看，将《灵宝领教济度金书》列为林灵真编，其实是不符合事实的，但这种署名的方式，很有可能是由林灵真的后世传人所署，既表示对师祖的尊敬，也可能是撰写了一部本派的重要典籍，为增广其影响或为了能够让同道接受，所以署了本派最有名的师祖之名。

从《灵宝领教济度金书》部分内容中，可以找到后世内容增补的痕迹。如卷五十五、卷一百五十九、卷一百七十五、卷三百一十四等所列奏启文牍款式中，皆有首称"大明国某州某县某乡某里人"者，明显是明代增补之内容。《灵宝领教济度金书》卷五十五《科仪立成品》开度黄箓斋投山、水、土三简，分别有读简文的科仪，其中投山简仪的《读

① 《道藏》第7册，第19页。
② 《道藏》第7册，第19页。
③ 《藏外道书》第17册，巴蜀书社，1992，第625页。

山简文》曰：

> 大明国某州某县某乡某里某，奉为亡故某，修建黄箓大斋几昼夜，满散设醮几分位。仰答恩光，斋坛解散，投简灵山。伏愿天官赐福，地府除愆，酆山削罪，幽狱停冤，注名朱府，运度自然，见存得道，即往生天，缯璧效信，金龙驿传，一如告命。①

《读水简文》《读土简文》，同样开始称“大明国某州某县某乡某里某”，可知确实是根据明代投龙简仪式的实际需要而撰写的文书。《灵宝领教济度金书》卷一百七十五《科仪立成品》预修黄箓斋，同样要投山、水、土三简，分别有读简文的科仪，其中投山简仪用《读简文》：

> 大明国某州县乡里某，崇建预修黄箓大斋几昼夜，满散修设清醮几分位。仰答恩光，行道事毕，投简灵山。愿神愿仙，长生度世，飞行上清，五岳真人，至神至灵，乞削罪籍，上名九天，百年运尽，径上南宫，受化更生，得为种民。谨诣仙山，投简纪名，金龙驿传，一如告命。②

投水简仪《读简文》、投土简仪《读简文》，同样开始称“大明国某州县乡里某人”。

大致从北宋时期开始，南方道教的三山符箓已呈现相互融摄的格局。正一派设于龙虎山的正一宗坛，上清派设于茅山的上清宗坛，灵宝派设于阁皂山的元始宗坛，各自传授正一、上清、灵宝经箓，各派经箓宗坛的关系日趋密切。《灵宝领教济度金书》的编撰，综合了灵宝派、上清派、正一派的科书。

《灵宝领教济度金书》收集灵宝派祖师的内文秘典，是没有疑义的。同时，东华派也有上清经文的传授。在宁全真时期就已得到上清派杨司命科书的传授。《灵宝领教济度金书·嗣教录·赞化宁先生》载：“前

---

① 《道藏》第7册，第267页。

② 《道藏》第7册，第757页。

是，杨司命得道华阳，以灵宝玄范四十九品，五府玉册符文，一宗印诀，进于朝。诏藏秘府。司命登真，付于嗣法仕子仙，曰：‘尔嗣吾上道，慎勿轻泄。若遇绯衣人，则付之。’后仕君于江南时，先生尚从裴姓，仕君曰：‘吾昔受先师绯衣之嘱，今始悟绯衣者，子姓也。’即以图策心印付度。”①

《灵宝领教济度金书》卷二百六十一《炼尸生仙品·上清灭度炼尸生仙科法》载录林灵真的一段《序说》称：“余先人箓参大洞，法受灵宝，开庆己未，倏焉无疾而化。时余年方弱冠，闻世有炼尸生仙符，可为灭度津梁，而未尝抄录。隆暑仓卒，常服就殓。迨今每一关念，涕泗交颐。后十余年，方得此本。”② 可知灭度炼尸生仙科法，是上清派的炼度经法，此经法最终为林灵真获得。

林灵真掌东华派时，与龙虎山张天师的关系相当密切。元世祖至元（1264—1294）末，第三十八代天师表荐林灵真为温州路玄学讲师，继而升任温州路道录之道官职务。史称：“三十八代教主真人企其高，渴其道，命驾速，公甚敬，扣以真机玄奥，历历以对。真人喜溢于容，曰：‘永嘉有此高人哉！’”林灵真后来“遍历名山，投简纪信，载陟龙虎，礼拜三十九代教主真人，情惬语契，所撰集，遂彻慈览”。③ 三十九代天师表荐授灵宝通玄弘教法师教门高士，并让其出任温州路天清观住持。林灵真赴龙虎山拜谒张天师，主动承认龙虎山张天师的江南道教宗主地位。《道法会元》卷二百四十四《灵宝源流》列举东华历代宗师名单，在林灵真之后则有董处谦、三十九代天师张嗣成，以之为最后两代宗师。董处谦是天师门下弟子，第三十九代天师张嗣成于元延祐三年（1316）嗣教做正一教主，表明林灵真与正一派高层互动良好，对正一派的斋醮科仪应有较多的了解。

“然经目所载，有《三洞送终仪》，有《大洞送终仪》，有《正一送终仪》，其详略异同，谩无考证，次第当就勾（句）曲《道藏》求之。

① 《道藏》第7册，第17页。
② 《道藏》第8册，第257页。
③ 《道藏》第30册，第499页。

虽余受三洞箓，传大洞及灵宝法，若无假（暇）他寻，亦不容不识也。”① 此段来自编撰者的叙说，可知编撰时参考了当时的“句曲道藏”，句曲即茅山。该《道藏》应是当时茅山所收集道书的集合。也即《灵宝领教济度金书》编撰时，参考了各派道书。

《灵宝领教济度金书》所列科仪虽品类繁多，但以内炼存思为斋醮科仪之本。如《灵宝领教济度金书》卷三百二十《开度》说：“法师能破身中之狱，然后能破地下之狱。”② 若法师未能全己之阳，则不能补亡灵之阴而度其脱离幽冥。该书卷二百八十二至卷二百八十六专设《存思玄妙品》，内容为变神步罡及其应用。该卷《炼秽变神步罡》曰：

> 凝神定虑，焚香，两手掐玉清诀，定息八十一次。存绛宫红光如日，照耀远近。有一婴儿，叠足而坐在红光中。忽五脏之气，化为五色祥云，载此婴儿，自红光中，历十二重楼而上，直冲天门，红光围绕，出玄虚中，去地五丈，此身忽化为枯木。内观五脏分明，两手挑天地火诀，存心中火出如线，红色自透顶外。良久，化为大火，焚此枯木及所居宅舍，悉为灰烬。次存鼻风吹散灰烬无余。即存肾水涨满，飘荡此灰，入此水中，天地间恍无一物，湛若太虚。再掐定玉清诀，存水中一条白炁，渐渐结聚，化成一团，五方真炁降入团中（如东方青炁九芒是也。余同），化成五脏。又以余炁，化六腑四肢百骸，倏然成我身形。次思先所出空中婴儿，并五色祥云，乘红光自我天门而下，入我身中，直至黄庭，光明如日。自左升上，围心中九转，与绛宫混合，其红光满十方界。如琉璃瓶照耀远近。良久，见光中婴儿湛寂端凝，即元命真人也。次左手巡十二宫，存青、黄、白三炁，自泥丸、绛宫、黄庭出，缠绕光盈室内，我身在三炁中。③

① 《道藏》第8册，第257页。

② 《道藏》第8册，第819页。

③ 《道藏》第8册，第481～482页。

该存思方法与《大洞真经》中上清派存思方法略同，是法师内炼之方法，也是炼度之基础。同书卷二百六十还有“紫英灵书品”，内容是《灵宝大法紫英灵书摄召法》，乃召摄亡魂显现影形之法。科仪虽有义理，但斋醮的本质还在于其功用，诚如该书卷三百二十《开度》所说：“诸摄召全以运神为主，至于歌章吟偈，乃科仪耳。”①

《灵宝领教济度金书》在许多斋品后，都立有谢恩醮的节次，这是沿袭唐代杜光庭的科仪格式。可以说在道教斋醮中，先斋后醮仪格的形成，标志着科仪格式已趋于完备。斋醮科仪经典的逐渐丰富，科仪格式的日渐完备，是道教科仪思想渐趋成熟的标志。

该经的五炼生尸血湖道场、水火炼度、分灯等科仪，都为宋代新出科法。《灵宝领教济度金书》卷三百一十九《设醮》曰：

> 自古建斋无设醮之仪，只于散坛拜表后，铺设祭馔果肴，或五柈，或九柈，或十四柈，或二十四柈，或三十六柈，备以茶酒，列于坛心。自三宝而下，至于三界真司、将吏神祇，无不召请，三献宣疏，盖酬其圆成斋福，翊卫坛场，辟斥魔灵，宣通命令故也。……后世始安排醮筵，陈列圣位，其小者惟二十有四，其多者至三千六百，每位各设茶酒果食，立牌位供养。②

《灵宝领教济度金书》对后世影响很大，明代周思得《上清灵宝济度大成金书》的编撰，直接汲取了林灵真《灵宝领教济度金书》。顾惟谨、周士宁《上清灵宝济度大成金书赞》之序文称：“履和养素崇教高士周先生，集其所得水南林真人济度金书符箓，与夫卫国佑民、捍灾止患、济生度死不传之科，通为四十卷，题之曰《上清灵宝济度大成金书》。”③

二　《灵宝领教济度金书》的分类体系考

《灵宝领教济度金书》以三百二十卷的庞大篇幅，显示出宋明科仪

① 《道藏》第8册，第819页。
② 《道藏》第8册，第809页。
③ 《藏外道书》第17册，第626页。

门类的齐备。但要将如此多的科仪内容汇编成册，其分类体系是非常重要的，不但要将不同种类的斋醮内容按作者所理解的体系进行分类排列，还要将各科仪书按其内容形成合理的逻辑关系，或者还要考虑各宗派的地位或产生时间，安排各科书的次序。对《道藏》中篇幅最大的《灵宝领教济度金书》分类体系的研究，不但有利于我们对历史上科仪书体系的理解，也有助于对现存当代科仪书的整理和分析。所以对《灵宝领教济度金书》分类体系的研究是一项非常有意义的工作。

（一）祈禳与开度的二分法

《灵宝领教济度金书》将数百种科仪明确分为祈禳、开度两大类别，后世民间则俗称为阳法事、阴法事，这是道教科仪最顶层的分类形式。

《灵宝领教济度金书》卷三百一十九《设醮》曰：

> 诸斋后设醮，名为谢恩，开度祈禳，圣位各异。如开度则合请开度十天尊及十方救苦天尊，宣劳效力。神虎炼度诸官吏、下界九州社令、诸天地狱、五岳二府寮掾、酆都诸司，并宜详编，毋令缺漏。若祈禳则尽略去不用。……以此知旧科圣位，开度、祈禳同用者，未之思也。[①]

北宋时期的三坛大醮，不曾分别开度、祈禳，但在南宋及之后的斋醮实践中，这种功能划分逐渐明晰，《灵宝领教济度金书》"将科仪区分为开度、祈禳两大类，各种科仪皆注明施用类别，作为斋醮坛仪方面的坛幕制度、坛信经例、圣真班位、朝奏次序、赞颂应用、诰命等级、幡盖陈设等品目，为开度祈禳通用。而科仪立成品的各种科仪经本，则注明适用何种斋法，如黄箓三日九朝仪，就分为开度黄箓三日九朝和祈禳黄箓三日九朝。受《灵宝领教济度金书》体例的影响，明代周思得《上清灵宝济度大成金书》亦将斋醮分为开度、祈禳两类，但其划分更为明晰，将祈禳又区分为祈禳正醮和祈禳诸真，当今道教斋醮的阳事类法事

① 《道藏》第8册，第810页。

和神仙圣诞节日清醮，即属祈禳正醮和祈禳诸真的划分”①。这说明阴、阳法事，也即祈禳、开度这种斋醮科仪的二分法应始于南宋，至明代则分类更加明确，并在其大类下区分小类，并沿用至今。

（二）二十品的分类方法

《灵宝领教济度金书》三百二十卷分二十品集录斋醮科仪，如表3-1所示。

表3-1　《灵宝领教济度金书》各品内容

品	名称	卷	主要内容
1	坛幕制度品	卷一	斋坛总布局。如斋坛之高、方广，坛门、坛符、坛纂、坛外壁、设灯等布局。
2	坛信经例品	卷二	龙简、玉璧、金钱之规格等。
3	修奉节目品	卷二	斋仪过程述略，及所祷神真名讳。
4	圣真班位品	卷三至卷七	坛左中右，各层各幕神仙牌位名号。
5	朝奏次序品	卷八至卷九	朝奏次序，焚香、咒语、朝拜上表之次序。分“宿启”“朝偈”两部分。
6	赞颂应用品	卷十至卷十一	各种赞、颂、步虚词、和乐诗、发愿词、章偈。
7	科仪立成品	卷十二至卷二百五十九	各种科仪范本。
8	紫英灵书品	卷二百六十	灵宝大法紫英灵书摄召法。
9	开度追摄品	卷二百六十一	追摄用符咒云篆及译文。
10	炼尸生仙品	卷二百六十二	上清灭度炼尸生仙科法。
11	炼度品	卷二百六十三至卷二百六十五	召炼度官将符、青玄斋用符、大洞玉符等。
12	符简轨范品	卷二百六十六至卷二百七十四	符及云篆，云篆有三皇内文、五方真文赤书等。
13	书篆诀目品	卷二百七十五	开度、祈禳通用符咒。
14	书篆旨诀品	卷二百七十六至卷二百八十一	开度用符咒。
15	存思玄妙品	卷二百八十二至卷二百八十六	变神步罡及其应用，卷二百八十六为治病符。

① 卿希泰主编《中国道教思想史》（第三卷），人民出版社，2009，第393页。

续表

品	名称	卷	主要内容
16	诰命等级品	卷二百八十七至卷二百九十一	各种告文。
17	幡盖陈设品	卷二百九十二	宝牌、顶盖、幡之制法，及所用符。
18	表榜规制品	卷二百九十三至卷三百〇三	各种通用表文、榜文。
19	文檄发放品	卷三百〇四至卷三百一十八	各类专用表文，有开度黄箓用、祈禳用、传度醮用等。
20	斋醮须知品	卷三百一十九至卷三百二十	各种斋醮常识，有择地、择日、申奏、建坛、分灯、开度、祈禳，以总纪结尾。

需要说明的是，《开度追摄品》，卷首之目录称在卷二百六十一，书中实际位置是在卷二百六十五。

《炼尸生仙品》，卷首之目录称在卷二百六十二，书中实际位置是在卷二百六十一。

《炼度品》，卷首之目录称在卷二百六十三至卷二百六十五，书中实际位置是在卷二百六十八至卷二百七十。

《符简轨范品》，卷首之目录称在卷二百六十六至卷二百七十四，书中实际位置是在卷二百六十二至卷二百六十四，卷二百六十六至卷二百六十七，卷二百七十一至卷二百七十四。

通过对上述内容的总结，可以将上述二十品内容设成分类体系，见表 3－2。

表 3－2　《灵宝领教济度金书》二十品分类体系

第一级分类	第二级分类	原二十品内容
总论斋醮		斋醮须知品
建坛	斋坛总布局	坛幕制度品
	坛门、坛符、坛纂、坛外壁、设灯等布局	坛幕制度品
	斋醮用品，如龙简、玉璧、宝牌、幡等	坛信经例品、幡盖陈设品
	仙真名讳	圣真班位品

续表

第一级分类	第二级分类	原二十品内容
斋仪	斋仪节目	修奉节目品
	朝奏次序	朝奏次序品
	科仪范本	科仪立成品
章表	赞、颂、步虚词、和乐诗、发愿词、章偈	赞颂应用品
	告文	诰命等级品
	表文、榜文	表榜规制品、文檄发放品
符咒云篆	符咒云篆	开度追摄品、符简轨范品
	符咒运用	炼度品、书篆诀目品、书篆旨诀品
内炼	存思、内炼	存思玄妙品
	摄召	紫英灵书品、炼尸生仙品

上述二级的分类体系还可细分，如最大篇幅的第七品科仪立成品，从卷十二至卷二百五十九，共计 248 卷。科仪立成品再分为：开度祈禳通用、开度通用、开度黄箓斋三日九朝、净供合用、孤魂供舍、九天生神斋合用、生神开度斋用、生神斋用、青玄斋用、青玄黄箓斋用、明真斋用、迁拔道场用、血湖道场用、五炼生尸斋用、度星斋合用、度星十回度人道场合用、师友命过合用、祈禳通用、祈禳黄箓三日九朝、预修三日九朝、消灾道场、七曜斋、安宅斋、保命斋、资福斋、璇玑斋、玄灵斋、传度斋、雷霆斋、十回度人斋、祈嗣斋、祈禄斋、祈寿斋、祈晴斋、禳荧斋、禳蝗斋等内容。建坛类中用品小类，可再分为龙简、玉璧、宝牌、幡等；章表类第一小类可再分为赞、颂、步虚词、和乐诗、发愿词、章偈等。

第三节　蒋叔舆生平及《无上黄箓大斋立成仪》

一　蒋叔舆生平及师承

据《无上黄箓大斋立成仪》卷五十七之《附录修书本末》，蒋叔舆

（1156—1217）字德瞻，旧字萧韩，号存斋先生，自梁普通年间（520—527）世居永嘉（今浙江温州永嘉）。初以父荫补迪功郎，先任扬州户掾会计，累官至信州弋阳县令，卒于任上，时嘉定十年（1217），享年六十二岁，则其出生于绍兴二十六年（1156）。

蒋叔舆“幼颖悟”，“博览不倦”，“一二过目率成诵”。“工唐律，清苦雅淡，自得其趣。志不安于小成，旁罗百氏，天文地理，运气律历，仓技俞方，甘星巫学，靡不研赜深造，而于混元道德之旨，尤所耽味。”[①]蒋叔舆卒后，其子法名冲素、冲一，另有朱遂、林尧夫、陈自诚、赵希火得传其法。

蒋叔舆于庆元乙卯（1195）四十岁时，在括苍烟雨楼初见留用光，“与论古斋法，趣尚玄合，遂定交”。后于己未（1199）、壬戌（1202）两次再访留用光，留用光“悉以平生得于荆蜀方士隐君子者，授之先君（指蒋叔舆）”。[②] 留用光对蒋叔舆说：“泰定田君居实所传，止于度死、消天灾、镇帝王、禳毒害，所以度天人者缺如也，盍诠考经法，且增益田君所未备，不亦善乎。”[③] 留用光见蒋叔舆对古斋法很有研究，就鼓励蒋叔舆编订古仪，并补其师田居实所传斋仪之不全。蒋叔舆于嘉泰壬戌（1202）起编订斋仪，卒后尚未完成，后由其子至嘉定癸未（1223）完成，父子共积二十年之功，编成《无上黄箓大斋立成仪》。由于是留用光所授，故今存于《道藏·洞玄部·威仪类》的《无上黄箓大斋立成仪》称：“三洞法师冲靖先生留用光传授，太上执法仙士蒋叔舆编次。”可知蒋叔舆父子所编订的《无上黄箓大斋立成仪》内容多为留用光所传。

由上可知，蒋叔舆的师承为：

田居实——留用光——蒋叔舆

① 《道藏》第9册，第727～729页。

② 《道藏》第9册，第727页。

③ 《道藏》第9册，第727页。

这个师承，蒋叔舆自己也有所述，《无上黄箓大斋立成仪》卷三十二有《释礼师存念》曰：

先存太上三尊在天宝台中……次思籍师上清三洞法师田君讳居实，字若虚。甲寅五月初二日生，长沙真岩人，行化两浙。……次思度师上清三洞法师留君讳用光，字道辉，甲寅三月二十五日戌时生，乃信州贵溪人。以开禧丙寅天腊羽化于龙虎山上清宫，行化荆湖江浙。①

蒋叔舆之师留用光之传略，《无上黄箓大斋立成仪》卷五十七有高文虎所撰《宋冲靖先生留君传》，曰："冲靖先生名用光，字道辉，姓留氏，其始河洛人也。……父发清修特立，有古君子风，偕其室詹氏拜箓龙虎山，夜梦汉天师授以丹曰：服是当有子而仙。遂娠。先生既诞，秀异浑古，端悫自持，少解悟玄学，受法于上清正一宫道士蔡元久。……凡金简玉字，琼篆琅函之目，十洞要诀，三皇内文，能尽究旨，归别条绪焉。诸法书靡一不练，专以玉府五雷法、正一法为宗主，密行元炼，垂三十年。……窥得法者，郭友谅之流十余人。"②曾"授右街道录""主管教门公事、龙虎山上清正一宫管辖""左右街道录"等职。

蒋叔舆还与当时撰写《大清灵宝大法》的金允中师出同门。在金允中所著的《上清灵宝大法》中，多次提到了温州永嘉人蒋叔舆曾撰过《无上黄箓大斋立成仪》，虽然金允中也指出了蒋氏之法与他所述略有不同，但从两人的师承来看，基本可以看作一个系统的斋醮仪式。

关于金允中的师承，《道法会元》卷一百七十八《五元正法图序》中曰：

允中本以庸儒夙慕真化，昨来③绍兴年间有处州道士唐先生克寿，字永年，因从高先生景修传法之时梦天降玉女，执牒赐名唐道

① 《道藏》第9册，第569页。
② 《道藏》第9册，第728～729页。
③ "昨来"两字疑衍。

> 悯，自后行持皆应，专以五府法救治利济者不计其数。拜飞鹰走犬章，用直月五将祛邪逐祟，灭怪除妖，指顾之间，随即报应。高君天资异俗，亲遇至人，执职仙曹，不敢尽露。唐君晚年嗜酒难近，其法甚验，多寓饶徽之间，竟得尸解度世。亦传授弟子，刘先生混朴则受其法而以授允中。……大宋宝庆乙酉岁灵宝中盟弟子南曹执法典者权童初府右翊治金允中谨书。①

刘混朴还有其他的师承。金允中在其《上清灵宝大法》卷十七《扬幡科式品》中述其师承如下：

> 允中经师高君，自京南渡，绍兴之初，化行江淮间，所行《上清灵宝大法》乃古书也，自唐末五代时流传者。高君归老于新安，前后主行黄箓，难计其数。莫非一遵古典，非后世私意更易之仪。其法则主于《度人》一经，其斋则遵广成之科。先籍师唐君受传以付刘副观。刘君受传以付金允中。……允中度师刘君，再行奏受斋法于正一宗坛蒋君九思，奏法于田君居实。……允中今遵此而行，乃高君之定法也，而田先生付授之旨也。②

该段文字所述刘混朴的师承与《五元正法图序》中相同，但后面提到了刘混朴的又一师承。综合两处所述，金允中师承为：

高景修→唐克寿→刘混朴（刘副观）→金允中

田居实→蒋九思→金允中

金允中经师高景修是两宋间著名道士，《上清灵宝大法》卷二十三《章词表牍品》中提到："先经师高君章本云，臣姓高，属徽州祁门县紫元庵焚修。"③ 卷十七《扬幡科式品》云："高君归老于新安。"④ 安徽

① 《道藏》第 30 册，第 143 ~ 144 页。

② 《道藏》第 31 册，第 442 页。

③ 《道藏》第 31 册，第 489 页。

④ 《道藏》第 31 册，第 442 页。

《祁门县志·寺观》提到六都龙兴观“在不老山，宋乾德间道士高景修开创”，二十都紫云庵“在文堂”。[①] 高景修晚年居在安徽祁县不老山龙兴观。元人郑玉撰《龙兴观修造记》载：“不老山龙兴观，自昔高君景修以法箓炼度为四方所尊信，诛茅于此，逮奚君岳卿得观额而名之，乡先达郢守罗公为之记。”[②] 高景修在南宋高宗绍兴年间，主要活动于“江淮间”，即临安及以北的苏南地区。高景修传处州道士唐克寿，字永年，又称唐道悯。唐晚年活动地域在“饶徽间”，即饶州与徽州。唐传刘混朴，刘传金允中。

金允中的另一个师承中，田居实亦是当时名道，金允中在《上清灵宝大法》卷十七中说：“今坛图幕式，皆先经师高君之定法也，与广成之科则一同，而近世印行田先生《黄箓坛图》则有少异。盖六幕不同，则宗坛崇本，遂增正一天师三师，而广成科未有也。……允中今遵此而行，乃高君之定法也。而田先生付授之旨也。雕行坛图，虽曰田君名重，盖一时为宗坛设尔。”[③] 这一段是说，金允中所用坛图与田居实所出略有不同，田居实之《黄箓坛图》中增加了“正一天师三师”，虽然田居实名重一时，但金允中还是沿用其先经师高君所定之广成古法。

从上可知，蒋叔舆与金允中可谓师出同门，一是田居实的再传弟子，一是三传弟子。从上可得出传承关系如下：

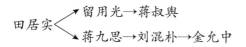

田居实→留用光→蒋叔舆
田居实→蒋九思→刘混朴→金允中

田居实字若虚，长沙真岩人，“行化两浙”，可见其活动范围大约是在浙江境内。张宇初《岘泉集》卷一曰：“灵宝始于玉宸，本之度人经法，而玄一三真人阐之。次而太极徐君、朱阳郑君、简寂陆君。倡其宗者，田紫极、宁洞微、杜达真、项德谦、王清简、金允中、高紫元、杜

① （清）周溶：《同治祁门县志》，清同治十二年刊本，第 183 页。

② （元）郑玉：《师山集》，《影印文渊阁四库全书》第 1217 册，北京出版社，2012，第 45 页。

③ 《道藏》第 31 册，第 442 页。

光庭、寇谦之、镏冲靖，而赵、林、白、陈而下，派亦衍矣，是有东华、南昌之异焉。”① 此处提到了东华派的田思真（田紫极）、宁全真（宁洞微），也提到了金允中和蒋叔舆的度师留用光（镏冲靖），可知这些人都对灵宝斋醮之法做出了贡献。最后提出灵宝法有“东华、南昌之异”或是指金允中之《上清灵宝大法》与王契真之《上清灵宝大法》代表了两个不同的流派，东华应是改革派，“南昌”是传统派。

二　《无上黄箓大斋立成仪》的价值与流传地域

今本《无上黄箓大斋立成仪》存于《道藏·洞玄部·威仪类》，有57卷。卿希泰主编《中国道教思想史》认为：“南宋时成书的《无上黄箓大斋立成仪》标志着黄箓斋科仪格式趋于完备，成为科仪史上较具影响的斋醮经典。”② 给予了《无上黄箓大斋立成仪》很高的评价。

《无上黄箓大斋立成仪》大多题为“三洞法师冲靖先生留用光传授，太上执法仙士蒋叔舆编次”。第十六卷《科仪门一》则题为“东晋庐山三洞法师陆修靖撰、大唐清都三洞法师张万福补正、上清三洞法师李景祈集定、三洞法师冲靖先生留用光传授，太上执法仙士蒋叔舆编次”。③ 说明《无上黄箓大斋立成仪》部分内容传承甚古，保存了丰富的黄箓斋仪资料。

据《无上黄箓大斋立成仪》卷五十七《附录修书本末》，蒋叔舆及其子“为黄箓斋仪三十六卷，自然斋仪一十五卷，度人修斋行香诵经仪二十四卷，总之曰《灵宝玉检》，合七十五卷”。④ 所编订的不止黄箓斋，现流传下来的《无上黄箓大斋立成仪》应该是在当时“黄箓斋仪三十六卷”的基础上，由后人敷衍而成。

《无上黄箓大斋立成仪》的《序斋第一》曰：“灵宝之教，密而不传，仙人口口相授。太极仙公始笔之书，著敷斋威仪之诀。陆天师复加

① 《道藏》第33册，第187页。

② 卿希泰主编《中国道教思想史》（第三卷），第349页。

③ 《道藏》第9册，第471页。

④ 《道藏》第9册，第728页。

撰次，立为成仪。祝香启奏，出官请事，礼谢愿念，罔不一本经文。张、杜二师继出，玄风益畅，登坛俯仰之格，相去虽数百年，前后盖一辙也。”[①] 蒋叔舆指出灵宝斋法，葛玄时始有口诀，陆修静“立为成仪”，而后有张万福、杜光庭整理斋仪。虽然前后有数百年，但张、杜二人之斋法，亦本于陆修静，故“前后盖一辙也”。

但是，南宋时由于祭祀大一统的格局已经不复存在，故当时道教科仪诸家并起，各持一说。所以蒋叔舆感叹道：“至于痛庸师之不学，悯流谷（俗）之无识，非非相承，其失不悟。以简便为适当，以古法为难行，则自张万福天师以来，尝病之矣。今世醮法遍区宇，而斋法几于影灭迹绝，间有举行之士，又复不师古。始信末师而哂前哲，是流俗而悖经教。坛仪乖疏，科式舛谬，甲造乙习，遂成旧章。切切用力于徼影响谲诡幻怪之间，以为舍是则无以起信末俗。而紫阙洪仪、玄台秘典所以度天人惠生死者，窜易殆尽，日就湮微，可胜痛哉。”[②]

“南宋是道教各派自由编撰科仪的时代，而蒋叔舆可谓是恪守正统科仪的代表。”[③] 与蒋叔舆同出一门的金允中撰有《上清灵宝大法》，其中多次提到了蒋叔舆所撰之《无上黄箓大斋立成仪》，也就是说金允中其实也是恪守正统科仪的代表。科仪无论是哪个流派，都有其流传的地域，我们可以从金允中《上清灵宝大法》的论述中，了解蒋叔舆与金允中所恪守的正统科仪，也即传统派科仪的流传地域。另一个相对的流派，也即“自由编撰科仪”的革新派，据金允中所指，革新派是指宁全真所传之东华派。

《道藏》所收同名为《上清灵宝大法》的两部斋仪，一为宁全真授王契真撰，一为金允中撰。卿希泰主编《中国道教史》认为：金允中讥评“天台”自称“上清领教嗣师（宁全真）”为僭妄，当另属一系。[④] 指明了金允中所传之上清灵宝大法与王契真所传不属同一支派。柳存仁指出：

① 《道藏》第 9 册，第 378 页。

② 《道藏》第 9 册，第 378 页。

③ 卿希泰主编《中国道教思想史》（第三卷），第 369 页。

④ 卿希泰主编《中国道教史（修订版）》（第三卷），第 114 页。

“他（指金允中）最痛恨的对象，却是南宋以来在浙东推行的所谓天台派，这个他在全书的《总序》里，已经很坦率地指了出来……天台法中乃称领教嗣师，或自称宗师，复立玉陛仙卿，太极真宰；取以系衔，大可惊畏。”① 这说明两个支派同出于一个系统，但斋醮之法差别较大，且都自谓正统。

两个支派所传之地域泾渭分明。金允中在《上清灵宝大法》卷十四《怯妖拯厄品》中曰：“浙东诸郡之外罕行天台灵宝之治，此书自不应如是详述，但恐邪说易布，异日他时有被其误者，故允中虽传之别州县，不得不叙天台之始末。”金氏《上清灵宝大法总序》中又曰：“绍兴之后，淛江以东多宗天台四十九品。”②

上述两段引文中提到了“浙东诸郡”“淛江”两个地理名词。在宋代，相当于现在省一级的行政区划称“路”。现在的浙江在北宋时属两浙路，南宋时分两浙路为两浙东路和两浙西路。其界线基本以“淛江”为界。淛江即浙江（河流名，也称之江），现称钱塘江（其上游称富春江）。宋代所称浙东、浙西是有明确所指地区的。按现在的行政区划，嘉兴、湖州、杭州为浙西，绍兴、宁波、舟山、金华、台州、丽水、温州、衢州属浙东。宋代的两浙西路除了属浙江的地区，也包括了现在苏南（苏州、常熟等）和上海等地。

按上述两段引文，基本可以推断宁全真、王契真所属支派其影响范围在浙东，其中心是天台，且其《上清灵宝大法》与一部名为《天台四十九品》的道书有关。从文中“不得不叙天台之始末”一句来看，宁全真一系的影响在当时是很大的，金允中虽然称宁氏为“僭妄”，但要说清楚问题还要叙天台（即宁全真一系东华派）之始末。

金允中所传之上清灵宝大法流传地域为浙东以外的“别州县”。“别州县”在此处有歧义。这个“别州县”可以是指南宋浙东以外的所有其他地区，也可以理解为两浙之地的“别州县”，即“浙西”之地。从一

① 柳存仁：《五代至南宋时的道教斋醮》，《和风堂文集》（中），上海古籍出版社，1991，第776~777页。

② 《道藏》第31册，第423、345页。

些其他证据来看，这个“别州县”应包括较大的范围。

前引张宇初《岘泉集》卷一曰：“灵宝始于玉宸，本之度人经法，而玄一三真人阐之。次而太极徐君、朱阳郑君、简寂陆君。倡其宗者，田紫极、宁洞微、杜达真、项德谦、王清简、金允中、高紫元、杜光庭、寇谦之、镏冲靖，而赵、林、白、陈而下，派亦衍矣，是有东华、南昌之异焉。”[①] 南昌是宋代江南西路的首府，本称洪州，五代十国时一度称为“南昌”，所以张宇初《岘泉集》中所称的“南昌”既代表了一个与东华不同的派别，其实也指出了这个派别所流行的地域应是在以南昌为核心的江南西路。

金允中在其《上清灵宝大法总序》中还指出了“路真官以正一科品奉行黄箓，却是设醮之后方拜表散坛，一并送师、徹（撤）席……江东西行之”[②]。行天心正法的路时中也有自己独特的斋醮之法，行之于“江东西”。“江东西”是宋代行政区划名的简称，全称是“江南东路”和“江南西路”。江南东路包括了今苏南一部分、皖南一部分及江西东北部，江南西路包括了今江西大部分。从“南昌”之名和“江东西”结合来看，革新较多的东华派斋法传播于以天台为中心的浙东地区，而江南的其他地区应该都以紧守传承的斋醮之法为主。

通过以上讨论，我们可以了解到南宋所行之斋醮仪式，主要有两种。一种是金允中标榜为古法的上清灵宝大法，在其所著《上清灵宝大法》中，提到了温州永嘉人蒋叔舆曾撰过《无上黄箓大斋立成仪》，虽然金允中也指出了蒋氏之法与他所述略有不同，但从两人的师承来看，基本可以看作一个系统的斋醮仪式。另一种为宁全真所授经过革新改良的上清灵宝大法，这一系后世称作东华派，其中东华派传至林灵真时，被称作水南派。

金允中的籍贯不详，如其所言“昨来临安府天庆观”[③]，其南宋时在临安附近活动，可以将临安看作其科仪之法影响力所及的地区。金允中

① 《道藏》第 33 册，第 187 页。

② 《道藏》第 31 册，第 625 页。

③ 《道藏》第 31 册，第 652 页。

生卒年也不详，但关于其活动的确切年份，可考的有多处。金允中在其《上清灵宝大法》中多次提到浙江永嘉蒋叔舆编撰的《无上黄箓大斋立成仪》，如《上清灵宝大法》卷十七："永嘉蒋先生叔舆，编《黄箓立成仪》，则六幕皆用杜广成科，而其次序又有小异。"[①]蒋叔舆《无上黄箓大斋立成仪》撰成于"嘉定癸未"（1223），则金允中编订《上清灵宝大法》的时间当在其后。又金允中在其《上清灵宝大法总序》中称："南渡之初迄今将百载。"[②] 宋室南渡是在建炎元年（1127），其后百载是约数，也就是金允中编订《上清灵宝大法》约在1227年前后。金允中在《道法会元》卷一百七十八《五元正法图》留有一序，其最后所署时间为"宝庆乙酉岁"（1225）[③]，综上所述，根据文献中金允中出现的时间来看，金允中生活的主要年代基本是在南宋宁宗（1195—1224）与理宗（1225—1264）朝。

柳存仁因为金允中的"书里屡称宋朝"，而"别的宋代的道书多称本朝"，认为金允中或活到了元朝，但又认为这一点是不能确定的，他考证道：

> 他（金允中）的正确时代我还不清楚，我只知道他的度师曾从《田先生黄箓坛图》的著者田居实学奏法，见金著《大法》17/23b。但是，田居实（长沙真岩人）恰巧又是留用光的度师（也就成了蒋叔舆的籍师，见蒋《立成仪》32/5a－b），所以金允中看来也许和蒋叔舆的时代很是接近。我前文也提过说金著的《大法》里常称两宋为宋朝，甚至他引旁人的书，原文称本朝的，他都把本朝两字改做宋朝（参看王契真《上清灵宝大法》27/11a及金著《大法》10/3b《王升卿》条）。这很容易教人怀疑他也许是南宋末一直活到元代初年的人；但是这又无解于他和蒋叔舆同辈的关系。蒋卒于一二一七年，金也不可能太晚，我们既没有更好的资料，只好姑且把问

① 《道藏》第31册，第442页。
② 《道藏》第31册，第347页。
③ 《道藏》第30册，第143页。

题搁在这里。[1]

柳存仁提出的问题是一个疑难的问题，从金允中1227年前后撰《上清灵宝大法》到南宋1279年灭亡还有50余年。显然金允中要是活到南宋灭亡，必定会是九十或百岁高龄。并且，即使是这样，金允中在宁宗时已经完成了《上清灵宝大法》的撰写，如果是当时就把“本朝”修改成“宋朝”也不是入元可以解释的。如果是入元后修改的，那为什么会在高龄时再去修改？

众多学者在考虑这个问题时有一个假设的前提，就是南宋之后是元朝。其实南宋只是当时存在于中国的一个政权，并行的还有金朝和元朝，其中金朝在1234年灭亡，而成吉思汗在1206年就建立了蒙古国，1271年忽必烈改国号为元。其实把“本朝”修改成“宋朝”，很有可能的一个原因就是，金允中撰写的《上清灵宝大法》在非宋朝所占领的地区抄录或者印行。金朝在1234年灭亡之前，其疆域最南到达了苏北地区。虽然各种政权统治了不同的疆域，但当时汉族对道教的信仰却是相同的。金朝还于金章宗明昌元年（1190），诏令十方天长观提点孙明道搜求遗书，重修《道藏》。最终收集共计六千四百五十五卷，题曰《大金玄都宝藏》。这说明金朝对于道教也是扶持的。

金允中《上清灵宝大法》卷十七曰：“允中经师高君，自京南渡，绍兴之初，化行江淮间。”[2] 说明金允中一系之斋醮影响力达到长江、淮河一带，也就是两浙西路及更北的淮南东路、淮南西路一带。江淮间基本是苏南地区，紧邻金朝所占的苏北地区，那里的民众抄录或印行金允中所撰的《上清灵宝大法》，很明显要将“本朝”修改成“宋朝”。并且这个抄录或印行的版本最终流传下来被明《道藏》收入。这个推测可以合理地解释金允中年龄与将“本朝”修改成“宋朝”相矛盾的问题，应可成一家之言。如果是这样，则“本朝”改“宋朝”不能作为金允中活到元朝的证据使用，金允中应是南宋宁宗、理宗时人。同时也证明了他

① 柳存仁：《五代至南宋时的道教斋醮》，《和风堂文集》（中），第775页。

② 《道藏》第31册，第442页。

所奉行的科仪之法影响力除了两浙西路、江南东路、江南西路，还远达淮河一带。

第四节　李少和事迹考论

李少和（930—1021），名士扬，字性柔，别号少和，永嘉楠溪人，北宋乐清白石山道士，中雁荡山（中雁荡山是现在的名称，当时称白石山）的开拓者。[①]他生于五代后唐长兴元年元月十六日辰时，卒于天禧五年八月十八日，享年九十二岁。李少和为唐宗室之后。唐宪宗封其少子长沙王于闽，子孙聚居在福建之长溪（今陵浦县）。唐末，因避“闽曦之乱”，少和祖父端陵兄弟五人，携家小移居永嘉楠溪。“端陵见鲤溪谷口，彩石间清泉潺流，碧潭中锦鲤翔游，前环楠溪江，背枕大骆山，风光旖旎，遂举家定居，为永嘉李氏之始祖。”[②]

李少和始业儒，登北宋开宝进士，曾为太学博士。后辞官回乡，研读岐黄之学，云游四方，行医救人，声誉卓著。后弃儒入道，先为大罗山华真观道士，后定居于白石山。[③]李少和事迹最早见于南宋嘉祐五年（1060）沈绅所撰的《白石山记》，文见《永乐乐清县志》卷二，又见《瓯乘补》卷十一。沈绅，字公仪，越州会稽（绍兴）人。宝元元年（1038）进士，官至屯田员外郎，北宋仁宗嘉祐元年（1056）任温州太守。《白石山记》曰：“永嘉北走百里，岩曰白石者，世传十二真君升真之地，吁可怪也。”[④]“十二真君”指许逊等十二真君，因十二真君的传说是以江西西山为中心的，故沈绅认为在白石山有十二真君的传说“吁可怪也”。虽然怪之，但该记载可说明白石山在唐代就有至人修炼升仙的传说。《白石山记》又曰：“予闻至道间，天子无事，有言少和筑室于

① 永嘉县政协文史编纂委员会编《永嘉历史人物（永嘉文史资料第四辑）》，1991，第242页。

② 乐清县道教协会编《乐清县道教志》，第36页。

③ 殷惠中主编《温州历史人物》，第12页。

④ 《永乐乐清县志》，《天一阁藏明代方志选刊》第20册，第22页。

岩，善辟谷，得摄生之术。召对便殿，访以治国修身之要，竟不夺其志。赐金以遂其归。自是白石之名，益暴于世。"① 该段记载了李少和的事迹，但所述较略。《雍正浙江通志》卷二百〇一收有《李少和行状》一文，所述较详。《李少和行状》作者题为"李建中"。宋代有数个李建中，该李建中，《隆庆岳州府志》卷三"真宗天禧"条"李建中"云："字得中，进士，大理评事，出为录事参军。"②《永乐乐清县志》记载：

> 李少和，永嘉人，唐宗室李集之后，世居大罗山，有方外志。受业于元封观，闻白石洞为鬼墟，曰："吾尝东望彩云覆其上，必佳山也。"乃自郡行百里，独造万仞之顶，宴坐空洞，妖怪咸去。宋淳化初，太宗召见，问所学，对曰："臣少宗混元之教，遇辟谷之方，诵经以报国，炼气以延年，无他学也。"上喜之，命住建隆观，赐予甚厚，随即施人，遂乞归，赐御书、茶果、黄金，遣使护送还山。至道二年，复召对便殿，赐命服，辞曰："臣灰心木质，布褐纸衾，不须此也。"上曰："即卿之居，为建坛宇，可乎？"对曰："岩石之下，粗庇风雨，土木经营，无劳国费。"上悦，乃以太祖容像并御书四十卷、周天星斗剑、石鼎、石铫、香茶、药裹、黄金为赐。真宗再召，问以修身治国之要，对曰："陛下道合羲黄，理跻尧舜，草野之臣，仰荷天覆，治国之要，非臣敢知。至若修身之要，臣粗知之，少思寡欲，保气储精，绵绵若存，用之不竭而已。"上美之，赐金帛甚侈，少和惟受香药，余纳内府而还。祥符六年，赐"白石岩"额。天禧五年八月十八日，焚香危坐，命门人索纸书曰："宝珠探妙得真宗，五色分明焕太空，解下连环竞超越，郁罗深处宴鸿蒙。"掷笔而逝。李运使建中状其行。③

李少和为当时的名人，"李少和还山"一事，似名动当时，多位名

① 《永乐乐清县志》，《天一阁藏明代方志选刊》第 20 册，第 23 页。

② （明）钟崇文纂修《隆庆岳州府志》，明隆庆间刻本，第 48 页。

③ （明）胡用宾修，（明）侯一元纂《永乐乐清县志》，《天一阁藏明代方志选刊》第 20 册，第 230～231 页。

臣赠之以诗，均以此为题，如毕士安《送李少和还山诗》、李至《赠李少和还山》、杨徽之《送李少和》、夏侯峤《送李少和还白石山》等。①温州当地名人中，也有多首与李少和相关的诗。王十朋字龟龄，号梅溪，乐清人，出生于北宋政和二年（1112），于高宗时中状元，为一代名臣。王十朋有诗《李少和像》："少和辛苦学飞仙，遗像今犹在洞天。都似先生能辟谷，何须太守为行田。"又有《登白石岩》诗，中有"岩下行田谢康乐，洞中辟谷李先生"之句。② 永嘉四灵之一的赵师秀，亦有《白石洞忆李少和》诗，曰："谁炷清香礼少君，数声清磬梦中闻。起来闲把青衣袖，裹得阑干一片云。"③

李少和在白石山修炼距今已近千年，逸闻遗迹至今仍存，白石山有李少和墓、李少和石像。有"藏真坞"，相传为李少和澄神辟谷之所，李少和羽化后茔葬于此。李少和受后人崇奉，被尊为"李真人仙师"，旧时每逢天旱无雨，各村都争着抬李真人塑像巡游，祈求仙师赐甘霖，保佑五谷丰登。④"李真人仙师"现在尚有道观奉祀。"永嘉县有五龙观，始建于宋代，主神崇奉李真人仙师李少和。"⑤ 该观"坐北朝南，前筑戏台，二进二廊，右依平水五殿"⑥。李少和卒于八月十八日，现"每逢八月十八举行庙会，往来香客，人山人海，平日也络绎不绝"⑦。

第五节　谢守灏及其《混元圣纪》

谢守灏（1134—1212），字怀英，绍熙初朝廷赐号"观复大师"，故又

① 乐清县道教协会编《乐清县道教志》，第 49 ~ 50 页。

② （宋）王十朋：《梅溪王先生文集》，《四部丛刊》影印上海涵芬楼藏明正统刊本［CD］，第 586 页。

③ 白石镇人民政府编《白石镇志》，天马图书有限公司，1997，第 227 页。

④ 殷惠中主编《温州历史人物》，第 13 页。

⑤ 周孔华主编《温州道教通览》，第 387 页。

⑥ 周孔华主编《温州道教通览》，第 387 页。

⑦ 周孔华主编《温州道教通览》，第 387 页。

称谢观复。永嘉人。生于宋高宗绍兴四年甲寅（1134）三月二十二日午时，卒于宁宗嘉定五年壬申（1212）二月二十日。《历世真仙体道通鉴·续编》《古今图书集成·神异典·方士部》有传。

谢守灏年少时，博览群书，励精儒业。上学时，在曹忠靖公府，遇到清虚真人皇甫坦，因仰慕真人道德，遂脱儒冠参礼真人，为入室弟子。[①]《历世真仙体道通鉴·皇甫坦传》："先生讳坦，字履道……遁迹于蜀之峨嵋……见唐隐士朱桃椎画象，蜀人称妙通真人，方知所遇乃朱真人也……遂传内外二丹之诀。……宋高宗绍兴二十七年显仁皇太后得目疾，国医不能疗。……先生敬为皇太后嘘呵布气，良久翳开目明。……乾道九年复赐御书'清虚之庵'四字为门额。……淳熙五年秋，忽言：'我将远适，不可不辞太上皇。'……九月二十三日……拱手垂足，坐于绳床而化……弟子曹弥深、谢守灏等与其徒二十有四人以十二月壬辰奉遗蜕……"[②] 由此可见，皇甫坦颇得师传，善治眼疾。谢守灏跟从皇甫坦十余年，随皇甫坦入见宋孝宗。乾道九年（1173）皇帝赐皇甫坦御书"清虚之庵"，谢守灏为皇甫坦弟子，因而自称"清虚庵道士"，谢之弟子朱明叔自号"清虚羽衣"。陈国符认为谢守灏自称"庐山清虚庵道士"是因其"尝居庐山清虚庵"[③]，但谢守灏与其弟子所号中都有"清虚"，是因为其师见赐名为"清虚之庵"的御书，所以庐山未必真有清虚庵。

谢守灏后游江海，历名山，尝遇道士沈若水，授以《许真君石函记》（或称《许真君石函秘文》），前有序云："西山玉隆高士谢观复，洎高弟清虚羽衣朱明叔，东嘉郑道全等，递相授受传至于今。"[④] 谢守灏淳熙十三年（1186）领西山玉隆万寿宫，绍熙初任寿宁观管辖高士。绍熙四年（1193）再任玉隆万寿宫住持。嘉泰元年（1201）复任焚修，管辖宫事。南宋由高宗到孝宗近六十年间，西山玉隆万寿宫附近的许逊信仰由何守证、周真公等人相继发展成净明忠孝道派。谢守灏三次入主玉隆

① 卿希泰主编《中国道教》第1册，知识出版社，1994，第332页。

② 《道藏》第5册，第432～435页。

③ 陈国符：《道藏源流考》，中华书局，2012，第240页。

④ 《道藏》第19册，第412页。

万寿宫，说明其与净明道的关系密切。清代所修《逍遥山万寿宫志》未将他列入《人物志》及《奉祀考》中，是一阙漏。①

《许真君石函记》是一部内丹著作，传为许逊飞升时留下的石函秘文九篇，即《太阳元晶论》《日月雌雄论》《药母论》《药物是非论》《丹砂证道歌》《圣石指玄篇》《神室玄明论》《金鼎虚无论》《明堂正德论》。崂山道士朱文彬称："试观古有得闻地元神丹，而兼闻天元大丹者，许旌阳真君是也。"并谓："《龙虎经》、《石函记》亦兼三元以立言，而侧重地元者也。"②《道藏辑要》则称此书为谢守灏所作，但他住持西山玉隆万寿宫期间，终未透露而藏于岩穴。还有一篇《铜符铁券》署名为"玉清无极总真九天谌母元君授许真君"③，包括三元神丹口诀、地元九池秘诀、人元九鼎秘诀、天元秘诀，两书均由彭好古《石函记题辞》载于《逍遥山万寿宫志》，文意相近，功法深奥，似为一人手笔，如果也出自谢守灏之手，则表明他对许逊道法另有认识。

谢守灏另有混元之道的传承。《历世真仙体道通鉴》卷二十一《路大安》提到，路大安，东汉西蜀人，居婺州，行持老子混元法，后"居华山，以混元箓传之丁义，以《混元经》传之郭璞，以混元法传之许旌阳，以混元针灸传之妙通朱仙"④。《历世真仙体道通鉴》的《许逊传》中载，许逊"以大功如意丹方传众弟子之不与上升者，此方即丁义神方中一也，其诀必先择日斋戒，设位醮十八种药之神，然后书符，逐味诵咒而修合之，其治众疾如意而愈"⑤。李显光曾得到一个嘉庆二十三年戊寅（1818）重梓的《净明忠孝全书》，原刻板刊行者为长春真人刘渊然，书中叙述《许真君七宝如意丹诀》传承始于谢守灏，其内容是：

> 择天德天医吉日，鸡犬不闻处，斋戒沐浴，洁净丹室，屏除人事，

① 李丰楙：《许逊与萨守坚》，《宋朝水神许逊传说之研究》，台湾学生书局，1997，第70页。

② 朱文彬：《大成捷要》，郭任治点校，山西人民出版社，1988，第10页。

③ 《道藏辑要》卷五，巴蜀书社，1995，第203页。

④ 《道藏》第5册，第220页。

⑤ 《道藏》第5册，第252页。

> 供奉圣位，上书：许真君、吴真君、丁公至人、地主、天医、主药大将、洪崖张真君、洞真胡真君、景纯郭真人、玉真刘真人、中黄黄真人、丹扃徐真人。呼药神主将各咒，诵《度人经》……。设位醮十九种药之神：川乌、黄连、人参、茯苓、干姜、桔梗、吴萸、肉桂、厚朴、菖蒲、柴胡、紫菀、牙皂、当归、川椒、附子、巴豆、木香、槟榔。经七日七夜拜斗，讽诵《玉皇本行集经》后诵咒，书符，合药。

该书可能是《正统道藏》所收《净明忠孝全书》阙佚之部分，证明了谢守灏在许逊信仰传承中有一定的地位。[①]

关于妙通朱仙，宋大中祥符五年（1012）道士周法通题《东岳行宫正法院新创妙通朱真人洞记》说："先生姓朱，晋人也，周游蜀鹤鸣山，隐显不测，自称朱桃槌，至石扁洞门，影响殊异，先生多治眼疾，一一无不愈也。"[②]《历世真仙体道通鉴》卷四十三记载，朱祭酒名桃椎，得道于蜀中玉珍山，有《养生铭》《茅茨赋》《感庭秋》等作遗世。[③] 据前《历世真仙体道通鉴·皇甫坦》，皇甫坦为朱桃椎之弟子，又是谢守灏之师。据此，谢守灏这一脉的传承为：

路大安——朱桃椎——皇甫坦——曹弥深、谢守灏——朱明叔——郑道全

金明昌二年（1191）"禁以太一、混元受箓，私建庵室"[④]。耶律楚材斥责道教，认为"全真、大道、混元、太一、三张左道之术，老氏之邪也"[⑤]。他所谓的"老氏之邪"指的是宋元道教最大的五派：全真道、大道教、太一道、正一道（三张）、净明道。李显光认为混元之道即是净明道，并非指混元仙派或混元教。看来，谢守灏这一脉的传承在元初还是有影响的，可惜后来刘玉教团兴起后就湮没无闻了。原因在于它的

① 李显光：《许逊信仰小考》，《宗教学研究》1999 年第 3 期。
② 陈垣：《道家金石略》，文物出版社，1988，第 424 页。
③ 《道藏》第 5 册，第 345 页。
④ （元）脱脱等撰《金史》，《景印文渊阁四库全书》第 290 册，第 150 页。
⑤ （元）耶律楚材：《湛然居士文集》，《四部丛刊》影印无锡孙氏小缘天藏景元抄本［CD］，第 168 页。

主张与西山道士长期崇奉斗中真人孝悌王的信仰及南宋净明派崇奉日月二君的信念相悖。但谢守灏之混元教传承，或是许逊之传承的正统。日月二君及孝悌王的信仰，柳存仁与朱越利甚至认为是摩尼教假借净明道在中国的秘密传承。[①] 王卡指出在晋代时就有两支有关孝道的道教支派，一支以豫章为中心，以许逊、吴猛为核心，另一支为宗奉“日月斗三王”，传授孝道秘法的民间信仰。[②] 或者我们可以认为何守证、周真公所传之净明道实为王卡所称之宗奉“日月斗三王”的“孝道秘法”，而谢守灏所传之许逊信仰，或是以许逊、吴猛为核心之信仰的本来面目。如此来看，清代所修《逍遥山万寿宫志》将谢守灏未列入《人物志》及《奉祀考》中，或许不是“阙漏”，而是宗派传承不同的原因。

谢守灏于绍熙二年著《太上老君混元圣纪》（当时亦名《太上老君混元皇帝实录》），陈傅良为之作序，称“脱儒冠去为道士，以推尊孔氏者尊老子，于是为书若干卷”。谢守灏认为历代有关老君的传记率多疏略，难窥全貌，或虽记述颇详，然枝蔓旁引，取舍失当，致使错乱乖违，首尾不一，每令读者迷惑，于是“编考三教经典传记，究其源流，仍序历代崇奉之事”，撰成《太上老君混元圣纪》九卷。[③] 该书卷首为《老君年谱》，以编年体简要记述自天地开辟至宋代宣和年间老君事迹本末以及历代帝王崇奉老君之事。卷二至卷九详记老君于历代垂世立教，应显变化之灵异。全书旁征博引，史料丰富，为最详备之老君传记。谢守灏另编有《太上老君年谱要略》《太上混元老子史略》，内容与《太上老君混元圣纪》卷首之《老君年谱》略同；其中《太上混元老子史略》卷中、卷下，述及老君自三皇至周时随方设教，历劫为师，西渡玉门关及阳关，传经授道，化胡西域之事迹。或是因为《混元圣纪》有浓厚的与《老子

① 柳存仁：《许逊与兰公》，《世界宗教研究》1985 年第 3 期。朱越利：《净明道与摩尼教》，《中国学术》第十四辑，中华书局，2003。

② 王卡：《隋唐孝道派宗源》，《道教经史论丛》，巴蜀书社，2007，第 116 页。《隋唐孝道派宗源》一文曾收入《道家文化研究》第九辑。收入《道教经史论丛》时，作者称略做修改补充。

③ 《道藏》第 17 册，第 779～780 页。

化胡经》近似的内容，受到佛教界非难，因此在白玉蟾《玉隆集》或《逍遥山万寿宫志》中，既没有混元法的记载，也没有谢守灏的名字。但谢守灏在许逊崇拜发展历程中显然是有贡献的。

谢守灏晚年住永嘉郡瑞安县紫华峰，创九星宫，① 其相貌清古，须发皓白，“人咸谓活老君”。宁宗嘉定五年壬申二月十九夜，谢守灏梦见天人下降曰“太上有命趣召修真仙史记”，翌日午时具香汤沐浴，辞别道众，并书颂：“造物逆旅主，天地一蘧庐，还汝已生有，还我未生无。”“颂毕正衣冠端坐奄忽而化。”住世七十九年。后门人私谥修文辅教观复先生。②

第六节 夏元鼎生平及其内丹学思想

一 夏元鼎生平

夏元鼎字宗禹，永嘉人，号云峰散人。南宋时期人，生卒年均不详，约南宋宁宗前后在世。《弘治温州府志》称其“自幼嗜学，刻志科举。经史群书，兵机将略，靡不精究驰骛。转困场屋，于是屡入应贾、许二帅幕，与苟梦王同艰难，由青齐跨太行，深入鞑境，备尝劳悴，事与愿违，因疾……”③。其中“应贾、许二帅幕，与苟梦王同艰难”一句，似有误。其同乡秘书少监曹叔远则言：“夏君宗禹……少有奇抱，谓功名抵掌可致，自其二十年间，遍入应、贾、许三师幕，且与苟梦玉同艰难，繇青齐，跨太行，深入鞑境，极其劳瘁。”④ 王九万也称：“永嘉夏云峰，少由童子郎振策场屋，遍从诸大老游。长出入兵间，以功得赏。”⑤

而后，夏元鼎“因疾，有教以吐纳导引法乃瘥。遂知药在吾身，不

① 《道藏》第5册，第445页。
② 《道藏》第5册，第445页。
③ （明）王瓒、蔡芳编《弘治温州府志》，胡珠生校注，第401页。“二帅”，原刻本作“一帅”，点校本与刻本均有误。
④ 《紫阳真人悟真篇讲义》序，《道藏》第3册，第32页。
⑤ 《黄帝阴符经讲义》卷四，《道藏》第2册，第735页。

假外求"[①]。此后如王九万称："驱驰于山东、河北，登日欢拜孔林，以充大其胸中浩然之气，视世间物无足当其意，遂弃官学道。"[②] 留元刚也说："东嘉夏宗禹，奇伟俶傥之画策，从事制幕，转徙边徼，数奇不耦，浩然游方，访飞升还返之术，宜参默授，会稡笺解。"[③]

夏元鼎之师有二人，先是"嘉定间得遇关西闳先生，授以道要"[④]。而后"遂历湖湘，至南岳祝融峰，又遇赤城周真人"。夏元鼎与周真人"虽解后于一时，有契宿缘于万劫，乃于旅寓炷香皈礼，因历叙平生修真之要，求其印证。真人曰：'汝若是精切耶？世间所论皆常谈耳！'言昔蒙西蜀铁风洞圣师传授，今尽付汝。遂举酒一斗，鲸饮而尽。因告以心传之妙。元鼎大悟，惊喜感泣。真人曰：'汝已知药物矣，若火候幽微，可待月出语汝。'及三鼓月上，乃指天机造化玄妙之秘。至夜将旦，元鼎就寝，觉而失师所在。门扃如故。因题诗曰：'崆峒访道至湘湖，万卷诗书看转愚。踏破铁鞋无觅处，得师全不费工夫。'"[⑤] 俞琰《席上腐谈》卷下曰："大德庚子，夏壶隐示以《金丹又玄篇》，云是梁九阳所作。观其自序云：'得之王山宾。'天台山宾王可道，号真常子。与夏云峰、陈了空、郁芦庵相倡和。山宾有《众妙义集》。至元辛巳，文如心太傅携此书示余，系是写本。"[⑥] 从中可知夏元鼎（云峰）与陈了空、郁芦庵、王可道等相从游。夏元鼎"一日归乡，王太监有开遇之甚厚，元鼎授以秘法，亦弃职归隐，后无疾端坐而逝。是日，乡人在闽中见之，寄书归家，人以为尸解"[⑦]。关于真常子，古医籍《养生医药浅说》中有一则《真常子养生秘诀》。一说真常子即任源，字道源，自号真常子，宋徽宗时宦者。

夏元鼎著有《崔公药镜解》（或称《入药镜笺》）、《阴符经注》、

---

① （明）王瓒、蔡芳编《弘治温州府志》，胡珠生校注，第401页。
② 《黄帝阴符经讲义》卷四，《道藏》第2册，第735页。
③ 《黄帝阴符经讲义》卷四，《道藏》第2册，第733～734页。
④ （明）王瓒、蔡芳编《弘治温州府志》，胡珠生校注，第401页。
⑤ （明）王瓒、蔡芳编《弘治温州府志》，胡珠生校注，第401页。
⑥ （元）俞琰：《席上腐谈》卷下，《丛书集成初编》第322册，商务印书馆，1936，第22页。
⑦ （明）王瓒、蔡芳编《弘治温州府志》，胡珠生校注，第401页。

《悟真篇讲义》三书。俞琰《席上腐谈》卷下："永嘉夏元鼎，号云峰，注《阴符》、《药镜》、《悟真》三书，真西山为序。"① 真西山即理学大家真德秀，真德秀赞颂说："天台真人张平叔作《悟真》诗百余篇行于世，识者谓《参同》之后，才有此书。予闲中虽颇涉躐，然未能识其妙处。云峰夏宗禹自永嘉来游幔亭，示余所为《悟真讲义》，章剖句析，读之使人焕然无疑……宝庆三年冬至后三日建安真德秀序。"② 从真德秀之序来看，夏元鼎宝庆年间尚在世。真德秀还以诗赠之曰："龙虎山前形异梦，祝融顶上遇真仙。劝君早办骖鸾事，莫把天机漫浪传。"③ 又曰："笑我深扃五柳门，无从相与细论文。会须脱履嚣尘去，雁荡山头或见君。"④

对于夏元鼎所著三书，王九万称："云峰金丹三书，超然自应，显化通神，灵明妙用者哉！"⑤ 其同乡秘书少监曹叔远则言：

> 吾乡诸儒以经学见推、文翰自命者多矣，未有能传张平叔《悟真》诀者。夏君宗禹乃独因秘受，坐进此道，斯亦异矣。君少有奇抱，谓功名抵掌可致，自其二十年间，遍入应、贾、许三师幕，且与苟梦玉同艰难，繇青齐，跨太行，深入鞑境，极其劳瘁。既而事与愿违，始屏迹绝，口不复道。著为《药镜》、《阴符》、《悟真》三书，羽流至有投誓而愿受业者。……绍定初元仲春秘书少监永嘉曹叔远序。⑥

夏元鼎所著三书现存二种。《道藏》洞真部玉诀类收有《紫阳真人悟真篇讲义》，题"云峰散人永嘉夏宗禹著"。又收有《黄帝阴符经讲义》，题"云峰散人夏元鼎宗禹撰"。《黄帝阴符经讲义》卷四后附有留

① （元）俞琰：《席上腐谈》卷下，《丛书集成初编》第 322 册，第 22 页。
② 《紫阳真人悟真篇讲义》序，《道藏》第 3 册，第 32 页。
③ （明）王瓒、蔡芳编《弘治温州府志》，胡珠生校注，第 401 页。
④ （明）王瓒、蔡芳编《弘治温州府志》，胡珠生校注，第 401 页。
⑤ 《黄帝阴符经讲义》卷四，《道藏》第 2 册，第 735 页。
⑥ 《紫阳真人悟真篇讲义》序，《道藏》第 3 册，第 32 页。

元刚撰《云峰入药镜笺序》，及《云峰续记》《云峰自序》和王九万之《后序》。可知夏元鼎确撰有《入药镜笺》。

二　夏元鼎的内丹学思想

夏元鼎首先继承了张伯端的三教合一观点。《黄帝阴符经讲义》图说卷四有“三教归一图说”，并注曰：“三教殊途同归，妄者自生分别，彼谓释道虚无，不可与吾儒并论，是固然也。自立人极，应世变言之，则不侔。至于修真养性与正心诚意之道，未易畦畛也。……信知三教等无差别，本来面目只是一个，但服色不同耳。”①

夏元鼎认为三教之旨，殊途同归，皆主性命修为，清净自然。《三教归一图说》指出，在儒家言“天生烝民，有物有则”，其境界可达神圣：“充实而有光辉之谓大，大而化之之谓圣，圣而不可知之之谓神。”在佛教言“圆觉真如，与生俱生”，其境界可证如来：“圆陀陀，光烁烁，明了了，活泼泼，如百千灯光，无坏无杂。”在道教言“有物混成，先天地生”，其境界可达天仙：“出入定中神自在，圆光明处莫思为。存无守有常为乐，永劫教君达圣仙。”②

夏元鼎所述丹法强调自身修炼，属南宗清修派。《紫阳真人悟真篇讲义》取《悟真篇》诗八十一首、西江月词十二首，依据张紫阳“三教合一”之旨，征引《道德经》《阴符经》《周易参同契》《入药镜》《龙虎上经》《钟吕传道集》《西山会真记》《指玄篇》等与炼丹密切相关之道书，逐一诠释，以阐发修炼内丹之要。《黄帝阴符经讲义》则据四百余字版本，逐句逐段释义，以阐内丹修炼之旨。其中卷四为“图说”，内载《日月圣功图》《奇器万象图》《三教归一图》《五行生成图》等。每图后有一图说，以解图象之意，皆本于南宗，多论天地阴阳五行化生及金丹之道。

自张伯端《悟真篇》传世，随着南宗一派的形成，南宗内部因对丹

① 《道藏》第 2 册，第 732 页。

② 《黄帝阴符经讲义》卷四，《道藏》第 2 册，第 731 页。

法的主张不同分为二系。石泰一系，即一般认为张伯端的金丹一系正宗传人，主张清修，不涉异性。其传人为南宗五祖，石泰之后有薛道光、陈楠、白玉蟾。刘永年一系，被认为是张伯端所传双修一系，主张男女双修，阴阳互补。其传人有翁葆光、若一子、龙眉子等。两派各有传承，各行其道，夏宗禹承袭石泰一脉，他以清修观点注《悟真篇》《入药镜》《阴符经》，倡清修丹法于世。

作为南宗丹法奠基著作《悟真篇》，本系清修丹法，援禅入道，先命后性。《金丹四百字》《青华秘文》也主张神为主、气为用、精为基；以精气合药，以神运药，以意炼药，意生于神，为神之用等清修炼法。但由于张伯端在阐述《悟真篇》时，借用了阴阳男女、夫妻等名词，故阴阳派依之发挥，清修派则务正其说，因此，夏宗禹即首辨《悟真篇》之宗旨。夏宗禹注《悟真篇》“不识真铅正祖宗，万般作用枉施功。休妻谩遣阴阳隔，绝粒徒教肠胃空”曰：

> 学道以禁欲为先。此诗之意，岂使人纵其欲哉！非也。大道无为，旁门多事，世人徒知不近女色，不食烟火，或烧炼丹药，或餐霞服气，或吐故纳新，或存心想肾，以为道之奥妙尽在是矣。殊不知强制不出于自然，有为未免于妄想，况铅有真有凡，有祖有宗，诚未易识。苟得师传，则目击道存，赫赤金丹一日成矣。傥盲修瞎炼，以上诸法，止可安乐延年，差胜于轻生迷本之徒。仰视金丹大道，初不相关也。虽然汉天师迄今三十六代，许旌阳家有四十余口，不妨白日飞升，刘安王、刘纲亦夫妻双修，魏伯阳亦有子仕宦，岂休妻绝粒为得道哉！此无他，或得道于童男之身，或辦（辨）道于已娶之后，无非勤修内行，广积阴功，自下乘以达中乘，自中乘以达上乘，未有一蹴而能造大道也。①

此注中夏元鼎直接提出“学道以禁欲为先”的观点。然后说张天师、许旌阳、淮南王刘安、刘纲、魏伯阳等虽然有妻子，除了“或得道

① 《紫阳真人悟真篇讲义》卷二，《道藏》第3册，第41页。

于童男之身”，其余都是辨道于已娶之后，修的都是渐进之法，通过广积阴功、勤修内行而渐达上乘。“苟得师传，则目击道存，赫赤金丹一日成矣”意指唯有清修丹法方为一蹴而成金丹的大道。

夏宗禹注《悟真篇》“不识阳精及主宾，知他那个是疏亲。房中空闭尾闾穴，误杀阎浮多少人”曰：

> 阳精者，一身魂神之宰司也，人安能识之。况有宾有主，有疏有亲，须得师口诀，方通玄奥。否则御房闭精，徒于尾闾用意，非矣。云房曰：堪叹三峰黄谷子，误杀南阎多少人。盖三峰者乃阴丹之术，固形住世之方，非神仙之道也。是世人气血未定，对境不能忘情，心虽慕道，嗜欲难遏，古仙垂慈，于三千六百门中，亦有闭精之术，使夫人知生生化化，以精气神为主，操之则存，舍之则亡，施之于人可以生人，留之于身可以生身，非剧戏也，非可恣也。故沧海虽大，不实漏卮，尾闾不禁，人岂长生者乎！①

此注明确指出双修之法仅为住世之方，而非神仙之道。前面提出“苟得师传，则目击道存，赫赤金丹一日成矣”，此处又提出“须得师口诀，方通玄奥”，是指出金丹大道最重师传，而师传口诀十分简单，往往只是只纸片言，却能传道解惑，让人直指金丹大道。

夏宗禹注《悟真篇》“竹破须将竹补宜，覆鸡当用卵为之，万般非类徒劳力，争似真铅合圣机”曰：

> 金丹大道不出吾身之内，其机缄默，应与天地同符，要当寻根摘蒂，反本还原，则至道不繁矣。若万般非类，不识真铅之阳，是缀花求其结果，于道何有哉！故知有竹可以补竹，有鸡可以覆卵，有真铅可以合圣机。何也？譬之有元精可以补元气，有元气可以补元神，皆出自然感化之道，以真阳而摄群阴。②

---

① 《紫阳真人悟真篇讲义》卷五，《道藏》第3册，第53页。
② 《紫阳真人悟真篇讲义》卷三，《道藏》第3册，第44页。

此注中夏元鼎指出“金丹大道不出吾身之内”，自身的元精、元气、元神，方是补亏延命的物质基础，明显是清修派的观点。以上这些注解，颇能代表夏元鼎站在清修派立场上批判双修派的主要观点，表明了夏元鼎清修派的立场。

夏元鼎丹法的核心要诀则是内外三关与内外三要之说。

其内三关，“性不迁情第一关，气不化精第二关，神不外驰第三关”。外三关者，“耳不淫听第一关，目不妄视第二关，口不欺心第三关”。[①] 夏宗禹说：“户者关也，有关而后行于正道也。傥无关，则有猖狂妄行之患，放僻邪侈之习矣。故曰内有三关，以性为主，以神气为宗，所谓常收归里，不放出外者是也。外有三关，以口为枢，以耳目为键，所谓九窍之邪，在乎三要者是也。”[②] 即内外三关与内外三要密切相关。

内之三要指精、气、神，外之三要指耳、目、口。在这里，眼为神之门，视之不息则神从眼漏，故当闭目内视，意注丹田。耳为精之门，听之不停则精从耳漏，故当固塞耳聪，以养肾精。口为气之门，言之不止则气从口漏，故当无言无语，默默守气。修道者若能收视，返听，缄言，澄心入静，则邪毒不侵，命固长生。

夏宗禹认为，人的邪心和情欲是“五贼”通过作用人的“九窍”（即二目、二耳、二鼻孔、口、尿道、肛门）而产生的。在这九窍之中，最主要的是耳、目、口三窍。他说：“人身九窍，上七下二，无非邪秽。学道者审此，必摄乎三要，然后动静有无邪之思。三要者何？耳、目、口是也。《参同契》云：三宝固塞勿发扬。三者既关键，动静不竭穷。人能谨此三要，则天下之声万变，而坎之聪不为所夺；天下之色万变，而离之明不为所蔽；天下之味万变，而兑之纳不为所乱；自然清明在躬，志气如神，动静之间，一循天理之正，虽万邪不能干矣。九窍之邪，何有于我哉？此正非礼勿视，非礼勿听，非礼勿言之道，岂异端乎？”[③]

在他看来，此三窍常引诱人之心神向外驰骋，使人执着于情欲，导

① 《道藏》第2册，第730页。

② 《道藏》第2册，第730页。

③ 《黄帝阴符经讲义》卷一，《道藏》第2册，第723~724页。

致人之死亡。要避免人心为三窍所诱，而导致不良的结果，必须采用“伏藏”之法：“伏藏，待时也，而天机寓焉。有是性则有是机，非曰终于伏藏而无所用心也。所谓怀材养浩明时，正金丹之秘旨也。或谓阴铅主伏，阳汞主飞，圣人伏阳汞以炼阴魄，故有大巧若拙之用，非也。殊不知黄帝专言巧拙者在性，伏藏者待时。盖以性则合于玄元，而铅汞则拘于形质。苟此性灵明，阳魂日盛，巧拙莫蔽，伏藏待时，天机一应，则天性见矣。此正洞宾谓七返还丹，在人先须炼己待时也。”① 文中之“性”，又称元性，实是元神的别称，伏藏即待时，待炼去阴魄，成就阳魂之时，即是见天性之时，也就是出神成仙之时。

夏宗禹认为，心和手为修炼三要之关键。《阴符经》曰：“天有五贼，见之者昌。五贼在心，施行于天。宇宙在乎手，万化生乎身。”“五贼”即五行。五行之理非常幽微，常人难以把握，把握它即谓得道。夏宗禹认为心即天，可以驾驭五行。“此施行于天，皆在吾心之用，盖心即天也，天即心也，人能即一心之天，以窃造化之妙，即动静陟降，在帝左右，而施行之际，未知其孰为天，孰为心也。”② 夏宗禹指出，心为主宰，与目相关，生死相因。他说：“人生为万物之灵，日与万物交际。一念之起，随念生于物。一念之灭，随念死于物。然心非自生于物也，其机在目耳。心非自死于物也，其机亦在目耳。使当时黑白不分，妍丑不别，则心同太虚，何由能生死也。惟机关在目，触之而动。一睹美色，则倏然生爱；一见恶，则悠然增恶。故爱之而欲心生，是此心生于物也；恶之而欲心死，是此心死于物也。原其所自，岂是心之本然哉？皆其机之在目也。”③ 因此，内修的要害首在制目敛念，炼己待时。《阴符经》曰：“瞽者善听，聋者善视。绝利一源，用师十倍。三返昼夜，用师万倍。”夏宗禹解释说，盲者之所以善听，聋者之所以善视，其原因在于黜聪专心，凝神内视。人们以耳目为用，反之亦以其为累。他说：“惟瞽者目所不睹，则心专于听，而粉白黛绿者不能杂也。聋者耳所不闻，则心

① 《黄帝阴符经讲义》卷一，《道藏》第2册，第723页。

② 《黄帝阴符经讲义》卷一，《道藏》第2册，第722页。

③ 《黄帝阴符经讲义》卷二，《道藏》第2册，第726～727页。

专于视，而淫娃（哇）鼓吹者不能夺也。此用志不分，乃凝于神之妙也。绝利一源，则心无二用，专气致柔而已。三反昼夜者，乃三宫升降，上下往来无穷也。用师十倍、万倍者，乃精神折冲，使邪魔外道非心恶念，有不战而屈之理也。夫以弃绝于利欲，精一于本源，万累消忘，无思无虑，精诚纯笃，一念不差，此寂然不动之境也。而昼夜之间，三宫反覆，阴阳升降，符节不爽，循环无穷，此感而遂通之妙也。"①

夏宗禹认为手亦为修真之要。"《黄庭经》曰：'口为心关精神机，足为命关生地扉，手为人关把盛衰。'"② 修道之人一心能制五贼，倘遇五贼攻心，则把定三关，以主性命。夏宗禹解释说："能按天象方隅，推五运六气，握固以养和，弹指以摄化，诊视以知阴阳之候，诀目以通鬼神之灵，无一而不在手也。宇宙六合，广大无际，苟得玄妙，其犹示诸掌乎？"③

总的来说，夏宗禹发挥了南宗张伯端清修一系的丹法，并将其丹法总结为内外三关与内外三要。同时指出，双修法是存在的，只不过双修法是"住世之法"而不是"金丹大道"，以此来对清修、双修之法进行高下的评判，从而达到推崇清修丹法的目的，也可成一家之言。

第七节　隋唐宋温州其他名道考

一　寓居温州名道考

温州洞天福地甚多，吸引了众多的修道者前来，隋以前有葛洪、陶弘景等名道之踪迹，隋唐宋时期则有马湘、张无梦、白玉蟾等高道。

1. **马湘**

马湘，字自然，杭州盐官县人。《全唐诗》卷八百六十一记载有马

① 《黄帝阴符经讲义》卷二，《道藏》第 2 册，第 726 页。
② 《黄帝阴符经讲义》卷一，《道藏》第 2 册，第 722 页。
③ 《黄帝阴符经讲义》卷一，《道藏》第 2 册，第 722 页。

湘的诗四首，为《登杭州秦望山》及《题龙兴观壁》三首。《全唐诗》记载："马湘，字自然，杭州盐官人。貌丑，鱸鼻秃鬓。大口饮酒石余，醉卧即以拳入口。游行处多题诗句。大中十年，归乡，忽死。明年，又于梓桐县白日上升。有司奏闻，敕浙西发冢视之，乃一竹杖而已。"[①] 北宋蔡居厚《诗史》有关马自然的记载曰："道士马自然有异术，饮酒至一石不醉，人有疾，以杂草木挼碎呵与人食，无不瘥。"[②]

相传马湘在温州平阳之松山（今属苍南县桥墩镇）与其徒王延叟修炼。《弘治温州府志》卷三载：松山上有丹灶、丹井、丹臼，"唐真人马湘与其徒王延叟炼丹于此飞升"。[③]《康熙平阳县志·仙释》载："唐马湘，结庐松山之巅，与其徒王延叟炼丹，常有双鹤翔其旁。一日，鹤去，湘亦南游霍桐。大中祥符十一年，飞升于东川。丹灶、井、臼存焉。"[④] 民间有"白鹤仙师"之称。

《乾隆温州府志》所记略有不同，曰："马湘，《万历志》：号自然，杭之盐官人。隐于商至安固，卜居西岘山下，每有紫霞覆其居。一日，与其徒王延叟炼丹于松山西壑，时有双鹤翔舞，遂跨鹤上升，今丹灶、井、臼存焉。至宋时，与紫阳真人张平叔遇，事见《金丹四百字》序中。"[⑤] 该记载最后说马湘与张平叔相遇之事有误，因历史上有两个马自然，一为马湘号（或曰字）自然，二为姓马名自然，与张平叔所遇为第二个马自然，乾隆志中将两人混淆，故有误。

马湘生平在《续仙传》、《历代真仙体道通鉴》、《太平广记》、陆楫《古今说海·说渊壬集》等有传。几处传文基本相同，仅有个别文字互异。《云笈七签》本《续仙传·马自然》曰：

> 马湘，字自然，杭州盐官人也。世为县之小吏，而湘独好经史，

① 《御定全唐诗》，《景印文渊阁四库全书》第1431册，第425页。

② （宋）阮阅编《增修诗话总龟》，《四部丛刊》影印上海涵芬楼藏明嘉靖刊本［CD］，第420页。

③ （明）王瓒、蔡芳编《弘治温州府志》，胡珠生校注，第53页。

④ （清）金以埈：《康熙平阳县志》，清康熙三十三年刻本，第363页。

⑤ （清）李琬：《乾隆温州府志》，清乾隆二十五年刊民国三年补刻本，第1053页。

攻文学。乃随道士天下遍游。后归江南，而常醉于湖州，堕霅溪。[1]

此段称马湘为杭州盐官人，盐官在浙江杭州东面，钱塘江之下游，为观钱江潮之胜地。马湘有道术多种，而常住湖州。《续仙传·马自然》又曰：

后游常州，遇马植出相任常州刺史，素闻湘名，乃邀相见，迎礼甚异之。植问："道兄幸同宗姓，欲为兄弟，冀师道术，可乎？"湘曰："相公何望？"曰："扶风。"湘戏曰："相公扶风马，湘则马风牛。但且相知，无征同姓。"[2]

此段传文中有可考之年代，文中称"游常州，遇马植出相任常州刺史"。据《资治通鉴》，马植因佩戴着唐宣宗赐给马元贽的宝带上朝，被唐宣宗发现了，于大中四年（850）罢相，贬常州刺史。可知马湘为大中时人。《续仙传》中的《马自然》又曰：

后南游越州……而湘与婺州永康县牧马岩道士王知微、弟子王延叟同行……又南游霍桐山，入长溪县界……自霍桐回永康县东天宝观驻泊。……多题诗句。其登杭州秦望山，诗曰："太一初分何处寻，空留历数变人心。九天日月移朝夕，万里山川换古今。风动水光吞远峤，雨添岚气没高林。秦皇谩作驱山计，沧海茫茫转更深。"

后归故乡省兄……不食，但饮酒而待，兄不归，及夜遽卒。明日，兄归，问妻子，具以实对。兄感恸，乃曰："弟学道多年，非归要分宅，是归托化于我，以绝思望耳。"乃棺殓之。其夕，棺鞫然有声，一家惊异，乃葬于东园。时大中十年也。

明年，东川奏剑州梓桐县道士马自然白日上升。湘于东川谓人曰："我盐官人也，新羽化于浙西，今又为玉皇所诏，于此上升。"

---

① 《道藏》第22册，第778页。

② 《道藏》第22册，第778页。

以其事奏之，遂敕浙西道杭州覆之，发冢视棺，乃一竹杖而已。①

文中提及马湘有弟子王延叟，并与牧马岩道士王知微同行。马湘所游之地多在东南一带。文末称马湘于大中十年（856）卒。此后世人又见马湘之踪迹，则是道教人物传记常见之叙述方式，以示传主非是已卒，而是升仙而去。

关于马湘，罗宁以为马湘是唐代另一版本的八仙之一。②《新唐志》著录江积《八仙传》一卷，注云："大中后事。"上述马湘传文提到的马湘事迹都在大中前后，与《八仙传》所述之年代相仿。《崇文总目》传记类下、《通志略·道家·传》也著录有江积《八仙传》一卷，此后不见书目著录，大概宋代已佚。关于此书，明代学者胡应麟曾经提及，但仅说"《八仙传》者决非钟吕之俦明矣"③。

《仙苑编珠·序》云："松年又寻《真诰》、《楼观传》、《灵验传》、《八真传》、《十二真君传》，近自唐梁已降接于闻见者，得一百三十二人。"④ 罗宁认为《八真传》不见于唐宋书目，应该就是《八仙传》。《仙苑编珠》卷下最后的六条十二人，除"娄庆云举"明确标明出自《灵验传》，其余均未标明引书。李剑国也认为此十二人事迹均出《灵验传》。⑤"娄庆云举韦俊龙跃""洞玄腾身道合蜕壳""法善月宫果老北岳"三条所记娄善庆、韦善俊、边洞玄、娄道合、叶法善、张果六人，均初盛唐时人，应为《灵验传》的内容。后三条六人的事情均发生在大中以后，这就是《新唐志》所说"大中后事"的意思——是指大中以后的升仙或遇仙故事。所以罗宁认为，这三条六人极可能就是《八仙传》的内容。它们是："冲寂焚香道华偷药""可交登舟归真画鹊""马真升

① 《道藏》第22册，第778～779页。《历代真仙体道通鉴》之《马湘》所载较其他版本多出一则故事，曰："一日，县宰令湘往西川，湘方以为忧，行至县北一十二里，忽遇一道人，与同入一石井中，移时已到西川，取讫回书，不觉又从石井出矣，至县投落回书，莫不骇异。人因号为石井仙。（井见存焉。）"（《道藏》第5册，第308页）

② 罗宁：《唐代〈八仙传〉考》，《宗教学研究》2006年第3期。

③ （明）胡应麟：《少室山房笔丛·庄岳委谈上》，上海书店出版社，2001，第414页。

④ 《道藏》第11册，第21页。

⑤ 李剑国：《唐五代志怪传奇叙录》下册，南开大学出版社，1993，第1078页。

天冯妻降鹤”。[①]《仙苑编珠》记载马湘于咸通（860—874）末白日升天，与《续仙传》所记略有不同，但时间相差无几。

2. **张无梦**

张无梦，《道门通教必用集·历代宗师略传》《历世真仙体道通鉴》《玄品录》等有传。张天雨《玄品录·张无梦》曰：“张无梦，字灵隐，凤翔盩厔人也。”[②]《历世真仙体道通鉴·张无梦》又称其“号鸿蒙子”。南宋吕太古《道门通教必用集·历代宗师略传·张无梦》曰：“张无梦，字灵隐。笃孝，闻于乡里，好清静，通易。及冠，委资产于其弟，入华山，与种放、刘海蟾结交，事希夷先生，多得微旨。……年九十九，终于金陵。经三日，顶中白气出，高三尺。有琼台诗行于世。碧虚子陈景元，盖其弟子，得老庄宗旨云。”[③] 从中可知张无梦师从希夷先生陈抟，其弟子为陈景元。

张无梦曾驻于温州永嘉之开元观。《弘治温州府志》曰：“张无梦，永嘉开元观道士。大中祥符间以修炼闻。真宗召对，讲《易》谦卦。上问曰：独说谦卦何也？无梦对曰：方大有时，宜守之以谦。复命讲《还元篇》，敷对详明。真宗大悦，宸翰特赐以诗，宠其还山。”[④]

真宗所赐之诗，《康熙永嘉县志》记《真宗赐张无梦还山诗》曰：“先生羲皇人，辞我将安适？自言归东瓯，择地炼秋石。白雪流琼浆，黄巽涌金液。火候契参同，变化合周易。丹成未上天，应须待飞舄。”[⑤]

3. **白玉蟾**

白玉蟾，字如晦，祖籍福建闽清，因其祖赴任琼州，故生于海南琼州（今海南琼山）。自号海琼子或号海南翁，或号琼山道人、武夷散人、神霄散吏等。金丹派南宗以张伯端为初祖，石泰为二祖，薛道光为三祖，陈楠为四祖，白玉蟾为五祖。

---

① 罗宁：《唐代〈八仙传〉考》，《宗教学研究》2006 年第 3 期。

② 《道藏》第 18 册，第 136 页。

③ 《道藏》第 32 册，第 8～9 页。

④ （明）王瓒、蔡芳编《弘治温州府志》，胡珠生校注，第 399 页。

⑤ 《中国地方志集成·浙江府县志辑》第 59 册，第 729 页。

白玉蟾的生卒年尚有争议，笔者认可的看法是生于绍兴四年（1134），晚年纵游名山，不知所终，也有人认为他于南宋绍定二年（1229）尸解于海丰县（今广东省汕尾市海丰县）。白玉蟾著述甚多，生前有《玉隆集》《上清集》《武夷集》行世。后由彭耜纂辑为《海琼玉蟾先生文集》。又有谢显道等编《海琼白真人语录》、彭耜编《海琼问道集》等。

白玉蟾纵游名山，所至之处很多，在温州也留有踪迹。《康熙永嘉县志》记载："白玉蟾，即葛长庚，琼山人。居城南湖，尝乘鹤巽吉山，至今有驻鹤亭。仍以其号名湖，曰蟾湖。"① 传郑洞真师事之。《乾隆温州府志》："郑洞真，《旧志》：居平阳金舟乡，号黄茅道士，与陈丹华同修炼。尝游山遇题诗者，气貌不凡，拜之则白玉蟾也。遂款留师事之，岁余乃去，后侍玉蟾游武夷，有诗见于世。"②

二　温州本地名道考

隋唐宋是温州道教的成熟期，有一大批本地名道出现。据道书及方志，唐代有傅隐遥、叶后己、左元泽，宋代有林灵素、李少和、谢守灏、夏元鼎、柯可崇、郑洞真、蒋叔舆、周无所住等。又有林氏家族，已述于本章第一节。以上著名道士除单独立章节加以论述的，其余简述如下。

1. 傅隐遥

《弘治温州府志》曰："傅隐遥，永嘉人。吴末为道士，以石室大若岩地仙李方回所治，为第十二福地，因往结庵以居，辟谷修炼，至调露元年上升。今有登仙石。"③ 这里说傅隐遥三国末年（280 年为三国最后一年）即为道士，而至"调露元年"上升，调露为唐高宗年号，其间有四百余年。《乾隆温州府志》沿袭此说但表述得更清楚："傅隐遥，《两浙名贤外录》：永嘉人。吴甘露初弃家为道士，居石室山大若岩，辟谷修炼。至唐调露元年丹成上升。游戏人间盖四百余载也。今大若岩左有登

① 《中国地方志集成·浙江府县志辑》第 59 册，第 725 页。

② （清）李琬：《乾隆温州府志》，清乾隆二十五年刊民国三年补刻本，第 1057 页。

③ （明）王瓒、蔡芳编《弘治温州府志》，胡珠生校注，第 398 页。

仙石。”①

《太平广记》记有另一名为“隐遥”的奇人“周隐遥”，曰：

周隐遥，洞庭山道士，自云角里先生之孙。山上有其祖角里庙角里村。言其数世得道，尝居焦山中，学太阴炼形之道，死于崖窟中。嘱其弟子曰：“检视我尸，勿令他物所犯。六年后，若再生，当以衣裳衣我。”弟子视之，初则臭秽虫坏，唯五脏不变，依言闭护之。至六年往看，乃身全却生。弟子备汤沐，以新衣衣之。发鬒而黑，髭粗而直，若兽鬣焉。十六年又死如前，更七年复生。如此三度，已四十年余，近八十岁，状貌如三十许人。隋炀帝闻之，征至东都，颁赐丰厚，恩礼隆异。而恳乞归山。寻还本郡。贞观中，召至长安，于内殿安置，问修习之道。对曰：“臣所修者，匹夫之志，功不及物，利唯一身。帝王修道，一言之利，万国蒙福。得道之效，速于人臣。区区所学，非九重万乘之所修也。”恳求归山，寻亦遂其所适。（出《仙传拾遗》）②

这个周隐遥自称是汉初商山四皓之一角里先生周术的孙子，也即汉代人，活到了唐代。不知两个“隐遥”是否有关？或即是一人。又据苏州吴中区《西山镇志》：“周隐遥，隋唐间人，字息元，西山神景观道士，自称为角里先生的后代，其信徒则称他为太玄先生，汝南人。”③

周隐遥应该确有其人，唐代文献有记载。唐代令狐楚《送周先生住山记》曰：“先生姓周氏，名隐遥，字息元，宗其道者相号为太元先生，汝南人也。……贞元初，游苏州吴县之包山林屋洞。秋八月，始于洞西得神景观。……予叔服膺先生之门，二纪于兹，录先生本起，见命为记，凝神遐想，直而不遗。元和十三年八月，华州刺史兼御史中丞令狐楚

① （清）李琬：《乾隆温州府志》，清乾隆二十五年刊民国三年补刻本，第1053页。
② （宋）李昉：《太平广记》卷二十九，民国景印明嘉靖谈恺刻本，第190页。
③ 苏州市吴中区西山镇志编纂委员会编《西山镇志》，苏州大学出版社，2001，第257页。

记。"[①] 文中所记周隐遥与上述所记略同，只是没有提及他是汉代人活至唐代，可见唐代时周隐遥以修道闻于世，所谓"角里先生之孙"可能是后世神化其人，或以讹传讹。

2. 叶后已

《弘治温州府志》记载："叶后已，永嘉人，一名抱素，字归仁。懿宗咸通间为道士，操行精洁。闻郡西有西华山，遂结庐居之。中和二年郡旱，郑守虔昱命后已于开元观山建九龙坛，设黄箓醮斋，大雨沛然。文德二年，朱守褒招住紫极宫，署宫观都监。时积谷山有群鸟数万集，林木腥秽，行者病之。朱守诞命以符绝之。一夕，鸟迸地尽死。乾宁元年，郡将奏其行业，昭宗赐以紫衣，书玉清观字以宠之。"[②] 据《弘治温州府志》，叶后已为永嘉本郡人，晚唐咸通年间为道士，有道术。先是隐居在本郡西华山，祈雨有验后，住紫极宫，又杀群鸟显其道术，得以上闻于皇帝，唐昭宗以紫衣并玉清观额赐之。

3. 左元泽

左元泽，晚唐五代时永嘉人。《历世真仙体道通鉴》卷四十载："赋性耿介，不俯仰于时。事方瀛徐灵府，因卜居香林峰石室中，去方瀛一里许。晨夕省奉，虽祁寒暑热未始不至。灵府愍其勤恪，遂授以秘要。"[③]《乾隆温州府志》曰：

> 左元泽，《赤城志》：永嘉人，性介不随俗，居玉霄峰三年绝粒不语。尝制《真一颂》。《神仙通鉴》：元泽事方瀛徐灵府，因卜居香林峰石室中。灵府愍其勤恪，遂授以秘要。温州青嶂观有土地祠，里人尝以血食祀之。苟祀不至则为祟。元泽以杖笞神背，翼日有大狸死于庭。一日忽谓主观者曰：某将他适，请置汤沐掩盖，日但随香气而去，尽处则止。是夕风雨雷电交作，将晓闻唱珍重声，往视

---

① （清）董诰等编《全唐文》，第131页。此文，明王鏊撰《姑苏志》中录作《送周先生记》。

② （明）王瓒、蔡芳编《弘治温州府志》，胡珠生校注，第398页。

③ 《道藏》第5册，第329～330页。

之已化矣。如其言瘗之，果得自然石圹。①

左元泽为闾丘方远之师。沈玢《续仙传》中的《闾丘方远》记述了左元泽教诲闾丘方远之言论，曰：

> 闾丘方远，字大方，舒州宿松人也。幼而辩慧。年十六，通经史。学《易》于庐山陈元晤。二十九，问大丹于香林左元泽。元泽奇之，谓方远曰："子不闻老子云：'吾有大患，为吾有身。'盖身从无为而生有为，今却反本，是曰无为。夫无为者，言无即着空，言有则成碍，执有无即成滞。但于有无一致，泯然无心，则庶几乎道。且释氏以此为禅宗，颜子以此为坐忘。《易》云：'无思也，无为也，寂然不动，感而遂通天下之故。'其归一揆。又《经》云：'迎之不见其首，随之不见其后。'是何物也？子若默契神证，又何求焉？所惜者，子之才器高迈，直可为真门之标表也。"方远稽首致谢而去。②

左元泽为永嘉人，而称其香林左元泽，因为香林为其拜师隐居的地方，又称香林峰，在浙江绍兴。从上述引文中可以看出左元泽不但精通丹道，也精于易理。

4. **柯可崇**

《弘治温州府志》曰："柯可崇，永嘉人。为列真观道士。隐青嶂山，架岩凿石为观。乃陶贞白旧隐，有炼丹井、石棋枰，具存。可崇每造绝顶，筑凌霄庵以居。导引辟谷，猛虎驯伏其旁。人咸敬慕之，后得道尸解。"③《康熙永嘉县志》所记略同。据上述记载，柯可崇"隐青嶂山"，《万历温州府志》卷一曰："青嶂山，去郡西北四十里，即陶贞白隐居之地。麓有陶真君祠。宋皇祐中，道士柯可崇于此辟谷。又有列真观及

---

① （清）李琬：《乾隆温州府志》，清乾隆二十五年刊民国三年补刻本，第 1053 页。

② 《道藏》第 5 册，第 92 页。

③ （明）王瓒、蔡芳编《弘治温州府志》，胡珠生校注，第 399 ~ 400 页。

大湖。”[1]青嶂山即陶山。《光绪永嘉县志》卷二记载：“青嶂山，在城西北四十里，一名乌石山，上有大湖，浩渺无际，山号七峰，水名冷水。梁陶宏景栖止于此，著《真诀（诰）》，藏于石室。元宗感梦取之。真诰岩、白云岭皆其遗迹。宋列真观道士柯可崇造绝顶，筑凌霄庵以居，导引辟谷，猛虎驯伏其旁。有陶真君祠、炼丹井、石棋枰。”[2]

5. 何居中

《乾隆瑞安县志》曰：“元丰观道士，尝遇异人授以隐书，能制魔却祟，病者不远千里求符命立愈，名闻京师。大观四年，召见宣和殿，使禳京城火患，治齐郡妖狐及祈雪于太乙宫，皆有验。累进号真应先生，后改紫虚大夫，葆光殿校籍，居阳德观。一日，谓其徒曰：‘我得归矣。’默然而逝。”[3] 据《乾隆瑞安县志》，何居中为宋代瑞安元丰观道士，有驱邪治病的道术，名闻京师。大观年间得皇帝召见，又以道术灭火捉妖，被皇帝赐为真应先生，升紫虚大夫，驻于阳德观。

6. 黄良晤

《弘治温州府志》曰：“黄良晤，字应伯，永嘉县真华观道士。持守刚峻，精五雷法，除妖救患，所至响应。闻邪怪，疾之如寇仇。每见淫祠，辄加叱骂。尝飞神朝谒，经日始苏。自言途中为妖魔所阻，遂毁镇海、拱北、瑞安、三门五通祠，改建道院，以祀佑圣真君。华盖山群鹄纵秽，默祷，皆悲鸣而去。世事略无所好，唯嗜酒。尝大醉偃卧，有求符者，即顾温侯像曰：汝可往至某人家，则患者或睹蓝面将而愈。若此灵异非一，后亦解化云。”[4]《康熙永嘉县志》《乾隆温州府志》均有记载。

7. 周无所住

《道藏·太玄部》收有周无所住之《金丹直指》，其序末称“淳祐庚戌六月中浣日永嘉周无所住序”，从中可知周为宋末永嘉人。周无所住在

---

① （明）汤日昭：《万历温州府志》，明万历三十三年刻本，第73页。

② （清）王棻：《光绪永嘉县志》，清光绪八年刻本，第33页。

③ （清）陈永清：《乾隆瑞安县志》，清乾隆十四年本，第227页。

④ （明）王瓒、蔡芳编《弘治温州府志》，胡珠生校注，第401～402页。

其《金丹直指序》中自述了其师承与交游的情况，首先是在“淳祐壬寅年，遇赤城林君自然，以丹法授余”。即周无所住之师为林自然。林自然著有《长生指要篇》，收在《道藏·太玄部》，其序中自署“时淳祐庚戌中秋日三山回阳子林自然序”，从中可知，林自然号回阳子，亦是宋末人，三山为福州之别称，故林自然为福州人。周无所住称其为“赤城林君自然”，或是林自然此时居于天台赤城山。《长生指要篇序》称：“天开其运，西蜀陆公真人一见于长汀烟霞道院，欣相付授药物火候，运用抽添，如指诸掌。”① 可知林自然之师为“西蜀陆公”，其游于福建长汀时，授林自然“药物火候”，即内丹术。但是周无所住《金丹直指序》中又称：“（林自然）又拉余拜其师李真人，片言之间，尽得金火返还之要，且谓若悟性而后为之尤当也。”② 可知林自然还有一位师父“李真人”。但《长生指要篇》中称“魏伯阳”“吕洞宾”“张真人”三人为祖师。一般以为张真人应指紫阳真人张伯端，故林自然是南宗传人。但这是有疑问的，一是林自然将魏伯阳、吕洞宾都称为祖师，所以这里的“祖师”或是对内丹宗师的尊称，二是从其所传周无所住《金丹直指序》中的一段交游文字来看，两人并非南宗传人。周无所住在《金丹直指序》中说：“余乃遍走丛林，请益诸老，继闻宗阳碧虚方先生得紫阳张真人之传，己酉仲春挟《直指》访之，足始跨门，心已相照。”③ 方碧虚是南宗传人。《道藏·洞神部·方法类》收有《碧虚子亲传直指》，或是方碧虚所著。据《碧虚子亲传直指》，碧虚子“晚遇海琼先生授以大道之要，又遇安然居士于朱陵洞天，作诸章以相贻，始得海琼之妙旨也”④。《金丹直指序》中的说法是听说方碧虚得紫阳真人所传，故上门拜访。而“足始跨门，心已相照”之说应是指两人对丹法的理解有很大的相契之处。不但未提到两人是同门，也说明得知方碧虚为南宗传人是“继闻”，也就是在遍走丛林后听说的。从其文意来看，林自然、周无所

① 《道藏》第 24 册，第 249 页。
② 《道藏》第 24 册，第 90 页。
③ 《道藏》第 24 册，第 90 页。
④ 《道藏》第 4 册，第 378 页。

住一系应不属南宗。

第八节　隋唐宋温州主要民间信仰

道教是从民间信仰、民间宗教转变为制度化宗教的，清末以张天师失去政府官员身份为标志，重新变为民间宗教。它与民间信仰、民间宗教一直有双向互动、交融的多方面复杂联系。温州道教与民间信仰的关系同样如此。温州的民间信仰不限于隋、唐、宋三代，但大多起源于这三代，故我们在本章择要进行阐述。

一　忠靖王温元帅

温元帅名温琼，无论是在道教还是民间信仰中都有其地位。温元帅在道教中为四大护法元帅之一。道教四大护法元帅的名号有数种，一说为“马灵耀、赵公明、温琼、周广泽”，二说为“岳飞、赵公明、温琼、康席”，流传最广的是“马灵耀、赵公明、温琼、关羽”。[①] 无论哪种说法中，都有赵公明、温琼两人。

在道教中，温琼也称为温太保，为北帝麾下地祇上将。后世的雷法以神霄派雷法最为著名，其余清微派、天心派及南宗自陈楠起，都有雷法传世。神霄派雷法所奉神真，基本上继承了唐代邓紫阳北帝派以北帝为首的神仙谱系。温元帅也是雷法中所召请的神将。

《道法会元》卷三十六有“地祇上将阴雷大法”，其“师派”为“宗师金阙昭凝妙道保仙祖元君”，该“祖元君”即祖舒，是清微派的实际创始人。清微派以清微雷法名重当时。“地祇上将阴雷大法”是清微派的法术，其所召“帅班”之首即为“地祇上将亢金昭武显德元帅温琼”。该卷之后有“召法”，“念召咒”之后，称“地祇上将阴雷主者亢金昭武显德温将军合部官将闻今召命速至坛庭”。温将军的部众有

---

① 范恩君：《道教神仙》，第120页。

“铁毕黑方四雄上将、薛徐许郝四大猛将、刘张赵史周五雷使者、听令郎君小亭侯张元帅、传令直符张使者、三千精兵、五百铁骑、五方鸦使”。[①]

《道藏·洞神部·谱箓类》收有署名为“天一靖牧羊遗竖黄公瑾校正”之《地祇上将温太保传》及署名为“虚白室养素下士黄公瑾纂集”之《温太保传补遗》。这说明《地祇上将温太保传》在黄公瑾之前已经存在，而黄所做的工作是校正、补遗。黄公瑾之所以校正、补遗《温太保传》，与其师刘玉所传地祇法有关。

《道法会元》卷二百五十三载有南宋刘玉所述《地祇法》曰：“地祇一司之法，实起教于虚靖天师。次显化于天宝洞主王宗敬真官，青城吴道显真官、青州柳伯奇仙官、果州威惠锺明真人相继而为宗师……后则有苏道济派、温州正派、李蓬头派、过曜卿派、玄灵续派，如此等类，数之不尽，千蹊万径，源析支分。”又曰：“地祇法诸符如丙丁生鬼符、急捉符、治病符，皆是虚靖天师所传。”[②] 这里的“地祇”，即北帝麾下地祇上将温太保。此外，刘玉既习地祇法，又师承卢养浩、徐必大、盛官椿、李守道、吕希直等修北帝黑律法诀，同时得神霄派金火天丁大法，名震当世。[③]

刘玉（1257—1308），本名刘清卿，江西丰城人，为宋末元初人。《道法会元》卷二百五十三《地祇法》后有黄公瑾写于宋度宗咸淳十年（1274）的后跋，则《温太保传补遗》应作于此时，而《地祇上将温太保传》应早于此时，黄公瑾对《地祇上将温太保传》所做的是校正，一般来说，文献经过一段较长时期的流传，才需要做校正，故《地祇上将温太保传》所作时间至晚应在南宋初期。

《地祇上将温太保传》：“太保姓温，名琼，字子玉，乳名卓郎，温州平阳县人。”[④] 温琼为温州平阳人。《三教源流搜神大全》称温元帅姓

① 《道藏》第 29 册，第 4 页。
② 《道藏》第 30 册，第 557 页。
③ 《刘真卿事实》，《道藏》第 30 册，第 558～559 页。
④ 《道藏》第 18 册，第 90 页。

温名琼，字子玉，浙江温州人，生于汉顺帝时，东岳大帝闻其勇，招为东岳十太保之一，故温琼又称温太保。后封为“正福显应威烈忠靖王”。这是温元帅的又一传说。

温琼为唐代人，“身长九尺二寸，长大有志，武勇敢为”。先“随汾阳郭子仪出战”，而后“逃归岱山下，屠牛卖酒。一日，炳灵公化为道人语琼曰：观子之相，骨气通神，他日必有香火万世，岂可冒法宰牛，深犯天律”。“炳灵公”即东岳大帝第三子，如此则温琼与东岳大帝拉上了关系。此后温琼“遇黄衣蓬头道者，长揖琼曰：今日岳帝书上汝名，若天年终，则为岳府太保”。而后“至五月初九日敕下，肉身不倒，亦不变动。敕封显德大将军。……炳灵公奏岳帝曰：温琼自去年三月十五日归充太保，有功可赏。……岳帝遂诏为地府冥司急取人案大典者。人之生死，皆由所掌”。之后“至皇朝艺祖登极，次年，温州大旱，有吴思敬者，诣岳祠祈祷。是夕，有旗见云端，上有温琼二字。雨迅风飞，民卒免旱”。由此温琼与温州有了关系。之后，“宣和年间，虚靖游东岳，炳灵公郊迎虚靖。……虚靖曰：‘向者温州百姓保奏汝于天廷，云有救旱之功，不以庙食国封为荣，而有归依正道，扶持宗师之志。吾面对岳帝为汝作地祇一司，正法符篆咒诀。’谓琼曰：‘汝化于三月十五日寅时，此为木老火初之节，故木生火，火旺于丙丁。鬼为万物之灵者，故只此篆为汝真形足矣。’虚靖作其符为丙丁生鬼四字，以应其时，而成真篆。然后又以云篆而书画诸符，地祇一司之法盖始于此。虚靖教主曰：地祇之神，奉命玉清，是谓灵宝侍卫送迎之官。故《度人经》中有敕制地祇，侍卫送迎之语。又谓弟子曰：‘法部至灵，无出温琼。’”① 此段说明了地祇法的来源，合于刘玉所称“地祇一司之法，实起教于虚靖天师”。

温元帅又称瘟元帅，是温琼与行瘟有关，事见《温太保传补遗》：

> 温将公忠正直，既为岳神，永护玄帝香火，岳帝嘉之。一日，北帝降下瘟药千丸于东岳，敕令遣使行瘟，检察世间不忠不孝、杀

① 《道藏》第18册，第90~91页。

> 生害命、损物之人。岳帝受诏，召琼行瘟，琼奉命领药，再三以思：一丸之药杀及千人，千人之死害及于千家，况气候传流，借毒行疾，又在此外，余殃及人，何可数计，甚失太上好生之德。不若我以一身以代千人，救得无限性命，又何所恨。乃仰天面北，一吞而尽，须臾，腹痛身热，不可支持，乃焚香直诣岳帝前，变作一大猛鬼奏闻其事，俯伏待罪。适北帝敕下催督检察。岳帝只得直述温琼不职之罪，奏闻北帝，遂下右胜院督过。玄帝嘉其用心，保明奏上，丐赦琼之罪，北帝可其请。就敕令专奉玄帝命，令阐化诛魔。由是威名愈震。①

在民间信仰中，各地温元帅之身世行踪各不相同。康豹指出，温元帅在宋代被视为一位可以预防传染病及扑灭瘟疫的区域性神祇，该信仰缘起于宋代浙江温州平阳县，后传至温州及杭州，北至嘉兴、湖州、绍兴、苏州及湖北，西至四川，南至福建和台湾，今日台湾盛行的王爷信仰即与温元帅信仰有传承关系。②

温元帅信仰向南发展到福建泉州府的同安，虽然当地称之为池王爷，但从其神传与图像来看与温元帅极其类似，所以两者应属不同形式的同一神祇。

杭州也信奉温元帅，其功能也是驱除瘟疫。如《申报》所称：“杭州例于五月十六日赛元帅会。升平时，斗胜争妍，务极炫耀……李制军抚浙时，途遇是会，见囿十数骑皆穿黄马褂，戴孔雀翎，不禁勃然大怒，立石元帅庙门外，永远禁止。杭人遂改于永宁院敬神祈福，然犹未敢舁神出游也。至二三年前，始以驱逐瘟疫为名，出游各处。”③

虽然杭州的温元帅也姓温，但其传说与各地都不相同，《杭俗遗风》曰：“地祇元帅，封东嘉忠靖王，姓温。传说为前朝秀士，来省中乡试，

---

① 《道藏》第 18 册，第 95 页。

② 详参 Paul R. Katz，*Demon Hordes and Burning Boats：The Cult of Marshal Wen in Late Imperial Chekiang*，Albany：State University of New York Press，1995。

③ 《杭垣盛会》，《申报》光绪十三年五月廿四（1887 年 7 月 14 日）。

寓中夜闻鬼言，下瘟药于井中，思有以救万民，即以身投井，次日人见之捞起，浑身青色，因知受毒，由是封神。五月十八诞辰，十六出会，名曰收瘟，由来旧矣。其井即在其东牌楼神座下，庙名旌德观。”[①] 在杭州的温元帅传说中，温琼死于旌德观下的井中，而于其上建了旌德观。杭城元帅庙有数处，而以旌德观为老庙。旌德观“此为老元帅。城中尚有数庙，惟旌德观称为有财有势老元帅。忠靖观在上仓桥，为督宪香火院，人称为有势无财仓元帅。童乘寺在清和坊，为有财无势童元帅。甘泉寺在府衙街，故称为穷凶极恶甘元帅。犹有活脓倒臭[②]皮元帅，以其庙在皮市巷故也。”[③] 前文已述，杭城民间所称元帅也是指温元帅，故省去温姓。文中所称之“老元帅、仓元帅、童元帅、甘元帅、皮元帅”是杭城当时的俗称，其实所指的都是温元帅，根据地点不同加了不同的别称而已，并不是杭州有各姓元帅出现。

目前所见最早的温元帅庙是浙江平阳县由1210年进士林镗夫所建的广灵庙，《隆庆平阳县志》曰：“广灵庙，在城西隅，姓温名琼，［字］永清，唐人，世黄泥桥居。宋林镗夫建庙立石，宋景濂记。”[④] 《乾隆平阳县志》曰：“忠靖王庙，在城西，即广灵庙。”[⑤] 就是说，乾隆时，广灵庙已更名为忠靖王庙。温州其他地方也有忠靖王庙，《乾隆温州府志》引《永嘉县志》载永嘉县的忠靖王庙“一在八仙楼巷，元延祐间建，一在华盖山下，明洪武初建。（按）庙一在巽吉山下”[⑥]。

温州的温元帅传说，明宋濂《忠靖王庙记》曰：

---

① （清）范祖述：《杭俗遗风》，王国平主编《西湖文献集成》第19册，杭州出版社，2004，第31页。

② “活脓倒臭”为杭州方言，四字连用，形容“很臭”。不过方言中根据其发言应该为“活龙倒臭”，其作者或为用字与臭的意思相近，故用了“脓”字，也或许是声母“L”和“N”不分，故称“脓”字。

③ （清）范祖述：《杭俗遗风》，王国平主编《西湖文献集成》第19册，第31页。

④ （明）朱东光修，万民华补遗，（清）石金和等增补《平阳县志》，明隆庆五年刻本，清康熙增补抄本，第175页。

⑤ （清）徐恕：《乾隆平阳县志》，民国七年刻本［CD］，籍古轩中国数字方志库，2010，第8页。

⑥ （清）李琬：《乾隆温州府志》，清乾隆二十五年刊民国三年补刻本，第249页。

东（永）嘉道士储祥曦新作温忠靖王庙，成后十有一年，太史氏濂为之记曰：

太虚之间一降一升而能橐籥于无穷者，非气母也邪？气母之所孕，其出无根，其入无门，而其应也甚神。人能察乎阴阳之变，而不凝滞于物者，其知鬼神之情状矣乎。王姓温氏，名琼，字永清，温之平阳人。父民望，尝中明经甲科，年耄无嗣，与妻张道辉昼夜吁于上帝。一夕，张梦巨神手擎火珠，自天门飞下，谓曰：吾乃大火之精，将降胎为人。张觉赤光被体中，犹熹熹然，因有妊。

以唐长安二年五月五日午时生，其左腋有震篆二十四，右半之。七岁习禹步为罡，十四通五经百氏及老释家言，二十六举进士不第，拊几叹曰：吾生不能致君泽民，死当为泰山神以除天下恶厉耳。复制三十六神符授人曰：持此能主地上鬼神。言已，曶（忽）幻药叉象屹立而亡。

蜀叶天师后用其符，禁除沴气之为人菑者，仿佛见王衣赭袍，握宝剑，乘追风骏，下之劾召之家，遂皆祠王以祈灵响焉。王初封翊灵昭武将军正佑侯，其曰正福显应威烈忠靖王，则宋季之累加也。①

民众信仰温元帅的主要形式是赛会，目前所见温州、杭州温元帅赛会活动的最早记录同在 18 世纪，但元帅会的兴起应在晚明时期。杭州地区的赛会是在阴历五月，《杭俗遗风》曰：“五月十八诞辰，十六出会，名曰收瘟，由来旧矣。”② 杭州元帅会巡游声势浩大，有“不惮千里而来”者③。原因是：“出会，惟旌德观老元帅。各衙门均助大班一起，抚院以下皆然，惟杭捕府扮有大肚皮刽子手四个。本庙仪从无役不备。此外各庙助会约有四五百起之多。”④ 旌德观老元帅出会，有官方的支持，

① （明）汤日昭：《万历温州府志》，明万历三十二年刻本，第 1893 ~ 1895 页。

② （清）范祖述：《杭俗遗风》，王国平主编《西湖文献集成》第 19 册，第 31 页。

③ （清）范祖述：《杭俗遗风》，王国平主编《西湖文献集成》第 19 册，第 32 页。

④ （清）范祖述：《杭俗遗风》，王国平主编《西湖文献集成》第 19 册，第 31 页。

都会“助大班一起”，也就是官府自抚台以下各衙门均出一队仪仗，加入巡游队伍。甚至还有真正的刽子手加入巡游队伍，而不是由人假扮的，这是杭城赛会巡游不同于其他城市的地方。本庙及各庙都会有队伍加入，每个队伍扮一个故事或典故。各处相加竟然有四五百组人，“其种类，有高跷、炉子、龙灯、幡竿、台阁等项，犹有仙童、猎户、马夫、扫道、肩阁、船灯、侍卫、小高跷、十样景，并各式故事，均以小孩装扮。再有拜香愿、扮斩犯二种，何至（止）万千人”①，可见其巡游的声势是多么浩大，难怪有“不惮千里而来”者。

温州有东岳庙会，时间是阴历二月初一，从东门康乐坊开始，到三月十六，府前街为止，时间长达四十多天。中间以三月三迎温元帅为活动的高潮，“民间必请王出庙，巡行城内外，以驱瘟疫”②。在庙会期内，温州各街巷分段轮值，张灯挂彩，红幔遮天，遍搭彩楼，娱乐活动丰富多彩，百戏横陈，弦管竞作，商店趁此出售货物，街头摊贩遍地，各种土特产和风味小吃比比皆是。届时，各乡赶会群众，数以万计，涌进城内。他们穿着新衣，手提礼包，扶儿携女，走亲访友，俨如过节。此俗始于宋，盛于清，直传到民国，世代沿袭，延续了六百多年。《乾隆平阳县志》卷十七《仙释》内“忠靖王”曰：“宋宝庆间，迎王像立观苏堤，徙建曰旌德。”③《浙江通志》卷二百一十七“永嘉忠靖王”也有类似记载。也就是说南宋宝庆年间温元帅被请到杭州，可见温州至迟在南宋时已有祭祀忠靖王的信仰民俗。此事黄汉《瓯乘补》记载更详：“杭州旌德观记。忠靖王旧庙祀于浙之温郡。……其祀于钱塘则自宋宝庆二年始。时灾厉盛行，群有司迎王禜除患立巳（祀），杭人德王，将导引还郡，舁夫百，像弗为动，人谓王愿斯土。府尹袁韶奏请于朝，初立观于杭之苏堤，后徙建于城之东保安坊，额曰旌德，昭王仁也。”④

---

① （清）范祖述：《杭俗遗风》，王国平主编《西湖文献集成》第19册，第31～32页。
② （清）孙同元撰《永嘉闻见录》，第32页。
③ （清）徐恕：《乾隆平阳县志》，民国七年刻本［CD］，籍古轩中国数字方志库，2010，第3页。
④ （清）黄汉：《瓯乘补》，《中国地方志集成·浙江府县志辑》第58册，第724页。

在清代，温州每年夏历三月初，都举行迎东岳活动。人们请忠靖王像出庙，巡行城内外，以驱瘟疫。神出巡之日，通行大道多设布棚，张灯挂彩，灯烛辉煌，男女杂沓。到清嘉庆年间，迎东岳已发展成为温州民间信仰活动中的大事。由于温州温元帅巡游是在东岳庙会期间，有人称温州的东岳庙神为“温忠靖王”，这是将忠靖王与东岳大帝混同了。黄汉《瓯乘补》卷八曰：“每岁上巳迎巡，灯幔香花，牲醴戏剧，率遍衢巷。且相沿数百年，敬而无懈，益见王福泽瓯民，深而且洽。惟王诛蛊神示称温某，与庙碑称姓温同。……抑王宋季加封忠靖，与东岳本无涉，今俗加东岳字，其或以王生前有死为泰山神，以除天下恶厉一语而附会之耶？今民间乃竟讹为东岳帝，未免过谬耳。”[①]

二 陈靖姑

陈靖姑，又作陈静姑、陈善姑、陈贞姑，尊称极多，有顺懿夫人、慈济夫人、临水陈夫人、大奶夫人、陈太后、顺天圣母、通天圣母、注生娘娘等，民间常以奶娘、娘奶、陈夫人、夫人妈、仙姑妈或临水奶代称。[②]

陈靖姑历史上确有其人，在传说中，陈靖姑大约是晚唐五代人。陈靖姑信仰的核心是在古田，元末明初古田县进士张以宁撰写的《顺懿庙记》曰：“古田东去邑三十里，其地曰临川，庙曰顺懿，其神姓陈氏，肇基于唐，赐敕额于宋，封顺懿夫人。英灵著于八闽，施及于朔南，事始末具宋知县洪天锡所树碑。”[③] 叶明生“考洪天赐为泉州人，于南宋淳祐间（1241—1250）曾任古田县令，应是陈靖姑进入国家祀典的见证人，可惜他所撰写的顺懿庙碑文于20世纪50年代损毁”[④]，诚为可惜。不过近年来已有部分早于张以宁《顺懿庙记》的文献被找到，宋宝祐五年（1257）黄岩孙《仙溪志》卷三《祠庙》载：

---

① （清）黄汉：《瓯乘补》，《中国地方志集成·浙江府县志辑》第58册，第724页。

② 黄睦平：《陈靖姑传奇与其在闽北的信仰民俗》，《中国道教》2005年第5期。

③ （清）辛可：《乾隆古田县志》，清乾隆十六年刊本，第263页。

④ 叶明生：《陈靖姑信仰略论》，《闽都文化研究》2006年第2期。

> 三妃庙，在县东北二百步。一顺济庙，本湄州林氏女。……一昭惠庙，本兴化县有女巫……淳熙七年赐庙额，绍兴二年封顺应夫人。一慈感庙，即县西庙神也。三神灵迹各异，惟此邑合而祠之，有巫自言神降，欲合三庙为一，邑人信之，多捐金乐施，殿宇之盛诸庙冠（俗名三宫）。[①]

对于“慈感庙”，同卷记载：

> 慈感庙，在县西一里。神姓陈氏，本汾阳人。生为女巫，殁而人祠之。妇人妊娠者必祷焉，神功尤验。端平乙未赐庙额，嘉熙戊戌封灵应夫人，寻加封仁惠显淑广济夫人。宝祐间封灵惠懿德妃。[②]

宋代仙溪即现在的仙游县，上述所说顺济庙，祀湄州林氏女，明显是妈祖。慈感庙所祀则是陈靖姑。

宋代的《临汀志》也提到了类似于上述的三妃庙，称：“三圣妃宫，在长汀县南富文坊。及潮州祖庙，灵惠惠助顺显卫英烈侯博极妃，昭贶协助灵应慧祐妃，昭惠协济灵顺惠助妃，嘉熙间创。今州县吏运盐纲必祷焉。”[③]

谢重光《闽西客家地区的妈祖信仰》指出两个三妃庙虽然文字略有出入，但“奉祀的对象是完全相同的”。[④]

从宋代多地建有三妃庙来看，在宋代时，陈靖姑与妈祖即有基本相等的地位，并且“三神灵迹各异”，也就是各神都有自己的神迹及功能。陈靖姑之庙名“慈感庙”，其赠庙额是在“端平乙未”（1235），可知陈靖姑列入国家祀典的时间是在北宋理宗端平二年。

关于陈靖姑的生平，《续道藏》无名氏《搜神记》卷六“顺懿夫人”曰：“按《枫泾杂录》云：唐大历中，闽古田县有陈氏女者，生而颖异，

① （宋）黄岩孙：《仙溪志》，福建人民出版社，1989，第63～64页。
② （宋）黄岩孙：《仙溪志》，第63～64页。
③ （宋）胡太初修、赵与沐纂《临汀志》，福建人民出版社，1990，第64页。
④ 谢重光：《闽西客家地区的妈祖信仰》，《世界宗教研究》1994年第3期。

能先事言，有无辄验。嬉戏每剪鸢蝶之类，噀之以水即飞舞上下。啮木为尺许牛马，呼呵以令其行止，一如其令。饮食遇喜，升斗辄尽，或辟谷数日，自若也。人咸异之，父母亦不能禁。未字而殁，附童子言事，乡人以水旱祸福叩之，言无不验。遂立庙祀焉。宋封顺懿夫人，代多灵迹，今八闽人多祀之者。”①

按《引搜神记首》称：“万历纪元之癸巳，来止陪京为披阅书记，得《搜神记》于三山富春堂。”② 据此，《搜神记》由先人所撰，被发现于万历年间之福州富春堂。《枫泾杂录》成书年代不详，叶明生认为该记述应是宋代之传说，“理由是，在元明之典籍中，提到陈靖姑者多言其为巫，并明确指出其所具有的法力。而此则文字所载之‘陈氏女’，则属民女，其灵异则属无意识行为，或属嬉戏之举，在这古代农村社会是一个比较真实的灵异事象”③。该文献称陈靖姑生于唐，这是陈靖姑生活年代的一说。持陈靖姑唐代说的有《三教源流搜神大全》《八闽通志》《闽书》等。④

又说陈靖姑为五代人，以《晋安逸志》为代表，清康熙时吴任臣编《十国春秋》引用了该资料，称陈靖姑为闽王国师陈守元之妹。《十国春秋》卷九十九《靖姑传》曰：“靖姑，守元女弟也。常饷守元于山中，遇馁，妪发箪饭饭之，遂授以秘箓符箓。与鬼物交通，驱使五丁，鞭笞百魅。永福有白蛇为孽，数害郡县，或隐迹宫禁，幻为人形。惠宗召靖姑驱之，靖姑率弟子作丹书符，夜围宫，斩蛇为三，蛇化三女子，溃围出，飞入古田井中。靖姑围井三匝，乃就擒。惠宗诏曰：‘蛇魅行妖术，逆天理，隐沦后宫，诳惑百姓。靖姑亲率神兵，服其余孽，以安元元，功莫大焉。’其封靖姑为顺懿夫人，食古田三百户，以一子为舍人，靖姑辞让食邑不受，乃赐宫女三十六人为弟子。后数岁逃居海上，不知所

① 《道藏》第36册，第290页。

② 《道藏》第36册，第250页。

③ 叶明生：《陈靖姑信仰略论》，《闽都文化研究》2006年第2期。

④ 谢从戎：《陈靖姑生卒年考》，《宁德师专学报（哲学社会科学版）》1994年第2期。

终。”①持五代说的有明徐渤《龙源庙》诗、《闽都别记》，清代《闽杂记》（来历不明，流传甚广）、《临水平妖传》等。②

陈靖姑作为庇佑之神灵，其以多种形象出现。第一是救产女神。前所引《仙溪志》曰：“慈感庙，在县西一里。神姓陈氏，本汾阳人。生为女巫，殁而人祠之。妇人妊娠者必祷焉，神功尤验。”说明从宋代起，陈靖姑即作为救产女神。明《三教源流搜神大全》曰：

> 后唐王皇后分娩艰难，几至危殆，妳乃法到宫，以法催下太子，宫娥奏知，唐王大悦，敕封都天镇国显应崇福顺意大奶夫人，建庙于古田，以镇蛇母不得为害也。圣母大造于民，如此法大行于世，专保童男童女，催生护幼，妖不为灾。良以蛇不尽歼，故自誓曰：“女能布恶，吾能行香普敕（救）。”今人遂沿其故事而宗行之，法多验焉。③

明正统间周华《兴化县志》（也称《游洋志》）卷二《庙志》曰：“广福娘庙。在县西兴太里。姓陈氏，福州候官人，世以巫显。……里人称曰‘广福娘’，盖母事之。传五季末尝赐‘广福’之号，今人遂称为夫人。”④ 以上资料都说明陈靖姑作为救产女神的形象出现。

陈靖姑的第二个形象就是闾山教的主神，而这与许逊有关。白玉蟾《海琼白真人语录》中就提到了“闾山法”，曰：“元长问曰：巫法有之乎？其正邪莫之辩也？答曰：巫者之法始于婆坦王，传之盘古王，再传于阿修罗王，复传于维陀始王、长沙王、头陀王、闾山（山在闾州）九郎、蒙山七郎、横山十郎、赵侯三郎、张赵二郎，此后不知其几。昔者巫人之法有曰盘古法者，又有灵山法者，复有闾山法者，其实一巫法也。”⑤ 闾山九郎即闾山派对许逊的称呼。

《三教源流搜神大全》将陈靖姑与闾山九郎联系起来，叶明生认为

---

① （清）吴任臣：《十国春秋》，徐敏霞、周莹点校，中华书局，1983，第1423～1424页。

② 谢从戎：《陈靖姑生卒年考》，《宁德师专学报（哲学社会科学版）》1994年第2期。

③ 《绘图三教源流搜神大全》，上海古籍出版社，1990，第184页。

④ （明）周华：《游洋志》（抄本），蔡金耀点校，龙岩新华印刷厂，2001，第36页。

⑤ 《道藏》第33册，第113～114页。

这或是最早将两人联系起来的文献。其文曰："进姑年方十七，哭念同气一系，匐往闾山学法，洞王女即法师，传度驱雷破庙罡法，打破蛇洞取兄，斩妖为三。"① 由于与闾山教的融合，陈靖姑多了"斩白蛇"和"驱疫疠"的功能，陈靖姑从而成为闾山教中的女道法神。

陈靖姑又有海神的形象，被称为天妃（即妈祖）之妹。如前引《仙溪志》卷三《祠庙》中有"三妃庙"，宋代的《临汀志》中有"三圣妃宫"，妈祖与陈靖姑自南宋以来并祀的情况是存在的，但当时三神灵迹各异。将两者海神功能混同，约起于明代。由于元明间妈祖多次被朝廷册封，其地位上升，故陈靖姑被认作妈祖之妹，为海神之从神。明嘉靖《使琉球录三种》高澄《临水夫人记》载：

> 甲午（嘉靖十三年）仲夏八日，西南风便，舟始开洋。……夜半，忽逆风作焉。……震荡之久，遂致大桅箍折、遮波板崩，反侧弗宁，若不可一息存者。众人惊惧，乃焚香设拜，求救于天妃之神。时管军叶千户平日喜扶鸾，众人促其为之。符咒方事，天妃降箕，乃题诗于灰上曰……诗毕，复判曰："吾已遣临水夫人为君管舟矣，勿惧，勿惧。"达旦，风果转南，舟亦无恙。然不知临水夫人何神也，祠何在也。及归闽，感神贶既彰，念报赛当举，乃于水部门外敕赐天妃庙中，立石以纪异，设祭以旌诚。行香正殿，忽见左庑有祠，额题曰"临水夫人祠"，询之，道士曰："神乃天妃之妹也。生有神异，不婚而证果水仙，故祠于此。"又曰："神面上若有汗珠，即知其从海上救人还也。今岁自夏至秋，汗珠不绝，或者劳于海舶焉。"余等讶之，乃再拜谢之，始知箕判验矣。②

以此，明谢肇淛《五杂俎》卷十五《事部三》曰："罗源、长乐皆有临水夫人庙，云夫人，天妃之妹也。海上诸舶，祠之甚虔，然亦近于

① 《绘图三教源流搜神大全》，第183～184页。

② （明）高澄：《使琉球录三种》第一册，台湾银行出版社，1971，第102～103页。

淫矣。”① 明人王应山《闽都记》卷五《郡城东南隅》记闽县天后宫时曰：“东室有祠临水夫人，神之妹也。”②

在浙江南部包括温州在内的各县，临水夫人的信仰有悠久的历史。与其他民间信仰相同，福建之陈靖姑信仰进入温州后，也有本地化的“改造”。林亦修认为：

> 温州陈靖姑信仰源自福建向温州的大规模移民，并形成陈靖姑传说的一个亚故事圈。像福建移民本土化一样，陈靖姑故事也被本土化。(1) 故事发生圈被扩大了，温州陈靖姑传说把只发生在福建当地的故事扩大为西到庐山—龙虎山，北到江苏的镇江，东到大海，南到福建，并以温州为故事发生的中心区之一。(2) 同样的故事被张冠李戴地置换，发生在福建的许多故事被移植到温州。(3) 陈靖姑在温州主要的交通线上回环往复地收妖、救厄、结盟，意蕴着福建移民的拓荒史。(4) 当地居民感激陈靖姑的功德，不断预邀陈靖姑修道完满后来当地“坐宫”（坐，主持、主祀之意；宫是庙宇的俗称），陈也一路相地“号宫”（号即相地做标识，提示他人此地已有人要用），直接表现殖民意图。

这种“本土化”的过程不是传播中的错误，而是有新的附加意义。温州陈靖姑信仰和传说具有福建移民的祖神崇拜特点，大多数祖神崇拜会把原乡记忆和垦殖功能突显出来，该传说作为其中的一个范例，揭示了民间宗教记录区域社会共同体起源的本质特征。③

浙江温州的临水夫人信仰表现出自己的特征，一是温州地区称其信仰宫庙为“太阴宫”，《温州道教通览》中记述的太阴宫多达数十处；二是温州地区陈靖姑信仰的故事保留在民间艺人演唱的温州鼓词《灵经大传》（又称《南游记》）中，这种鼓词是设灵坛演唱的，属道

① （明）谢肇淛：《五杂俎》，中华书局，1959，第435页。

② （明）王应山：《闽都记》，海风出版社，2001，第32页。

③ 林亦修：《展演民间社会生活本质的民间宗教——温州〈灵经大传〉和陈靖姑信仰阐释》，《社会科学战线》2008年第10期。

教仪式的一种形式；三是温州临水夫人信仰与闾山教的关系密切。陈靖姑信仰在平阳被称为三奶夫人教，除了陈靖姑，“尚有林九娘、李三娘，合称‘三奶夫人’，林、李二位是陈的结拜姐妹，亦有道法，但陈的道法最高，故被推为教主。该派自宋朝以来随移民的搬迁，东传台湾，南下广东，西流江西，北入浙南。平阳的闾山教最早是从闽北寿宁县传入的”①。

据寿宁县《陈氏宗谱》记载，以陈靖姑为教主的闾山教法师陈小四、陈小五二人，均为太平兴国到咸平年间（976—1003）人，分别为宋乾德乙丑（965）科进士陈洪珍之子、侄。陈小五后迁东瓯榆垟（即今之平阳县榆垟乡）定居。陈小四不但成为寿宁县闾山教道坛祖师，而且也是闽浙周边地区之平阳、泰顺、景宁、庆元等地道坛祖师之一。②

三　杨府侯王

杨府侯王又称杨府爷，其身份随历史进程不断演变，从晋唐时期的杨精义开始，到后来的杨家诸将、杨亮节、杨泗，乃至山羊、公鸡化身等不同版本，民间传说非常丰富。杨府爷是浙江沿海一带最有影响力的海洋保护神之一，信众众多，遍布浙闽粤、港澳台乃至东南亚地区。据不完全统计，仅浙南地区就有杨府庙 500 多座。杨府侯王在温州深入人心，是温州人的主要信仰神祇，与温州历史人文、社会演进、民间文化等有着密切的关系，其文化底蕴极为深厚，形成了特色鲜明的杨府侯王信俗文化。③

关于杨府侯王，《民国平阳县志》曰：“杨府庙，一在古鳌头，一在二十六都鲸头，他处多有，不悉载。神姓杨，名精义，唐时人，子十人三登仕籍。七子偕隐，修炼于瑞安之陶山，拔宅飞升，事闻三子，皆挂冠归，寻亦仙去。宋时敕封圣通文武德理良横福德显应真君。清咸丰四

① 徐宏图：《平阳县的陈靖姑信仰及其降妖仪式》，载徐宏图、康豹主编《平阳县苍南县传统民俗文化研究》，民族出版社，2005，第 403 页。

② 叶明生：《临水夫人信仰文化源流与发展史探讨》，《中国首届临水夫人陈靖姑文化学术研讨会论文集》上册（资料本），古田，2010，第 181～201 页。

③ 陈庆泛：《温州杨府侯王信俗及主要特色文化活动综述》，《神州变化》2012 年第 5 期。

年冬，乐清瞿振汉据城反，旋就扑灭。事平，知为神佑。五年三月，平阳鳌江有艇匪突入，居民御之，亦称神助击毙贼渠，余匪悉遁。同时上其事乞加封号。部议未覆。同治元年，平阳绅民以金钱会匪平，诸赖神力，复请浙抚具题。六年六月得旨加封福佑二字。”①

1985 年，在瑞安的碧山寺发现一块残碑，残碑文字是清代光绪四年庠生陈见龙等人重立的碑文。碑文如下：“大唐贞观甲辰年（十八年）五月廿四辰时诞生，翁姓杨，讳精义，居安固，廿八都苌芬西村人也。夫人葛氏得训，其子国正、国天、国心、国顺、国猛、国勇、国刚、国强、国龙、国凤，媳十房……子孙共五十二人。至己巳年（总章二年）翁得中二甲进士，丁丑年（仪凤三年）官封都督大元帅□□□□甲申年（嗣圣元年）三子国心得中二甲进士，官封洋湖都督。其杨四、杨八、杨九俱为元帅……翁至六十五岁，辞职告归，原有祖山一岗，名曰北山，翁乃创造一寺，号松古……翁寿一百零八岁，一旦拔宅飞升，□登天府。翁自逝世后，精光不散，道义常昭，由是灵著海滋，祈祷咸应……”②据此，杨精义生于 644 年，卒于 751 年，有战功，晚年退隐修仙。十子中有三子有军职。

杨精义十子中，第七子最为有名。“在陶山，有一处杨府殿里的杨府爷不是杨精义，而是他的第七子杨国刚——白岩山杨府爷。”“为了父子有别，陶山白岩山的杨府爷称‘杨府圣王’，其它地方的杨府爷皆称‘杨府侯王’。”③ 此说又见《嘉靖瑞安县志》，其《祠祀志·庙》曰：“杨府庙，在清泉乡东山。神姓杨，失其名。相传兄弟七人修炼入山中不见，后每著灵，而第七最显。今祀非一处，惟东山尤有征应。嘉靖甲寅，邑令刘畿为立碑，以表之。遐迩祈祷络绎不绝。”④ 《民国平阳县志》也称：“按俗有杨七相公庙，谓杨府第七子云。”⑤ 有的学者认为，杨精义

① 符璋、刘绍宽：《民国平阳县志》，民国十四年刻本，第 924 页。

② 吴明哲编《温州历代碑刻二集（下）》，第 571 页。

③ 施世琥：《杨府爷传说》，林成植、施世琥主编《福泉记》，中国言实出版社，2012，第 29、30 页。

④ （明）刘畿：《嘉靖瑞安县志》，明嘉靖三十四年刻本，第 169 页。

⑤ 符璋、刘绍宽：《民国平阳县志》，民国十四年刻本，第 924 页。

本人是宋代的杨令公，因为元代不允许祭祀宋代的名将，于是把杨令公的出生背景改为唐代，而把杨令公的名字改为杨精义，实际上暗含了杨家将精忠报国的意思，而杨精义传说中的七子得道成仙，也是杨家七将的转喻。[①] 杨家将的故事，是民间文学艺术以北宋名将杨业（？—986）的事迹不断改编创作出来的。

从明代开始一直到清代，杨府爷的海神职能已经凸显出来了。明代的《万历温州府志》就记载有“临海神杨氏”[②]，清代《光绪永嘉县志》则明确地记载了杨府爷“著灵海澨，祷祈辄应”[③] 的海神职能，瑞安碧山寺陈见龙等人重立的碑文亦有“灵著海澨，祈祷咸应”的文字。上述材料表明，到了明清时期，杨府爷海神的职能已经相当成熟和普及。推究其原因，与温州地区濒临东海以及“八山二水半分田”地理特征有着十分密切的关系。无论杨府爷信仰兴于何因，在与温州地方社会的契合过程中，必须得服从温州地区很多人向大海湖河讨生活的生活方式。[④]

林亦修《温州族群与区域文化研究》一书中较为详尽地从文献和实地考察对杨府爷的这一功能进行了探讨，无论是数量上还是分布上，杨府庙“以濒海地区最为密集，体现其海神庙的特点”[⑤]。林子周提出：（1）据瑞安碧山寺残碑和县志记载中的“灵著海澨，祈祷咸应”等语可以说明杨府爷是海神；（2）瑞安碧山寺和鲸头杨府殿中的木质神船，正是海神的主要工具；（3）苍南的桥墩等地把农历五月十八“天文大潮”作为杨府爷庙会活动时间，以此作为祭祀神灵的主要活动，以求风调雨顺，与“大海”“大潮”紧密相关；（4）鲸头的祭祀活动是以船为主的“太平龙”。这样说来，杨府爷应该是海神，或者是潮神，这是无须争辩的事实。[⑥]

---

① 林亦修：《温州族群与区域文化研究》，第 120～123 页。

② （明）汤日昭：《万历温州府志》，明万历三十三年刻本，第 191 页。

③ （清）王棻：《光绪永嘉县志》，清光绪八年刻本，第 163 页。

④ 林敏霞：《杨府爷信仰的“流变”——多元视角的探讨》，《民族论坛》2012 年第 7 期。

⑤ 林亦修：《温州族群与区域文化研究》，第 119～120 页。

⑥ 林子周：《苍南民间的杨府爷信仰》，李晖华主编《杨府侯王》，线装书局，2016，第 287 页。

至今，苍南县龙港镇鲸头杨府殿是规模最大、最具影响力的一座杨府庙。宋熙宁七年（1074）在此地始建杨府殿，称杨府上圣，俗呼杨老爷，他的十个儿子称十大元帅，配享从祀。鲸头杨府殿仿庙堂建筑形制，重檐翘角，亦算壮观。上殿神主，是杨老爷、杨家将，以及十大元帅、二十八灵圣。抵抗契丹的历史人物杨老令公、佘太君，和他们的孙子杨文广在这里现身。两厢有碑廊，左右廊首分别塑神船、神马，大约企图反映神主驾驭海洋、操纵陆地的超自然力量。下殿是杨老爷夫人和十房媳妇，以及福建古田太阴宫陈靖姑、林九娘、李三娘等十几尊神像。杨府殿还有一座典型的祠堂戏台建筑，四角立柱呈亭台状，重檐歇山顶，戗脊置仙人走兽。过去的鲸头杨府殿香火旺盛，如今除了几个本殿的庙节和每逢农历初一、十五的庙会，及佛道庆典日依然人头攒动，平日里已经大不如昔，虽说络绎不绝，可三三两两的，多是周边闲散客人。鲸头杨府殿民间祭祀和庙会活动内容丰富多彩，仪式十分隆重。庙会、庙节都会演出戏文，有时表演武术。届时，各地善男信女还做大量的“纸龙”还愿。①

苍南藻溪杨府宫已被列为第六批省级文物保护单位。杨府宫位于苍南县藻溪镇富山村打石坑东北，建于清乾隆三年（1738），后于咸丰二年（1852）重修。由前殿、厢房、正殿、戏台围成合院式院落。杨府宫的正殿选材考究，做工精细，前殿面阔五间，明间后檐搭接戏台梁架。后檐额枋上悬挂一清咸丰二年所制的匾额“阳春白雪”，两侧各有一书卷形匾额，书“出风”“入雅”字样。正殿五开间，明间九架五柱，前廊为船篷轩，后廊置神龛，供奉杨府上圣等神像。可惜的是两边厢房被拆毁，仅余石柱，但是其灵魂部分戏台和正殿保存得十分完整，它的发现对于研究清代的建筑文化、戏曲艺术、民风民俗、建筑理念无疑具有较高的价值。②

① 梅重：《鲸头杨府殿之访》，《文化交流》2012 年第 3 期。

② 章鹏华：《苍南县在藻溪镇发现一清代庙宇建筑杨府宫》，中新网，2019 年 11 月，http：//www. chinanews. com/cul/news/2008/11 - 11/1445131. shtml

第四章

隋唐宋温州道教的成熟（下）

——林灵素与神霄派

北宋的林灵素是一个在中国道教史上有很高知名度的道士。官修正史中对他的记载多有贬低、轻蔑之意，道门内部的记载则比较客观甚至推崇。为什么会有这样的差距？本章拟尽可能多地利用丰富的史料展示他的生平，回答上述问题，并论述他在参与创立、发展神霄派和神霄雷法上的贡献，对学术界研究不多的神霄派神谱进行全面的叙述。

第一节　林灵素生平

林灵素为北宋末年著名道士，其完整的传记，一见于《宋史·方技传》，多述林灵素在京城之事，较为简略；二见于南宋《宾退录》卷一。《宾退录》为南宋宗室赵与旹（1174—1231）撰，称其传为耿延僖所作。耿延僖之父为耿南仲，元丰五年（1082）进士，北宋时官至尚书左丞、门下侍郎，南宋高宗即位，因其主和，累有降职，卒于建炎二年（1128），《宋史》卷三百五十二有传。耿延僖，《历世真仙体道通鉴》卷五十三称其为“翰林学士”，李遇孙《括苍金石志》卷五录有南宋绍兴三年（1133）的“天庆观钟铭”，内有耿延禧是时的官职“龙图阁直学士、左朝奉大夫、知处州军州兼管内劝农使”[①]。《宾退录》之林灵素传较《宋史》林传略详，主要也是叙述林灵素在京城之事，其中非常有价值的信息是提到了神霄派的另一位宗师王文卿。

林灵素的传记三见于《历世真仙体道通鉴》（以下简称《仙鉴》）卷五十三，题为《林灵蘁》，该传非常详尽，且有跋称：“本传始以翰林学

① （清）李遇孙：《括苍金石志》，清同治十三年增补本，第110页。

士耿延禧作华饰文章，引证故事，旨趣渊深，非博学士，夫莫能晓识。仆今将事实作常言，切欲奉道。士俗咸知先生之仙迹。仆初未任，居西洛，遇先生以文字一册实封，见及曰：‘后当相中兴，若遇春头木会之贼，可以致仕。开吾册，依法行之，可脱大难，即悟长生。不然，则潮阳相遇于古驿中，此时之悔晚矣。’初不以为然，亦不记先生所教文字。因奏检事，果春头木会之贼被罪海岛，道过潮阳驿中，方抵驿亭，见一少年绣衣红颜，径入驿中，熟视之，即先生也。笑问曰：前言不谬乎？始知先生是真神仙也。于是重编本传，以示后人。前尚书左仆射赵鼎谨记。”[①] 赵鼎（1085—1147），神宗元丰八年（1085）出生，崇宁五年（1106）进士，确于宋高宗时任宰相，合于文中“当相中兴”之语。《林灵蘁》称林灵素曾“游西洛，遇一道人，姓赵”[②]，与跋中称“仆初未任，居西洛，遇先生”有相合之处，赵鼎 32 岁中进士为崇宁五年（1106），则两人相见应在此前。据跋文，两人最终相见于潮阳驿的时间在赵鼎被贬后。赵鼎被贬潮州时为绍兴八年（1138），到潮州要过潮阳驿，而如果是被贬海岛的话，还要在之后的绍兴十四年（1144），赵鼎被贬吉阳军（今海南三亚）。各种资料都显示林灵素被贬回温州后即卒，时间为宣和元年（1119），除非林灵素是诈死，不然无法在卒后与赵鼎相见，故此文为赵鼎所作有疑问。不过此文确定了耿延禧确实写过林灵素传，且提到了耿之身份为翰林学士。

其余各种提到林灵素的文献，除了温州本地方志如《弘治温州府志》《康熙永嘉县志》等，史志有《续资治通鉴长编》《皇宋通鉴长编纪事本末》等，笔记小说有陆游《老学庵笔记》、周辉《清波杂志》卷三《林灵素》、曾敏行《独醒杂志》卷一、洪迈《夷坚丙志》卷十八《林灵素》、郭象《睽车志》卷一、王明清《玉照新志》《投辖录》等。

一　生而神异，出佛入道

林灵素初名灵噩（一作“灵蘁”），字岁昌（一说字通叟），温州永

① 《道藏》第 5 册，第 412 页。

② 《道藏》第 5 册，第 407 页。

嘉人。《仙鉴》卷五十三《林灵蘁》："其母夜归，觉红云覆身，因而有孕。怀胎二十四月，一夕梦日光入室，有神人衣绿袍玉带，眼出日光，执笔告曰：来日借此居也。翌日，阴云四合，霹雳三声，先生即降诞。金光满室，相貌殊伦。"① 卢若腾《岛居随录》也称："林灵素，永嘉人，母孕二十四月而生。"② 林灵素其母怀胎二十四月之事，又散见于温州历代各种方志。

林灵素的生年诸书无载，唯《仙鉴》卷五十三记有他临终前所书的一颂："四十五岁劳生，浮名满世峥嵘，只记神霄旧路，中秋月上三更。"③ 据此林灵素终年或是四十五岁，因其卒年为宣和二年（1120），故其当生于神宗熙宁九年（1076）。

《仙鉴》卷五十三《林灵蘁》："长五岁不语。时五月五日，风雨大作，有道士顶青玉冠，衣霞衣，不告而入。见先生，喜曰：'久不相睹，特来上谒。'相顾抚掌，大笑出门，追之不及，自此能言。"④

林灵素家世寒微，少依佛门为童子。《宋史·林灵素传》曰："少从浮屠学，苦其师笞骂，去为道士。"⑤ 但宋史本传简略，没有说明"去为道士"的原因。

杨仲良《皇宋通鉴长编记事本末》卷一百二十七注引蔡絛《史补》说："灵素，温州人也。少从浮屠学，以无行，为所在贬恶。久之，去为道士。"⑥ 从中可知林灵素因行为不检点，故为"所在贬恶"。究其具体行为，陆游《家世旧闻》载：林灵素"少尝事僧为童子，嗜酒不检，僧笞辱之，发愤弃去，为道人"⑦。可知其身为佛门弟子而嗜酒，故为其师所"笞骂"。郭象《睽车志》卷一亦载："林灵素未遭遇时，落魄不检。

① 《道藏》第5册，第407页。
② （清）黄汉：《瓯乘补》，《中国地方志集成·浙江府县志辑》第58册，第726页。
③ 《道藏》第5册，第411页。
④ 《道藏》第5册，第407页。
⑤ （元）脱脱等：《宋史》，中华书局，1977，第13528页。
⑥ （宋）杨仲良编《皇宋通鉴长编纪事本末》第4册，李之亮校点，黑龙江人民出版社，2006，第2130页。
⑦ （宋）姚宽、陆游：《西溪丛语 家世旧闻》，中华书局，1993，第218页。

尝从旗亭贳酒，久不归直。其人督之，灵素计窘，即举手自扪其面，则左颊已成枯骨髑髅，而余半面如故。谓其人曰：‘汝迫我不已，我且更扪右颊矣。’其人惊怖，竟为折券。”① 虽然这个记载有仙话性质，但可用来说明林灵素嗜酒当无误。

林灵素“去为道士”的时间，据林灵素唯一署名的作品《金火天丁神霄三炁火铃歌》（以下简称《火铃歌》）称“垂髫学仙志已坚，年方二七始传玄”②，可知其幼年即有神仙之志。《仙鉴·林灵蘁》称其少时曾为苏东坡书童，东坡问其志，笑而答曰：“生封侯，死立庙，未为贵也。封侯虚名，庙食不离下鬼。愿作神仙，予之志也。”③ “年方二七始传玄”，则说明其入道之年应在十四岁前后，约在北宋元祐五年（1090）。

林灵素入道之道观，据赵鼎《建炎笔录》为天庆宫。赵鼎《建炎笔录》卷一曰：“二月，车驾在温州港。初一日，御舟移泊温州江心寺下，因赐名龙翔寺，有小轩东向，赐名浴日，皆御书题额。是日，押米纲使臣苏童至，云：‘过越时，李邺已拜金人，以其家属先过钱塘矣。’初五日，对于江心寺。初六日，闻贼犯昌国，敌舟欲相袭，为张公裕以大舶冲散，复回明州矣。公裕，提领海舟者也。初九日，招怀忌行香罢，游天庆宫，登融成（按：当为容成）洞天福地。天庆，即道士林灵素受业之地。”④ 天庆宫或称天庆观，宋真宗大中祥符二年（1009）七月，下令天下所有州县都要建立天庆观，供奉三清及赵氏祖先神赵玄朗。林灵素入道之道观温州方志记为“应道观”，《乾隆温州府志》卷二十五曰：“应道观，（旧志）在瑞颖坊，唐张无梦，宋林灵素咸修真于此。”⑤

改从道教后，林灵素得到了五雷法真传。各种传记资料对传法之人的说法基本相同。《仙鉴·林灵蘁》称：“先生游西洛，遇一道人，姓赵，交游数载。……先生次年至岳阳酒肆，复见赵道人云：予乃汉天师

① （宋）郭彖：《睽车志》，《景印文渊阁四库全书》第1047册，第223页。
② 《道藏》第30册，第260页。
③ 《道藏》第5册，第407页。
④ （宋）赵鼎：《建炎笔录》，《丛书集成初编》第3890册，商务印书馆，1939，第8页。
⑤ （清）李琬：《乾隆温州府志》，清乾隆二十五年刊民国三年补刻本，第1040页。

弟子赵升也……”[①]《宾退录·林灵素传》称：“慕远游，至蜀，从赵升道人数载。赵卒，得其书，秘藏之，由是善妖术，辅以五雷法。”[②] 一般认为，林灵素遇到的是一名赵姓，托名为赵升的道士。《龙虎山志》曰：“林灵素自言于岳阳酒肆遇赵升，授其道法。升与王长皆道陵弟子，《九域志》谓二真人理第十九福地。”[③] 可知赵道人为赵升乃林灵素自述，或有自夸成分。

《火铃歌》有不同说法，曰：“普化天师出蓉城，亲荷火师传妙蕴。火师常时誓侍宸，真科有禁代一人。”[④] 该资料尚未有人注意到。《火铃歌》之署名为“金门羽客玉真嗣教弟子普化天师林灵素”，可知林即“普化天师”。该句诗说林灵素在成都，得“火师”亲传神霄雷法，且每代只能传一人。如《火铃歌》确为林灵素所作，则林灵素之师为火师汪真君，则与王文卿所师相同。这与《道法会元》卷一百九十八《神霄金火天丁大法·后序》中说法一致：“火师传与玉真教主林侍宸，林传与张如晦，后传陈道一，下付薛洞真、卢君埜。次以神霄派脉付徐必大，徐亦不得其文，卢君化于剑江，将解而枕中出其书以付玉，法传卢君而派继徐君。”[⑤] 林灵素得火师汪真君所传的说法向不为学者所重视，但从神霄派所传道书来看，都有相同的观点，我们也应重视这一观点。

各种文献对于林灵素遇师的地点说法也有差异。《宾退录·林灵素传》称：“慕远游，至蜀，从赵升道人数载。”《仙鉴·林灵蘁》称：“初，先生游西洛，遇一道人，姓赵，交游数载。……先生次年至岳阳酒肆，复见赵道人云：予乃汉天师弟子赵升也，向者所授五雷玉书，谨而行之，不可轻泄，即日为神霄教主雷霆大判官东华帝君有难，力当救之。”[⑥]“西洛”之地，很难确定，因为有数个地点都称西洛：一是山西晋中有西洛镇，二是江西南昌有西洛村，三是宋代因洛阳在开封之西，

① 《道藏》第5册，第407页。
② （宋）赵与旹：《宾退录》，《景印文渊阁四库全书》第853册，第658页。
③ （清）黄汉：《瓯乘补》，《中国地方志集成·浙江府县志辑》第58册，第727页。
④ 《道藏》第30册，第260页。
⑤ 《道藏》第30册，第258页。
⑥ 《道藏》第5册，第407页。

故称“西洛”。这里很难推测西洛具体指哪一个地方，如果选最有名的西洛，当指洛阳。

署名林灵素的《火铃歌》则称：“斗牛之墟桃桂月，两遇至人指妙诀。”① “斗牛之墟”为地名，典出《晋书·张华传》，曰：“吴之未灭也，斗牛之间常有紫气……及吴平之后，紫气愈明。华闻豫章人雷焕妙达纬象，乃要焕宿，屏人曰：‘可共寻天文，知将来吉凶。’因登楼仰观……华曰：‘是何祥也?’焕曰：‘宝剑之精，上彻于天耳。’华曰：‘君言得之，吾少时有相者言，吾年出六十，位登三事，当得宝剑佩之，斯言岂效与！’因问曰：‘在何郡?’焕曰：‘在豫章丰城。’华曰：‘欲屈君为宰，密共寻之，可乎?’焕许之。华大喜，即补焕为丰城令。焕到县，掘狱屋基，入地四丈余，得一石函，光气非常，中有双剑，并刻题，一曰龙泉，一曰太阿……遣使送一剑并土与华，留一自佩。”② 此典在唐代已经被使用指称“豫章”（今南昌），王勃《滕王阁序》曰：“豫章故郡，洪都新府，星分翼轸，地接衡庐，襟三江而带五湖，控蛮荆而引瓯越。物华天宝，龙光射牛斗之墟。”③ “牛斗之墟”原指豫章丰城，后用其典泛指称豫章（今南昌）。“桃月”为三月，“桂月”为八月，林灵素在南昌，于三月、八月两次遇至人“指妙诀”，但年份不明。

总结上述几个说法，一是《宾退录》的“至蜀”（今四川），二是《仙鉴》先于“西洛”（有山西晋中、江西南昌、河南洛阳三个选项）后至“岳阳”（今湖南岳阳），三是《火铃歌》的“豫章”（今江西南昌）。

如前所述，《火铃歌》还有“普化天师出蓉城，亲荷火师传妙蕴”之说，也就是林灵素所遇至人或不止一个。在成都所遇是火师汪真君，在其他地方所遇为赵道人。《乾隆温州府志》还称其“尝登积谷山，得异书于飞霞洞”④，积谷山位于温州市中山公园内，山之南麓有飞霞洞。也可聊备一说。

① 《道藏》第 30 册，第 260 页。

② （唐）房玄龄等：《晋书》，第 1075 页。

③ （明）王志坚：《四六法海》，《景印文渊阁四库全书》第 1394 册，第 670 页。

④ （清）李琬：《乾隆温州府志》，清乾隆二十五年刊民国三年补刻本，第 1056 页。

林灵素得真传后，仍云游四方，《老学庵笔记》卷三记其事，曰：“会稽天宁观老何道士喜栽花酿酒以延客，居于观之东廊。一日，有道人状貌甚伟，款门求见。善谈论，喜作大字，何欣然接之，留数日乃去。未几，有妖人张怀素号落托者谋乱，乃前日道人也。何亦坐系狱，以不知谋得释。自是畏客如虎，杜门绝往还。忽有一道人，亦美风表，多技术，观之西廊。道士曰：‘张若水介之来谒。’何大怒曰：‘我坐接无赖道人，几死于囹圄，岂敢复见汝耶！’因大骂，阖扉拒之。而此道人盖永嘉人林灵噩也。旋得幸，贵震一时，赐名灵素，平日一饭之恩必厚报之。若水乘驿赴阙，命以道官，至蕊珠殿挍籍，视殿修撰，父赠朝奉大夫，母封宜人。而老何以尝骂之，朝夕忧惧。若水为挥解，且以书慰解之，始少安。观中人至今传笑。”[①] 有以林灵素被老何道士所拒，证其贫困，所以《宋史》本传称其“往来淮、泗间，丐食僧寺”。[②] 不过《老学庵笔记》提到林灵素“平日一饭之恩必厚报之”，张若水曾介绍其谒见老何道士，其得幸后，便让张若水做了编撰道书的道官，可知林灵素是一个念旧的人。

二　到达京师与徽宗崇道

林灵素到达京师的时间，《宾退录·林灵素传》曰：“政和三年，至京师，寓东太一宫。”[③] 关于林灵素到京师的具体原因和过程，《皇宋通鉴长编纪事本末》卷一百二十七“方士”引《杨氏编年》：“灵素……常往来不逞，于□□宿、亳、淮、泗，乞食诸寺，群僧薄之。至楚，与恶少相欧（殴）击，讼至府庭。通判石冲闻之，意其轻便俊捷，脱之，置于馆，问吐纳、烧炼、飞神之术，携至京师，引谒蔡京，致见上。”具体则由“左街道箓徐知常引之，以附会诸阉”。[④]

林灵素政和三年（1113）就到了京师，但要在两年后的政和五年才

① （宋）陆游：《老学庵笔记》，《景印文渊阁四库全书》第865册，第21页。
② （元）脱脱等：《宋史》，第13528页。
③ （宋）赵与旹：《宾退录》，《景印文渊阁四库全书》第853册，第658页。
④ （宋）杨仲良编《皇宋通鉴长编纪事本末》第4册，李之亮校点，第2130页。

见到宋徽宗，完成两人的神霄梦，这段时间前后徽宗崇道之举在有条不紊地进行着。

在林灵素之前，徽宗宠幸的道士有茅山第二十五代宗师刘混康，徽宗在为端王时就得刘混康教以“广嗣之法”，连得数子。[①] 即位后，即封刘混康为“葆真观妙冲和先生”，授太中大夫。后来又与虞仙姑、徐神翁往来，索要“灵丹仙饵”，或令其预卜吉凶。[②]

崇宁五年（1106），“徽宗梦赴东华帝君召游神霄宫，觉而异之，敕道录徐知常访神霄事迹。知常素不晓，告假”[③]。《仙鉴·林灵蘁》记录了徽宗之梦，颇为详尽：

> 崇宁五年中秋夜，徽宗皇帝梦游神霄府，赴玉帝所召，乘车辇，侍卫森列，腾空而上，遥望金阙门，仙官玉童、金甲力士备守之。次见一人星冠法服，执圭前引帝入阙门，上有朱牌金字曰神霄玉阙之门。次向西有一门，殿上牌曰碧霞之殿，殿上金光如日，不能仰视。次过一小院，金钉朱户，曰玉枢院，分司列局，官吏严肃，有一朱衣吏迎引而入，揖云：“此帝君旧居，请坐东位少待。”须臾有一玉童引帝朝见玉皇，帝稽首再拜，惟见金光中传旨下云：“修国事，去奸臣，任忠贤，守宗社。”帝即再拜出，见朱衣吏，送出金阙门。复以七宝华车及侍卫官吏，送帝自天门而下。约百余步，见一道人青服青巾，跨青牛而上，从者皆鬼面岩鼗，二鬼面四目，执幡而前，仗剑持戈，导从甚肃。至御驾前扬鞭呼万岁，帝急驻车按问。道人奏曰：“今日伏睹天颜，臣之万幸。”言讫，驾青牛自天门而上。帝梦觉，录记之。[④]

徽宗梦游神霄后的第二年，即大观元年（1107）“敕道士位居僧上”。[⑤] 这或是徽宗从一般性的崇道迈向全国性崇道的标志。此后的政和

---

① （宋）王明清：《挥麈录》卷二，上海书店出版社，2009，第 56 ~ 57 页。
② （宋）杨仲良编《皇宋通鉴长编纪事本末》第 4 册，李之亮校点，第 2129 ~ 2130 页。
③ （宋）赵与旹：《宾退录·林灵素传》，《景印文渊阁四库全书》第 853 册，第 658 ~ 659 页。
④ 《历世真仙体道通鉴·林灵蘁》，《道藏》第 5 册，第 407 ~ 408 页。
⑤ （宋）志磐：《佛祖统纪》，《大正藏》第 49 册，第 472 页。

初（政和元年为1111年），宋徽宗又做了一个与上次“召游神霄宫”相关的梦，《皇宋通鉴长编纪事本末》卷一百二十七“道学”注引《史补·道家者流》：

政和初，上有疾，逾百日稍康。后一夕，梦有人召上，方其梦中谓若昔在藩邸时如赴哲庙宣召者。及至，乃一宫观尔，即有道士二人为傧相焉。道至一坛上，谕上曰：“汝以宿命，当兴吾教。”上再拜，受命而还，二傧相者复导上而去。及寤，作记良悉。尝遣使示鲁公，鲁公时犹责居于杭也，始大修宫观于禁中，即旧奉天神痛所在玉清和阳宫、玉虚殿，羽人以岁时入内讲斋醮事，亲制步虚乐章，调其音声焉，而道家遂谓上为赤明和阳天帝。①

这个梦境再次推动了徽宗的崇道热情。此后，政和三年（1113）九月，内丹派道士王老志因蔡京推荐，得宠于徽宗，被赐“观妙明真洞微先生”，赠“正议大夫”。② 十一月，王老志、蔡攸等人策划，于郊祀途中“出南薰门，见天神降于空中”，徽宗“以天神降，诏告在位，作《天真降临示现记》”颁行全国。③ 政和四年（1114）正月，置道阶，“凡二十六等，先生、处士、八字、六字、四字、二字，视中大夫至将仕郎而不给俸”。④ 正式确定了道士的等级。政和五年（1115）十月，封嵩山道士王仔昔“冲隐处士”。⑤

宋徽宗的这一系列行为，源于他的道教教化理论：“道者，体之可以即至神，用之可以挈天地，推之以治天下国家，可使一世之民举得其恬淡寂常之真，而跻于仁寿之域。”并以此来“革末世之流俗，还隆古之纯风”。⑥ 但徽宗认为前面所行的一系列崇道之举，并没有达到上述目的，

① （宋）杨仲良编《皇宋通鉴长编纪事本末》第4册，李之亮校点，第2146～2147页。
② （清）徐乾学：《资治通鉴后编》，《景印文渊阁四库全书》第343册，第800页。
③ （清）徐乾学：《资治通鉴后编》，《景印文渊阁四库全书》第343册，第797页。
④ （宋）陈均：《九朝编年备要》，《景印文渊阁四库全书》第328册，第758页。
⑤ （宋）杨仲良编《皇宋通鉴长编纪事本末》第4册，李之亮校点，第2144页。
⑥ 宋徽宗：《神霄玉清万寿宫诏》，（清）杨笃修《光绪长治县志》，清光绪二十年刊本，第413页。

宋徽宗常“独思未有一厌服群下者，数以语近幸”①。

此后林灵素出现，提出了神霄说，让宋徽宗成为“教主道君皇帝”，皇权神权合一，终于完全达到了徽宗理想中的道教教化方式，神霄派在全国范围内快速崛起。

如要深究林灵素特别得宠的原因，主要在于他能投徽宗所好。《皇宋通鉴长编纪事本末》卷一百二十七讲出了其中最大的原因：“初，刘（茅山刘混康）、虞（虞仙姑）、二王先生（王老志、王仔昔）皆为上礼，然有神怪事，多出自方士也。及灵素至，乃以其事归之于上，而曰己独佐之，每自号小吏佐治，故上下莫有攻其非者。”② 就是说，原来神迹出现的主动权都掌握在道士手中，而林灵素的“神霄说”把主动权交到了徽宗手中。“也就是说，宋徽宗有意以‘教主’的身份推广道教，以道术治世，只不过无人进行这种‘推戴’而已。……难怪宋徽宗一直赞美林灵素的‘聪明’。换句话说，即使没有这个林灵素，也会有第二个、第三个林灵素。”③ 宋徽宗的疯狂崇道或是北宋灭亡的原因之一，该对这个原因负责的应该是宋徽宗还是林灵素，智者自有公断。

三　觐见徽宗大兴神霄

林灵素觐见徽宗的时间，标志着“神霄神话”开创的崇道高潮的开始，无论是从道教史还是宋史的角度来看，都是非常重要的。《宋史·徽宗纪》未载其时，《宋史·林灵素传》记为：“政和末，王老志、王仔昔既衰，徽宗访方士于左道录徐知常，以灵素对。”④ 其他文献记载略有出入，但均在政和年间。

现在可以确定的是林灵素至京师的时间为政和三年。《宾退录》卷一和《弘治温州府志》等均有明确记载，则林灵素见徽宗时间当在其后。林灵素觐见徽宗的时间有政和五年、六年两说。政和五年说如《宾

---

① （宋）杨仲良编《皇宋通鉴长编纪事本末》第4册，李之亮校点，第2131页。
② （宋）杨仲良编《皇宋通鉴长编纪事本末》第4册，李之亮校点，第2131页。
③ 王頲：《林灵素事迹考论》，《暨南学报》2002年第1期。
④ （元）脱脱等：《宋史》，第13528页。

退录·林灵素传》："上视灵噩风貌如旧识，赐名灵素，号金门羽客、通真达灵玄妙先生。赐金牌，无时入内。五年，筑通真宫以居之。"[①] 政和六年之说，如《仙鉴·林灵蘁》："至政和六年十月，驾幸于太乙东宫，敕委道录徐知常奏所有温州道士。林灵蘁，在道院安下，言貌异常，累言神霄事，人莫能晓，尝作神霄谣题于壁，今录奏呈帝览。读其文，皆神仙妙语，喜甚，乃令徐知常引林灵蘁入见。"[②]

唐代剑认为，与林灵素见徽宗相关的一个重要证据是"长生大帝君像"。陈均《九朝编年备要》卷二十八："（政和六年）二月，上清宝箓宫成。……时，温州林灵素因徐知常得幸于上，托言有天人降，云天上神霄玉清府长生大帝君，青华大帝君是其弟，皆玉帝之子。又有左元仙伯、书罚仙吏褚慧等八百余官。乃谓上为长生大帝君，蔡京为左元仙伯，而己即褚慧也。上喜，又以景龙门对晨晖门作上清宝箓宫。"[③] 从中可知"长生大帝君"乃林灵素所创神霄神话中的人物，而为林灵素所建之上清宝箓宫中就有"长生大帝君"之像。该宫在政和六年二月就建成了，所以唐代剑推测最迟在政和五年林灵素觐见了宋徽宗，并托神霄之言博得其欢心。[④] 关于政和五年、六年两说，或是由于林灵素这两年都有觐见宋徽宗之事，后世所记失误所致，当以政和五年为是。

林灵素得见徽宗，《宋史·林灵素传》曰：

> 既见，大言曰："天有九霄，而神霄为最高，其治曰府。神霄玉清王者，上帝之长子，主南方，号长生大帝君，陛下是也，既下降于世，其弟号青华帝君者，主东方，摄领之。己乃府仙卿曰褚慧，亦下降佐帝君之治。"又谓蔡京为左元仙伯，王黼为文华吏，盛章、王革为园苑宝华吏，郑居中、童贯及诸巨阉皆为之名。贵妃刘氏方

---

① （宋）赵与旹：《宾退录·林灵素传》，《景印文渊阁四库全书》第853册，第659页。
② 《道藏》第5册，第408页。
③ （宋）陈均：《九朝编年备要》，《景印文渊阁四库全书》第328册，第764页。
④ 唐代剑：《林灵素生平问题钩校》，《四川师范学院学报（哲学社会科学版）》1990年第5期。

有宠，曰九华玉真安妃。[1]

听闻此说，“帝心独喜其事，赐号通真达灵先生，赏赉无算”[2]。并为林灵素建了“上清宝箓宫”，宫于林灵素觐见徽宗的第二年即政和六年（1116）二月建成。宫内陈设华丽，“若江南陈后主三品之石，姑苏白乐天手植之桧，皆取以实之”[3]。“宫内神霄殿，规模宏大，气势壮观，正奉长生大帝君，青华帝君诸神像，左存玉阳钟十二口，右放象征九州一统的神霄九鼎。是全国神霄派的十方丛林。（时称‘神霄上院’。）”[4]

随后，徽宗开始在全国推行神霄说，并为自己登上政教合一的“教主道君皇帝”做准备。政和六年（1116）九月，徽宗令天下洞天福地塑长生大帝君、青华帝君像。[5]“十月甲申，诏：‘诚感殿长生大帝君像可迁赴天章阁西位鼎阁奉安。’”[6]即把皇宫诚感殿的长生大帝君像迁至大臣们经常往来的天章阁供奉，为崇拜神霄教做舆论宣传。

此后又将道教分为五宗，而神霄在五宗之上。《皇宋通鉴长编纪事本末》卷一百二十七曰：

（政和七年正月）癸丑，秘书省奏：“据左右街道箓院申，恭依圣旨指挥，将所降道教五宗再行条具，立为永式。第一，天尊之教，以道德为宗，元始天尊为宗师。第二，真人之教，以清净为宗，太上玉晨天尊为宗师。第三，神仙之教，以变化为宗，太上老君为宗师。第四，正一之教，以诚感为宗，三天法师静应真君为宗师。第五，道家之教，以性命为宗，南华真人为宗师。至于上清通真达灵神化之道，感降仙圣，不系教法之内，为高上之道，教主道君皇帝为宗师。”诏依所奏，左右街道箓院印行。[7]

---

① （元）脱脱等：《宋史》，第 13528 ~ 13529 页。

② （元）脱脱等：《宋史》，第 13529 页。

③ （宋）陈均：《九朝编年备要》，《景印文渊阁四库全书》第 328 册，第 764 页。

④ 唐代剑：《论林灵素与“徽宗失国”》，《宗教学研究》1993 年增刊。

⑤ （元）脱脱等：《宋史》，第 396 页。

⑥ （宋）杨仲良编《皇宋通鉴长编纪事本末》第 4 册，李之亮校点，第 2131 页。

⑦ （宋）杨仲良编《皇宋通鉴长编纪事本末》第 4 册，李之亮校点，第 2131 页。

此后的二月又宣谕“青华帝君降临事”，《皇宋通鉴长编纪事本末》卷一百二十七曰：

> 二月甲子，诏通真先生林灵素于道箓宫宣谕青华帝君降临事，左右街道箓傅希烈等皆作记上之。
>
> 傅希烈等略曰：……二天人蹑空乘云冉冉而下，其一绛服玉冠，天颜和豫，盖教主道君皇帝也。其一上下青衣，俨若青华帝君之状。又前导一人，貌与通元先生张虚白无少异焉。从者朱紫，不可悉计。……若辛卯岁之梦兆、癸巳岁之示见，创见希有，中外已悉闻而知之。至于今日坐堂奥之上而神飞玉京，来仙境之真而迹凝禁御，则或未之闻也。[①]

在青华帝君降临后，二月“辛未，御笔：‘天下天宁万寿观改作神霄玉清万寿宫。如小州、军、监无道观，以僧寺充，即不得将天庆观改。仍于殿上设长生大帝君、青华帝君圣像。’”[②] 也即宋朝所有州、监、军、府均要建神霄宫并奉长生大帝君、青华帝君像。据唐代剑统计，徽宗朝有州、监、府351个，军58个[③]，则当时全国有神霄宫超过400座。关于神霄宫的陈设与神像，《老学庵笔记》卷九曰：

> 天下神霄，皆赐威仪，设于殿帐座外。面南，东壁，从东第一架六物：曰锦伞、曰绛节、曰宝盖、曰珠幢、曰五明扇、曰旌；从东第二架六物：曰丝拂、曰幡、曰鹤扇二、曰金钺、曰如意。西壁，从东第一架六物：曰如意，曰玉斧，曰鹤扇二、曰幡，曰丝拂；西壁，从东第二架曰旌、曰五明扇，曰珠幢、曰宝盖，曰绛节，曰锦伞。……
>
> 神霄以长生大帝君、青华帝君为主，其次曰蓬莱灵海帝君、西元大帝君、东井大帝君、西华大帝君、清都大帝君、中黄大帝君。又有左右仙伯，东西台吏，二十有二人，绘于壁。又有韩君丈人，祀于侧

① （宋）杨仲良编《皇宋通鉴长编纪事本末》第4册，李之亮校点，第2131～2132页。

② （宋）杨仲良编《皇宋通鉴长编纪事本末》第4册，李之亮校点，第2132页。

③ 唐代剑：《论林灵素与“徽宗失国”》，《宗教学研究》1993年增刊。

殿，曰此神霄帝君之尚宾也。其说皆出于林灵素、张虚白、刘炼。[1]

政和七年（1117）四月，徽宗御笔道录院："朕每澄神默朝上帝，亲受宸命，订正讹俗。朕乃昊天上帝元子，为大霄帝君，睹中华被浮屠之教，盛行焚指、炼臂、舍身以求正觉，朕甚悯焉，遂哀恳上帝，愿为人主，令天下归于正道。帝允所请，令弟青华帝君权朕大霄之府。朕夙夜惊惧，尚虑我教所订未周，卿等表章，册朕为教主道君皇帝。"[2]

次日，道录院上表章于天，以玉帝之名册徽宗为"教主道君皇帝"。[3] 从此，宋徽宗成为人、神、教三位一体的主宰者。其下大臣妃嫔亦按林灵素之说各有了神仙名分。神霄说始作俑者林灵素则升为温州应道军节度，"除金门羽客、通真达灵元妙先生，视中大夫。后驯擢至太中大夫、冲和殿侍晨，视两府"[4]。徽宗"每以'聪明神仙'呼之，御笔赐'玉真教主神霄凝神殿侍宸'，立两府班上"[5]。

四　京城逸事

（一）修书讲道及雷法方术

林灵素觐见徽宗后，"被旨修道书，改正诸家醮仪，校雠《丹经》、《灵篇》，删修注解"[6]。林灵素所撰之经书有符书《神霄篆》，集九天秘书、龙章凤篆九等雷法而成的《集成玉篇》，《雷书》五卷，《明点纲纪录》，《金火天丁神霄三炁火铃歌》，《释经诋诬道教议》一卷，《归正议》九卷等，李霖《道德真经取善集》引及他曾注《老子》，但卷数不详。此外，还有《玉清神霄秘篆》《元一六阳神仙秘篆》《保仙秘篆》

① （宋）陆游：《老学庵笔记》，《景印文渊阁四库全书》第865册，第76页。

② （宋）杨仲良编《皇宋通鉴长编纪事本末》第4册，李之亮校点，第2132页。"青华"，点校本讹作"清华"，据四库全书本改正。

③ （清）徐乾学：《资治通鉴后编》，《景印文渊阁四库全书》第343册，第812页。

④ （宋）周辉：《清波杂志》，《四部丛刊》影印常熟瞿氏铁琴铜剑楼藏宋刊本［CD］，第34页。

⑤ （宋）赵与旹：《宾退录·林灵素传》，《景印文渊阁四库全书》第853册，第659页。

⑥ （宋）赵与旹：《宾退录》，《景印文渊阁四库全书》第853册，第659页。

《青华帝君降临记略》《道史》《道典》等。①

林灵素既得宠，“每设大斋，辄费缗钱数万，谓之千道会。帝设幄其侧，而灵素升高正坐，问者皆再拜以请。所言无殊异，时时杂捷给嘲诙以资媟笑。其徒美衣玉食，几二万人”②。这是林灵素在京师最辉煌的时刻，“每遇初七日升座，座下皆宰执、百官、三衙、亲王、中贵，士俗观者如堵，讲说三洞道经，京师士民始知奉道矣”③。

但也有不顺其势者。宋王应麟《困学纪闻》曰：“林灵素作神霄箓，自公卿以下群造其庐拜受，独李纲、傅崧卿、曾幾移疾不行。”④《清波杂志》卷三曰：“当灵素盛时，一日有诏两学之士问道于其座下，且遣亲近中贵监莅。灵素既升座，首诏太学博士王俊乂，久而不出。既出，乃昌言：昔吾先圣与老聃同德比义，相为师友，岂有抠衣礼黄冠者哉？闻者骇然，各逡巡而罢。”⑤

《宋史》本传对于林灵素多贬语，但称其“惟稍识五雷法，召呼风霆，间祷雨有小验而已”⑥，可知林灵素在京城以雷法闻名。

《宾退录·林灵素传》曰：“明年，京师大旱，命灵素祈雨，未应。蔡京奏其妄。上密召灵素曰：‘朕诸事一听卿，且与祈三日大雨，以塞大臣之谤。’灵素请急召建昌军南丰道士王文卿（乃神霄甲子之神兼雨部），与之同告上帝。文卿既至，执简敕水，果得雨三日。上喜，赐文卿亦充凝神殿侍宸。灵素眷益隆。”⑦此条信息非常重要，从中可知林灵素与王文卿本来就熟识，且以此记来看，两人之法术似出同源。

关于林灵素祈雨尚有另一传说，《清波杂志》卷三：“一日盛暑亭午，上在水殿热甚。诏灵素作法祈雨，久之奏云：四渎上帝皆命封闭，

---

① 唐代剑：《论林灵素创立神霄派》，《世界宗教研究》1996年第2期。

② （元）脱脱等：《宋史》，第13529页。

③ （宋）赵与旹：《宾退录·林灵素传》，《景印文渊阁四库全书》第853册，第659页。

④ （宋）王应麟：《困学纪闻》，《四部丛刊》影印江安傅氏双鉴楼藏元刊本［CD］，第431页。

⑤ （宋）周辉：《清波杂志》，《四部丛刊》影印常熟瞿氏铁琴铜剑楼藏宋刊本［CD］，第35页。

⑥ （元）脱脱等：《宋史》，第13529页。

⑦ （宋）赵与旹：《宾退录》，《景印文渊阁四库全书》第853册，第659页。

唯黄河一路可通，但不能及外。诏亟致之。俄震雷大霆，霆皆浊流，俄顷即止，中使自外入，言内门外赫日自若。徽宗益神之。"① 此事《夷坚志》亦记之，且较上为详，《夷坚丙志》曰：

> 林灵素传役使五雷神之术。京师尝苦热，弥月不雨，诏使施法焉。对曰："天意未欲雨，四海百川水源皆已封锢，非有上帝命，不许取。独黄河弗禁而不可用也。"上曰："人方在焚灼中，但得甘泽一洗之，虽浊何害！"林奉命，即往上清宫，敕翰林学士宇文粹中莅其事。林取水一盂，仗剑禹步，诵咒数通，谓宇文曰："内翰可去，稍缓或窘雨。"宇文出门上马，有云如扇大起空中，顷之如盖，震声从地起，马惊而驰。仅及家，雨大至，迅雷奔霆，逾两时乃止。人家瓦沟皆泥满其中，水积于地尺余，黄浊不可饮，于禾稼殊无所益也。（洪庆善说）②

洪迈此条记作洪庆善所说。洪庆善字兴祖，政和八年（1118）登第，南渡后历官太常博士、提点江东刑狱，《宋史》卷一百三十有传，此条记载亦属当时人的见闻，应是流传较广的林灵素传闻。

林灵素的其他禁怪之术如《宾退录·林灵素传》称："时宫禁多怪，命灵素治之。埋铁简长九尺于地，其怪遂绝。"③

（二）林灵素与太子

林灵素在京城四年，与多位权贵有争权夺利之事，与皇太子的摩擦，是其最终被放还温州的主要原因。

林灵素于政和八年（1118）四月，曾上《释经诋诬道教议》一卷，乞颁降施行。"纵言佛教害道，今虽不可灭，合与改正，将佛刹改为宫观，释迦改为天尊，菩萨改为大士，罗汉改尊者，和尚改德士，皆留发

① （宋）周辉：《清波杂志》，《四部丛刊》影印常熟瞿氏铁琴铜剑楼藏宋刊本［CD］，第34页。

② （宋）洪迈：《夷坚志》第2册，何卓点校，第518页。

③ （宋）赵与旹：《宾退录》，《景印文渊阁四库全书》第853册，第659页。

顶冠执简”。[1] 徽宗依奏，于宣和元年（1119）正月下诏，改佛为道，易服饰，称姓氏；左右街道录院改作道德院，僧录司改作德士司，隶属道德院。不久又改女冠为女道，尼为女德。

林灵素废佛,除引起佛教僧人的不满,并与皇太子起争执。《宾退录·林灵素传》曰：“皇太子上殿争之。令胡僧一立藏十二人，并五台僧二人道坚等，与灵素斗法。僧不胜，情愿戴冠执简。太子乞赎僧罪。有旨：‘胡僧放，道坚系中国人，送开封府刺面决配，于开宝寺前令众。’”[2] 此次争斗虽然以皇太子支持的佛教徒失败而告终，但林灵素却因此与皇太子有隙。

《宾退录·林灵素传》：“宣和元年三月，京师大水临城，上令中贵同灵素登城治水，敕之，水势不退。回奏：‘臣非不能治水，一者事乃天道，二者水自太子而得，但令太子拜之，可信也。’遂遣太子登城，赐御香，设四拜，水退四丈，是夜水退尽，京城之民皆仰太子圣德。”[3]《宋史·林灵素传》：“灵素在京师四年，恣横愈不悛，道遇皇太子弗敛避。太子入诉，帝怒，以为太虚大夫，斥还故里。”[4]

（三）林灵素与权臣

林灵素与蔡京争斗，已到了明斗的境地。《宾退录·林灵素传》记载：“通真有一室，灵素入静之所，常封锁，虽驾来亦不入。京遣人廉得有黄罗大帐、金龙朱红倚（椅）桌、金龙香炉。京具奏：‘请上亲往，臣当从驾。’上幸通真宫，引京至，开锁同入，无一物，粉壁明窗而已。京惶恐待罪。”[5]

《宾退录·林灵素传》还有一则吕洞宾访林灵素的传闻，称：“忽京城传吕洞宾访灵素，遂捻土烧香，气直至禁中，遣人探问，香气自通真

① （宋）赵与旹：《宾退录》，《景印文渊阁四库全书》第853册，第659页。
② （宋）赵与旹：《宾退录》，《景印文渊阁四库全书》第853册，第659页。
③ （宋）赵与旹：《宾退录》，《景印文渊阁四库全书》第853册，第660页。
④ （元）脱脱等：《宋史》，第13529～13530页。
⑤ （宋）赵与旹：《宾退录》，《景印文渊阁四库全书》第853册，第660页。

宫来。上亟乘小车到宫，见壁间有诗云：‘捻土焚香事有因，世间宜假不宜真。太平无事张天觉，四海闲游吕洞宾。’京城印行，绕街叫卖，太子亦买数本进上。”[①] 从太子亦买数本进上来看，太子是乐见林灵素犯上的。

果然“上大骇，推赏钱千缗，开封府捕之。有太学斋仆王青告首，是福州士人黄待聘，令青卖送大理寺勘招，待聘兄弟及外族为僧行，不喜改道，故云。有旨：斩马行街”。而“灵素知蔡京乡人所为，上表乞归本贯，诏不允”[②]。可知上述事件是蔡京指使乡人所做，一是以此打击林灵素，二是林灵素先前的排佛，不但与太子有冲突，与蔡京也有冲突。《佛祖统纪》记载：针对林氏之怂恿徽宗排佛，蔡京不顾家人之劝阻，“以身当之以报佛”，极言废佛之举，“一旦毁其居而夺之衣食，是将安所归乎？必大起怨咨聚而为变”。[③]

关于吕洞宾来访，《独醒杂志》卷五有另一个版本：

> 一日，有客来谒，门者难之，客曰：“予温人，第入报。”灵素与乡人厚，即延见焉。客入，灵素问曰：“见我何为？”客曰：“有小术，愿试之。”即撚土炷炉中，且求杯水噀案上，覆之以杯。忽报车驾来幸道院，灵素仓皇出迎，不及辞别，而其人去。上至院中，闻香郁然，异之。问灵素何香，对曰：“素所焚香。”上命取香再焚，殊不类，屡易之而益非。上疑之，究诘颇力，灵素不能隐，遂以实对，且言噀水覆杯事。上命取杯来，牢不可举。灵素自往取，愈牢。上亲往取之，应手而举，仍得片纸，纸间有诗云：“捻土为香事有因，如今宜假不宜真。三朝宰相张天觉，四海闲人吕洞宾。”灵素自是眷衰。未几，放归温州而死。[④]

虽然过程不同，但结果都是相同的，就是该事件加速了徽宗对林灵

① （宋）赵与旹：《宾退录》，《景印文渊阁四库全书》第853册，第659～660页。
② （宋）赵与旹：《宾退录》，《景印文渊阁四库全书》第853册，第660页。
③ 《大正藏》第49册，第421页。
④ （宋）曾敏行：《独醒杂志》，《景印文渊阁四库全书》第1039册，第550～551页。

素的不满。

蔡京在位，大力压制元祐党人。与林灵素有旧的苏轼也为元祐党人。传林灵素曾为苏东坡书童，《仙鉴・林灵蘁》曰："苏东坡轼来见，以历日与读，一览了无遗误，东坡惊异曰：'子聪明过我，富贵可立待。'先生笑而答曰：'我之志则异于先生矣。'东坡云：'子当如何？'先生曰：'生封侯，死立庙，未为贵也。封侯虚名，庙食不离下鬼。愿作神仙，予之志也。'"① 《弘治温州府志》则记林灵素侍苏东坡游东京瑞佛寺之故事："纵游东京，侍东坡苏公游瑞佛寺，览寺记数万言，默识无遗，公大称之。"②

宋哲宗元祐元年（1086），司马光为相，尽废神宗、熙宁、元丰间王安石新法，恢复旧制。绍圣元年（1094）章惇为相，复熙丰之制，斥司马光为奸党，贬逐出朝。苏轼与司马光同为旧党，也在贬逐之列。徽宗崇宁元年（1102），蔡京为宰相，尽复绍圣之法，在端礼门外树立"党人碑"，上面刻写司马光、苏轼等三百零九个党人恶名，昭示全国。被刻上党人碑的官员，重者关押，轻者贬放远地，非经特许，不得内徙。

林灵素因与苏轼有旧，故被宠幸时便有为苏轼翻案的传说。不同的文献有不同的记载。

《独醒杂志》卷一曰："徽宗初建宝箓宫，设醮。车马尝临幸，迄事之夕，道士以章疏俯伏奏之，逾时不起。其徒与旁观者皆怪而不敢近。又久之，方起。上宣问其故，对曰：'臣章疏未上时，偶值奎宿星官入奏，故少候其退。'上曰：'奎宿何神？'对曰：'主文章之星，今乃本朝从臣苏轼为之。上默然。"③

《弘治温州府志》卷十四《林灵素》曰："每侍宴太清楼下，见元祐奸党碑，灵素稽首。上怪问之，对曰：'碑上姓名皆天上星宿，臣敢不稽首？'因为诗曰：'苏黄不作文章客，童蔡翻为社稷臣。三十年来无定

① 《道藏》第5册，第407页。
② （明）王瓒、蔡芳编《弘治温州府志》，胡珠生校注，第400页。
③ （宋）曾敏行：《独醒杂志》，《景印文渊阁四库全书》第1039册，第531～532页。

论，不知奸党是何人？’上以诗示蔡京，京惶愧乞出。”[①]

《仙鉴·林灵蘁》曰：“此夜帝喜，邀虚静与先生同宴，宴罢同游禁中一阁下，见碑题曰元祐奸党之碑，先生与虚静看之，各俯首致敬，因请纸笔题诗云：‘苏黄不作文章客，童蔡反为社稷臣，三十年来无定论，不知奸党是何人？’帝翌日以诗示太师蔡京，京皇恐无地，乞出，不允。”[②]

三种记载，有两种称苏轼为天上星宿，有两种有“苏黄不作文章客”诗。对于此事，黄汉《瓯乘补》辨之曰：“惟钱唐吴焯案语：以此事野史多载。考宋史，崇宁中，籍党人榜，朝党一刻石端礼门，再刻石诸州，三刻石文德殿门。帝既亲书，京复自书颁天下，并无刻石阁下，道流之言恐不足据。又，苏黄二句，金人马定国诗，见《中州集》。”[③]也就是说“苏黄不作文章客”一诗实为马定国所作。《中州集》收马定国诗三十一首，并有小传，曰：“定国字子卿，在平人。唐中令周裔孙。少日志趣不凡。宣政末题诗酒家壁，有‘苏黄不作文章伯，童蔡翻为社稷臣’之句，用是得罪，亦用是得名。阜昌初，游历下亭，以诗撼齐王豫，豫召与语，大悦，授监察御史，仕至翰林学士。《石鼓》自唐以来无定论，子卿以字画考之，云是宇文周时所造，作辨余万言，出入传记，引据甚明，学者以比蔡正甫《燕王墓辨》。初学诗，未有入处，梦其父与方寸白笔，从是文章大进。自号荠堂先生，有集传于世。”[④] 元好问编《中州集》收录其《宣政末所作》二首，之一曰：“苏黄不作文章伯，童蔡翻为社稷臣。三十年来无定论，到头奸党是何人。”[⑤] 诗既不是林灵素所作，则该事应存疑。不过既然存在这么多林灵素与苏轼关系的传说，说明林灵素与苏轼确应是旧识，虽然过程存疑，但林灵素冒险为苏轼及元祐旧党翻案的事情或是事实。究其原因，一则或是由于《老学庵笔记》所记述的那样，林灵素“平日一饭之恩必厚报之”，二则或是与蔡

① （明）王瓒、蔡芳编《弘治温州府志》，胡珠生校注，第400页。
② 《道藏》第5册，第410页。
③ （清）黄汉：《瓯乘补》，《中国地方志集成·浙江府县志辑》第58册，第727页。
④ （金）元好问编《中州集·上册》，中华书局，1959，第48页。
⑤ （金）元好问编《中州集·上册》，第54页。

京等人争斗的需要。

元祐旧党之事，在当时影响很大，想为元祐旧党翻案的也不止林灵素一人。史志也记载有其他受徽宗宠幸的道士为元祐旧党平反的例子。《皇宋通鉴长编记事本末》卷一百二十七“方士”记载：“又有虞仙姑者，年八十余，状貌如少艾，行大洞法。一日，徽庙诵大洞经，举首见有仙官待立者。京（蔡京）尝具饭招仙姑，见大猫，指而问京曰：‘识之否？此章惇也。’意以讽京，京大不乐。上尝问仙姑致太平之期，答曰：‘当用贤人。’上曰：‘贤人谓谁？’答曰：‘范纯粹也。’上以语京，京曰：‘此元祐臣寮使之。’遂逐。于是士大夫争言虞仙姑亦入元祐党矣！”① 虞仙姑所说之范纯粹，为范仲淹之第四子，亦是元祐奸党碑上人，与苏轼同列于“曾任待制以上官”之名下。苏轼此时已卒，而范纯粹卒于政和七年（1117），此时当尚在世。

《仙鉴·林灵蘁》曰：“先生上奏云：臣初奉天命而来，为陛下去阴魔，断妖异，兴神霄，建宝箓，崇大道，赞忠贤。今蔡京鬼之首，任之以重权；童贯国之贼，付之以兵卫，国事不修，奢华太甚，彗星所临，陛下不能积行以禳之；太乙离宫，陛下不能迁都以避之，人心则天之舍，皇天虽高，人心易感也，故修人事可应天心，若言大数不可逃，岂知有过期之历？臣今拟暂别龙颜，无复再瞻天表，切忌丙午、丁未甲兵长驱，血腥万里，天眷两宫不能保守，陛下岂不见袁天纲《推背图》诗云：两朝天子笑欣欣，引领群臣渡孟津，拱手自然难进退，欲去不去愁杀人。”② 上奏中称“蔡京鬼之首”“童贯国之贼”，表明林灵素与权臣已水火不容。又《宾退录·林灵素传》称：“秋九月，全台上言灵素妄改（改字疑恐是议字）迁都，妖惑圣聪，改除释教，毁谤大臣。灵素即时携衣被行出宫。”③ 其中林灵素有四条罪状，“妄议迁都”一条不见于其他地方记载，唯《仙鉴·林灵蘁》记之。上奏最后引袁天罡《推背图》诗，该诗出现在《推背图》其中一个版本的第二十四象中。该版本一般

① （宋）杨仲良编《皇宋通鉴长编纪事本末》第 4 册，李之亮校点，第 2143 页。

② 《道藏》第 5 册，第 411 页。

③ 《景印文渊阁四库全书》第 853 册，第 660 页。

是作为错误的版本，可知在其时《推背图》不但已经出现，且出现了多个版本。

（四）同道倾轧

《投辖录》曰："林灵素得幸之后，凡有艺能之人至京师，皆掩匿不以闻之于上，或恐有胜于己者之故也。"[1]《投辖录·郑子卿》中就录有一个名为郑子卿的道士，在林灵素府中，表现神异，而被林灵素压制不得见徽宗的例子。《投辖录·郑子卿》曰："忽有道人自江南来，年甚少，愿供洒扫之役……命道士辈书青词……道人前来曰：某愿为之。……俄顷书就，端谨精密，前所未见……灵素亦奇而忌之，每戒其徒，遇警跸府临，即勿令出。"其后该道人演示了黄白术后，"少选遂不见，呼之则已逸去。后数日，上幸灵素所居，忽仰视见三清阁牌上有金书小字两行，尝目所不睹……亟令人缚梯往观，字云：郑子卿居此两月，不得见上而去。上即问之，灵素直言其事，且谢不敏。上令取其榜置之禁中。灵素自此眷衰"。[2]

上述故事传说性质浓厚，但能说明林灵素嫉贤妒能。《宋史》还记载有林灵素陷害同道的事例，《宋史·王韶传附王寀传》曰：

> （王）寀字辅道。好学，工词章。登第，至校书郎。忽若有所睹，遂感心疾，唯好延道流谈丹砂、神仙事。得郑州书生，托左道，自言天神可祈而下，下则声容与人接。因习行其术，才能什七八，须两人共为乃验。外间讙传，浸淫彻禁庭。
>
> 徽宗方崇道教，侍晨林灵素自度技不如，愿与之游，拒弗许。……乃言之帝，即召。寀风仪既高，又善谈论，应对合上指。帝大喜，约某日即内殿致天神。灵素求与共事，又弗许。或谓灵素，但勿令郑书生偕，寀当立败。即白帝曰："寀父兄昔在西边，密与夏人谋反国。迟至尊候神，且图不轨。"帝疑焉。及是日，寀与书生至东华

---

① （宋）王明清：《投辖录》，上海古籍出版社，1991，第29页。

② （宋）王明清：《投辖录》，第29页。

门，灵素戒阍卒独听宋入。帝斋洁敬待，越三夕无所闻，乃下宋大理，狱成，弃市，mark窜琼州。①

《宋史·王仔昔传》曰：

仔昔资倨傲，又少戆，帝常待以客礼，故其遇巨阉殆若童奴，又欲群道士皆宗己。及林灵素有宠，忌之，陷以事，囚之东太一宫。旋坐言语不逊，下狱死。仔昔之得罪，宦者冯浩力最多。未死时，书示其徒曰："上蔡遇冤人。"其后浩南窜，至上蔡被诛。②

从以上两例来看，对于不与自己合作的道士，林灵素均以党同伐异的态度对付他们，所以虽然从林灵素之道士达二万人，但各门派的道士还有很多，林灵素"党同伐异、排斥异己，失去同道的支持，是林氏失宠的又一个原因"③。

五　放归故里

林灵素于宣和元年（1119）十一月被宋徽宗逐归温州，其原因前已述及，主要有三。一是受徽宗宠信，地位显赫，任意妄为，引起君臣不满。特别是与权臣蔡京等不断争斗，虽然有时占上风，但为权臣所嫉恨。二是怂恿宋徽宗强迫佛教从属道教，引起社会更大的不满。三是与皇太子赵桓争道，其焦点即是宣和元年五月之洪水事件。

宣和元年（1119）八月，宋徽宗御制御书《神霄玉清万寿宫诏》，令京师神霄玉清万寿宫刻记于碑，并以碑本赐天下，命天下神霄玉清万寿宫摹勒立石。该碑尚有实物遗存，全国有两方《神霄玉清万寿宫诏》碑遗存，一方在海南省海口市五公祠内，另一方现存福建省莆田市元妙

① （元）脱脱等：《宋史》，第10584页。

② （元）脱脱等：《宋史》，第13528页。

③ 宫云维：《试论林灵素与宋徽宗》，《杭州师范学院学报》1997年第2期。

观内。[1] 录文如下：

神霄玉清万寿宫诏

御制御书

道者，体之可以即至神，用之可以絜天地，推之以治天下国家，可使一世之民举得其恬淡寂常之真，而跻于仁寿之域。朕思是道，人所固有，沉迷既久，待教而兴，俾欲革末世之流俗，还隆古之纯风，盖尝稽参道家之说，独观希夷之妙，钦惟长生大帝君、青华大帝君，体道之妙，立乎万物之上，统御神霄，监观万国，无疆之休，虽眇躬是荷，而下民之命，实明神所司。乃诏天下建神霄玉清万寿宫以严奉祀，自京师始，以致崇极，以示训化，累年于兹，诚忱感格，高厚博临。属者三元八节，按冲科启净，供风马云车，来顾来飨，震电交举，神光烛天，群仙翼翼浮空而来者，或掷宝剑，或洒玉篇，骇听夺目，追参化元。卿士大夫侍卫之臣悉见悉闻，叹未之有，咸有纪述，著之简编。呜呼！朕之所以隆振道教，帝君之所以眷命孚佑者，自帝皇以还，数千年绝道之后，乃复见于今日，可谓盛矣！岂天之将兴斯文以遗朕，而吾民之幸适见正于今日耶。布告天下，其谕朕意，毋忽。仍令京师神霄玉清万寿宫刻诏于碑，以碑本赐天下，如大中祥符故事摹勒立石，以垂无穷。

宣和元年八月十二日奉圣旨立石[2]

这篇《神霄玉清万寿宫诏》是京城神霄玉清万寿宫建成后，宋徽宗撰并书写的诏书，并命刻石立于京，并以碑本赐天下。如诏中所言为盛

① 王福梅：《福建莆田元妙观与〈神霄玉清万寿宫诏〉碑考析》，《世界宗教研究》2019年第5期。该两方碑从1979年起就有多种文献提及，如莆田县文化馆柯凤梅、陈豪《莆田〈神霄玉清万寿宫碑〉》（《文物》1979年第12期），王振德《宣和天子太多能——〈神霄玉清万寿宫诏〉碑的来龙去脉》（《椰城》2008年第8期），黄文格《宋徽宗〈神霄玉清万寿宫诏〉碑考析》（《福建文博》2009年第4期），伍庆禄《广东碑铭十五品·宋·神霄玉清万寿宫诏碑》（《学术研究》2019年第5期）。

② 陈垣：《道家金石略》，文物出版社，1988，第339页。前面提到的黄文格文及《道家金石略》所录时间为“八月十二日”，王福梅录为“八月十三日”。

大其事，并“以垂无穷”。

宋徽宗御制御书《神霄玉清万寿宫诏》刻石立于京师，并以碑本赐天下，标志着神霄信仰构建完成。可以这样认为，宋徽宗长期组织的构建君权神权合一的重大行动已经基本完成，林灵素在京城的作用已经不大。这一点是林灵素在此年末被放归在时间点上的原因。而其被放归的主要原因还是受徽宗宠信，为权臣所嫉恨，与皇太子赵桓争道失败则是其被放归的直接原因。

徽宗以其为太虚大夫，斥归故里。放林灵素归山，《东都事略》《续资治通鉴长编》皆称在宣和元年十一月。其后林灵素即卒于温州。关于林灵素的卒年，《宋史》本传不载，唯《宾退录·林灵素传》载宣和“二年，灵素一日携所上表见太守闾丘颚，乞与缴进，及与州官、亲党诀别而卒”①。此与杨氏《编年》记复释后宋徽宗得知林死讯事，在时间上吻合。据《宾退录·林灵素传》，南宋时，温州天庆宫尚有徽宗御笔题字：“大中大夫冲和殿侍宸金门羽客通真达灵玄妙先生在京神霄玉清万寿宫管辖提举通真宫林灵素。”② 明王世贞则记之曰：“高上神霄玉清府右极西台仙卿雷霆玉枢元明普化天师洞明文逸契元应真传道辅教宗师金门羽客冲和殿侍宸行特进太宰同中书门下平章事上柱国鲁郡开国公食邑八千七百户实封三千户赐紫玉方符通真达灵元妙护国先生。”③ 林灵素卒时，仅有弟子皇城使张如晦随侍。

据《宾退录·林灵素传》，林灵素“生前自卜坟于城南山，戒其随行弟子皇城使张如晦：‘可掘穴深五尺，见龟蛇便下棺。’既掘不见龟蛇，而深不可视，葬焉。靖康初，遣使监温州伐墓，不知所踪，但见乱石纵横，强进多死，遂已”④。

又有传言林灵素诈死逃亡。《清波杂志》卷三：“（林灵素卒）后数年，有内侍洗手刘太尉之侄，避地至长沙，于酒肆见一驼裘丈夫，负壁

① 《景印文渊阁四库全书》第853册，第660页。
② 《景印文渊阁四库全书》第853册，第660页。
③ （明）王世贞：《读书后》卷八，《景印文渊阁四库全书》第1285册，第97页。
④ 《景印文渊阁四库全书》第853册，第660页。

而坐，熟视乃灵素也。刘叩先生何为至此，灵素曰：吾亡命尔。向不早为此，身首异处矣。倏失所在。灵素狡狯，幸震一时，及势衰事变，复以谲诈遁去，异哉。”[①] 这是常见的仙传写法，聊备一说而已。

第二节 神霄派与神霄雷法

神霄派产生于北宋徽宗年间。神霄派有个很奇怪的现象，就是神霄雷法由两个人同时传授，一个就是前述创造神霄神话的林灵素，另一个是王文卿。在宋代神霄派编撰的道书中已经出现了将两人都作为宗师的情况。《金火天丁摄召仪》叙述传派宗师的顺序是：“教主雷霆火师真君，雷师皓翁真君，玉真教主妙济普化天师林真人，太素大夫侍宸王真人，左元真伯张真人……”[②] 其中林真人即是林灵素，侍宸王真人即王文卿。

关于谁是神霄派的创始人，学术界尚有争议。争议的起因或是林灵素一系明清之后再无传人。林灵素一系传承有张如晦、陈道一、卢埜、薛洞真、徐必大、徐洪季、刘玉诸人，刘玉以后，林灵素一派传承不明。王文卿一系则一直传至清代，其后代弟子众多，故神霄派往往以王文卿所传为正宗。

解决争论的方法，我们可以从《神霄金火天丁大法·后序》中得到启发，《后序》中称：“火师传与玉真教主林侍宸，林传与张如晦，后传陈道一，下付薛洞真、卢君埜。次以神霄派脉付徐必大，徐亦不得其文，卢君化于剑江，将解而枕中出其书以付玉（指刘玉），法传卢君而派继徐君。”[③]

从“法传卢君而派继徐君”来看，神霄派传人刘玉将神霄派的传承

---

① （宋）周辉：《清波杂志》，《四部丛刊》影印常熟瞿氏铁琴铜剑楼藏宋刊本［CD］，第34~35页。

② 《道法会元》卷二百三，《道藏》第30册，第292页。

③ 《道藏》第30册，第258页。

分为“法”（即神霄雷法）、“派”（即神霄派，也包括坛堂、辈分等与派有关的内容）两个传承。古人对一个派的传承，即掌门传承往往是以派中的尊贵之物作为信物传承，如皇帝赏赐的剑、印等物。而法的传承往往是经书秘笈或口诀。法可以传与多人，而派（即掌门）只能传与一人。

从这个角度来看，可以把神霄派与神霄雷法的传承相区分。这样，我们认为神霄派的创立者是林灵素，而神霄雷法的传承是从火师汪君开始，下传至林灵素和王文卿，之后，林、王各有传承。

同是温州人的蒋叔舆，在其《无上黄箓大斋立成仪》中记述了林王两人的神职分别为“神霄传道辅教宗师林真人”与“玉府上宰神霄左掌雷王真人”①，从这个名称看，林灵素为“宗师”，而王文卿为“掌雷”，也可以旁证本书提出的两人分掌宗派和法派之说。

一　林灵素创立神霄派及其传承

神霄派的兴起，起于徽宗之梦，而林灵素造就了神霄神话，从而天下建神霄宫，神霄雷法遂行天下。据史籍所载，林灵素与王文卿似为相识，且其雷法当属一个神系。《宾退录》卷一载：“京师大旱，命灵素祈雨，未应。蔡京奏其妄。……灵素请急召建昌军南丰道士王文卿（乃神霄甲子之神兼雨部），与之同告上帝。文卿既至，执简敕水，果得雨三日。上喜，赐文卿亦充凝神殿侍宸。”② 京师大旱，系宣和元年（1119）事。此时，王文卿才被林灵素推荐至京。林灵素已于政和五年（1115）见徽宗，并造作了神霄神话，可知神霄派全国性的发展实与林灵素直接相关。

自徽宗“独喜其神霄事”，林灵素便开始有计划、有步骤地建立神霄派组织。

首先，林灵素创立了神霄神系。《无上九霄玉清大梵紫微玄都雷霆玉

① （宋）蒋叔舆《无上黄箓大斋立成仪》卷五十二，《道藏》第9册，第682页。

② 《景印文渊阁四库全书》第853册，第659页。

经》曰：“大帝曰：三清上圣，所以雷霆之祖也；十极至尊（即紫微大帝），所以雷霆之本也；昊天玉皇上帝，所以号令雷霆也；后土皇地祇，所以节制雷霆也。大帝曰：吾为高上神霄玉清真王长生大帝，其次则有东极青华大帝、九天应元雷声普化天尊、九天雷祖大帝、上清紫微碧玉宫太乙大天帝、六天洞渊大帝、六波天主帝君、可韩司丈人真君、九天采访真君，是为神霄九宸。”① 神霄派的顶层主要为三清、三帝（紫微、玉皇、后土）及神霄九宸，而九宸之首即玉清真王，也即宋徽宗。

其次，林灵素以神学说教促使徽宗把北宋政权神霄化，为神霄派在天下推行打下了政治上的基础。政和七年（1117）四月，徽宗谕示道录院册其为“教主道君皇帝”，从此，宋徽宗自诩为“神霄大法师、都天教主”“明皇大道君”，成为神、人、教三位一体的主宰者。其下大臣、妃嫔亦按林之说各有了神仙名分。朝廷成为政教合一的政权。

再次，林灵素借助皇权大肆发展神霄派势力，在京城和各州建神霄玉清万寿宫。政和六年（1116）二月，地跨汴京城内外的上清宝箓宫建成，规模十分庞大，是神霄派的十方丛林。政和七年二月，“教主”令将天下天宁万寿观改作神霄玉清万寿宫，小州、军、监无道观者以僧寺代替。宣和元年（1119）正月，又“以寺为宫，院为观”②。至此，神霄派州府小庙完全建立。当时，宋有州、府、监 351 个，军 58 个，计有神霄宫 400 余座。所以，刘克庄说“林灵素辈出，神霄宫遂遍天下”。③

综上所述，道教神霄派是林灵素通过宋徽宗以政教合一的形式创立的。“神霄大教”之名宣和元年已成定称，道教组织、道书神系、斋仪科范等在宣和初亦基本定型。

从道教角度来看，林灵素为后世道教所崇敬，哪怕是元初势力很大的全真教，也十分艳羡林所达到的全国政教合一这种无法企及的高度。耶律楚材《玄风庆会录》记长春真人丘处机曾对成吉思汗说：“昔宋上

① 《道藏》第 1 册，第 752 页。

② （宋）杨仲良编《皇宋通鉴长编纪事本末》第 4 册，李之亮校点，第 2136 页。

③ （宋）刘克庄：《后村先生大全集》，《四部丛刊》影印上海涵芬楼藏赐砚堂抄本［CD］，第 1562 页。

皇（徽宗）本天人也，有神仙林灵素者挈之神游上天，入所居宫，题其额曰神霄。”① 《金莲正宗记·序》也曰：“及正和之后，林天师屡出神变，天子信向，法教方兴。”②

但从历史的角度来看，林灵素导致的宋徽宗六年的疯狂崇道，加重了北宋政治腐败、经济危机的程度，造成宗教矛盾异常尖锐，由此引起阶级矛盾激化，客观上作为一个重要因素把北宋王朝推到了灭亡的边缘。故林灵素是一个非常有争议的人物，其对神霄派的发展有一定的贡献，但对当时中国政坛的影响是如此之恶劣，以至于后世皆以其为耻，故以王文卿为神霄派宗师为后世众人所接受。

林灵素之传承主要记述于前引《神霄金火天丁大法·后序》，该《后序》署名为“玉真弟子火铃仙官佥书火铃司事刘玉”③，则该传承为刘玉自述。

《道法会元》卷二百五十三有署名江西黄公瑾所撰刘玉之传记，名为《刘清卿事实》，其中也叙述了刘玉得传的经过：

> 清卿姓刘氏，名世仍，法讳玉，世为河朔人。中兴勋臣玠之孙，因敕葬临川，其父赘于丰城，因家焉。受祖荫承信郎，幼慕清虚，年未弱冠，弃官从事道法，遍历江湖，捐赀无所靳。参礼名师，初行小四直符水，继行灵官酆都地祇考附，悉有灵著。后因养浩卢君伯善来江西，以诸法付度于徐洪季，洪季以所得授清卿，清卿得法，方从卢游。伯善殁于洪季家，炁虽绝，体甚温，无敢封殓。三日忽苏，视诸弟子惟清卿在焉……卢悉以心章隐讳内炼秘诀倾囷付之。笔录才竟，诸弟子辐辏，则卢复瞑目化去。清卿自后，朝斯夕斯，念兹在兹，不过此耳……此一身之造化上参神霄九天之梵炁，中分北斗九皇之真光，下含金生火旺之九变。④

① 《道藏》第3册，第389页。

② 《道藏》第3册，第343页。

③ 《道藏》第30册，第259页。

④ 《道藏》第30册，第558～559页。

由上可知林灵素一系神霄传承为：

火师→林灵素→张如晦→陈道一→薛洞真、卢埜（字养浩）→徐洪季→刘玉

但其神霄一系的传承似至其而止。黄公瑾《刘清卿事实》曰："传之者迨数百人，得其说者未之一见。余升高自下历阶而趋十余年，间得其说十之七八。而时乎未遇。清卿早仙，遂稽奏授。不啻如入宝山空手回矣。"① 也就是刘玉之真传没有人继承，而黄公瑾本人也只得十之七八，且"未遇"，按道教传承中的"未遇"即未得真传的意思。也就是说，刘玉所传的神霄雷法及地祇法，在刘玉以后的传承可能由于没有合适的传人而中断。

二 王文卿及其神霄派传承

王文卿，字述道，别号冲和子。先祖为抚州临川人，后居建昌南丰之神龟岗军峰。自称得火师汪君所传：

> 予未得雷文之前，已遇汪君于扬子江，授予飞神谒帝之道，后游清真洞天，得此文（指雷书），经三载之久，又遇汪君于军山店中。后过禅寺语余：所修飞神谒帝之道何如？余答汪君曰："三年前，弟子到清真洞天，偶昏暮不知其所，荒落草舍之中，孤灯独案之上，得嘘呵风雨之文。"遂于身中取简呈之。汪君曰："子真宿仙也，昔老姥乃电母也。子既得其文，予当语汝于此。"方蒙指授，授毕乃召使者当空分付。此余遇汪君点化。②

《仙鉴续编》卷五《火师汪真君》说："真君姓汪名子华，字时美，唐玄宗二年甲寅，生于蔡州汝阳县。"③《仙鉴》卷五十三《王文卿》载："每克辰飞章，默朝上帝，召雷祈雨，叱诧风云，久雨祈晴则天即朗霁，

① 《道藏》第30册，第559页。
② 《道藏》第32册，第390页。
③ 《道藏》第5册，第446页。

深冬祈雪则六花飘空，或人家妖祟为害，即遣神将驱治，俱获安迹。”[①]

王文卿于钦宗靖康元年（1126）还乡侍母，专心传授神霄雷法，其徒甚众。见于史料记载者有朱智卿、熊山人、平敬宗、袁庭植、邹铁壁、上官氏（王文卿外甥）、王嗣文（王文卿从孙）、高子羽（新城即今黎川人）、郑道士、萨守坚等。[②]

《仙鉴》之《王文卿》记有朱智卿、熊山人、平敬宗、袁庭植四人[③]。《夷坚丙志》卷十四《郑道士》称：“建昌王文卿既以道术著名，其徒郑道士得其五雷法，往来筠、抚诸州，为人请雨治祟，召呼雷霆，若响若答。”[④] 郑道士名字不详，《道法会元》卷二百六十四至卷二百六十八记述北帝派黑律，其为“上清大洞法师观明端靖冲妙真人郑知微序次”[⑤]，北帝派为江西之道派，邓紫阳创立于抚州麻姑山，该郑知微也当为江西人，或与《夷坚丙志》所记郑道士为一人，此为猜测之语，尚未有更有说服力的证据出现。

虞集《道园学古录》卷二十五《灵惠冲虚通妙真君王侍宸记》谓王文卿传其甥上官某某及其从孙王嗣文，王嗣文在宋宁宗时期较为著名，曾被赐予“妙济先生”的称号。[⑥]

《灵惠冲虚通妙真君王侍宸记》说弟子中还有萨守坚，酷好道术，见王文卿于青城山，尽得其传。

《灵惠冲虚通妙真君王侍宸记》又称：“得其传者，则新城高子羽，授之临江徐次举，以次至金溪聂天锡，其后得其传而最显者曰临川谨（谭）悟真云。人不敢称其名，但谓之谭五雷……庐陵有罗虚舟者，故宋时名士，涧谷先生之诸孙也，得五雷之传，甚有符契。”[⑦] 又称：“罗

---

① 《道藏》第 5 册，第 412 页。

② 卿希泰：《道教神霄派初探》，《社会科学研究》1999 年第 4 期。

③ 《道藏》第 5 册，第 414 页。

④ （宋）洪迈：《夷坚志》第 2 册，第 487 页。

⑤ 《道藏》第 30 册，第 624 页。

⑥ （元）虞集：《道园学古录》，《四部丛刊》影印上海涵芬楼藏明刊本［CD］，第 455 ~ 457 页。

⑦ （元）虞集：《道园学古录》，第 457 页。

之弟子虽多，而自以为得之者，惟萧主簿雨轩，其后则有周司令立礼两人而已……周之说，惟授之其子，游其门者，或得或不得，予不知也。萧君儒者，择人至谨……独传之。道玄胡君一人而已。”① 胡道玄是当时名道。《灵惠冲虚通妙真君王侍宸记》记述曰：“至元庚辰十月，上清外史薛云卿以书来告曰：有番阳胡道玄先生，人间所谓神霄野客者也，得侍宸之真传。年二十余，道行关陕荆襄江汉淮海闽浙之间，当己巳庚午之旱，旬日之中郡县争致之，所历或一日，或二日，嘻　怒骂，雷雨随至，官吏畏而民爱之。环四五千里之间，所至无不应者。至于妖怪之作劾治如法，人以为神，遇异人于武当山顶天柱峰，得修仙之道，遍游名山洞府而归江东西之间，从蓬头金公游，甚相契许，他人莫之测也。”②

《仙鉴续编》卷五《莫月鼎》载：南丰人邹铁壁得王文卿《九天雷晶隐书》，传浙西霅川人莫月鼎和同郡西埜沈震雷。③《仙鉴》、张宇初《岘泉集》中《义渡记》说，王文卿所传的后学中有邹铁壁，曾从王文卿之甥上官氏学雷法。④ 这样，邹铁壁或为王文卿的再传弟子。邹铁壁一系有弟子沈震雷、莫月鼎、王质等。《仙鉴续编》卷五《莫月鼎》并称王文卿之后，惟莫月鼎与西埜沈震雷二派支流衍迤，盛于西江与东吴。⑤ 沈震雷一派的传承已不知其详。莫月鼎讳洞一，字起炎，吴兴人，入道后更号月鼎，生于南宋理宗宝庆间（1225～1227），元世祖至元（1264～1294）末卒于苏州，有弟子金善信、王惟一、王继华、潘无涯、陆可山等，其中王继华又有弟子张善渊，张善渊传步宗浩，步宗浩传周玄真，周玄真已是明代人。

周玄真以后，清代有施道渊一系传承雷法。施道渊师从龙虎山徐演真受五雷法，弟子胡德果，传潘元珪，潘传惠远谟，惠传张资理、施神安，此时已是清嘉庆年间。

---

① （元）虞集：《道园学古录》，第458页。

② （元）虞集：《道园学古录》，第457页。

③ 《道藏》第5册，第447页。

④ 《道藏》第33册，第220页。

⑤ 《道藏》第5册，第447页。

王文卿的弟子和再传弟子中有著述者不少，如《道法会元》卷七十七收有邹铁壁注《雷霆梵号咒》、上官真人述《书符内秘》、莫月鼎述《书符口诀》等。王惟一所著《道法心传》也被收入《正统道藏》。

第三节　神霄派经典

徽宗重视道经编撰，《万寿道藏》即成于政和年间。林灵素觐见徽宗后，“被旨修道书，改正诸家醮仪，校雠《丹经》、《灵篇》，删修注解”[①]。徽宗令太学、州学、县学中“别置道斋授道徒”[②]，学大经《黄帝内经》《道德经》，小经《庄子》《列子》[③]。并于宣和元年（1119）十一月，准蔡京奏刊印颁行“神霄玉清万寿宫观玉真王所说《玉婴神变妙经》”。[④] 该经全称《高上玉清神霄真王说太一保胎玉婴神变妙经》，融佛道之说，主要叙神霄派的宇宙生成观和内丹保神养心等术。林灵素对神霄派发展最有贡献的是神霄经典的编纂与仪式的整理改革。其中最明显的是，六十一卷本《度人经》的形成，并从此成为《道藏》的首经。此外，目前《道藏》中的《高上神霄宗师受经式》《灵宝无量度人上品妙经符图》《高上神霄玉清真王紫书大法》，大致完成于推展神霄运动的政和、宣和时期。这些经典阐述的神霄宇宙观被南宋以后多部科仪汇编书所复制，而神霄炼度法更是在民间的丧葬礼仪里被施用。其中《高上神霄宗师受经式》载有七十余部神霄派的道书名目，经传、斋醮、科仪、秘篆之书无所不备。且称“神霄内府所存三洞四辅，有自古以传者，或多见于世间。有历劫未传禁秘宝经一千二百卷。分为六等一十二品，列为上中下三卷，藏于东、西华堂。自太平启运壬辰、庚子之后渐当降

① （宋）赵与旹：《宾退录・林灵素传》，《景印文渊阁四库全书》第 853 册，第 659 页。
② （元）脱脱等：《宋史》，第 3960 页。
③ （宋）杨仲良编《皇宋通鉴长编纪事本末》第 4 册，李之亮校点，第 2133 页。
④ （清）徐乾学：《资治通鉴后编》，《景印文渊阁四库全书》第 344 册，第 11 页。

显”[1]。以此建立了神霄派的经典体系。

一　六十一卷本《度人经》与神霄派的关系

《度人经》为明代《道藏》首经，原出现在古灵宝经中，只一卷。刘宋道士陆修静曾撰《灵宝经目》，该经目最早收录了《度人经》。敦煌文书 P. 2861 号载刘宋道士陆修静《元始旧经紫微金格目》曰：“《无量度人上品》卷，已出。卷目云：《太上洞玄灵宝无量度人上品妙经》。”说明刘宋时期《度人经》已名列灵宝派经目之内。[2]

从敦煌道经来看，《度人经》出现较早。另外宋陈景元（1025—1094）《元始无量度人上品妙经四注》收入了南齐严东，唐代薛幽栖、李少微、成玄英的注。从严东的注看，其年代稍后于陆修静，可以确证《度人经》最晚出现于六朝时期。

刘宋陆修静编撰灵宝派经目，在唐代有《灵宝中盟经目》之称。敦煌文书 P. 2337 号为唐初道经《三洞奉道科诫仪范》，该经卷五列举的《灵宝中盟经目》，亦著录《度人上品妙经》一卷。现存敦煌写本《度人经》残卷共十余种，大致都不超出本经一卷的范围。[3] 从中可以认为至唐代《度人经》均为一卷。并且晚至陈景元时期，《度人经》极有可能还是一卷。

但明《道藏》中列为首篇的《度人经》长达六十一卷。陈国符认为：“今《道藏》另有《灵宝无量度人上品妙经》六十一卷。卷一为经文。余六十卷则敷演经文而成。”[4]《度人经》敷演至六十一卷，有学者认为与宋代神霄派及林灵素有密切的关系。[5] 同时今存明《道藏》的

---

① 《道藏》第 32 册，第 638 页。

② 张泽洪：《道教〈度人经〉的思想与现代价值》，《西南民族大学学报（人文社会科学版）》2011 年第 3 期。

③ 张泽洪：《道教〈度人经〉的思想与现代价值》，《西南民族大学学报（人文社会科学版）》2011 年第 3 期。

④ 陈国符：《道藏源流考》，第 68 页。

⑤ 司马虚（Michel Strickmann）：《最长的道经》，刘屹译，《法国汉学》第七辑，中华书局，2002，第 188 ~ 211 页。

六十一卷本，其第一卷已不是六朝隋唐时一卷本《度人经》的原貌。因为比照六朝唐代的一卷本《度人经》写本，可以明显看出《道藏》本第一卷比唐写本的一卷本多出了“灵书上篇”、“灵书下篇”和“太极真人后序”这三个部分。[①] 不过这个问题不是本书讨论的主要问题，本书主要讨论的是《度人经》从一卷本敷演成六十一卷本与神霄派的关系。

众多学者都关注到了《道藏》收入的《高上神霄宗师受经式》。在这本不长的道经中，称“高上神霄大道三师”为：“玉清虚皇元始天尊为祖师，上清玉宸元皇道君为宗师，高上神霄玉清真王长生大君为真师。”[②] 而三师所授为《高上神霄太上洞玄灵宝度人经》六十一卷。北宋道经《高上神霄宗师受经式》著录的六十一卷《高上神霄太上洞玄灵宝度人经》目，与《正统道藏》之《度人经》六十一卷品目大致相同。[③] 但次序有不小的差别，以《高上神霄宗师受经式》中所引《高上神霄太上洞玄灵宝度人经》六十一卷所录前五品目来看，排在第一的《太上洞玄灵宝度人上品妙经》在《正统道藏》版中也处于第一卷；排第二的《清微金科上品妙经》，在《正统道藏》版中为卷八，称“清微金科品”；排第三的《禹余玉律上品妙经》，在《正统道藏》版中为卷九，称“禹余玉律品”；排第四的《大赤灵文上品妙经》，在《正统道藏》版中为卷十，称“大赤灵文品”；排第五的《玉宸大道上品妙经》，在《正统道藏》版中为卷二，称“玉宸大道品”。

也就是六十一卷本的《度人经》目，在《高上神霄宗师受经式》已经出现，只是名称和次序略有不同，在《高上神霄宗师受经式》中都称“上品妙经”，而在《正统道藏》本中都称“品”。上述比较更加说明了神霄派与六十一卷本《度人经》两者的相关性。

众所周知，上述三师中的“玉清真王”为林灵素所述神霄神话中的

① 刘屹：《度人与度亡：一卷本〈度人经〉的形成及其经教基础》，《敦煌吐鲁番研究》第十六卷，上海古籍出版社，2016，第 105 页。

② 《道藏》第 32 册，第 637 页。

③ 张泽洪：《道教〈度人经〉的思想与现代价值》，《西南民族大学学报（人文社会科学版）》2011 年第 3 期。

宋徽宗之名号，玉真清王又称“神霄玉清王”，该名号是有其来源的，“台湾学者李丽凉发现宋本《度人经》中时常出现的神格——神霄玉清王与魏晋道书《玉清隐书》有关”[1]。《上清太上玉清隐书灭魔神慧高玄真经》开篇即称：“神经出自高上大洞口诀，隐书天地万精之音，以传玉清消魔王、神霄玉清王，制魔召真，匡检万灵。”[2] 可见神霄玉清王非林灵素所新造。

《高上神霄宗师受经式》中又称：“政和壬辰之后，青华时来，密会禁掖，神明齐契，天人相通，所以告于期运者焉。”[3] 政和壬辰为1112年，为宋徽宗统治中期。其中有一个小问题需要讨论，即神霄神话应出现于林灵素见徽宗之后，林灵素见徽宗是在政和壬辰（1112）之后的1115年，为何将所谓的“期运”定于政和壬辰，即早于其见徽宗之年，值得研究。有学者认为：“以循环往复的‘壬辰年’作为救世主出世之年的谶言，早在茅山神启中就已出现。”[4]《道藏》所收《上清后圣道君列纪》中称：“到壬辰之年三月六日，圣君来下，光临于兆民矣。”[5]《道藏》还收有《灵宝无量度人上品妙经符图》，其序为“宋徽宗御制”，其中也提到“仰祈上帝降世度人，后至壬辰、庚子之年，炁应九阳，邪法消荡，正道方行，开悟群黎，授度无穷”[6]。此中提到了壬辰之年。当然在这一篇文献中，后面又加上了庚子之年。这些文献说明了“壬辰”确实应该是一个较重要的“期运”出现之年，不过以《上清后圣道君列纪》中出现该年份作为证据略欠不足，但是在有更好的证据之前，这或是一个勉强可以接受的答案。

《灵宝无量度人上品妙经符图》序中提到的庚子之年，有学者认为也是一个有来源的应劫之年，称“庚子之说最早来自于东晋五斗米道，

---

① 李政阳：《宋徽宗崇道成因新考——以宋本〈度人经〉为中心》，《世界宗教研究》2018年第5期。

② 《道藏》第33册，第748页。

③ 《道藏》第32册，第637页。

④ 司马虚（Michel Strickmann）：《最长的道经》，刘屹译，《法国汉学》第七辑，第191页。

⑤ 《道藏》第6册，第745页。

⑥ 《道藏》第3册，第62页。

《女青鬼律》之中多处以恐吓的口吻提到庚子年，其经文指出‘子若不信庚子年，自当思吾今日言’”[①]。又陆修静《灵宝经目序》也提到：“按《经》言，承唐之后四十六丁亥，其间先后庚子之年，殀子续党于禹口，乱群填尸于越川。强臣称霸，弱主西播。龙精之后，续祚之君，罢除伪主，退翦逆民。众道势讫，此经当行。”[②]

可见，宋徽宗与神霄派造经继承了道教传统的符应与劫运之内容，目标是将宋徽宗塑造成一个符合道教传统的应劫之神，是一个开创时代的“新神”，以替代旧的神格，从而开创一个新的“神降时代”。

上清派就是一个南北朝时大批神仙下降而产生的道派，而徽宗与神霄派造经似乎也十分重视上清派的历史，深受其影响。有学者认为：“九华玉真安妃信仰在徽宗朝的推行与赵佶宠爱其妃刘氏有关，也出于将安妃作为一个象征符号，为政和年的降经增加神秘性和合法性。”[③] “九华玉真安妃”本是上清经的降经者之一。《真诰》卷一曰：“紫微夫人曰：‘此是太虚上真元君金台李夫人之少女也。太虚元君昔遣诣龟山学上清道，道成，受太上书，署为紫清上宫九华真妃者也。于是赐姓安，名郁嫔，字灵箫。’……夫人因大笑：‘于尔如何？’”[④] 从中可知，九华真妃不但是降经者之一，还被许配给灵媒杨羲为妻，而媒人是紫微夫人。在六十一卷《度人经》的传授中，“九华玉真安妃”也参与其中，如《度人经》中的《太乙元精品》称：“真中有神，长生大君，青华公子，玉妃尊神。”[⑤]《十方圣境品》称：“真中有神，长生大君，青华左踞，玉妃右蹲。”[⑥] 宋徽宗与林灵素仿照上清派众真下降，开创一个新神降时代的用意，在“九华玉真安妃”这个人物出现的情况下，可以得到进一步的

① 李政阳：《宋徽宗崇道成因新考——以宋本〈度人经〉为中心》，《世界宗教研究》2018 年第 5 期。

② （宋）张君房：《云笈七签》，李永晟点校，第 52 页。

③ 李政阳：《宋本〈度人经〉的文本与信仰初探》，《中国本土宗教研究》（第二辑），社会科学文献出版社，2019，第 78 ~ 94 页。

④ （梁）陶弘景：《真诰》，赵益点校，中华书局，2011，第 14 页。

⑤ 《道藏》第 1 册，第 88 页。

⑥ 《道藏》第 1 册，第 127 页。

确认。

最后，我们回到六十一卷《度人经》与神霄派关系的问题上来。从上面的讨论来看，可以确定长达六十一卷的《度人经》是神霄派所敷演的，其传经者是神霄玉清王，即宋徽宗。但其是不是林灵素的经手作品，不能肯定，但与林灵素关系密切。因为林灵素是神霄神话的创立者，由神霄派敷演的六十一卷本《度人经》自然与林灵素有关。另外，林灵素觐见徽宗后，“被旨修道书，改正诸家醮仪，校雠《丹经》、《灵篇》，删修注解”①。编于徽宗执政时期的《万寿道藏》的编撰或也是林灵素主持的。而《万寿道藏》中，“六十一卷本《度人经》得以位居整部《道藏》第一经的位置，此后的金、元《道藏》都在很大程度上对宋《万寿道藏》有所继承。直到明《道藏》，仍将《度人经》位列《道藏》群经之首”②。这也说明《度人经》地位的确立与《万寿道藏》的编撰者是有非常密切的关系的。这些证据也都指向林灵素是将一卷本《度人经》敷演成六十一卷本《度人经》的主要操作者之一。

二　神霄派道经考

宋徽宗自称“奉行玉清神霄保仙元一六阳三五璇玑七九飞元大法师都天教主”③，其道号所称皆有道经传世。

《皇宋通鉴长编纪事本末》曰：“（宣和三年）十月丙辰，御宝箓宫、神霄宫，亲授王黼等《元一六阳神仙秘籙》及《保仙秘籙》，仍许黼等拜表称谢。”④ 王黼为当朝宰相，宋徽宗亲授其经，可见《元一六阳神仙秘箓》和《保仙秘箓》应是神霄派重要的经典之一。《上清灵宝大法》卷十称：“宣和间宝箓宫有《高上神霄元一六阳璇玑秘箓》一阶，即无法也。南渡已后，宗坛所授止称北斗箓而已矣。”⑤ 可知该经又称《高上

① （宋）赵与旹《宾退录·林灵素传》，《景印文渊阁四库全书》第853册，第659页。

② 刘屹：《度人与度亡：一卷本〈度人经〉的形成及其经教基础》，《敦煌吐鲁番研究》第十六卷，第103页。

③ （宋）岳珂：《桯史》，中华书局，1981，第93页。

④ （宋）杨仲良编《皇宋通鉴长编纪事本末》第4册，李之亮校点，第2138页。

⑤ 《道藏》第31册，第400页。

神霄元一六阳璇玑秘箓》。

《续道藏》所收明朱权编撰《天皇至道太清玉册》卷二记有神霄派的道经多部："《高上神霄玉清真王三五璇玑洞阳天仙秘箓》一部、《高上神霄玉清真王玄一混成上阳神仙秘箓》一部、《高上神霄玉清真王七九飞仙紫阳真仙秘箓》一部、《高上神霄玉清真王长生护命保仙秘箓》一部。"[①] 四部经中第一部中有"三五璇玑"，与徽宗道号有所称相同，又有"七九飞仙"一部，与道号中"七九飞元"所差一字，或是有讹误之处。以上可知徽宗之道号，皆是有其来源，故其道号前有"奉行"二字。

《皇宋通鉴长编纪事本末》曰："（宣和元年）十一月辛亥，蔡京奏：'乞以神霄玉清万寿宫观玉真王所说《玉婴神变妙经》刊印颁行。'从之。"[②] 宋王安中《初寮集》有《谢赐玉婴神变经札子》一篇，称《玉婴神变经》全名为"高上玉清神霄真王说太一保胎玉婴神变妙经"[③] 从该经是徽宗亲赐及蔡京将《玉婴神变经》刊印颁行来看，该经也是神霄派的重要经典。

根据《茅山志》，该经与杨希真有关。《茅山志》卷十六曰：

> 杨希真，字元道。世为仪真米商，积阴德。元道生建中靖国元年，六岁始能言，稍长知敬事四圣真君像。一夕梦神人告曰：吾为北方天辅上帅，悯子勤志，哀子尸浊，期于华阳仙府与子换骨，当授以神书。君自是数通冥感，若有心疾，狂走失所在。宣和二年庚子岁，入华阳洞不返。明年，自洞出，比还乡。邻皆讶之，君曰：我昔实非狂颠，为求法耳。今得真授童初大法，可以度世矣。
>
> 徽宗索异人，进上《九灵》、《玉婴神变》等经，及《灵虚秘旨》。敕黄冕校定录，付道藏，特授丹台郎冲和妙一法师，视朝请大夫。年二十四尸解。越三日复起，手书辞谢门状，投笔坐逝。甲辰

① 《道藏》第 36 册，第 370 页。

② （宋）杨仲良编《皇宋通鉴长编纪事本末》第 4 册，李之亮校点，第 2141 页。

③ （宋）王安中：《初寮集》，《景印文渊阁四库全书》第 1127 册，第 53 页。

> 三月十七日也。童初之法遂显于世，门人承务郎沈育作《杨真人传》。①

据该篇，《玉婴神变经》是由杨希真上呈于徽宗。该篇杨希真之传记康熙、道光《仪真县志》均录其文，仅文字略有出入，其出处应都是源于《茅山志》。

关于《玉婴神变经》的内容，王安中《谢赐玉婴神变经札子》称："然而上至九品圣人，下至九地无穷世界之众，均受道气，形体保神，各有仪则，而茫昧久矣。随空有色住五者之见，耳目鼻口身意六者之识，抢攘展转，日远真元，岂惟不知道神生气之本，而神不足御气，气不足养心，因业流浪，无所终极，甚者沦于酆城罗山旸谷泉曲之苦，不知出离，此陛下所以请命玉帝来应昌会，兴立神霄大教。而《太一保胎玉婴神变之经》因以下传于人世走骨之徒。"② 据此，《玉婴神变经》是"形体保神"之法，该法"各有仪则"但"茫昧久矣"，也就是失传已久。于是王安中称赞徽宗兴神霄大教，而下传《玉婴神变经》。

《玉婴神变经》还有诸符。《灵宝玉鉴》所记有"玉婴神变符"。③《上清灵宝大法》卷三十七称之为"玉婴神变灵符"④，并称"玉婴神变符，亦修真之士自服以炼神者"⑤。从此处可知，《玉婴神变经》与符确是炼神之用。

清《六艺之一录》对《玉婴神变经》有征引，称："《神霄玉婴神变经》，龙以鱼变，为正蛇，甲次之道，有赤鲤升龙之符。赤鲤乃黑鲤百年之后，其纹渐赤，投符于口，自化为龙也。"⑥ 由此可见《玉婴神变经》之一斑。

神霄派的经典，较重要的是《高上神霄宗师受经式》，其中记载了

---

① 《道藏》第5册，第621页。
② （宋）王安中：《初寮集》，《景印文渊阁四库全书》第1127册，第53页。
③ 《道藏》第10册，第158页。
④ 《道藏》第31册，第592页。
⑤ 《道藏》第31册，第597页。
⑥ （清）倪涛：《六艺之一录》，《景印文渊阁四库全书》第834册，第304页。

神霄派的经典多种。首先是《高上神霄灵宝度人经》六十一卷。称其："并出於神霄东极华堂琼室之中。乃历劫禁秘永（不）传经也。得遇此道，保己则登升三境，为人则却灭百痾，功德协著，克度神霄，后当获补宰制治化之官矣。世人受诵，修奉如法，即得福庆无量功验之应，各如本经所载者。"① 《高上神霄宗师受经式》所记神霄派经典还有：

高上神霄玉清秘箓

《神霄玉清秘箓》，按太微科格，与洞真齐妙，亦上清之标冠矣。可辅於大洞之品，而受佩如法，随其学功，各如本箓所言。

解注

《混元上德皇帝道德二经之义》，乃宋徽宗道君皇帝御制是也。

《南华真经逍遥游真义指归》，乃宋徽宗道君皇帝御制是也。

补注

李玉德解《灵宝度人经》义，真王君制序，右解注真义。

高上神霄真王说《五方天中好生不杀颂》，右出神霄东极华堂妙济经科之中，诵之解脱物命天枉之祸，修好生不杀之功焉。

政和御制《金箓中科仪》，右科仪为国修斋设醮、祈禳福祐。

《大洞招真通微妙章》《步虚玉清乐》《上清乐》《太清乐》《散花乐》《白鹤引》《右招真通微妙章》《受天明命歌》《金阙始青步虚歌章》《高真道德步虚歌章》《尤道太微步虚歌章》。

《夏祭地祇降格出现记》《高上神霄真王长生大帝降生记》《上清玉书真符照验诸记》《冬祀天真降临示现品记》。右诸真记神霄纪圣秘箓，乃述长生大君同青华帝君，前后飞神临降禁掖，昭示灵化之事。

《神霄玉府东西二台掌治诸仙卿秘传》，右诸传，乃纪述诸仙卿修真得道、掌领神霄职任之事。②

---

① 《道藏》第 32 册，第 638 页。

② 《道藏》第 32 册，第 638 页。

以上所记，有经有箓有传有科仪，可见神霄派创立时，其在经典创制上的完整性，可惜上述所记之道书大多没有完整流传下来。

《无上九霄玉清大梵紫微玄都雷霆玉经》一卷，也为神霄派重要经典。该经详述了神霄派的神谱[①]，又详述上天九霄府之宫室建制，称“高上神霄之天”中有“玉枢院、五雷院、氏阳院、仙都火雷院，及雷霆都司、太乙雷霆司、北帝雷霆司、篷莱都水司”[②]。并述其下属诸雷神之姓名和职司等。

又称：“雷霆者，天地之枢机”，“雷霆得天地之中炁，故曰五雷”，“上自皇天，下自地帝，非雷霆无以行其令；大而生死，小而荣枯，非雷霆无以主其政”。[③] 卷末载“九霄玉清大梵紫微仙都九符”[④]。

《九天应元雷声普化天尊玉枢宝经》一卷，又名《雷霆玉枢宝经》。九天应元雷声普化天尊为神霄九宸之一，是总司五雷，普化群生，赏善罚恶之神。经中称：“唯有玉霄一府，所统三十六天内院中，司东西华台玄馆妙阁，四府六院及诸有司各分曹局，所以总司五雷天临三界者也。”[⑤] 经文主要内容可以分为两部分。第一部分论述“至道”。称：“道者以诚而入，以默而守，以柔而用。用诚似愚，用默似讷，用柔似拙。夫如是，则可与忘形，可与忘我，可与忘忘。”[⑥]释“忘”曰：“惟其忘而不忘，忘无所忘，无可忘者，即是至道。”[⑦]是以老子守柔的理论释道。又曰：“入道者知止，守道者知谨，用道者知微，能知微则慧光生，能知谨则圣智全，能知止则泰定安，泰定安则圣智全，圣知全则慧光生，慧光生则与道为一。”[⑧] 此则述修道之过程。第二部分论“气数”。称“学道之士，信有气数。夫风土不同，则禀受自异，故谓之气。智愚不

① 《道藏》第1册，第752页。
② 《道藏》第1册，第750页。
③ 《道藏》第1册，第749、752页。
④ 《道藏》第1册，第757页。
⑤ 《道藏》第1册，第758页。
⑥ 《道藏》第1册，第759页。
⑦ 《道藏》第1册，第759页。
⑧ 《道藏》第1册，第759页。

同，则清浊自异，故谓之数。数系乎命，气系乎天。气数所囿，天命所梏，不得真道。愚可以智，浊可以清。”[①]经文又述消灾解厄之法。谓凡遇三灾九厄，可依法持诵经文，若默念天尊之号，即有诸神消灾解厄。又有《九天应元雷声普化天尊玉枢宝经集注》二卷，题元玄阳子撰集。

《高上神霄玉清真王紫书大法》十二卷，为神霄派经典。全书前有《高上神霄紫书大法序》，称："南极长生大帝，亦号九龙扶桑日宫大帝，亦号高上神霄玉清王，一身三名，其圣一也"，"请《神霄真王秘法》一部三卷"。此法"上隐万天之禁，中隐神仙万年之法，下明治人治鬼保国宁家之道"[②]。其《总序大法源》中提到"神霄玉清王，今玉帝就命人主"[③]。该"人主"应即指宋徽宗。则其内容与《宾退录·林灵素传》等有关林灵素称宋徽宗为神霄玉清王降世的记载相符，应成书于北宋末年。该书论述神霄大法来源，介绍上天神霄府诸神之谱系、职官、治所，并概述神霄道法要旨，汇辑神霄派道法符篆。各篇道法以雷法为主，用于召雷祈雨，伏魔摧妖，护身保命，安国宁家。

《道法会元》卷一百九十八至二百六收入"神霄金火天丁大法"[④]，其"主法三师"为"祖师高上神霄玉清真王长生大帝统天元圣天尊、玄师高上碧霄上清华王青华大帝寻声救苦天尊、真师高上丹霄太清韩王可韩丈人朱陵度命天尊。"[⑤] 三师均为神霄派主要神明，可见金火天丁大法为神霄派的雷法。该书卷一百九十九收入署名为林灵素撰的《金火天丁神霄三炁火铃歌》[⑥]。尾题为"金门羽客玉真嗣教弟子普化天师林灵素谨书"。可知该法传承与林灵素有关。卷一百九十九还传度了内炼之法，分为"请气""内炼""炼镜诀""出金光炁""玉神大作用"等篇，又有"用符玄变""玉符玄真"等外用之法。卷二百起每卷一篇，为"金火天丁凤炁紫书""金火天丁玉神解关云篆""金光火云炼度坛式""金火天

① 《道藏》第1册，第759页。
② 《道藏》第28册，第557页。
③ 《道藏》第28册，第558页。
④ 《道藏》第30册，第250页。
⑤ 《道藏》第30册，第250－251页。
⑥ 《道藏》第30册，第259－260页。

丁摄召仪”“金火天丁起灵受炼仪”“金火天丁阳芒炼度仪”“金火天丁召孤仪”，八卷合为“神霄金火天丁大法”。

《道法会元》卷五十六收入了“上清玉府五雷大法”①，其首篇为“上清玉府五雷大法玉枢灵文”，该篇末署为“太素大夫凝神殿侍宸王文卿序”。则此法的传承与神霄派的另一位传人王文卿有关。灵文称：“高上神霄玉清真王……长跪上启，仰荷玄恩，愿特真要。元始悯焉，不亦善哉。遂命灵妃洞妙玉女……于西华妙真之殿，取碧光琼瑶之篋，授以三光紫文混合之道，教以五雷御邪斩妖之诀。”② 则该法也为神霄玉清真王传出，为神霄派的雷法。《道法会元》卷六十一至六十四又收有“高上神霄玉枢斩勘五雷大法”③，末署“太素大夫凝神殿待宸王俊文卿序”，是王文卿所传神霄雷法之一。《道法会元》卷六十九《王侍宸祈祷八段锦》④，卷七十《玄珠歌》⑤，署为“侍宸灵慧冲虚妙道真君王文卿撰”；卷七十六《火师汪真君雷霆奥旨》⑥，署为“冲虚通妙先生王文卿俊传”；卷八十三至八十九为《先天雷晶隐书》⑦，主法为“高上神霄玉清真王长生大帝、梵炁法主斗母紫光天后摩利支天大圣”，师派中有“祖师金阙侍宸灵惠冲虚通妙真君王文卿”；卷九十为《先天一炁雷法》⑧，主法为“祖师火师雷霆教主白洞灵安河魁汪真君、宗师太素大夫金门羽客待宸王真君”。上述雷法均与王文卿有关，应是神霄派相关的道法。

《道法会元》卷二百一十九至二百二十一，收有《神霄断瘟大法》⑨，据主法第一位为“高上神霄玉清真王南极长生大帝”，可知其也为神霄派道法。《道法会元》卷二百五十三收有《地祇法》，为“五雷经箓火铃仙官刘玉述”，该书后有黄公瑾之跋文，又有记述刘玉生平的《刘清卿

---

① 《道藏》第 29 册，第 135 页。
② 《道藏》第 29 册，第 135 页。
③ 《道藏》第 29 册，第 165 页。
④ 《道藏》第 29 册，第 225 页。
⑤ 《道藏》第 29 册，第 234 页。
⑥ 《道藏》第 29 册，第 262 页。
⑦ 《道藏》第 29 册，第 330 页。
⑧ 《道藏》第 29 册，第 371 页。
⑨ 《道藏》第 30 册，第 362 页。

事实》，刘玉为林灵素一支的传人，故该法也应是神霄派的道法之一。

神霄派出，对后世道法科仪影响很大。就雷法来说，南宗一系五祖白玉蟾自称“神霄散吏”，《道法会元》中收入的神霄雷法有多处传承有白玉蟾的身影。如《道法汇元》卷一百四收入《高上景霄三五混合都天大雷琅书》，“主法”为“玉清圣境元始法王、玉清真王长生大帝……雷霆火师真君汪康民、传教雷霆都督辛忠义、翠虚真人陈楠南木、海琼紫清真人白玉蟾。”① 可见南宗自陈楠起所传雷法为神霄派雷法。又《清微神烈秘法卷》之《雷奥秘论》称：“且清微法者，即神霄异名也。”又称：“中品灵书……役使神霄仙众，亦四万劫一传，以示神人也。”② 可知后起之清微雷法也与神霄雷法有密切关系。

就科仪来说，如金允中《上清灵宝大法》卷二十五评论说：“世有谓三五飞步为正一章法，九灵飞步乃洞玄部之行用。至有取神霄官将吏兵混同拜章者。须〔知〕神霄之教盛于宋朝宣和间，而神霄未行之先，灵宝之科降世久矣。元不与神霄相杂，故近世参行大洞，益以神霄，却行灵宝，遂谓之玉清灵宝者，似觉详尽而古来未见此格也。”③ 金允中是科仪的复古派，对新法都持批评的态度。但这段评论也说明神霄派兴起后，神霄之神谱、科仪对后世的科仪影响很大，以致于有了“玉清灵宝”的名称出现。

第四节　神霄派神谱

一　三清三帝

《无上九霄玉清大梵紫微玄都雷霆玉经》：

> 大帝曰：三清上圣，所以雷霆之祖也；十极至尊，所以雷霆之

① 《道藏》第29册，第452页。
② 《道藏》第4册，第135页。
③ 《道藏》第31册，第506页。

> 本也；昊天玉皇上帝，所以号令雷霆也；后土皇地祇，所以节制雷霆也。[1]

该经记述了神霄派神系最顶端的建构。“雷霆之祖”为三清，即玉清元始天尊、上清灵宝天尊、太清道德天尊。这与道教其他宗派以三清为教主相同。

其次为三帝，三帝的第一位，“雷霆之本”为“十极至尊”，李远国指出“十极至尊”即“紫微大帝”。[2] 紫微大帝又称为“中天北极紫微大帝”，是道教四御之一。紫微大帝在神霄派中是主宰雷霆的显赫大神，《无上九霄玉清大梵紫微玄都雷霆玉经》称“北极紫微大帝，统临三界，掌握五雷”[3]，故为“雷霆之本”。北极紫微大帝也称“北帝”，是唐代北帝派所崇奉的主要神明，神霄派继承了北帝派的神明，也继承了北帝派的道法。

三帝的第二位，“号令雷霆”之“昊天玉皇上帝”，又称玉皇大帝，是四御之首，玉皇大帝简称玉皇或玉帝。其名称出现始于陶弘景《真灵位业图》，第一阶“玉清境”之右位有“玉皇道君”“上皇天帝”“高上玉帝”。由于中国古代是封建帝王制王朝，在百姓心目中，人间最尊为皇帝，天上最尊的当是天上之皇帝，也就是玉皇大帝，正如《聊斋志异》所说“天上有玉帝，地下有皇帝”，玉皇大帝也就成为中国民间信仰中的最高神。隋唐时，玉帝在民间的信仰已经很普遍。宋真宗时，将玉皇正式列为国家奉礼对象，大中祥符七年（1014）九月“尊上玉皇大帝圣号曰太上开天执符御历含真体道玉皇大天帝”[4]。宋徽宗政和六年（1116）九月，徽宗亲诣玉清和阳宫，“诣玉清和阳宫，上太上开天执符御历含真体道昊天玉皇上帝徽号宝册。……十一月丁酉，朝献景灵宫。戊戌，飨太庙。己亥，祀昊天上帝于圜丘，赦天下”[5]。随着皇室的尊

---

① 《道藏》第1册，第752页。

② 李远国：《神霄雷法——道教神霄派沿革与思想》，四川人民出版社，2003，第162页。

③ 《道藏》第1册，第756页。

④ （清）徐乾学：《资治通鉴后编》，《景印文渊阁四库全书》第342册，第398页。

⑤ （元）脱脱等：《宋史》，第396~397页。

崇，道教造作了一大批玉皇神迹的经书，如《玉皇本行集经》《玉皇心印妙经》《高上玉皇本行集经》等。“至此，国家、民间、道教三方面的信仰正式合流，从而使对玉皇的崇拜达到了最高潮。”[①]这个高潮产生的时间正是林灵素觐见徽宗的第二年，即政和六年（1116），可见玉帝大帝在道教神系中的崇高地位与神霄派有着不可分割的联系。

三帝的第三位，为“节制雷霆”的“后土皇地祇”。后土在西汉时就被列为国家祭祀的对象，汉元鼎四年（前113），武帝“郊雍，曰：‘今上帝朕亲郊，而后土无祀，则礼不答也。’……遂立后土祠于汾阴脽上……上亲望拜，如上帝礼。”[②] 虽然立于国家祀典，但后土在道教神谱中一直没有其位置。《宋史·礼志（七）》载：“徽宗政和六年九月朔……地祇未有称谓，谨上徽号曰承天效法厚德光大后土皇地祇。”[③] 南宋时期，后土成为道教四御之一。吕元素《道门定制》注“承天效法厚德光太后土皇地祇”曰：“后土即朝廷祀皇地祇于方止是也，王者所尊，合上帝为天父地母焉。”[④] 徽宗于政和六年（1116）的上尊号，使后土皇地祇在道教神系中神格得以确立，这与其为神霄派“节制雷霆”的大神应有莫大的关系。

二　神霄九宸

三清、三帝之下，为神霄九宸大帝。据《无上九霄玉清大梵紫微玄都雷霆玉经》：

> 大帝曰：吾为高上神霄玉清真王长生大帝，其次则有东极青华大帝、九天应元雷声普化天尊、九天雷祖大帝、上清紫微碧玉宫太乙大天帝、六天洞渊大帝、六波天主帝君、可韩司丈人真君、九天采访真君，是为神霄九宸。[⑤]

---

① 李远国：《神霄雷法——道教神霄派沿革与思想》，第168页。

② 班固：《汉书·郊祀志上》，第1221～1222页。

③ （元）脱脱等：《宋史》，第2543页。

④ 《道藏》第31册，第669页。

⑤ 《道藏》第1册，第752页。

九宸之首为“高上神霄玉清真王长生大帝”，六朝道经《上清大洞真经》中有“高上神霄玉清王”之神名，可知“神霄”及“高上神霄玉清王”之名本已有之。林灵素构建神霄神系时，借用了该名，构造了一位新的尊神。玉清真王自述称：“朕为浮黎元始天尊之子，玉清神母元君之男，玉清元始天尊之弟，太上老君之叔。”① 《高上神霄紫书大法》序曰：“长曰南极长生大帝，亦号九龙扶桑日宫大帝，亦号高上神霄玉清王，一身三名，其圣一也。”②

九宸的第二位为“东极青华大帝”，《道法会元》卷三曰：“东极青华大帝，亦名东极青玄上帝寻声救苦天尊。（居东极青华宫，又名东极妙严天宫。）”③ 据此，东极青华大帝也即道教中解厄赐福的大神“太乙救苦天尊”。自神霄派创立以后，太乙救苦天尊在道教中的崇拜十分流行，成为“六御”④ 之一。

九宸之中的“九天应元雷声普化天尊”亦受众人崇信。有《九天应元雷声普化天尊玉枢宝经》，谓其主治玉霄府，“总司五雷，天临三界者也”⑤。“九天雷祖大帝”也是民间崇信较多的尊神。

三 北极四圣

据《无上九霄玉清大梵紫微玄都雷霆玉经》，紫微大帝有四名部属：“北极紫微大帝统临三界，掌握五雷，天蓬君、天猷君、翊圣君、玄武君分司领治。”⑥

北帝及天蓬君、天猷君、翊圣君、玄武君是唐代北帝派神系中的主要崇奉之神。神霄派不仅将北帝派的神系纳入进来，也将北帝派的道法吸纳进来。北帝大法最主要的特点是，所奉神祇为北帝诸神，所传符法皆为“黑篆真文”。我们可以从这两个方面来考察神霄派与北帝派的

① 《道藏》第1册，第751页。
② 《道藏》第28册，第557页。
③ 《道藏》第28册，第683页。
④ 六御即在四御的基础上加上九宸第一位的长生大帝和第二位的救苦天尊。
⑤ 《道藏》第1册，第758页。
⑥ 《道藏》第1册，第756页。

关系。

通常书写符箓时所用的颜料是朱砂，即用朱砂白芨调和后，用笔书于黄裱纸上。北帝派所传为“黑律”，《道法会元》曰：“北帝统率神将吏兵，演大魔黑律，行酆都九泉号令符，纠察三界鬼神。”[1] 又曰：“昔邓紫阳天师感北帝遣天丁赐三十六黑篆真文，精勤持念，功满升天。”[2] 据此，邓紫阳北帝派所传符箓皆为黑篆，与一般的朱符不同。五代杜光庭于天祐三年（906）在四川酆都道观，得北帝派道书《黑律》。[3] 此《黑律》经宋代卢养浩、徐必大、郑知微等注释，编成《北阴酆都太玄制魔黑律收摄邪巫法》《北阴酆都太玄制魔黑律灵书》《泰玄酆都黑律仪格》等，收入《道法会元》卷二百六十四到卷二百六十八中。[4] 其中卢养浩即卢埜，与徐必大都是林灵素一系的传人，可知北帝派道法为神霄派所继承。

宋代天师张继先亦习北帝派道法，并传地祇法于世。《道法会元》卷二百五十三载有南宋刘玉所述《地祇法》曰：“地祇一司之法，实起教于虚靖天师。次显化于天宝洞主王宗敬真官，青城吴道显真官，青州柳伯奇仙官、果州威惠锺明真人相继而为宗师……后则有苏道济派、温州正派、李蓬头派、过曜卿派、玄灵续派，如此等类，数之不尽，千蹊万径，源析支分。”又曰：“地祇法诸符如丙丁生鬼符、急捉符、治病符，皆是虚靖天师所传。”[5] 所谓“地祇”，即北帝麾下地祇上将温太保。此外，刘玉也习地祇法，又师承卢养浩、徐必大、盛官椿、李守道、吕希直等修北帝黑律法诀，同时得神霄派金火天丁大法，名震当世。[6] 刘玉为林灵素一系传人。

天心派邓有功曾整理北帝派道法，编有《上清骨髓灵文鬼律》传世，该书题为“饶洞天定正”“邓有功重编”。其序中称：“《上清骨髓灵

① 《道法会元》卷二百六十五，《道藏》第 30 册，第 624 页。
② 《道法会元》卷二百六十四，《道藏》第 30 册，第 624 页。
③ 李远国：《道教符箓派诸宗概述（二）》，《中国道教》1998 年第 3 期。
④ 《道藏》第 30 册，第 619 ~ 649 页。
⑤ 《道藏》第 30 册，第 557 页。
⑥ 《刘真卿事实》，《道藏》第 30 册，第 558 ~ 559 页。

文》……其目有三，曰鬼律、曰玉格、曰行法仪式，合而言之通谓之《骨髓灵文》也。鬼律者，天曹割判入驱邪院，北帝主而行之。玉格并行法仪式者，玉帝特赐驱邪院以掌判也。”[①] 据序文，《上清骨髓灵文鬼律》三卷共收有“鬼律七门五十六条、玉格十六条、行法仪式四十八条，总计一百二十条”[②]。《道藏》收有《上清隐书骨髓灵文》，其卷上开篇称：“骨髓灵文，唐叶法善天师所传，出自汉正一天师之遗法也，功验神奇，莫可拟测。”[③]《上清隐书骨髓灵文》上、中两卷为符箓，而卷下题为“上清隐书骨髓灵文鬼律玉格仪式下”，并称“凡十门，共一百一十五条”。[④] 这个卷下的一百一十五条与《上清骨髓灵文鬼律》三卷一百二十条内容基本相同而略有出入。

由上可知，叶法善亦与北帝派有关，张宇初《岘泉集》卷一《玄问》篇称：“三洞四辅，清微、灵宝、神霄、酆岳者，洞辅之品经箓是也。……酆岳则朱熙明、郑知微、卢养浩、叶法善倡其宗者，左、郑、潘、李而派益衍矣。”[⑤] 酆岳一派，历史记载较少，派别活动亦不突出。但张宇初却把它与清微、灵宝、神霄三派并列，当是因为在他看来酆岳派亦有很大的影响。从叶法善传北帝派的《鬼律》来看，可将叶法善所传称为北帝酆岳派，或北帝派酆岳宗[⑥]，则在张宇初所在的年代，酆岳宗代表的是北帝派当时的正宗传系，而就北帝派历史上的影响来看，与清微、灵宝、神霄并列，应该是没有问题的。其中值得注意的是卢养浩即卢埜，为林灵素神霄一系的传人，又为北帝酆岳派传人，可知神霄派与北帝派在道法上有很深的渊源。

四　五雷都司与雷霆三帅

神霄雷法以五雷大法为核心，《道法会元》卷五十六《上清玉府五雷

① 《道藏》第 6 册，第 908 ~ 909 页。
② 《道藏》第 6 册，第 909 页。
③ 《道藏》第 32 册，第 75 页。
④ 《道藏》第 32 册，第 82 页。
⑤ 《道藏》第 33 册，第 187 页。
⑥ 李远国：《道教符箓派诸宗概述（二）》，《中国道教》1998 年第 3 期。

大法玉枢灵文》曰："故有雷神，其雷有五，曰天雷、曰神雷、曰龙雷、曰水雷、曰社令雷。且有雷城，其城在玉清真王府，碧霄上梵炁中。"①

《道法会元》卷五十六《雷霆分司》曰："雷霆火师曰：五雷既明，当知雷府所部，既明所部，有请立应。且雷城在玉清真王府碧霄上梵炁中，去府二千三百里，城高八十一丈，乃玉清王按治之所，卿师使相列职分司主发生万物，驱动海岳，推迁四时，升降阴阳，录善罚恶。中有五雷，主者应时行令，以辅真王之化，且五雷使乃雷城之专司，统摄五雷。"②

统御五雷之都司共有四。

一为五雷院，"火师曰，前四司独五雷院专权也"。五雷院中有"五雷使，乃雷城之专司，统摄五雷。关申司分，凡风雨不时亢阳为虐，兵戈妄动，饥馑荐臻，皆由请命帝真"。

二为玉枢院，"又名斗枢院，设官分职近二百员，辅真王之治"。

三为雷霆都司，"乃北帝专司之所，列官分职佐玉机之政。凡世间水潦旱魃，悉请玉枢院禀听施行"。

四为蓬莱司，"乃都水使者所统，将吏专司水职，分云布炁，兼江海河渎泉源之事，凡世间亢阳，必申玉枢院请奏乞降霈泽以救生民"。

上述四司，"每司各有猛将吏兵统摄四院，威灵浩博"，列有"六波天主帝君、玉府上卿五雷使、玉枢院真君、蓬莱都水使者……雨师元君、风火元君、风伯元君……电光元圣君……太岁大将军、三五邵阳主帅将军、流金火铃大将军……三十六雷鼓力士……捧剑童子……执幡童子……"共 191 位雷帅神将。③

在众多雷部神灵之中，最有名的是邓伯温、辛汉臣、张元伯，称为"雷霆三帅"。

邓伯温，又名欻火大神。《道法会元》卷五十七《欻火神》曰：

① 《道藏》第 29 册，第 135 页。

② 《道藏》第 29 册，第 135～136 页。

③ 《道藏》第 29 册，第 136～138 页。

欻火大神者，按《五雷经》云：霹雳大仙者，是此神也。又名律令大神，姓邓，名伯温。黄帝时为统军领兵使，收蚩尤氏，从风后为帅臣，战胜，帝封伯温为河南将军。帝升天，伯温弃世入武当山，修行百载，为尝食人肉，不得升天。上帝念之，封于武当，因见世人不行忠孝，杀害愈甚，侵欺日增，以强凌弱，以贵虐贱，遂日夜发愿，欲为神雷，代天诛伐此等恶道之人。念念不绝，怒气冲天。一日忽变形如鬼质，状若蝙蝠，凤觜银牙，朱发蓝身，左手持雷钻，右手持雷锤，身长百丈，两腋出两大翅，展去则数百里皆暗，两目迸光二道，照耀千里，烁石流金，干枯沧海，手足皆龙爪，飞游太空，吞啖精怪，斩伐妖龙。上帝封为律令神，隶属神雷，五月五日午时，升入南宫火令之宅。威力最大，劫坏之时，以两翼鼓动四溟之水，翻浸昆仑之丘，崩倒山河大地。凡行雷法之士，宜于五月五日祭之，能驱大祟，摇动山岳。应瘟疫、鬼魅、蛊毒、山魈，闻此神名，悉皆恐惧。此神喜饮鹅血，当图其形供养，祷之随意，灵验莫可测度；无鹅血，以羊血代之。又有欻火神符，能断鬼祟，治救百病，祛剪瘟疫。悬于厅堂门户，镇宅消灾，辟除百恶。①

《道法会元》卷九十八又有邓伯温另一形象，曰：“雷霆欻火律令大神邓燮伯温，肉角，红发青面，三目，鹰喙，青身，两翅，龙爪，手足左执雷砧，右执雷槌，作挥打之势，红裙仙带。”②

辛汉臣，又名负风猛吏，或称“雷霆三十三天大都督青帝天君”。《道法会元》卷八十一有《负风猛吏辛天君大法》，题为“括苍鹤溪处默居士潘松年授”。其“帅班”之首为“负风猛吏银牙曜目辛天君汉臣”，其形象为“戴牛耳幞头，朱发铁面，银牙如剑，披翠云裘，皂靴，左手执雷簿，右手执雷笔，上有火光”。其下属有“东方蛮雷使者马郁林，南方蛮雷使者郭元京，西方蛮雷使者方仲高，北方蛮雷使者邓拱辰，中

① 《道藏》第29册，第153～154页。
② 《道藏》第29册，第423页。

央蛮雷使者田元宗”。[①] 此后有《誓章》，可见辛汉臣之灵验。

雷霆猛吏神，威震九天霆；出入三界内，忠勤佐帝君。
涌身千万丈，号为雷部尊，都督诸雷部，风伯雨师神。
霹雳电光母，大力夜叉群。左右承天令，辅弼五雷尊。
吾奉玉帝敕，能救世间人。人若受持者，吾当速现形。
请吾上天界，朝奏诸帝君。请吾入地府，直至幽境宫。
请吾入水府，四海波浪翻。请吾佐阳界，立便救众生。
请吾救大旱，滂沛雨霖霖。请吾捉精怪，摧破诸鬼营。
请吾救生产，母子速离身。与吾同终始，共为玉帝臣。
若犯天律者，九祖受毒刑。吾若负汝者，天上日月昏，
地下泉源竭，草木俱不生，永为幽冥鬼，不能朝上清。
壬癸吾降日，受持当要勤。净茶枣汤献，桃木香上焚。
吾在左右现，安心不得惊。共汝发弘誓，誓愿救众生。
一如上帝律令。[②]

张元伯，又名飞捷使者，或称“太乙捷疾直符使者”，《道法会元》卷九十六有鹤溪洞微子潘松年授《太乙捷疾使者大法》，述其形象曰：“朱发，獬豸冠，青面，三目出火，绯袍，绿飞天带，金甲，手仗火戟，鬼形，旁出獠牙，赤脚驾火云。”[③]《道法会元》卷九十八述其另外一个形象曰：“雷霆飞捷使者张珏元伯，肉角，红发青面，双目，鹰喙，青身，双肉翅，龙爪，手足红裙飞仙带。”[④]《法海遗珠》卷四十载其部众有六丁使者：“丁卯飞捷尚使者名德，丁丑飞捷马使者名广，丁亥飞捷何使者名彦通，丁酉飞捷卞使者名诚，丁未飞捷李使者名从谓，丁巳飞捷张使者名从政。已上六神并鬼形，猪鼻尖觜，肉翅，紫发金睛，裸体赤色，手足腕上皆金镯，额上金额花，肉角，白顶骨，绯风衣，绿飞带，

① 《道藏》第29册，第315页。
② 《道藏》第29册，第315～316页。
③ 《道藏》第29册，第406页。
④ 《道藏》第29册，第423页。

左手执公文，右手执皂旗，上有金字敕召雷神，旗脚飘指巽户，自巽方乘金色雷电火光，飞行而降。”①

以雷霆三帅为首，再加上陶、庞、刘、苟、毕、秦、赵、董、袁、李、孙、柏、王、姚、张、黄、金、吉、余等天君及闪电神、助风神，一共二十四员催云助雨护法天君，合称雷部二十四天君正神。②

《铸鼎馀闻》记载：“明姚宗仪《常熟私志》云：致道观雷部前殿列律令大神邓元帅、银牙耀目辛天君、飞捷报应张使者、左伐魔使苟元帅、右伐魔使毕元帅、火犀雷府朱天君、纠伐灵官王天君、黑虎大神刘元帅、魁神灵官马元帅、朗灵上将关元帅、雷公江使者（名赫冲）、电母秀使者（名文英）。又雷尊殿在招真治道房，内奉九天应元雷声普化天尊、九天雷祖大帝。”③ 李远国认为，这当是宋元以来道观中雷部诸神的基本格局。④

五　神霄帝君之高宾——韩君丈人

关于韩君丈人，《老学庵笔记》卷九曰：

> 神霄以长生大帝君、青华帝君为主，其次曰蓬莱灵海帝君、西元大帝君、东井大帝君、西华大帝君、清都大帝君、中黄大帝君。又有左右仙伯，东西台吏，二十有二人，绘于壁。又有韩君丈人，祀于侧殿，曰此神霄帝君之尚宾也。其说皆出于林灵素、张虚白、刘炼。⑤

关于宋代韩君丈人出现之原委，见《续资治通鉴长编拾补》卷三十六：

---

① 《道藏》第 26 册，第 948 页。

② 李远国：《神霄雷法——道教神霄派沿革与思想》，第 200 ~ 201 页。

③ 《藏外道书》第 18 册，第 572 页。

④ 李远国：《神霄雷法——道教神霄派沿革与思想》，第 201 页。

⑤ （宋）陆游：《老学庵笔记》，《景印文渊阁四库全书》第 865 册，第 76 页。

（政和七年）二月壬戌，棣州贡士刘栋奏："伏蒙圣恩，以臣本州并提举司保举四行闻奏，特授将仕郎。臣昨忽遇九天益算韩真人，授以《景灵玉阳神应钟法》，仰祝圣寿，若臣苟官爵，即负师言。伏望特垂矜察所有敕命，乞赐追寝。"诏依所乞，赐紫衣道服。（《纪事本末》卷百二十七。〔原注〕诏旨，六年二月十九日召赴阙，六年四月二十八日铸钟，八年三月二十六日又召赴阙。蔡絛云：刘栋者，棣州人，亦儒士。自云尝遇仙人韩君者，与之丹曰剥取丹。服丹辄复如故。政和中，以其丹上之，上曰："汝师赐服而夺之，以慕长年，非朕所用意也。"还焉。灵素乃谓仙人韩君者，乃韩君丈人也，韩君丈人乃上帝之首相，虽不隶于神霄，而实佐帝君之治。上乃命栋以官，为直龙图阁。又为作韩君丈人观于其乡郡，而使栋领之。仍系籍于道流，封先生。方神降及废释氏，栋亦预焉。然栋颇涉猎儒书，慕李泌之为人。晚为利所夺，不能自还也。凡为神降之事者，往往先后多不得其死。）①

韩君丈人之名出现甚早，梁陶弘景《真诰》卷十二云："（协辰）夫人汉司空黄琼女黄景华也，韩终授其岷山丹，服得仙。"② 北宋张君房《云笈七签》卷一百一十五则曰："黄景华者，汉司空黄琼之女也。景华少好仙道，常密修至要，后师韩君，授其岷山丹方，服之得入易迁宫，位为协晨夫人，领九宫诸神女，亦总教授之。"③

两篇文献所述为同一件事，先称"韩终"，后称"韩君"。可知刘栋所称"韩君丈人"当是韩终。"韩君丈人"名称，应在南北朝时就已出现。约成书于南北朝时期的《太上洞玄灵宝无量度人上品妙经》云："中有南极长生之君，中有度世司马大神，中有好生韩君丈人，中有南上司命司禄延寿益筭度厄尊神。"④

① （清）黄以周等辑注《续资治通鉴长编拾补》，顾吉辰点校，中华书局，2004，第1139～1140页。

② 《道藏》第20册，第564页。

③ 《道藏》第22册，第798页。

④ 《道藏》第1册，第3页。

韩终为战国末期人，《太平御览》引《唐子》曰："仙人韩终即韩冯之兄，为宋王采药，王不肯服之，终因服之，遂得仙。"[①] 又引《列仙传》曰："燕王遣韩终采药，王先使韩终服之，面如金色。"[②] 其后，秦始皇派韩终采不死神药。据《史记》，秦始皇于三十二年（前215）"使韩终、侯公、石生求仙人不死之药"[③]。汉明帝末年，谷永亦云"秦始皇初并天下，甘心于神仙之道，遣徐福、韩终之属，多赍童男童女入海求神采药，因逃不还，天下怨恨"[④]。可知历史上确有韩终其人，是与徐福一起，为秦始皇寻不死药的方士之一。

韩终之名，道书中首见于《列仙传》，洪兴祖补注引旧题刘向《列仙传》佚文曰："齐人韩终，为王采药，王不肯服，终自服之，遂得仙也。"[⑤] 其次见于葛洪《抱朴子内篇》，曰："韩终服菖蒲十三年，身生毛。日视书万言，皆诵之，冬袒不寒。"[⑥] 又曰："又韩众丹法，漆蜜和丹煎之，服可延年久视，立日中无影。"[⑦] 此韩众即韩终。

汉代修行于温州的刘根拜韩终为师，《太平广记》引《神仙传》曰："请问根学仙时本末。根曰：吾昔入山精思，无所不到。后于华阴山，见一人乘白鹿车，从者十余人，左右玉女四人，执采旄之节，皆年十五六。余载（再）拜稽首，求乞一言。神人乃告余曰：'尔闻有韩众否？'答曰：'实闻有之。'神人曰：'我是也。'"[⑧] 另《魏书·释老志》载："牧土（指牧土上师李谱文）之来，赤松、王乔之伦及韩终、张安世、刘根、张陵，近世仙者，并为翼从。"[⑨] 从上文可见，战国时代的方士韩终，在道教形成后被打扮为仙人，其成仙之术，因道教派系不同而被视为服食或炼丹。北帝派、神霄派相继把他打扮为神。

---

① （宋）李昉等：《太平御览》，第4356页。
② （宋）李昉等：《太平御览》，第4358页。
③ （汉）司马迁：《史记》，第179页。
④ （汉）班固：《汉书》，中华书局，1962，第1260页。
⑤ （宋）洪兴祖：《楚辞补注》，中华书局，1983，第164~165页。
⑥ （东晋）葛洪：《抱朴子内篇·仙药卷第十》，《道藏》第28册，第214页。
⑦ （东晋）葛洪：《抱朴子内篇·金丹卷第四》，《道藏》第28册，第186页。
⑧ （宋）李昉：《太平广记》，《景印文渊阁四库全书》第1043册，第55页。
⑨ （北齐）魏收：《魏书》，第3052页。

神霄派的神仙谱系也是有来源的，从一定程度上继承了唐代创立的北帝派的神仙谱系。北帝派奉北极紫微大帝为主神，大帝麾下有天蓬、天猷、翊圣、玄武，合称四圣（四大元帅）。神霄派的主神三清、三帝、九宸，其中三帝之首是“北极紫微大帝”，即为北帝派所奉之北帝。三清三帝九宸之下有九司三省和四府，四府专司调兵遣将，收摄魔邪。[①]《紫微玄都雷霆玉经》曰：“北极紫微大帝统临三界，掌握五雷，天蓬君、天猷君、翊圣君、玄武君分司领治。”[②] 可知神霄派所奉之北极紫微大帝及四位雷霆主帅正是北帝派所奉之北帝及其麾下天蓬、天猷、翊圣、玄武四帅。这说明神霄派兴起时，将北帝派的神灵体系纳入了神霄派的神灵体系中。神霄派以雷法名世，北帝成为“统临三界，掌握五雷”的大神，北帝所领四辅均成为神霄派之雷帅，可知形成神霄派的多个来源中，北帝派是较重要的一个。北极紫微大帝在道教中的地位随着神霄派的兴起而不断提高，并得到道教各派的广泛信仰。[③]

① 参见李远国《神霄雷法》第六章《神霄诸帝与雷部众真》，第153～211页。
② 《道藏》第1册，第756页。
③ 孔令宏、韩松涛：《江西道教史》，中华书局，2011，第93页。

第五章

元明清时期温州道教的发展

元明时期，随着自身形式、内容发展的需要，受政治时势牵引，官方道教经历了一个改革、兴盛到开始衰落的过程，而民间道教却伴随市民社会的崛起找到新的生存土壤，在国家权力控制相对薄弱的地带保持了相对独立自由活泼的形式。温州道教在这一阶段既暗合了统治者追求社会稳定的宗教政策，又在政策的尺度内扎根于民间，更深入地渗透到社会生活的各个领域，成为地方传统文化不可分割的一部分。

明朝政权是建立在长期、连续的与故元贵族的战争的基础之上的，明初推行宽容、平等的民族宗教政策。朱元璋与道教的渊源颇深，在夺取江山和治理天下过程中，刻意利用道教为自己服务。朱元璋的身边聚集了一批著名的道教人物，如宋濂、刘基和周颠等，他们都为明朝的江山立下了汗马功劳。宋濂（1310—1381），字景濂，号潜溪，又号玄真子、玄真道士、玄真遁叟，浦江人，曾被明太祖朱元璋誉为“开国文臣之首”。刘基（1311—1375），字伯温，青田县南田乡（今属浙江省青田县）人，元末明初杰出的军事家、政治家、文学家和思想家，明朝的开国功臣。他辅佐朱元璋完成帝业，被誉为明朝的诸葛武侯。除了刘基、宋濂等人，还有著名的颠仙周颠在朱元璋征战天下过程中起了很大作用。人如其名，此人一直装疯卖颠，却又于关键处能给朱元璋莫大的帮助，是一个充满传奇色彩的人物。其事虽为正史所不载，但朱元璋曾经亲自为他撰文，记叙事实的真相。

以朱元璋为代表的帝王将相对道教采取了利用、扶植、控制的政策方针，朱元璋建立了管理道教的专门机构和制度，在京师设道录司，作为管理道教的最高机关，隶属于礼部，所辖道士分为全真、正一两派；府设道纪司，州设道正司，县设道会司，分别掌管府、州、县的道教事务，由道录司统辖，人员皆由精通经典、道行端洁的道士担任。朱元璋特别重视三教合一对治国安邦的作用，他亲近名道并十分重视他们的意见和建议。洪武二十七年（1394），他专门召见孙碧云，三次向他咨询、求教儒释道三教之说。孙碧云博览三教典籍，对于朱元璋的各种问题，他都对答如流，致使龙心大悦。孙碧云认为，三教无优劣之分，可以合一。这种思想正合朱元璋本意，增强了他进一步扶持、发展道教的信心。朱元璋前后七次召见孙碧云，使得孙碧云在道教界名声大振，后逐渐成为明朝初年皇帝的宗教顾问，负责管理道教，至明成祖时仍受青睐和重用。这类以国家之实力与权威支持道教的做法，一方面维持了道教的地位，同时也强化了道教对于皇权的依附性。由于朱元璋对道教的重视及管理，朱元璋当权期间道教一度兴盛，这种势头一直延续到明朝中叶，在嘉靖年间达到高潮，此后才逐渐走向衰落。

不过全真道在民间渐渐传布开来，龙门派等其他支派散布于全国各地，一时多了许多以清修为主的道教人士。内丹因此广为传播。

乾隆时期，对道教一再贬抑，禁止正一真人差遣法员传度，限制天师率领本山道众；道光时期则更不允许天师入觐。“这些都说明，道教在此期已处于一个逐渐衰落的过程中。”① 至民国时期道教亦不见其大兴。但温州地区的道教依旧有诸多人物在活跃。

第一节　王九灵及其《周易参同契》注

一　生平简述

王九灵即王涵虚，名家春，又作“王嘉春”，字九灵，明代永嘉人。潜心钻研《老子》《周易》，何白在《丹阳舟中别王涵虚北上》一诗之注中曰：“王君以甲午岁住武当，注《道德经》。”② 即王九灵1594年于武当注《道德经》。王九灵还注解过《周易参同契》《悟真篇》《阴符经》

① 卿希泰主编《中国道教思想史》（第四卷），第138页。

② （清）孙诒让：《温州经籍志》中册，上海社会科学院出版社，2005，第795页。

等多部书，并撰写《太极图说》《易粹篇》。据乾隆《温州府志》卷二十五记载，这些著作“板散逸，永嘉令韩则愈，补而梓之”[①]。王九灵亦曾书写正楷金字《玉皇经》一部三匣，1966 年被毁。王九灵少年时出家于应道观，饱读道书，足迹遍布五湖四海，后于武当山潜心悟道，晚年归瓯，朱之蕃赠之诗云：五岳归来云满袖，九山高卧雪盈巅。《光绪永嘉县志》与《乾隆温州府志》和清人陈梦雷所编《古今图书集成》第 51 册中之叙述相同。[②] 关于应道观与王九灵之关系，《光绪永嘉县志》中这样描述：“应道观在瑞颖坊，唐张无梦、宋林灵素咸修真于此。内有井名应仙，明万历间道士王九灵重建。”[③] 应道观唐宋之间即有记载，后王九灵于此修道，并重修道观内的应仙井。

李维桢的《太泌山房集》第一百二十中有《题王逸士像册》，文曰：“东嘉王涵虚道人，绝意婚宦，专精《老》《易》。灭动心，不灭照心，凝空心，不凝住心。行年七十有奇，朱颜鬒发，双瞳炯然，望而知其为神仙中人。余尝读其《易粹编》《道德经合易解》，与之上下论议，悉其生平，贞白、淮南鸿宝之诀，太乙遁甲之书，九章历象之术，太〔仓〕《素问》之方，靡不精诣。”[④] 可见王九灵注《老》解《易》，不仅在义理上颇有建树，更在道术上技高一筹，太乙遁甲、九章象术无一不通。

王九灵与何白乃同一时期人物。何白，明末布衣诗人，字无咎，乐清县城西郊丹霞山麓金溪人。著作有《山雨阁诗》《榆中草》《汲古堂集》等。王九灵为何白诗社之社友，何白在其诗中多次提及王九灵，称其为方外之人。何白亦曾多次写诗赠予王九灵，从其诗中亦可见王九灵之才华与风貌。

---

① （清）孙诒让：《温州经籍志》中册，第 795 页。
② （清）王棻：《光绪永嘉县志》卷三十六，第 1809 页。
③ （清）王棻：《光绪永嘉县志》卷三十六，第 1825 页。
④ （清）王棻：《光绪永嘉县志》卷二十七，第 1349 页。

丹阳舟中别王涵虚北上

怜君少炼黄金骨，登晨名列虚皇阙。
夜半琼波涌紫房，春午玉壶浮绛雪。
游戏人间讥者稀，廿年碧海未言归。
太白山光犹在掌，帝青云气欲生衣。
去年拄杖登玄岳，吹篴遥随缑岭鹤。
呼吸真疑帝座通，步虚时向天门落。
云床夜宿清微宫，凌晨足蹑香炉峰。
灵文五千阐灵秘，群山七十开芙蓉。
瑶编能辨古苔字，芝检更发金泥封。
竭来买药长安陌，肘后鞶囊飞八石。
方瞳炯炯绿筋生，玩世何妨头半白。
三竺秋清喜遇君，毗陵江上复离群。
他年共访陶都水，真诰岩前卧白云。①

观此诗中之文句，可见王九灵不仅是实修炼养之人，又深明科仪戒律。少炼黄金骨，名列虚皇阙，买药长安陌，肘后飞八石，说明王九灵虽已年过半百，但精神矍铄，方瞳炯炯。吹篴、呼吸、步虚等句又好似亲见其登坛作法之仪态。诗中处处多见道教炼养之专属名词，由此可知何白与王九灵之交甚深。二人之交情从何白之另一诗中更加可见：

九日同王九灵、王赞夫登塘西大善寺钟楼四首

天畔佳晨客里催，系舟双树一徘徊。
樯乌晓集千家市，珠雁光函七宝台。
飞盖浮云吴会出，渡江秋色越山来。
无令真气惊关吏，箕坐星河共举杯。

云际凭高一望乡，玉毫犹可照迷方。

① （明）何白：《汲古堂集》卷十二，明万历刻本，第314～315页。

蒹葭乍白江村月，橘柚初丹海国霜。
嘉会渐随秋易尽，别愁翻与路俱长。
呼鹰戏马当年事，结客空怀侠少场。

积翠中天此郁盘，俯临飞鸟一凭阑。
苕溪云冷雕胡熟，天目霞飞锦树丹。
泽国布帆秋共远，篷窗襆被夜生寒。
殊方对酒俱朋旧，何必黄花故国看。

雌伏雄飞怅不同，行踪南北共征蓬。
归心客倦长千里，高论鸿骞碣石宫。
井干风前喧铁凤，津梁天际落烟虹。
萧萧旅鬓茱萸媚，莫遣繁霜入镜中。[①]

此诗回顾了何白与王九灵、王赞夫昔年煮酒话诗、月夜论道之景，畅快、逍遥之情满溢其中，“无令真气惊关吏，箕坐星河共举杯”；但离愁在目，总有几番不舍，“嘉会渐随秋易尽，别愁翻与路俱长”，何白将王九灵的远走视作知己的离别，深忧挚友走后自己再无人可与论道、自己的心情无人可解，寄望王九灵能够早些回归，待到重逢之日，仍旧诗酒话斜阳，故而诗的最后发出感慨“萧萧旅鬓茱萸媚，莫遣繁霜入镜中”。由此可见王九灵与何白心性相投，只是在满腹才情之外，王九灵更多了一些逸士之风，托迹方外，以道归终。

二　王九灵与古本《周易参同契》

王九灵之著作大多遗失，现存仅有万历年间刻本《周易参同契校注》三卷，复旦大学图书馆善本目录中（1959 年）可查。另清人仇兆鳌所著《古本周易参同契集注》二卷中亦可见王九灵之注解（此书共集十

① （明）何白：《汲古堂集》卷十二，明万历刻本，第 403 ~ 404 页。

七家之注：彭晓、朱熹、陈显微、俞琰、陈致虚、杜一诚、徐渭、陆潜虚、李文烛、王九灵、蒋一彪、彭好古、甄淑、陶素耜、姜中真、尹太铉、黄百家。上卷为四言经文，共十八章；下卷为五言传文，共十八章。书后有补遗三篇，即《淳于氏三相类序》《大丹赋》《鼎器歌》，收入《道藏精华》第13集。今人孟乃昌、孟庆轩所编《万古丹经王〈周易参同契〉三十四家注释集萃》中亦收录王九灵之注解。

《周易参同契》“辞隐而道大，言微而旨深”，被称为“万古丹经王”。书名意谓易道、丹道、天道三者相同合契，明天道、易道之理，即可发明丹道之机。《周易参同契》对修炼金丹之鼎器、药物、火候、变化等过程给予了详细描述，成为后世追求长生不死者所尊奉的典范。古往今来，注解《周易参同契》的人颇多，《正统道藏》共收入《周易参同契》八家注本，它们分别是：无名氏（容字号）、朱文公（熹）、彭晓（真一）、无名氏（映字号）、林屋山人全阳子（俞琰）、陈显微（抱一子）、储华谷、阴长生。其余未被收录者众多。众人皆以《周易参同契》来窥视道教丹鼎之学，《周易参同契》是对《周易》在修仙学上的发挥与运用，既尊重了“一阴一阳之谓道”的义理思想，又将五行四时运用于卦象阴阳的变化之中。

诸家都在注解《周易参同契》，但诸家所用之版本不尽一致。以《正统道藏》所收录之《参同契》注解为例，大体可以分为两种版本，一种为“分章”式，一种为“不分章”式。如采用分章式本《参同契》的有映字号无名氏本、阴长生本、朱熹本、俞琰本、陈显微本，采用不分章式的则有彭晓本、容字号无名氏本、储华谷本。明代以后，又出现了一种新的版本“古本《参同契》”。

关于古本《参同契》的来源说法不一，之所以有古本之说，可以从《参同契》的作者说起。《神仙传》中指出《参同契》的作者是魏伯阳。但彭晓在其注释中认为《参同契》的作者不只魏伯阳一人，《周易参同契分章通真义序》中记载：“（魏伯阳）密示青州徐从事，徐乃隐名而注之，至后汉孝桓帝时公复传授与同郡淳于叔通，遂行于世。”[①] 依彭晓之观点，《参同契》乃为魏伯阳、徐从事、淳于叔通三者共同完成，《参同契》中虽未直接注明哪一段属哪一作者所为，但通观《参同契》之文体，有四言、五言、骚体之分，这使得三人合著一说有了合理的根据，同时为明朝以后古本《参同契》的出现埋下了伏笔。

关于作者之议、经注之辨，几乎每一注解《参同契》者都要论述自己的观点，值得一提的是俞琰在《周易参同契发挥》中说：“经注相杂，则又不知孰为经，孰为注也。愚欲以四言、五言、散文各从其类，分而为三，庶经注不相混淆，以便后学参究。”俞琰虽持此说，但并未照做，其所注解之《参同契》并没有按其所设想之四言、五言、散文相分类，“然书既成，不复改作，姑诵所闻于卷末，以俟后之明者”。[②] 到了明代正德年间杜一诚便继承了俞琰的思想，以四言为魏伯阳所作之经，五言为徐从事所作之注，重新编排了《参同契》，这便是后世所流行的古本《参同契》之顺序。之所以称之为“古本”，乃取名于杨慎，杨慎在《古文参同契集解》序中云：“近晤洪雅杨邛崃宪副，云南方有掘地得石函，中有古文《参同契》，魏伯阳所著，上中下三篇，《叙》一篇，徐景休《笺注》亦三篇，《后叙》一篇，淳于叔通《补遗》、《三相类》上下二篇，《后叙》一篇，合为十一篇，盖未经后人妄紊也。”[③] 依杨慎之说，古本《参同契》乃掘石函而得，乃藏于地下之遗物，故称之为古本。关于此种传说，后世诟病者颇多，如徐渭即认为，杨氏所称之古本《参同契》即是杜一诚依俞琰之意所作之刻本，他在《书古本参同误识》中有详细的考证：“此本为姑苏云岩道人杜一诚（字通复）者，当正德丁丑八月所正而序之者也。分四言者为魏之经，五言者为徐之注，赋乱辞及歌为三相类，为淳于之补遗，并谓己精思所得也。而不知欲分四言、五言者各为类，乃俞琰之意也，一诚其殆善继俞志者乎？渭细玩之，如此分合，乃大乖文理。俞琰盖幸而徒兴是念耳，使果为之，其罪不在杜之

① 《道藏》第 20 册，第 131 页。
② 《道藏》第 20 册，第 261 页。
③ （明）杨慎：《升庵集》，《景印文渊阁四库全书》第 1270 册，第 13 页。

下矣。成都杨慎为之别序此书，乃云：近晤洪雅印崃宪副，云南方有掘地得石函古文《参同》者，正如杜所编者。借录未几，乃有吴人刻本，而自序妄云精思所得。夫慎之序既如此，而一诚有别序，则又云：'窃弄神器，以招天谴。'其从父号五存者跋其书，又云：'书未出而为人窃去冒托。'观此，则慎之所闻于杨宪副者，乃他人窃得于一诚而托以石函者也。慎不玩其理，乃轻信而訾一诚，反以一诚为窃盗。夫一诚之可訾，乃特在妄编耳，岂窃盗于石函者哉？乃若谓一诚之盗窃，直谓其盗窃琰之意而以为出己意则可也。一诚失于信人，慎失于信古，务博而不理，述书多至八十种，诚如此类，岂可尽信哉？"① 这里所谓杜一诚失信于人，盖因杜一诚称此版本为自己"精思"所得，实乃窃俞琰之意。所以所谓古本《参同契》，只是以四言、五言、散文之体例重新编排《参同契》。

明清以来，古本《参同契》大为流行，王九灵之注解即是依此古本《参同契》。关于《参同契》之作者，王九灵考其全篇，通观其行文体裁、脉络大义与文气之殊异，亦认为《参同契》非一人所作。下面对九灵所注解之《参同契》思想进行简要梳理。

三 王九灵校注《周易参同契》反映的内丹思想

（一）体用一源的本体论思想

《周易参同契》，"参"者，三也，谓天道、易道、丹道三者相同合契，王九灵本此思想，建构起其注解《参同契》的体用一源模式。此体用一源之本体论思想，从宇宙生成之本源论入手，以易道为机，上禀天道，下贯人丹，显微无间。易道法天象地，涵盖天人，通过对易道体用一源之阐释，来解释丹道之奥妙，其媒介为五行正气。《参同契》的第一章为："乾坤易之门户章第一：乾坤者，易之门户，众卦之父母。坎离

① （明）徐渭：《徐渭集》，中华书局，1983，第679～680页。

匡郭，运毂正轴。”王九灵注曰：“盖天地体用，本乎一而已矣。”[1] 乾者天也，在人为君、为父，因其五行主金，金气刚健；坤者地也，在人为臣、为士，因其五行主土，土气柔而润华万物。以坤代表臣士庶民，据五行所讲亦有其根据，古有“四象五行皆藉土”之说，土乃木火金水化合之所，五行无土其他四象便无化合之地。君，舟也，民，水也，水能载舟，亦能覆舟，故以坤土喻民，以乾金喻主，正合此意。君位得正，民位得正，万物之序亦从而正之。是以“乾坤纵而六子横，易之本也”[2]。乾坤定天地之位，列君臣之序，后即引出坎离之门户。王九灵引先天卦序曰：“乾坤定上下之位，坎离列左右之门，天地之所阖辟，日月之所出入，莫不由此矣。故曰坎离冠首，光耀垂敷，盖言坎离为首冠者也。”[3] 乾坤坎离，各定南北西东，天地之序定也。此宇宙生成本源论阐释之中也包含体用不离之本体论思想，在一定意义上可以说论述此宇宙生成论之目的即在解释本体论上的体用一源之说。

“盖以乾坤配天地，以坎离配日月，亦不过取象而已”[4]，王九灵以乾坤为体，以坎离为用，以坎离为阴阳之根。然纵有乾坤坎离之说，亦不过取象而已。所谓取象者，以释其言也。纵观周易之体例，有言、象、意三者：言即卦爻之辞说，如乾卦九五之“飞龙在天，利见大人”；象即卦象，如三画卦之三阳爻代表乾卦，坤卦在上艮卦在下代表谦卦之象；立象与言，全在表其意。意无言、象，然从言、象中可得其意，故王弼有言：“象以表意，言以尽象，言生于象，故可寻言以观象……象生于意，故可寻象以观意。”[5] 知象之所寓，便可弃言；知意之所义，便可弃象。故王九灵直言，乾坤坎离不过取象而已，《参同契》即欲示人以言、象之变化而晓其丹道之义理。“天地者乾坤之象也。且如人以混丸配天，以中黄配地，以心肾配坎离，以心内之神，配日中之魂，以肾内之精，

① 孟乃昌、孟庆轩辑编《万古丹经王〈周易参同契〉三十四家注释集萃》，华夏出版社，1993，第1、3页。

② 孟乃昌、孟庆轩辑编《万古丹经王〈周易参同契〉三十四家注释集萃》，第3页。

③ 孟乃昌、孟庆轩辑编《万古丹经王〈周易参同契〉三十四家注释集萃》，第3页。

④ 孟乃昌、孟庆轩辑编《万古丹经王〈周易参同契〉三十四家注释集萃》，第29页。

⑤ （魏）王弼：《周易注》，《景印文渊阁四库全书》第7册，第593页。

配月中之魂，以呼出为日之东生，以吸入为日之西设（没），以升降为运行黄道，以伫息为日月合璧。”[①] 自然界之天地日月，易之天地日月，人身之天地日月，皆不过取象而已，由象而达意，方能知金丹之要妙。如其所引葛仙翁之语释之曰：“金丹见有为之梵相，总归无极之神通。”[②] 此诸多外象乃体之用，观象能达意者，即其用而见其体；意非象而不能诠表，因其即体即用，体用无间。“夫金丹藏五行四象之元精，夺天地星辰之造化，岂区区色相可能定之者乎？”[③] 王九灵的这种阐释符合《参同契》的主要思想，在《参同契》“天地设位第七章”中有言：“易谓坎离，坎离者，乾坤二用。二用无爻位，周流行六虚。往来既不定，上下亦无常。幽潜沦匿，变化于中。包囊万物，为道纪纲。”《周易》中所言“用”有两处，即乾卦之用九，与坤卦之用六。《参同契》发挥《周易》之说，以坎离为乾坤之用，然坎离者亦非坎离，只此一阴一阳而已。所以取坎离为用者，盖因坎离之卦皆阴中有阳，阳中有阴。坎者，水也，水性阴柔，然中有一阳爻主之，内阳而外阴，为阳卦；离者，火也，火性热烈，然中有一阴爻主之，内阴而外阳，为阴卦。坎离可谓最得易之要妙：阴中有阳，阳中有阴，体不离用，即用是体。自形而下观之，乾坤为体，坎离为用，此乃易道之本体，丹道修炼之本体；自形而上观之，乾坤亦为用，自有其体，其体乃先天之元气，阴阳造化，乾坤设位，不过一气之流行。此本体之气，上而载道，下而盈于人身。故王九灵注曰：“天地之循环者，气也；金丹之变化者，亦气也。天地之气，无所不包，金丹之气，亦无所不有也，无有有有即无，故可以为道之羽翼者也。故曰幽潜沦匿，变化于中，包囊万物，为道纪纲也。”[④] “静而为体，动而为用。”[⑤] 静则天地各得其位，动则坎离周流六虚，然人生于世，为欲所动难归清净，故需修炼内丹，以返本清源，而内丹之要，即在知身中之

① 孟乃昌、孟庆轩辑编《万古丹经王〈周易参同契〉三十四家注释集萃》，第 29 ~ 30 页。
② 孟乃昌、孟庆轩辑编《万古丹经王〈周易参同契〉三十四家注释集萃》，第 341 页。
③ 孟乃昌、孟庆轩辑编《万古丹经王〈周易参同契〉三十四家注释集萃》，第 341 页。
④ 孟乃昌、孟庆轩辑编《万古丹经王〈周易参同契〉三十四家注释集萃》，第 30 页。
⑤ 孟乃昌、孟庆轩辑编《万古丹经王〈周易参同契〉三十四家注释集萃》，第 30 页。

坎离，以动还静，即用见体。

在人身中，亦有此体用之别，性主于内，情主于外，而心为之体。《参同契》“阴阳为度第六十三章”有言：“性主处内，立置鄞鄂；情主营外，筑垣城郭。城郭完全，人物乃安。爰斯之时，情合乾坤。”王九灵注曰：“性主处内者，静也；情之处外者，动也。寂然不动，为玄关之体；感而遂通，为玄关之用。玄牝既立，则神炁有所居藏矣，亦犹郡邑之有城郭也，故曰城郭完全，人民乃安。夫立玄牝之初，鼓乾坤之橐籥，取坎离之刀圭，法易简之神功，成富有之大业，故曰爰斯之时，情合乾坤。”① 情发于外，若性能以中正主之，则情亦不邪。以“寂然不动”为体，“感而遂通”为用，指明修丹虽修之于身，但主之于心。心如明镜，应物而无累于物，常应常静。心能清净，性亦安之，欲念不起，情发合节，此是修丹之本。惟此心之体正，方能即寂即感，寂感一如，方知“举一鼎而千万鼎可知，入一乘而最上乘可到”②。

（二）虚心练己的修炼功夫论

1. 炼己之要在于虚心，虚心之要在于立本

道教以“仙道贵生，无量度人”为宗旨，贵生者则欲长生不死，故自古及今道教众人皆以探求长生成仙为务，方法途径甚多。据此，王九灵在注解《参同契》时说：“闻道则同也，行则不同也。”③ 谓其宗旨虽同，但路数迥异。“是以历代仙真，履历颇异，有拔宅者，有飞形者，有尸解者。以其相传，术有不同，故行有迂捷而仙有等第者也。夫炼铅烹汞者，亦道也；一身坎离者，亦道也；阴阳配合者，亦道也；煮水为铅者，亦道也；瞻星礼斗者，亦道也；炮石制草者，亦道也；均而谓之道。”④ 拔宅飞升、尸解、外丹、星辰崇拜、服食乃至房中术皆是求之于外以成仙者，另有修炼内丹诸法，如肘后飞金精者、守两肾中气者、守

① 孟乃昌、孟庆轩辑编《万古丹经王〈周易参同契〉三十四家注释集萃》，第 237 页。
② 孟乃昌、孟庆轩辑编《万古丹经王〈周易参同契〉三十四家注释集萃》，第 354 页。
③ 孟乃昌、孟庆轩辑编《万古丹经王〈周易参同契〉三十四家注释集萃》，第 109 页。
④ 孟乃昌、孟庆轩辑编《万古丹经王〈周易参同契〉三十四家注释集萃》，第 109 ~ 110 页。

金庭者、守泥丸者、调息者、闭息者、数息者、守阳举时者、按子午卯酉打坐取四正之炁者、咽津纳炁者、按摩导引者等诸术，不胜枚举。如此多之炼养家，王九灵认为其并非邪门外道，如其所述服食者：“有以服太和之气者，有以服日精月华者，有以服黄芽白雪者，有以炼涌泉之水为美金华者，有以炼黄白而服食者。均谓之服食也，大抵俱要三年，方得成功。”[①] 王九灵肯定服食之人可以长生成仙，亦不排斥别法。只是他认为大多数人并没有掌握这些道术的真正法门，只是得其皮毛，知其一二，便妄自操作，不识其本，终难成长生之效。“今人执一不通，但得一言半句，犹未见其成效，辄便是是非非，殊不知仙师往往排斥旁门，盖谓其非金液大丹耳，未尝言其为无。”[②] 如此说来，长生成仙之法并非只金液大丹一家，条条路数可长生，只要得其法门，而其法门不自外求，皆在己身之中。因我身即是阴阳造化之显，明我身心造化之机，即可与天地相参。

一切奥妙源在我身，王九灵一语道破：“不明练己功夫总徒然耳。夫练己之要在于虚心，虚心之要在于立本。”[③] 所谓立本者，并非常人所谓除去杂念，遣去欲望。王九灵认为，人从欲中来，欲使其无欲，便是徒劳，欲不可遣尽，念念从生，执着于“去欲守静”者，未得真常，这是“认贼为子”。若专注于此，日久天长则邪火旺盛，伤身损心，犹如“即鹿无虞”，入山寻鹿，没有熟悉地形和鹿性的虞官帮助，便白费气力，进不如舍，只因其未得修道之本也。王九灵认为修道者应从根本上立功夫，才能不至于偏颇。

欲明立本，先须明何者为“虚心”。“虚心”为修丹之根本，只有虚心，方可练就金液大丹。“虚心”一词本不属《周易》与《参同契》，却契合老子之思想，以道解《易》者，必以“虚”为要。老子《道德经》第五章云：“天地之间，其犹橐籥乎？虚而不屈，动而愈出。”天地冲虚，而用之不竭。《道德经》第十六章说：“致虚极，守静笃。……夫物

① 孟乃昌、孟庆轩辑编《万古丹经王〈周易参同契〉三十四家注释集萃》，第113页。
② 孟乃昌、孟庆轩辑编《万古丹经王〈周易参同契〉三十四家注释集萃》，第110页。
③ 孟乃昌、孟庆轩辑编《万古丹经王〈周易参同契〉三十四家注释集萃》，第110页。

芸芸，各复归其根。”那什么是老子所谓的“虚”呢？虚就是空，空无一物称作虚。天地虚空，所以万物才能居在其中。圣人空虚他的心灵，所以才能承载。虚又是无，无所谓有称作虚。明镜无心，所以才能映照万物。虚又是不知，没有分辨，所以无所谓善恶，无所谓是非，无所作为却又无所不为。虚又是不觉，没有痴迷，没有欲求。人因为有是非、善恶、动静这些妄念，不契合金丹法的要旨，所以就达不到虚的境界。虚是零，一切数字的开始。虚是无极也是太极，无动无静，无阴无阳。才说要虚一而静，却拘泥于静这个表象，所以就如老子所说的那样，道是不可言说的，因为一旦论说虚，虚就沦为了实，始终难以达到。虚是不执着。没有开始和终结，开始就是终结，终结就是开始，所以《易》既能有所成就却毫无益处。不执着于始，不执着于终。不执着于一念，不执着于未念，才是中和之道，才是儒家所说的中庸。虚也是空寂。观空就是空，空不是空无一物，什么都没有，保持淡泊安然，欲望就难以生起。虚是恬淡的，阴阳与之相配，淡泊而相守。王九灵阐述说：“夫金丹所以成者，不过阴阳得其配偶耳。淡薄者，轻清之谓也。又以炼土（士）绝须以淡薄自守，恬退自修，亦通是意也。”① 虚者，虚而能应。因其无所，常应常静，受之而不辞，逝之而不滞。虚者，能为万有。心无所生，万物自生。虚者，能化万有。心虚者以万物为心，形虚者以万物为形，神虚者万物以之为神。

所以，眼虚而色隐，耳虚而声消，鼻虚而嗅散，口虚而味平，形虚而感寂，心虚而思无。万物入而复出，还我心之本虚，方能成金液大丹之功。心虚则本立，或以金液大丹为本，或以服食为本，或以咽津纳炁为本，本立则道生，长生之道可修而至之。

2. 修炼之基在于阴阳和合

王九灵以阴阳和合为金液大丹之要领，合己身之阴阳而成丹，阴阳本俱存于人身之内，然多分隔不交，修炼金液大丹即是要己身之阴阳和合交媾，心神和合，魂魄和合，五脏和合，动静和合，时序和合，以合

---

① 孟乃昌、孟庆轩辑编《万古丹经王〈周易参同契〉三十四家注释集萃》，第348页。

制乱，以一统万，合契天道，方可长生不老。如王九灵引道家仙师之语："《悟真篇》曰：'虎跃龙腾风浪粗，中间正位产玄珠。'《金丹四百字》曰：'一粒复一粒，从微而至著。'"①

对于阴阳和合，王九灵阐述说："要须分别刚柔，以明牝牡，阳刚外运，阴柔内滋，铅至汞迎，毋勿差失。"② 和合之道并非阴阳相交即为和合，乃为阴阳交媾互相杂染，阴取其阳，阳取其阴，故必进退合时，慢守药炉，调整火候。如"铅取其精，汞取其髓，精髓混融，英华溢美"③。铅取其精者，铅为真水，取汞火中之真阴便成纯阴之体；汞取其髓者，汞为真火，取铅水中之真阳便成纯阳之体。如此精髓混融，方为阴阳和合，才有英华溢美于外，此英华溢美即为阴阳和合后之正气，此正气即是返归之先天祖炁，故人能得其长生。王九灵认为修丹之要千言万语，不过阴阳和合之谓，"夫《诗》以《关雎》为首，《礼》以冠婚为先，《春秋》以元年为第一，笺注引而正气，盖亦尊其始初之义也"④。

王九灵注解《参同契》第八十一章"升熬于甑山兮，炎火张设下"谓："升熬，升者，自下而上，谓之升；熬者，水火既济谓之熬。"⑤ 王九灵以水火既济解"熬"之意，与其他诸家注解有别。如《道藏》中映字号无名氏释之曰："熬，鼎也；甑山，灶也。"⑥ 董德宁释之曰："熬者，即上篇第九章所谓熬枢，今喻鼎器也。"⑦ 以熬、甑俱为鼎器之解者颇多。朱元育的解释与王九灵相同。朱元育注之曰："此节言乾坤交姤锻炼之法象也。前面坎离交姤，真种已生，再加配合之功，金丹大药养在坤炉中，故谓之熬。"⑧ 朱元育以坎离交姤后真种生养于炉中谓之熬，即王九灵所说之水火既济也。水火既济之象，白虎即真铅真水在上，苍龙即真汞真

① 孟乃昌、孟庆轩辑编《万古丹经王〈周易参同契〉三十四家注释集萃》，第 341～342 页。
② 孟乃昌、孟庆轩辑编《万古丹经王〈周易参同契〉三十四家注释集萃》，第 302 页。
③ 孟乃昌、孟庆轩辑编《万古丹经王〈周易参同契〉三十四家注释集萃》，第 302 页。
④ 孟乃昌、孟庆轩辑编《万古丹经王〈周易参同契〉三十四家注释集萃》，第 302 页。
⑤ 孟乃昌、孟庆轩辑编《万古丹经王〈周易参同契〉三十四家注释集萃》，第 341 页。
⑥ 《道藏》第 20 册，第 112 页。
⑦ 孟乃昌、孟庆轩辑编《万古丹经王〈周易参同契〉三十四家注释集萃》，第 343 页。
⑧ 孟乃昌、孟庆轩辑编《万古丹经王〈周易参同契〉三十四家注释集萃》，第 342 页。

火在下，“真铅既被火功升之于鼎，而真汞亦随之凝结于其中矣”①。取真水中之真阳，与真火中之真阴，相互交合，凝结成丹。如身披五彩飞舞之朱雀，投入罗网中遭到制伏，所谓罗网者，制伏朱雀真火之器，即是真水中之一阳。“夫真汞之体轻扬，真铅至性沉重，以沉重而制伏轻扬，所谓以铅制汞者是也，故曰‘压之不得举’。”② 王九灵又引《石函记》中之诗曰：“水银便是长生药，不是凡间水银作。朱雀炎空飞下来，摧折羽毛头与角。”③ 水火既济乃《周易》第六十三卦，阴阳和合，六爻皆得正位，炼金丹之要即在使一身中之阴阳皆得其正。

通观王九灵之注《参同契》，阴阳和合之思想贯穿始终，因天地之道乃阴阳和合化生万物，金丹之要亦须阴阳和合方可成丹。“天地：先天八卦，乾南坤北；后天八卦，离南坎北。先后之天，不离子午；阴阳水火，变互于中。子午，其天地之精蕴邪。循斗，《书》曰‘在璇玑玉衡，以齐七政’者，是也，盖言金丹作用，动合天地，七返九还之理，一如斗柄之推迁。”④ 先天八卦以乾南、坤北、离东、坎西定位，为先天之体，后天八卦以离南、坎北、震东、兑西定位，为后天之用，然体不离用，先天到后天卦序衍变之枢纽在于子午定位，此子午定位乃法象天文，如璇玑玉衡之于北斗星，金丹之要即是要循此天地时序之变化，内炼己身，化合成丹。“天地以子午为经。今以子分之星而临午位，是水制于火，阴侵于阳，昼反于夜也。”⑤ 明天地之阴阳和合造化，方能知己身之阴阳变化与天地无差。“关键，夫炼金液大丹者，取法天地，配合阴阳，坛炉鼎灶，上下关闭，进水退火，俱按周天，丹凤玄龟，周而复始者也。”⑥ 王九灵认为，仙家之所以以偃月炉谓之北海，一在取其涵育之大之意，一在取其分流之远之意，海纳百川，顺流不息，“金液大丹，生生

① 孟乃昌、孟庆轩辑编《万古丹经王〈周易参同契〉三十四家注释集萃》，第 341 页。
② 孟乃昌、孟庆轩辑编《万古丹经王〈周易参同契〉三十四家注释集萃》，第 341 页。
③ 《道藏》第 19 册，第 420 页。
④ 孟乃昌、孟庆轩辑编《万古丹经王〈周易参同契〉三十四家注释集萃》，第 334 页。
⑤ 孟乃昌、孟庆轩辑编《万古丹经王〈周易参同契〉三十四家注释集萃》，第 334 页。
⑥ 孟乃昌、孟庆轩辑编《万古丹经王〈周易参同契〉三十四家注释集萃》，第 334 页。

不息，一鼎万鼎，又何异于此哉！”[①]“夫黄白之金既就，而丹砂九转必成……夫黍米之为珠也，犹镜花水月之象，顾非自然之道，又安能凝结于空玄之中耶！”[②]

所谓阴阳和合者，并非只独水火二气阴阳和合，五行各有阴阳，各藏正气，金丹之要妙即在于五行各得其正。如其在《参同契》“以金为堤防第三十七章”中注解：“然则金也，水也，火也，三家相见，结成圣胎，千变万化，灵妙难窥，故曰‘三物相含受，变化状若神’。”[③]其他木、土之类作用亦是如此。五行乃阴阳之造化，五行化合生克即是阴阳交合之功。以五行之化合，返阴阳之和合，即能以后天返归先天，逆以成丹，永得长生。

3. 修炼之旨在于返还正气

老子在《道德经》第十六章中说：“万物并作，吾以观复。夫物芸芸，各复归其根。”老子所讲归根复命，成为道教内丹修炼的主要宗旨。老子归根复命之说，所归所复即人之婴儿状态。如《道德经》第二十八章曰：“知其雄，守其雌，为天下溪。为天下溪，常德不离，复归于婴儿。”第十章曰：“载营魄抱一，能无离乎？专（抟）气致柔，能如婴儿乎？”能复归婴儿者，即是善摄生者。第五十章曰：“盖闻善摄生者，陆行不遇兕虎，入军不被甲兵。兕无所投其角，虎无所用其爪，兵无所容其刃。夫何故？以其无死地。”抟气致柔，即是内丹修炼之途径。复归婴儿，返先天之本，夺天地之造化，方可修道成仙。故而众多丹家皆以婴儿之状态为修炼的阶段性目标，但王九灵在注解《参同契》时所流露出的思想却与诸家不同。

《参同契》“阴阳为度第六十三章”原文为：“阴阳为度，魂魄所居。阳神日魂，阴神月魄；魂之与魄，互为室宅。乾动而直，气布精流；坤静而翕，为道舍庐。刚施而退，柔以化滋。九还七返，八归六居。男白女赤，金火相拘，则水定火，五行之初。上善若水，清而无瑕。道之形象，真一难图。变而分布，各自独居。”王九灵之注解如下：“九还七返

① 孟乃昌、孟庆轩辑编《万古丹经王〈周易参同契〉三十四家注释集萃》，第 334 页。
② 孟乃昌、孟庆轩辑编《万古丹经王〈周易参同契〉三十四家注释集萃》，第 354 页。
③ 孟乃昌、孟庆轩辑编《万古丹经王〈周易参同契〉三十四家注释集萃》，第 150 页。

者，九、七皆阳数，二者合成十六，乃男子二八真精金之象也。返者，返乎此；还者，还乎原是也。八归六居者，八六皆阴数，二者合成十四，乃女子二七天癸至之象也。归在归乎易，居者居乎室是也。”① 王九灵的修道成仙思想可以在此段关于数的解释中得到阐释，其关于原文九、七、八、六之解释与诸家注解皆不同。纵观现存《参同契》注解者，多以五行解此数，如彭晓、储华谷、陈显微、俞琰、陈致虚、玉溪子、刘一明等；《正统道藏》所收录的映字号无名氏则以《周易》与生育之关系解数，王文禄本则专以河洛解数。因其对数之解释不同，故对下文“男白女赤”之解释亦不相同。

以五行解数者，如彭晓注本曰：“九还、七返、八归、六居者，谓金生数四，成数九；火生数二，成数七；木生数三，成数八；水生数一，成数六；土生数五，成数十也。”② 这是以五行之生数、成数解之。对于“男白女赤”之说，亦可套用五行五色。五行中乾卦属金，金色白，故曰“男白”。五行中离卦为火，火色赤，故曰“女赤”。储华谷注曰：“自然九火七金，还元返本，八木六水，归根居源。此以《洛书》成数论四象也。金白火赤，故曰赤白。金乃坎男中真阳，火乃离女中真阴，此金火之二用。”③ 陈显微注曰：“九金、八木、七火、六水，还返归居，皆入于土矣。归土则五行全，而万物生其中。男现白形，女呈赤貌，盖五行聚会而金火相拘。”④ 俞琰亦曰：“六、七、八、九，即水、火、木、金也。”⑤ 陈致虚、玉溪子、刘一明等人皆以五行解此四数，虽以五行解数，但五行所到无所不包，如以卦象言，水、火、木、金即为坎、离、震、兑；以方位言，则为北、南、东、西；以四时言，则为冬、春、夏、秋；以干支言，则为子、午、卯、酉；亦可配以星宿、神兽，等等。

除了以五行解数，另有两家之解法殊异，即映字号无名氏与王文

① 孟乃昌、孟庆轩辑编《万古丹经王〈周易参同契〉三十四家注释集萃》，第 237 页。
② 《道藏》第 20 册，第 148 页。
③ 《道藏》第 20 册，第 305 页。
④ 孟乃昌、孟庆轩辑编《万古丹经王〈周易参同契〉三十四家注释集萃》，第 235 页。
⑤ 《道藏》第 20 册，第 234 页。

禄之解法。映字号在注释此段时说："九还者，乃三千行满为九年之数，以象怀胎九月余也。七返者，乃铅、汞、龙、虎、血、气、神也，皆欲返于三田。八归者，乃八百功成，谓一月八两，一年九十六两，故九年积而为八百余两，以归丹田也。六居者，乃天地之六子也，始三年则育长男、长女于下田；中三年，则育中男、中女于中田；末三年，则育少男、少女于上田也。男白者，坎中之金也。女赤者，离中之砂也。"① 此种解释，以易卦之卦爻来象征生育变化之成衰过程，与以上诸家皆有异。王文禄之注解，则以河图洛书之数为契机，阐发其有无一源之思想："九六，十五；七八，十五；《图》《书》数也，皆五居中，一〇居五中也，原始要终，无中生有，故曰'本一无'也。"② 此将阴阳水火之交合变化划归为原始之无，相比诸家形而上之意味更重。

独王九灵之解释与众家皆异，王九灵以九、七为阳数，相加得十六，为男子二八真精始现之时；以八、六为阴数，相加得十四，为女子二七天癸始至之时。又曰返者，返乎此，归者，归乎此。也就是说修炼的核心即是要返回真阳、真阴之处。王九灵认为，男子十六岁之前是纯阳，女子十四岁之前是纯阴，未有杂质，真精、真水流溢之后，人便为欲所染，失其精真，修炼之目的即是返归于此，非是复归于婴儿。然复归于婴儿一说，又不限于仅表时间上人之初生，更代表一种精真纯阳之状态，王九灵所谓真精未漏、天癸未出之时亦是这种精真纯阳之状态，当此之时，人皆正气，内外无邪。故王九灵认为人"含精养神"，方能"通德三光"，"夫金丹一粒服之，则化凡骨为金刚不坏之躯。剥尽群阴，浑是一团阳气，故曰'众邪辟除，正炁常存'"③。

（三）寂感一如的境界论

1. 灭动心，不灭照心

读王九灵的《周易参同契》注解，可以发现，他虽为道门中人，但深

① 《道藏》第 20 册，第 108 页。

② 孟乃昌、孟庆轩辑编《万古丹经王〈周易参同契〉三十四家注释集萃》，第 237 页。

③ 孟乃昌、孟庆轩辑编《万古丹经王〈周易参同契〉三十四家注释集萃》，第 326 页。

受儒家和佛家思想的影响，虽然没有主张三教合一的语句，但从他的言语中却能感受到三教圆融的思想。比如其解《参同契》便以《易传》中“寂然不动，感而遂通”之语，明心统性情之说。王九灵认为性主于内，好静，情主于外，好动，而性情皆统于一心，正如《清净经》所言：“人神好清而心扰之，人心好静而欲迁之。常能遣其欲而心自静，澄其心而神自清。”① 遣欲而静心，即是灭动心之谓，欲既已遣而心自静。心静如止水，则能照鉴万物。心静若不能照鉴万物，即为死心。因心之体涵容天地，必以能见为用。心静而不能应物，则非真静；应物而乱其心，亦非真静。真心之体，静则虚空宁寂，动则法象天地。故王九灵曰：“寂然不动，为玄关之体；感而遂通，为玄关之用。”② 灭动心者，即是让心寂然不动，呈现其体；而不灭照心者，即是心能应物，感而遂通，为全体之大用。

2. 凝空心，不凝住心

心如明镜，可以应现万物，但不应被万物所累，方是真心。所谓凝空心者，即是王九灵所讲练己只要虚心，心虚则无有欲念分别，不以己私而观万物，还万物自然之原貌。若应物而为物所累，久久不忘，即是“住心”，心住于所见之外物，而失其本真，其因在于本心之体未曾虚也。虚心者，无有好恶分辨，无有情思怨念，便不住于物，以情应物而无累于情，常应常静，寂感一如。王九灵指出，并非外在一切只是感知之对象，无其实际之意义，外物存在之意义即在于通过万物而体察己心。他引《金刚经》之语曰：“一切非法非非法。”③ 万物为我心之万物，知万物之好恶，实乃我心之好恶。心无好恶，物亦无好恶，即所谓无善无恶心之体也。知此善恶之辨本于心者，便明心不待善恶而自清净。放此清净心，入于事中，校验体察，方知心内万象呈现于外，物事已发；收此清净心，退却于后，观摩领会，方知心外万事与我无关，攀援自扰。此即所谓“凝空心，不凝住心”。

总之，王九灵所注解之《周易参同契》，承前启后，既继承和发扬

---

① 《道藏》第11册，第344页。

② 孟乃昌、孟庆轩辑编《万古丹经王〈周易参同契〉三十四家注释集萃》，第237页。

③ 孟乃昌、孟庆轩辑编《万古丹经王〈周易参同契〉三十四家注释集萃》，第110页。

了先贤们对《周易参同契》校注的精髓，又为后世学者理解《参同契》提供了新的视角与思维，为明代道教研究注入了一股清流。

第二节　刘基与道教的纠葛

刘基（1311—1375），字伯温，是个传奇人物，他一生辅助朱元璋西平江汉（陈友谅），东定吴会（张士诚），北伐中原（元朝），群雄归命，一统天下，使朱元璋“遂成帝业”。他于元武宗至大四年（1311）出生于江浙行省处州路青田县南田山武阳村，故时人称他刘青田。刘基曾祖仕宋为翰林掌书，他自己自幼颖异，元至顺年间举进士，曾担任高安丞，有廉直声誉，但在元朝做官不顺心，于是弃官归青田，后投入朱元璋门下，为朱元璋出谋划策，甚得宠信，历任太史令、御史中丞、弘文馆学士。明洪武三年（1370）被封为“诚意伯”，人们又称他“刘诚意”。归老还乡后，他唯饮酒弈棋，口不言功，但仍被胡惟庸陷害至毒死，享年六十五岁。明武宗正德九年（1514），他被追赠太师，谥文成，因而后人称他“刘文成”“文成公”。历史上记载，其人读经史，练诗词，研杂学，通易数，习百艺，琴棋书画，天文地理，无所不晓，对文学、哲学、地理、天文历算、军事学、医学等都有研究，是个学问大家。

刘基被元廷羁管于绍兴期间，受到德高望重的“别峰上人”的邀请游览宝林，偶遇道士张玄中来告别别峰上人而归桐柏观，三教之人聚会在一起，刘基认为“吾安得而拒之!”但从这个“拒”字，可以看出刘基并不把自己和佛教徒、道教徒放在同一队列，他将自己放在“吾徒”的文人知识分子行列，但是对佛教徒、道教徒并不拒绝排斥，甚至抱着“同情之理解”的态度，认为他们是“怀才抱志之士”，是为了“远害而离尤”才置身方外的，是不得已而为之，“岂得已哉!”这就为他后来在仕途不顺、暮途困苦的时候，思想向道教倾斜设下了伏笔。但是在当时，他的思想仍旧是积极入世的，他认为“置身方外”的做法并不可取，因为生民仍遭涂炭，“三王世远，天下之为民者不易矣”。他将百姓的疾苦放在心上，将国家的稳定放在心上，认为时局仍旧动荡，“风尘正郁勃，原野塞戈祋。盗贼炽炎火，平人走狼狈。湮沦海底珠，黯淡日中沬。忧深杞国天，卜渎文仲蔡”[①]。他仍旧忧国忧民，当时还不是逍遥隐逸的时机，希望“治国平天下”，一展胸襟抱负。

一　拥有道教知识储备

刘基自幼聪颖，一生好学。“凡天文、兵法诸书，过目洞识其要”[②]，“闻濂洛心法，即得其旨归”[③]，《明实录》谓其“幼敏悟绝伦，读书过目辄领其要”[④]。他不仅领悟力惊人，记忆力也出色，《行状》称他：“人未尝见其执经读诵，而默识无遗。”[⑤] 刘基天资聪异，四书五经显然满足不了他强烈的好奇心，他无书不读，“凡天文地理、阴阳卜筮、诸子百家，莫不涉猎”[⑥]。这些知识储备使得刘基后来不仅是一个开国功臣，也是一个治国良臣，能够卜建南京城、制定《大统历》、草创《大明律》、奏立军卫法以及重开科举，这无不与他丰厚的知识储备有关。但是，古代文人也不乏广泛涉猎之人，为何只有刘基后来被附会成道教之人呢？

刘基所涉猎的天文地理、阴阳卜筮等属于术数的范畴。术数一直是中华传统文化的重要组成部分，曾经是我国历史上社会生活中的时尚，但如今学术界并没有明确它的内涵和外延。术数较早出现在《黄帝内经》中，如《素问·上古天真论》云：“其知道者，法于阴阳，和于术数，食饮有节，起居有常，不妄作劳。”[⑦] 王冰注：“术数者，保生之大伦，故修养者必谨先之。”[⑧] 道家较早使用“术数”，但此时“术数”主要是古人对养生保健方法的总称，主要是一些调摄精神、锻炼身体的养

① （明）刘基：《刘基集》，林家骊点校，浙江古籍出版社，1999，第78～79页。
② （明）刘基：《诚意伯文集》，何镗编校，商务印书馆，1936，第31页。
③ （明）刘基：《诚意伯文集》，何镗编校，第31页。
④ 《钞本明实录》第1册，线装书局，2005，第452页。
⑤ （明）刘基：《诚意伯文集》，何镗编校，第31页。
⑥ （明）刘基：《诚意伯文集》，何镗编校，第13页。
⑦ 《重广补注黄帝内经素问》卷一，（唐）王冰注，《道藏》第21册，第3～4页。
⑧ 《重广补注黄帝内经素问》卷一，（唐）王冰注，《道藏》第21册，第3页。

生方法，不是后来道教意义上的“术数”。道教属于宗教，而道家属于诸子流派，但道家、道教之间有渊源继承关系。同样，儒家的六艺“礼、乐、射、御、书、数”里面的“数”也内涵丰富，包括卜筮之事，即数理易学的知识，但也不完全是“术数”。《汉书·艺文志》将群书分为六类，其中有“术数”类，包括天文、历谱、五行、蓍龟、杂占、形法六种，共一百九十家，书二千五百二十八卷。《隋书·经籍志》载有风角、九宫、太一、遁甲、周易占、易林、东方朔占、堪舆、八卦阵图、相法等四百余种著作，但无“术数类”，其中关于历法、占法之书，都归于天文、历数、五行三类，在兵家书中也稍有涉及。《四库全书总目·术数类》中说：“术数之兴，多在秦汉以后，要其旨，不出乎阴阳五行生克制化，实皆易之支派，传以杂说耳。”① 大致上确定了术数的内涵。可知，“术数”由最初的养生方法演变成以阴阳五行生克制化之理，确定人事和国家的气数的“方术”，有一个发展演变过程。道教在发展的过程中杂取百家、兼容并蓄，将众多术数吸收进来，因此民众就将“术数”与道教扯上了关系。

但是仅仅了解术数知识并不能让人误认作道士，历史上不乏儒家文人“精通术数”者，但仍不能掩其儒者的身份。刘基不仅掌握了众多术数知识，还能在精通术数的基础上熟练地“运用术数”，史称“精通象纬之学”，这才使他与普通文人不同。

象纬之学是古代的天文学，这门学问因有“观星象而知未来”之类的内容，被历代统治者禁止私学，刘基是自学成才还是有异人传授已经不得而知，但不可否认，他的思想深受象纬之学的影响。在《诚意伯文集》中处处可见术数词汇，如卷九《述志赋》云：“无蓍龟以央（夬）疑兮，迷不知余所从。”② “要传（傅）说于箕尾兮，命灵龟使占之。”③《九叹》曰：“蓍龟孔昭兮，勿远余思。”④ 卷十《艳歌行》载：“荧星入

① （清）永瑢等：《四库全书总目提要》第二十一册，商务印书馆，1939，第1页。
② （明）刘基：《诚意伯文集》，何镗编校，第220页。
③ （明）刘基：《诚意伯文集》，何镗编校，第220页。
④ （明）刘基：《诚意伯文集》，何镗编校，第227页。

天阙，武库一朝灾。”[①]《煌煌京洛行》曰：“妖星入太极，胡雏登御床。”[②] 这些玄妙的词语让人不知所云，但对刘基来说却信手拈来，说明他对此类内容极为熟稔。刘基在《灵棋经解序》中说：“昔者圣人作易，以前民用。灵棋，象易而作也，易道奥而难知，故作灵棋以象之。灵棋之象虽不足以尽易之蕴，然非精于易者，又安能为灵棋之辞也哉？……予每喜其占之验，而病解之者不识作者之旨，而以世之卜师之语配之。”[③] 只有足够精通易占之理，才能够非常自信地给《灵棋经》作注。刘基所作《郁离子》也颇有深意，其中“郁”字意为“有文采的样子”；“离”为八卦之一，代表火；“郁离”就是文明的意思，其谓后世若用斯言，天下必可抵文明之治，其政治抱负略见一斑，而采用术数词汇加以体现，可知，术数思维已经在刘基头脑中根深蒂固。

不仅在著书立说的时候采用术数语言，刘基在为朱元璋出谋划策之时，也经常采用术数语言。例如，他提议伐陈友谅时说：“昨观天象，金星在前，火星在后，此师胜之兆也。”[④] 鄱阳湖大战时候，刘基也认为决战时机为“金、木相犯”之日最妥。他之所以以此种方式提出建议，与朱元璋非常迷信天文占卜之术有关，史料中记载了很多朱元璋遣人向刘基寻求对策的史料，如《诚意伯文集》所收《御名书》中云：“六月二十二日克期回得教墨，谕以六月、七月间举兵用事，不利先动，当候土木顺行、金星出见则可。使愚一见教音，身心踊跃，足不敢前。如此者何？盖以先生一二年间，以天道发愚，所向无敌，今不敢违教。然择在七月二十一日甲子，未得吉时，是以再差人星夜诣前，望先生以生民为念，德教为心，早赐来临，是所愿也。如或未可即来，可将年月、吉日、时辰、方向、门户择定，密封发来，实为眷顾。”[⑤] 洪武元年（1368）三月《御史中丞诰》云：“若夫观象视祲，特其余事。”[⑥] 同年七月《弘文

① （明）刘基：《诚意伯文集》，何镗编校，第 261 页。

② （明）刘基：《诚意伯文集》，何镗编校，第 262 页。

③ （明）刘基：《诚意伯文集》，何镗编校，第 130 ~ 131 页。

④ （清）毕沅：《续资治通鉴・元纪三十四》，岳麓书社，1992，第 1023 页。

⑤ （明）刘基：《诚意伯文集》，何镗编校，第 1 ~ 2 页。

⑥ （明）刘基：《诚意伯文集》，何镗编校，第 5 页。

馆学士诰》云："及将临敌境，尔乃昼夜仰观乾象，慎候风云，使三军避凶趋吉，数有贞利。"① 同年十一月《诚意伯诰》云："基累从征伐，睹列曜垂象，每言有准，多效劳力，人称忠洁，朕资广闻。"② 十一月《御宝诏书》云："动则仰观乾象，察列宿之经纬，验日月之休光，发踪指示，三军往无不克。"③ 洪武四年（1371）初刘基归里，因天象异常，朱元璋于八月致书咨询，所问仍是天文历数："即今天象叠见，且天鸣已及八载，日中黑子又见三年。今秋天鸣震动，日中黑子，或二或三或一，日日有之，更不知灾祸自何年月日至。卿山中或有深知历数者、知休咎者，与之共论封来。"④

可知，通晓天文历数，并能依据天象提供建议是刘基的独特之处，朱元璋多次称刘基为"吾之子房"。但是朱元璋所倚仗的术士并非只有刘基一人，还有朱升等人也受器重，朱元璋曾手诏盛赞朱升"察历数，观天文，择主就聘"，"蓍言趋吉避凶，往无不克"。⑤ 不过，刘基的长处在于能够利用丰富的知识，结合多种因素来制定决策和建议，《诚意伯文集》所附《诚意伯次子阁门使刘仲璟遇恩录》，记录了洪武二十三年（1390）十二月二十二日朱元璋与刘璟的一次谈话，其中谈道："他（刘基）的天文，别人看不着，他只把秀才的理来断，到强如他那等。"⑥ 由此可知，"刘基之天文占验，主要不是凭占书论断，而是根据现实情势和自然道理推断"⑦。这是他的长处，说明他所提出的谋略、计策、兵法也并不完全都是使用天文历数知识，但是由于他的献策建议非常神秘，有时在人所不知的密室之中，"上或时至公所，屏人语，移时乃去，虽至亲密，莫知其由"⑧，"顾帷幄语秘莫能详，而世所传为神奇，多阴阳风角之

① （明）刘基：《诚意伯文集》，何镗编校，第 5 页。
② （明）刘基：《诚意伯文集》，何镗编校，第 6 页。
③ （明）刘基：《诚意伯文集》，何镗编校，第 2 页。
④ （明）刘基：《诚意伯文集》，何镗编校，第 3 页。
⑤ （明）朱升：《朱枫林集》，刘尚恒点校，黄山书社，1992，第 2 页。
⑥ （明）刘基：《诚意伯文集》，何镗编校，第 23 页。
⑦ 高寿仙：《刘基与术数》，《浙江工贸职业技术学院学报》2006 年第 3 期。
⑧ （明）刘基：《诚意伯文集》，何镗编校，前言第 34 页。

说"①；有时所建议的对策也不知所云，给了世人丰富的想象空间，人们以讹传讹，将刘基神化为一个未卜先知的"半仙"之人，渐渐地他的形象就从一个文臣转变成一个"术士"。他所精通的阴阳风角之类术数，本来就神乎其神，他利用这些天文历数知识为统治者出谋划策的故事已经深入人心，他所提的对策建议又很少有人知晓，后世将他的术士形象定型而流传下来也就在情理之中了。

二　与道士交游

第二个促使人们误认为刘基是一名道士的原因是他与高道羽士交往频繁。张宏敏认为："刘基与道士之间顺利交往有主、客观两方面的原因。客观因素得益于元明王朝实行的扶植发展道教的宗教信仰政策。……主观因素是刘基本人与老庄道家、道教之间有诸多的情感纠葛。"② 此说有一定道理。蒙古入主中原后，采取了多种种族歧视措施，但对道教却持扶持态度，借以拉拢人心。汉族知识分子有的采取彻底不合作态度，遁入道门，有的则经历了与元朝统治者合作、犹疑到背离、决裂的过程。

至正六年（1346），刘基接受好友欧阳苏的邀请，来到丹徒，在欧阳苏家附近的蛟溪书屋住下，过了一段半隐居的生活，以教授村里子弟读书来维持生活，和月忽难、陶凯等好友时相往还。至正八年（1348），刘基结束在丹徒约两年的半隐居生活，再度投入人群来到杭州居住，"和竹川上人、照玄上人等方外之士时相往来；也和刘显仁、郑士亨、熊文彦、月忽难等文士诗文相和；也与许多高道羽士进行来往"③，据考证，在杭州的四年当中，"与刘基有过交往的高道羽客至少有 14 人"④，多有诗词歌赋之应酬对答。

刘基所交往的道士大多属于文学道士，知识文化层次较高，双方性

① （清）张廷玉等：《明史》，中华书局，1974，第 3782 页。

② 张宏敏：《刘伯温的道缘》，《中国道教》2010 年第 4 期。

③ 周松芳以为与刘基有交往的道士有八位，见《刘基与谶纬术数关系平议》，《浙江社会科学》2008 年第 2 期。

④ 张宏敏：《刘伯温的道缘》，《中国道教》2010 年第 4 期。

情相投。如刘基早年读书之时，多次与挚友一起登游紫虚观，其间和道士吴梅涧成为好友。吴梅涧从小聪颖好学，喜好老庄清静之道，父母说他有道士气度，后来到紫虚观做道士，在修炼中悟性渐长，声名鹊起。后被天师正一真人授予“崇德清修凝妙法师”的称号，住持紫虚观事五十余年。吴梅涧卒，刘基满怀深情作《紫虚道士吴梅涧墓志铭》，深切回忆了往事，表达了和吴梅涧之间真挚的友谊和情感。又如，刘基在杭州任职时结识了文学道士张雨，二人兴趣相投，相见恨晚。张雨是上清派道士，为人大气不拘小节，有隐居之志。年方二十弃家做了道士，游历诸多名山，拜周大静为师，后又去杭州开元宫，师从玄教道士王寿衍。张雨有相当高的文学修养，刘基认为“始获与外史一见，即如平生欢”。[①] 刘基在张雨羽化离世后，为其撰写墓志铭。

刘基与道士交往的文体主要是赋诗与墓志铭，如与刘基私交甚笃的道士刘云心羽化，刘基作七律《挽诗》以寄哀思：“少微星下葬神仙，白玉楼中迓翠軿。弟子焚香玄鹤逝，天官肃驾紫鸾翩。金丹缥缈空山月，铁笛凄凉远树烟。溪上故人如见问，碧桃花里过年年。”[②] 刘基与吴梅涧道长相熟，因而认识道长的弟子王君采，王君采有位高徒梁惟适，重情重义。有位章思廉道士病故，其冠舄葬于紫虚观南面的眉岩，其人少时学儒，以经学闻名，后来出家，从遂昌寿光宫转到少微山的紫虚观。他的弟子王有大在章思廉羽化之后成为梁惟适的弟子，梁惟适、王有大在眉岩旁建室，“岁时致享祀”，曰“神仙宅”。刘基为两位道徒对羽化高道章思廉的缅怀之情所感动，“故为述其事，而继以歌”，有《少微山眉岩神仙宅记》。除了为人写墓志铭作记，有人求诗，刘基也会慷然题词，如处州仙都道士陈此一与刘基在处州平寇期间相识而交往，其人豁达，“作石室豫为葬地，求诗”，刘基相赠七律一首：“仙都道士陈此一，偷得蟾宫龙虎丹。便开白石为金穴，坐待青天落玉棺。驭气九秋风引佩，步虚五夜月当坛。他年欲访朝真路，绛节霓幢此地看。”[③]

① （元）张雨：《句曲外史集》，《景印文渊阁四库全书》第1216册，第389页。

② （明）刘基：《刘基集》，林家骊点校，第456页。点校本误认“桃”字，径改。

③ （明）刘基：《刘基集》，林家骊点校，第490页。

值得一提的是宋濂，他是与刘基来往甚密的道教人士，他辞绝元朝翰林院编修之职，入浦江仙华山修道长达十余年。这种选择与刘基出仕元朝道路不同，但两人的感情很好，刘基在闻听挚友宋濂入仙华山修道后，“则大喜，因歌以速其行”，特作《送龙门子入仙华山辞》相赠。“予弱冠婴疾，习懒不能事，尝爱老氏清净，亦欲作道士，未遂。”[①] 看到好友入门修道，刘基非常羡慕：“先生行，吾亦从此往矣。他日道成为列仙，无相忘也。”[②] 在《潜溪图歌为宋景濂赋》中，刘基表示愿与至交同去潜溪龙门福地修道：“金华山水天下希，潜溪龙门尤绝奇。群峰峻极河汉上，一峰独立芙蓉陂。先生结庐在其下，文追班杨兼贾马。……山有蔬，水有鱼，幽涧有泉清可酾。何时上疏乞骸骨，寄声先遣双飞凫。”[③] 这种对于神仙修道生活的向往之意，同样体现在他为张玄中所作《送道士张玄中归桐柏观诗序》中：“我欲往从之，逍遥解沉昧。”不过，刘基还是不能放下他的社稷抱负，与道教人士的来往更多的是为了排遣仕途上的不如意，如《画竹歌为道士詹明德赋》是和詹明德两人在研讨《画竹》图，满图的蔚蔚绿竹、寒烟、流水、崖石等景致引得刘基睹“画”生情，赋歌陈情，诸如此类还有《夜听张道士弹琴》《道士周玄初鹤林行》《赠道士蒋玉壶长歌》等。

应该说，刘基与众多道士的交往既符合当时“三教合一”的历史大趋势，也契合他在人生特定时段的心理诉求，如排解在元朝做官郁郁不得志的苦闷，打发功成身退后的无边落寞。从《刘基集》中可知，与刘基相过从之僧人远远多于道士，“僧人有 35 人之多，涉及 51 篇”[④]，而言及道士者不超过 15 人。但从情感来说，刘基信赖道教大于佛教。道教是中国土生土长的宗教，不同于外来宗教，已经深入到刘基的潜意识中。刘基少年时疾病缠身，爱老氏清静，曾欲做道士，未遂，在他与多位道士的诗文酬和中可见他对修道生活的倾慕，“明年定约赤松子，与尔群峰

① （明）刘基：《刘基集》，林家骊点校，第 213 页。
② （明）刘基：《刘基集》，林家骊点校，第 214 页。
③ （明）刘基：《刘基集》，林家骊点校，第 293 页。
④ 周松芳：《刘基与谶纬术数关系平议》，《浙江社会科学》2008 年第 2 期。

顶上游”[①]，是其晚年不可或缺的精神寄托。紫虚观一位周姓道士还俗多年而贫苦多病，最终只能“复归观就养”，刘基还为此赋诗一首表示惋叹，可见，刘基的思想中有众多的道教因素，与道士的交游是非常重要的一个方面。

三　认同并实践道教思想

仅仅是拥有道教知识储备和与道士来往，不是人们猜测刘基道教身份的充分必要条件，对道教思想、行为抱有同情之理解，认同甚至亲身实践道教的一些教理教义，才是人们误认为刘基是道教徒或者与道教有纠葛的更重要的原因。

道教神化老子为道德天尊，刘基也推崇老子，“道得复何怨，老子其犹龙”[②]。道教以“道”为基点建立神学理论体系，道教还继承发扬了老子、庄子提出的清静无为、见素抱朴、坐忘守一等观点，对老子的肯定在某种程度上就是对道教的肯定。由此可知，“先秦老、庄道家学说对刘基道学思想的形成产生了巨大影响，道教经典如《阴符经》等对刘基思想体系的建构也有启发意义”[③]。

对于道教的神仙思想，刘基是持肯定态度的。道教信仰体系中强调崇拜天神，信奉仙真，相信人死为鬼，“鬼、神、仙”是解读道教思想的重要入口，刘基肯定了鬼神、仙人的存在，并对鬼、神、仙等概念给出自己的见解[④]，他认为：“人死为鬼”是一种虚妄无稽之论，因为世界上容不下永不死亡之鬼，“有生则必有死。自天地开辟以至于今，几千万年，生生无穷，而六合不加广也。若使有生而无死，则尽天地之间不足以容人也。故人不可以不死者，势也。既死矣，而又皆为鬼，则尽天地

① （明）刘基：《刘基集》，林家骊点校，第 284 页。

② （明）刘基：《刘基集》，林家骊点校，第 389 页。

③ 吴光、张宏敏：《论老庄道教对刘基学术思想的影响》，《浙江工贸职业技术学院学报》2008 年第 3 期。

④ 俞美玉：《刘基的道教仙学思想论略》，《周口师范学院学报》2006 年第 3 期。

之间不足以容鬼矣"。[①] 可知，"鬼"是不可以长久存在的，终将归于"气"。对于道教所崇奉的种类繁多的神灵，刘基也是坚持"气化论"，认为："夫神也者，妙万物而无形，形则物矣。是故有形而有质者，有形而无质者，有暂者，有久者，莫非气所为也。气形而神寓焉，形灭而神复于气，人物鬼神，或常或变，其归一也。"[②] 他认为神仙实有，是"人之变怪者"[③]，"天地万物，各禀气以成形，人亦物之一也，物能化，人奚为不能化……天下之物无不能变化也审矣，何独于最灵之人而疑之哉?"[④] 不过，刘基并不认同长生不死的说法，他认为神仙活得再长久，也是最终要死亡的，《古歌》诗云："旧花欲落新花好，新人少年旧人老。佳人见此心相怜，举觞劝我学神仙。我闻神仙亦有死，但我与子不见耳。只言老彭寿最多，八百岁后还如何?"[⑤] 以"气"释"鬼""神"的理论并非刘基的首创，王充、葛洪、柳宗元、刘禹锡、张载等对此早有论述。刘基认同"神仙实有"，从一定程度上肯定了道教修炼成仙的可能。

刘基不仅认同道教修炼得道的观点，还亲身实践修炼。他自幼身体病弱，因而非常关注养生。宋濂《游钟山记》载，刘基与朋友酣饮之后，即兴行道教"坐忘"之功："坐至二更，或撼之，作舞笑钧之，出异响畏协之，皆不动。"[⑥] 这说明刘基的道教修炼已达到一定境界。刘基还曾以《蟾室》为题赋诗台州栖霞观道士，阐发自己对道教内丹修炼方式的理解："我心有灵丹，光与日月同。子能精炼之，可发天地矇。"[⑦] 看来，他对于道教内丹修炼有一定的了解。

潍坊峡山顶上有刘伯温洞[⑧]，当地人传说刘伯温为避难，曾在这里

① （明）刘基：《郁离子》，吕立汉、杨俊才、吴军兰注译，中州古籍出版社，2008，第201页。
② （明）刘基：《刘基集》，林家骊点校，第14页。
③ （明）刘基：《郁离子》，吕立汉、杨俊才、吴军兰注译，第199页。
④ （明）刘基：《刘基集》，林家骊点校，第127页。
⑤ （明）刘基：《刘基集》，林家骊点校，第102页。
⑥ （明）宋濂：《宋濂全集》，浙江古籍出版社，1999，第213页。
⑦ （明）刘基：《刘基集》，林家骊点校，第346页。
⑧ 魏丽：《刘伯温峡山得道》，《潍坊日报》2008年5月19日，第B3版。

隐居并得道成仙，写下了《烧饼歌》，现在峡山刘伯温洞里仍留有两首诗。传说真假有待考辨，但在黄岩某道观确实存有刘伯温生前用的古琴，上镌“大元至元五年，青田伯温氏置”字样[①]，后来这古琴由黄岩辗转去了北京白云观。[②] 据考证，此琴确实制作于元代，也确实是刘基使用过的，道教传统做法是，师傅择其门徒中的可教之才，授以琴艺，临终前，会将此琴遗赠给琴艺最高超的门徒，这样代代相传，传到黄岩道长手中也不知第几代了。历届师父都遵守先师的遗嘱，黄岩道长是几位师兄弟中琴艺最好的，所以此琴归他所有。由此可知，刘基有过类似清修的道教生活体验。

不仅如此，刘基对道教斋醮科仪也比较熟悉。他在《送道士张玄中归桐柏观诗序》中对道教七十二福地之一的天台赤城“桐柏金庭洞天”进行了描绘，对道观中道士斋醮、授道、修炼的场景做了描述：“道士张玄中，年少气方锐。从师桐柏宫，饵术啖松桧。黄冠紫霓衣，赤舄青组带……振衣赤城岑，漱齿白鹤濑。餐霞炼精魂，洗髓去埃壒。晨朝玉宸高，夜醮金景皭。偓佺授宝诀，列缺助禳襘。”[③] 若不是对道教生活有一定的了解，难以写出这样的诗篇。

刘基不仅了解道教的科仪斋醮，对于科仪斋醮的效果也是比较信赖的。至正十六年（1356）起，刘基“奉省檄在括”，与同知副都元帅石抹宜孙共谋“括寇”。至正十八年（1358）夏五月，括苍一代，干旱不雨，“禾黍既艺”，“民大忧惧”。于是，刘基向石抹宜孙建议采用道教醮坛仪式求雨，石抹宜孙“命道士设醮于玄妙观”，果然有灵效，“是日大雨。明日又雨。又明日，乃大雨至夜分”[④]。刘基参与并目睹了玄妙观道士设醮祷雨的全过程，因喜而赋诗为歌，先后成《喜雨诗序》[⑤]《雨中寄

① 蒋逸人：《古琴轶闻》，《钱江晚报》2007 年 3 月 20 日，第 D7 版。

② 裴建林：《古琴是这样进京的》，《钱江晚报》2008 年 12 月 5 日，第 C4 版。

③ （明）刘基：《刘基集》，林家骊点校，第 78 页。点校本“襘”字误，径改。

④ （明）刘基：《刘基集》，林家骊点校，第 91 页。

⑤ （明）刘基：《刘基集》，林家骊点校，第 91 页。

季山甫》[1]《五月二十九日喜雨奉贺石末元帅》[2]《用前喜雨韵寄呈石末元帅》[3]《次韵和石末公闵雨诗》[4] 等诗，从中可以看出刘基对道教设醮求雨的行为还是认同的。

不过，刘基也是因道教祈雨被贬斥。《明史》卷一百二十八《刘基传》载：洪武元年，“帝幸汴梁，基与左丞相善长居守。基谓宋、元宽纵，失天下，今宜肃纪纲。令御史纠劾无所避，宿卫宦侍有过者，皆启皇太子置之法，人惮其严。中书省都事李彬坐贪纵抵罪。善长素昵之，请缓其狱，基不听，驰奏，报可。方祈雨，即斩之。由是与善长忤”[5]。朱元璋回来，出尔反尔，怪罪刘基不该在祈雨时杀人，善长等人乘机“交谮”，“帝纳其言，旬日仍不雨，帝怒”，刘基乘着丧妻，“遂请告归”。刘基献言祈雨，结果不灵验，朱元璋不满，自己也很尴尬，李善长用天不雨为借口攻击他，以其人之道反治其人之身，胡惟庸亦步亦趋，以望气为口实来攻击他，以为不如此不足以“动上听”。结果刘基深受牵累，主动“求退”。

虽然祈雨有时不灵，但是并不影响道教斋醮科仪在刘基心目中的分量。对古代广大民众来说，天旱斋醮求雨是天经地义之事。在后世的演义小说中，刘基甚至化身为道士亲自求雨。如在《英烈传》中，第三十八回“遣四将埋伏禁江”至第三十九回“陈友谅鄱阳湖大战”，叙述朱元璋大战陈友谅于鄱阳湖时，刘基从金陵赶来助阵，献策以火攻敌舟师。这实乃平常之计，妙就妙在当时风势不利于用此计，是刘基建坛祭祀，登台作法，身披八卦袍，披发仗剑，口中念念有词，借风以助阵，片刻间，风云大作，刘基乘势挥军火攻，大获全胜。同书第五十九回“破姑苏士诚殒命”，讲述朱军围姑苏时刘基以法术助阵，刘基按定吉时登台，披发仗剑，“忽见雷霆霹雳，大雨如注”。[6]

---

① （明）刘基：《刘基集》，林家骊点校，第 451 页。

② （明）刘基：《刘基集》，林家骊点校，第 452 页。

③ （明）刘基：《刘基集》，林家骊点校，第 452 页。

④ （明）刘基：《刘基集》，林家骊点校，第 490 页。

⑤ （清）张廷玉等：《明史》，第 3780 页。

⑥ （明）郭勋初编《英烈传》，时代文艺出版社，2001，第 150～157，237～240 页。

可见，由于受宋元以来的“说书”及小说《英烈传》的影响，刘基已经从一个“军师”“术士”的形象转变为一个道士形象，刘基的事功、智慧、德操均被后人无限夸大，由凡人变成了神。刘伯温甚至成为某种文化符号，全国各地都流传有道士形象的刘伯温的传说故事。如青岛“刘伯温抓山搭海桥”传说刘伯温与八仙之一的张果老打赌，一夜之间能兴建一座海桥。又如“刘伯温在西海”传说：“相传，六百年前的辅明军帅、号称神机妙算的‘半仙家’刘伯温先生，至今仍在幽邃莫测的黄山西海仙居着。”① 青海也有“刘伯温讨封”的传说。在这些传说中刘伯温往往是一个神仙或者道士，其所具备的神异本领颇具道教特色，如能劈山开河，能预知未来真龙天子的诞生等，刘基已经被完全神化为一个精通法术的“道士”。

第三节　周思得与《上清灵宝济度大成金书》

宋末元初，东华派，以浙江温州为发展中心，以林灵真为代表人物，迎来了第二个发展的高潮。东华派以科仪为中心，林灵真所编《灵宝领教济度金书》对后世影响深远。在林灵真死后 130 年的明宣德七年(1432)，为了适应社会的需要，周思得在秉承宁全真、林灵真道法思想的基础上编纂了《上清灵宝济度大成金书》，这是明代极为重要的科仪经典，也是东华派在明代传承发展的又一阶段。②

一　周思得生平

周思得，浙江钱塘人，字养真，一字素庵野人，又曾署名思德。出

① 何悟深编《黄山故事传说·风景名胜》，天津人民出版社，1986，第 65 页。

② 最早注意到《上清灵宝济度大成金书》及其作者周思得的是台湾学者丁煌。他对周思得生平、道术及思想进行研究，尤其是对《上清灵宝济度大成金书》版本进行了细致的考证。丁先生遍索古籍，多次出访英美日韩各地查阅古本残本，其所做之工作对我们今日研究周思得及其《上清灵宝济度大成金书》仍有重要的参考价值。

生于元至正十九年己亥（1359）正月十八日，卒于明景泰二年辛未（1451）八月二十四日。早年师从杭州宗阳宫提点月庵丘公学道。后从第四十三代天师张宇初读道家书，得龙虎山正一派道法的传承。明成祖时，周思得以灵官法名显京师，得宠于御前，后住持京师大德观、朝天宫，主持编撰《上清灵宝济度大成金书》。周思得精习灵宝度人之旨，行持五雷火府之法，以道法济幽度显，门下弟子百余人，“宣德正统间，累封崇教弘道高士，领道录司事，卒年九十二，赠通灵真人”①，是明代极享盛名的高道。

周氏祖籍汴梁（今开封），北宋末年，随宋室南渡，寓籍于杭州。周思得的父亲号太玄处士，修德行不慕荣利，虽然入赘为婿，但也是当时有名的道家处士。周思得母亲的家族也崇信道教。“外家奉玄坛神甚谨，母陈氏既娠高士，夜梦坛前，有光烨然，白衣人赐一金鱼，令养之水盂。觉，白其父曰：‘得吾平昔行善之应乎？若生男子，必上天命，神赐我者。’明日，高士生，因名曰‘思得’。”② 周思得年少时便极为聪慧，读书即刻能够背诵。成长环境中浓厚的崇道氛围，使得周思得在少年时便对道教产生了强烈的向往。

周思得在《上清灵宝济度大成金书序》中写道：“吾少从学于月庵丘先生，一日窥其披阅水南林真人所集田、宁二真人灵宝法书。”③ 可见周思得入道度师即是月庵丘公。洪武初年，邱宗师任杭州府道纪司都纪兼宗阳宫提点。周思得有《寿度师月庵丘宗师》五古诗亦可证其事：

> 皇明开泰运，维岳降仁贤。道合无名始，神超太古先。
> 一元资化育，二气入陶甄。德盛心尤下，功高礼益虔。
> 崆峒堪并驾，彭老可齐年。献岁回青律，明星灿紫躔。

① （明）薛应旗：《浙江通志》卷六十八《仙释志》，嘉靖四十年刊本。

② 丁煌：《国立中央图书馆藏明宣德本〈上清灵宝济度大成金书〉初研》，载郑志明编《宗教与文化》，学生书局，1990，第75页。

③ 《藏外道书》第16册，第4页。

洪恩来赫奕，瑞气蔼葱芊。紫诰鸾回轴，朱陵鹤驾軿。

灵椿须八百，桃实定三千。久荷锺传吕，虚惭孔授渊。

悠哉心耿耿，邈矣道玄玄。聊为陈歌颂，倾忱向绮筵。[①]

按明成化《杭州府志》记载：“周思得，钱塘人，少从四十三代天师张宇初读道家书。”[②] 明嘉靖《浙江通志》[③]、《明一统志》[④] 也有类似的记载。张宇初是明朝建立后的第二代天师，著有《岘泉集》，更曾奉敕编修道藏。张宇初《岘泉集》中有游山诗多首，“诗风清雅，富于山林之气”。周德思亦擅长诗文，著有《弘道集》，曾有刻本传世，现如今亦有《周真人集》收录于《武林往哲遗著》当中。丁煌认为周思得从张宇初读道书时，或也曾学习诗文，“思得善诗，自有渊源”。[⑤] 永乐初年，明成祖即位之初，即命张宇初陪祀天坛，又召试周思得。可以说，张宇初是周思得为皇帝所注意的重要引路人。“思得精五雷法，揣测休咎，往往辄验。帝嘉奖之。”[⑥] 这时候，周思得开始慢慢在京城崭露头角。

永乐十四年丙申（1416），周思得前往登州为成祖徐皇后寻陵墓之所时，以灵官法，名声显赫于京师。之后逐渐受到成祖的信赖。永乐十八年（1420），成祖下令在宫城之西角建造天将庙，以便节日前往祭拜，并令周思得在此兼领焚修[⑦]。明倪岳《青溪漫稿》卷十一载：“国朝永乐中，有杭州道士周思得以灵官之法显于京师，附体降神，祷之有应，乃

① （清）丁丙辑《武林往哲遗著》，王国平主编《杭州文献集成》第17册，杭州出版社，2014，第143页。

② （明）陈让：《成化杭州府志》，明成化十一年刻本，鼎秀古籍全文检索平台，2016，第1313页。

③ （明）薛应旗：《浙江通志》卷六十八《仙释志》，嘉靖四十年刊本。

④ （明）李贤：《明一统志》，《景印文渊阁四库全书》第472册，第970页。

⑤ 丁煌：《国立中央图书馆藏明宣德本〈上清灵宝济度大成金书〉初研》，载郑志明编《宗教与文化》，第76页。

⑥ 丁煌：《国立中央图书馆藏明宣德本〈上清灵宝济度大成金书〉初研》，载郑志明编《宗教与文化》，第77页。

⑦ 指住于神庙焚香修真，包括虔诚香烛，诵经礼忏及庙堂管理。

于禁城之西建天将庙及祖师殿。”[①] 又明田汝成《西湖游览志》卷二十一载：“皇明永乐间，道士周思得者，仁和人，操行雅洁，精五雷法。成祖闻其名，召试称旨，建天将庙居之。”[②] 又明刘侗、于奕正《帝京景物略》卷四《显灵宫》条载：“永乐中，道士周思得行灵官法，知祸福先，文皇帝数试之，无爽也。至招弭祓除，神鬼示彪，逆时雨，禬灾兵，远罪疾，维影响，乃命祀王灵官神于宫城西。世传灵官藤像，文皇获之东海，崇礼朝夕，对如宾客，所征必载。”[③] 皇帝将天将庙修建在宫城附近，显示了他对周思得的宠幸以及对灵官法的崇信。

明成祖在位期间，先后五次亲征，北伐蒙古。永乐二十年（1422）至永乐二十二年（1424），成祖连年北征，皆召周思得扈从。明张岱《夜航船》卷十四《弘道真人》条说周思得“得灵官法，先知祸福。文皇帝北征，召扈从，数试之不爽。号弘道真人。先是，上获台官藤像于东海，朝夕崇礼，所征必载以行；及金川河，舁不可动，就思得秘问之。曰：‘上帝有界，止此也。’已而，果有榆川之役”[④]。榆川即榆木川，明成祖病逝之地。《明史》记载：“（永乐二十二年）秋七月庚辰，勒石于清水源之崖。戊子，遣吕震以旋师谕太子，昭告天下。己丑，次苍崖戍，不豫。庚寅，至榆木川，大渐。遗诏传位皇太子，丧礼一如高皇帝遗制。辛卯，崩，年六十有五。”[⑤] 在北征之时，周思得以灵官法助大军大破敌虏。之后又预料到了前方的灾劫，婉言相劝成祖。史记虽然可能有夸张的部分，但也在一定程度上显示了周思得灵官法的威能。

明田汝成《西湖游览志》卷二十一：“扈从北征，累著功绩。仁宗建玉虚延恩殿，宣宗建弥罗宝阁、崇玄演法殿，改庙额为‘大德观’。英宗建紫极殿。”[⑥] 明仁宗在位时，周思得亦得皇家青睐。扩建观庙，建玉虚、昭应二殿，又建九天雷殿。宣宗即位后，周思得的待遇更胜。敕

① （明）倪岳：《青溪漫稿》，《景印文渊阁四库全书》第1251册，第125页。
② （明）田汝成：《西湖游览志》，尹晓宁点校，上海古籍出版社，2017，第193页。
③ （明）刘侗、于奕正：《帝京景物略》，北京古籍出版社，1983，第176页。
④ （明）张岱：《夜航船》，巴蜀书社，1998，第328页。
⑤ （清）张廷玉：《明史》，中华书局，1974，第104页。
⑥ （明）田汝成：《西湖游览志》，尹晓宁点校，第193页。

建弥罗宝阁，改天将庙为大德观，并命周思得为住持。《宣宗实录》卷三十九："（宣德三年三月）辛卯命周思得为履和养素崇教高士。"① 又卷四十一："（宣德三年四月）甲子赐正一嗣教崇修至道葆素演法真人张懋丞及履和养素崇教高士周思得诰命。"② 明代正一道昌盛，周思得与当时天师同授诰命，可见其在当时道教界地位很高。

大德观同其前身天将庙一样，具有皇家道场的性质，是专门为皇帝进行祈祷祭祀服务的场所。明徐有贞《赠太常博士顾惟谨序》说："大德之祠，国之秘祠也。永乐中，今高士周君思德，始以道术幸上，兴祠事。"③ 另神乐观提点杨震宗云："洪熙改元，鼎建九天雷殿。今上嗣登宝位，愈加隆眷，嘉升清秩，敕赐大德观额。复创弥罗宝阁，规摹宏大，像设尊严，金碧辉映，俨若清都紫府，实为京师之伟观也。"④ 大德观在京师中也是相当雄伟的建筑。

周思得作为京师之名道士，还曾主管道录司并任朝天宫住持。明代主管全国道教的道录司，是正六品衙门，设有左右正一，左右演法，左右至灵，左右玄义等道职，专门管理天下道教之事。道录司隶属礼部，其衙门就设在两京朝天宫。明李贤《明一统志》卷一说："朝天宫，在府西，宣德间建。凡行庆贺礼，百官习仪于此，道录司在焉。"⑤ 《故履和养素崇教高士管道录司兼朝天宫大德观住持周思得墓志铭》⑥ 亦可证周思得确实曾主管道录司并住持朝天宫。第四十五代天师张懋丞在《上清灵宝济度大成金书序》中说："大德观高士周思得，遭际明朝，栋梁吾道，恭沐圣恩，屡修金箓。其坛壝典仪，一依此式。"⑦ 周思得还曾主坛为国建醮，被皇帝委以如此重任，也是他地位极高的证明。

---

① 《钞本明实录》第 4 册，第 260 页。

② 《钞本明实录》第 4 册，第 270 页。

③ （明）徐有贞：《武功集》，《景印文渊阁四库全书》第 1245 册，第 116 页。

④ 《藏外道书》第 17 册，第 625 页。

⑤ （明）李贤：《明一统志》，《景印文渊阁四库全书》第 472 册，第 22 页。

⑥ 据丁煌考证，此文在台北"中央图书馆"藏明成化间黄仲季校刊本《寻乐习先生文集》卷十九中。

⑦ 《藏外道书》第 16 册，第 1 页。

明田汝成《西湖游览志》卷四载："景泰改元，恳乞还山，年九十三卒。讣闻，遣行人许篪谕祭，赠号真人。"[①] 英宗正统十年（1445），周思得就已经以年迈恳乞还山，英宗于杭州城西南凤凰山敕建太清观，赐令周思得在此退居修道。但周思得也未能立即返乡，及至景帝景泰元年（1450）五月，周思得才获准告老还乡，由其徒周道宁扶持，返居杭州仁和县玄元庵。景泰二年（1451）八月二十四日，周思得羽化于玄元庵，享年93岁。周思得既获赠真人称号，又得赐谥为弘道真人，可见圣眷之盛。

明田汝成《西湖游览志》卷载："三台山之前，为栗山、八盘岭、周真人墓。"[②] 明万历《钱塘县志》载："真人周思德墓，在八盘岭，景泰中谕葬。"[③]《浙江通志》亦有记载："明真人周思德墓。《杭州府志》：在八盘岭，景泰间谕葬。"[④]明永乐戊戌进士习经，应周思得门弟子之请，撰《故履和养素崇教高士管道录司兼朝天宫大德观住持周思得墓志铭》，传诸后世。

二　周思得与东华派的道法渊源

周思得学道于月庵丘宗师以及第四十三代天师张宇初，其所撰集《上清灵宝济度大成金书》渊源上可追溯至宋代。第四十五代天师张懋丞在《清灵宝济度大成金书序》中有言："若灵宝金书，自有宋以来，虽诸家著述不一，而编集亦各有序，将以昭示古今利济存亡，感天动地与道合真，何其盛欤？……高士沐三朝之宠渥，为法海之梯航，积此善功，永传于世，是大有功于名教也……上可以祝圣寿于万年，下可以跻群生于仁寿，可不慎欤！可不慎欤！"[⑤] 据此可知当时也有其他诸家关于灵宝之书的著述，但周思得所作最为有名。另外，前文也提到，周思得

① （明）田汝成：《西湖游览志》，尹晓宁点校，第35页。

② （明）田汝成：《西湖游览志》，尹晓宁点校，第35页。

③ （明）聂心汤：《钱塘县志》，明万历三十七年修，清光绪十九年刊本，鼎秀古籍全文检索平台，2016，第154页。

④ （清）嵇曾筠：《浙江通志》，《景印文渊阁四库全书》第525册，第265页。

⑤ 《藏外道书》第16册，第1~2页。

曾经主持明朝的国家祭祀，所以他不仅仅停留在理论层面，也将自己的科仪道法运用于实践。

道录司左演法豫章吴大节在《上清灵宝济度大成金书序》中云："周宗师幼参紫极田君灵宝宗旨，发明玄奥。"① 这个紫极田君即田灵虚。《道法会元》所载《赞化先生宁真人事实》称："会尚书王古入朝，雅知先生（指宁全真）有道，檄充史掾。尚书嗣丹元真人东华嫡传，又闻田灵虚遇陆简寂于庐山，玄授三洞经教，与东华丹元玄旨会合。"② 田灵虚为北宋人，传陆修静三洞经教于庐山，是东华派初期创教的重要人物。所以周思得关于东华派之道法渊源之一就来自于田灵虚的灵宝经教。

周思得在自序中写道："吾少从学于月庵丘先生，一日窥其披阅水南林真人所集田、宁二真人灵宝法书。"③ 水南林真人即林灵真，田真人即上文所叙田灵虚，宁真人即是宁全真，东华派传承谱系中，在王古、田灵虚之后的继承人是宁全真。宁全真对东华派影响极大，王契真《上清灵宝大法》和林灵真《灵宝领教济度金书》均自称为宁全真所授，宁全真可以说是南宋早期斋醮这一派系，也就是东华派的领头人物。所以周思得关于东华派之道法渊源之二就是宁全真。

周思得年少师从月庵丘宗师的时候就已经得见林灵真的著作，之后又"沉潜反复于其间，迨今二十余年，朝夕拳拳，不敢自逸，深愧躬行不力，老大无成，不能仰副当日期待之意，将无以见先师于洞府。遂访求于演法吴公大节，提点杨公震宗，复得真集。间尝窃附己意，补其散失，订其讹谬，参以简篆，佐以符章，通为四十卷，名之曰上清灵宝济度大成金书"④。周思得与林灵真之间的渊源可以从三个方面来描述。

首先，林灵真仙逝于元大德六年（1302），周思得生于元至正十九年（1359 年），二人相距约六十年。在林灵真死后，东华林灵真一系

---

① 《藏外道书》第 16 册，第 3 页。
② 《道藏》第 30 册，第 496 页。
③ 《藏外道书》第 16 册，第 4 页。
④ 《藏外道书》第 16 册，第 4 页。

仍然活跃于民间。到元末明初，温州平阳还有名为陈镐的东华派道士在活动，修炼上清大洞回风混合之法，这说明此时平阳的东华派尚有传承。

其次，林灵真掌东华派时，与龙虎山张天师的关系相当密切。而且根据东华派谱系来看，在林灵真之后，东华派传至太极高闲先生董处谦，后又传第三十九代天师张嗣成。董处谦是天师门下弟子，即正一派道士。而第三十九代天师张嗣成，于元延祐三年（1316）嗣教做正一教主，表明正一道容纳东华派进了自身的体系。而周思得又师从第四十三代天师张宇初，不难接触到东华派的传承。不管是林天任所撰《灵宝领教济度金书·嗣教录》还是杨震宗《上清灵宝济度大成金书后序》都有"准绳正一教法"的描述，其间联系豁然分明。

再者，顾惟谨、周士宁《上清灵宝济度大成金书赞》之序文称："履和养素崇教高士周先生，集其所得水南林真人济度金书符篆，与夫卫国佑民、捍灾止患、济生度死不传之科，通为四十卷，题之曰《上清灵宝济度大成金书》。"[①] 周思得所集"水南林真人济度金书符篆"即是林灵真编《灵宝领教济度金书》。又神乐观提点杨震宗所作后序云："暇日乃以所传灵虚田宗师符章奥旨，集为全书三卷，散施四方，与同志者共，犹虑未广，复以水南林先生修撰济度之书，参以平昔所用诸品科范，校雠成帙，命之曰《上清灵宝大成金书》，凡四十卷。"[②] 上述两条序言都可以证明周思得在编撰《上清灵宝济度大成金书》时，大量吸收了东华派林灵真一系的道法科仪。《上清灵宝济度大成金书》每卷卷首都有落款，其中八卷，即卷一、二十三、三十四至三十七、三十九、四十，题为"制授履和养素崇教高士周思得修集"（或称重修）。其余三十二卷署："嗣青玄府下教司命灵宝领教法师林灵真集，制授履和养素崇教高士周思得重修。"所以周思得与东华派之道法渊源中最主要的就是林灵真及其《灵宝领教济度金书》。

① 《藏外道书》第17册，第626页。
② 《藏外道书》第17册，第625页。

三 《上清灵宝济度大成金书》与《灵宝领教济度金书》之继承发展

《上清灵宝济度大成金书》四十卷，首目录一卷，前有第四十五代天师张懋丞（署为正一嗣教崇修至道葆素演法真人、领道教事、四十五代天师九阳子澹然）、道录司左演法吴大节二序及周思得自序，后有北京神乐观提点杨震宗、门生大德观庙官顾惟谨同门生周士宁后序二篇。该书由周思得弟子誊抄，卷末有誊抄人署名，卷中字体工整，格式统一，符合道经书写规范。①

《上清灵宝济度大成金书》始撰于周思得宣德元年任大德观住持之后，前后历时七年，方才撰成此巨秩科书。此书在当时即广受玄教内外人士的好评。第四十五代天师张懋丞赞曰："予尝披阅诸品经科，未有若是其明且尽者也！"② 杨震宗在序文中也称赞该书："字正义明，心目为之开朗。自非崇教公闻见博洽，诚意专精，则何能致纂述之备如此哉。是书流布，实法海之舟航，玄门之梯级，增耀宗风，阴翊皇度，其功德力莫可名言。"③ 然而此书未被收入正、续《道藏》，明清以外的多种道教丛书也未曾收集，所以导致近代以来传本极为稀少。丁煌教授说起陈国符先生尝在《道藏源流考》中提及此部道书之名，却奈何未能亲眼见之，"常熟俞调卿，以藏道书甚富著称于本邑。在沦陷期内，或复员初年，其长曾孙俞炳星以生计艰难，已将道书售罄。国符向其索阅乃曾祖所藏道典目录。共著录二百二十二种，多系单册晚出道法科仪。内有巨秩道书一种，即明刻大成金书八套四十一册"④。现存明宣德本《上清灵宝济度大成金书》有三套分别收藏在上海图书馆、台北"中央图书馆"、美国普林斯顿大学葛思德东方图书馆。20 世纪 90 年代《藏外道书》出版时，收录了上海图书馆藏明刻本《上清灵宝济度大成金书》四十卷，

---

① 卿希泰主编《中国道教思想史》（第三卷），第 400 页。

② 《藏外道书》第 16 册，第 1 页。

③ 《藏外道书》第 17 册，第 625～626 页。

④ 丁煌：《国立中央图书馆藏明宣德本〈上清灵宝济度大成金书〉初研》，载郑志明编《宗教与文化》，第 62 页。

使得这套科仪经典再度为人瞩目。

《上清灵宝济度大成金书》的编撰体例是每卷分门，门下分品，品下分细目。除分四十卷之外，又以十天干，分为十集，立甲、乙、丙、丁、戊、己、庚、辛、壬、癸集，每集据内容分为上下卷，或上中下卷，或前后卷，其中辛集分为上、下、前、后、左、右六卷，为分卷最多之集。该经共分二十门、八十四品。[①]《上清灵宝济度大成金书》博采此前科仪经书的优点，综合了诸经之体例，以门统品，条分缕析，为明代道教科仪经书中体例最完善者。

表 5-1　《上清灵宝济度大成金书》品门分类表

门类	卷数	集数	品类
玄教祝颂门	卷一	甲集上	
赞唱应用门	卷一	甲集上	法事品
誊词启建门	卷二	甲集下	发缄品、扬幡品、神幕品、神虎玉札仪品、茭廓寒林品、掩棺品
朝真谒帝门	卷三至卷九	乙集上、下、前、后，丙集上、下、前	演道品、师幕品、盟天告地品、清亡宿启仪品、真文品、辅职戒禁品、愿念品、分灯品、制器品、净坛品、开启品、卷簾品、朝真卫灵品、朝真发炉品、朝真圣位品、开度朝仪品、祈禳朝仪品、飞神谒帝品、祈禳开度单朝品、告符品、急忏品、散坛仪品、朝修冒愿品
升坛转经门	卷十	丙集后	开度转经品、祈禳转经品
赞祝灯仪门	卷十一至卷十四	丁集上、前、后、下	开度灯仪品、祈禳灯仪品
召魂浴食门	卷十五	戊集上	摄亡拯济品、玉箓召摄品、灵前忏悔科品、朝谒请幡文偈品

① 笔者将同一门中先后出现两次的品目计为一次，另有张泽洪计为“二十门，八十七品”的说法，见张泽洪撰《周思得与〈上清灵宝济度大成金书〉》，《中国道教》1998 年第 1 期。

续表

门类	卷数	集数	品类
受炼更生门	卷十六至卷十八	戊集下、前、后	斛科品、施戒品、斛炼换用文偈品、祭炼科品、普炼科品、正炼科品
流传利济门	卷十九	己集上	传度品、施生品
礼成醮谢门	卷二十至卷二十二	己集下、前、后	开度正醮仪品、开度各幕三献品、祈禳正醮仪品、各幕三献品、祈禳诸真醮仪品
登坛宗旨门	卷二十三至卷二十四	庚集上、中	召役发遣品、朝修上道品、章表品、诸真玄奥品、道法释议品、赞导节次品
仙仪法制门	卷二十五	庚集下	坛幕品、开度灯坛图品、祈禳灯坛图品、灵宝印令品、坛信经例品
合契符章门	卷二十六至卷二十九	庚集前、后，辛集上、下、	开度祈禳通用品、开度符箓品、开度秘箓品、祈禳秘箓品
颁告符简门	卷三十至卷三十二	辛集前、后、左	开度灵文品、开度祈禳灵文品、祈禳灵文品
灵幡宝盖门	卷三十三	辛集右	扬立幡符品、虚皇坛幡符品、召摄幡符品、灯坛幡符品、斛炼幡符品、诸幡符咒品
文检立成门	卷三十四－至卷三十七	壬集上、下、前、后	开度品、榜语品、词疏品、祈禳品
章法格式门	卷三十八	癸集上	开度章品、祈禳章品
表笺规制门	卷三十八	癸集上	朱表品、开度祈禳正表品、开度祈禳散表品
圣真班位门	卷三十九－至卷四十	癸集中、下	
斋醮须知门	卷四十	癸集下	

品目的划分是按科仪类别作为分类原则的。各门品目不一，玄教祝颂门、圣真班位门、斋醮须知门此三门未分品，其余少如赞唱应用门仅有法事品一品，多如朝真谒帝门则有二十三品。此外，由于有的品目内容较多，又进行了细分。比如合契符章门的开度符箓品分为神虎堂一宗、颁符祝龙一宗、茇廓一宗、掩棺一宗、开通五路灯一宗、破狱灯一宗、

轮灯一宗、血湖灯一宗、二十四狱灯一宗、九霄开化灯一宗、三十二天灯一宗、十方圣境灯一宗、催召一宗、召诸类孤魂一宗。文检立成门的祈禳品分为祈禳黄箓大斋文字、传度大斋文字、雷霆祈雨文字、谢雷文字、消灾请福道场文字、普福道场文字、酬盟道场文字、禳禬道场文字、璇玑祈告道场文字、禳瘟道场文字、安宅道场文字、禳荧道场文字、祈嗣道场文字、阅箓道场文字、预缴箓文道场文字、九天醮文字、玄天醮文字、祈晴斋文字。周思得《上清灵宝济度大成金书》将内容按科仪类别如此细分，适应了明代社会对道教科仪的新要求。

周思得对东汉至宋元道教科仪诸宗师，在朝真谒帝门演道品《祝香演道文》中有一总结性的阐述：

> 东汉天师张真君开正一大教，醮天祭鬼，保国宁家，辅正除邪，其功大矣。亘古迄今，宗风益振，乃此道也。三国时葛真君阐太极之文，济度幽明，位登仙翁，亦此道也。且灵宝一书，始自天真皇人，按笔乃书，留行下土，非人不传。南宋简寂陆翁，闭藏其书，以待至人。而出元魏，寇天师宣扬此道，广演经科，公侯将相，靡不敬礼。唐叶靖天师行飞神御炁之道，神虎追摄之法，杜光庭天师立黄箓斋醮之仪，二师兼行，此道愈大。至宋徽庙时，侍宸林宗师出神霄大法，流布人间，符图气诀，悉皆隐书，此道盛行。南渡以来，祖师诚应田真人得灵宝书于庐山石室中，此即陆师所藏之书也。自兹而后，龙章凤篆，玉笈琅函，广度学仙弟子。继有王、宁、金等诸祖，各派之分，源流颇殊，其道则一。龙虎山留用光宗师，东华水南林真人，各集大成而全之，可谓备矣。①

宋代宁全真、蒋叔舆曾论述前代科仪，提出陆修静、张万福、杜光庭为科教三师之说。周思得此段总论，概述一千多年以来科仪之源流，最具代表性。② 前文已经论述过周思得与东华派的道法渊源，他说："今

① 《藏外道书》第16册，第110页。

② 张泽洪：《周思得与〈上清灵宝济度大成金书〉》，《中国道教》1998年第1期。

之职是者，但著威仪于科范而不本乎诚，纵矩步于罡斗而不求乎理，习音声于潮梵而不探其奥，辟造化于荒唐，视鬼神于无有。其性命之微，开度之仁，邈然无介于中，是则与古人立教垂训之意，果有所取欤?”[①]周思得不满于其时科仪的不诚与片面，所以花了二十余年搜集林灵真留下的科仪经典，撰成《上清灵宝济度大成金书》。

如今《道藏》收录的《灵宝领教济度金书》正文三百二十卷加上目录与嗣教录共三百二十二卷，是现存卷数最多的科仪经书。整部经书共二十品：坛幕制度品、坛信经例品、修奉节目品、圣真班位品、朝奏次序品、赞颂应用品、科仪立成品、紫英灵书品、开度追摄品、炼尸生仙品、炼度品、符简轨范品、书篆诀目品、书篆旨诀品、存思玄妙品、诰命等级品、幡盖陈设品、表榜规制品、文檄发放品、斋醮须知品。按内容可分为总论斋醮、建坛、斋仪、章表、符咒云篆、内炼六大类。

然而林灵真所撰科书之卷数在初始并非如此之多，在宋末元初编撰初期仅为十二卷，在明宣德年间已经增补到了三十四卷。所以如若想了解《上清灵宝济度大成金书》与《灵宝领教济度金书》之间的继承与发展，首先需要知道周思得所集三十二卷[②]“水南林真人济度金书符篆”的模样。《上清灵宝济度大成金书》中署“嗣青玄府下教司命灵宝领教法师林灵真集，制授履和养素崇教高士周思得重修”的有三十二卷，涉及赞唱应用门、誊词启建门、朝真谒帝门、升坛转经门、赞祝灯仪门、召魂浴食门、受炼更生门、流传利济门、礼成醮谢门、登坛宗旨门（道法释议品、赞导节次品）、仙仪法制门、合契符章门、颁告符简门、灵幡宝盖门、章法格式门、表笺规制门十六门，共76品。内容上主要涉及建坛、斋仪、章表、符咒云篆四类。

关于建坛。《灵宝领教济度金书》卷二的坛信经例品的内容为开度祈禳通用的黄箓坛合用事件，收录有黄箓坛内合用、投龙简合用、上章合用、余斋坛内合用。[③]主要描述的是黄箓斋所需要的斋醮用品，如龙

---

① 《藏外道书》第16册，第4页。

② 除去目录与嗣教录两卷，假设为三十二卷。

③ 《道藏》第7册，第33页。

简、玉璧，内容较为简单。

周思得将斋醮用品称为“镇信”，极为看重，他在坛信经例品中首先便借玄师之名曰：“太上慈悲设教，开度众生。生者有祈禳之法，死者有拯拔之仪。故修斋设醮之主当质心效信，以财表诚。财既能舍，诚必著焉。若缺镇信，神明不鉴，责子有悭鄙不舍之心……是则镇信之仪，庸可忽诸。”[①] 接下去是黄坛十方镇信、黄坛五方镇信、上章镇信、投简合用四种仪式不同阶段斋醮用品的描述，并附有玉璧式、章案式两种式样，以及负简龙童、升仙法桥、生天台、度魂车四副图画。黄坛十方镇信对应黄箓坛内合用，黄坛五方镇信对应余斋坛内合用，上章镇信对应上章合用，投简合用对应投龙简合用。关于镇信之物的尺寸重量数量，针对不同阶层的形制，《上清灵宝济度大成金书》与《灵宝领教济度金书》大致保持一致[②]，但是《上清灵宝济度大成金书》在每一类“镇信”之后，都增加了一段说明。如黄坛十方镇信“玉璧十枚。各径二寸四分，厚二分，圆形虚中”后有“法曰：‘玉者，纯阳之精，正洁之物，可以盟感上真，故以为信。’”[③] 在周思得看来，每一类镇信之物的使用都是有原因的。

关于斋仪。《灵宝领教济度金书》在科仪类书中，首先明确区分斋醮的祈禳和开度[④]，北宋时期的三坛大醮不曾分别开度与祈禳，而《灵宝领教济度金书》中的各种科仪格式都详细按祈禳、开度分类。这种分类方式在周思得《上清灵宝济度大成金书》中亦被继承，其将祈禳又区分为祈禳正醮和祈禳诸真，“当今道教斋醮的阳事类法事和神仙圣诞节日清醮，即分别属于祈禳正醮和祈禳诸真”[⑤]。

《灵宝领教济度金书》的科仪立成品篇幅巨大，从卷十二至卷二百五十九，共计 248 卷，涉及内容丰富。以其中卷十六科仪立成品的辅职

---

① 《藏外道书》第 17 册，第 102 页。

② 除投简合用将榆木简三枚换成了玉简三枚。

③ 《藏外道书》第 17 册，第 102 页。

④ 开度和祈禳为不同性质的两种基本仪式类型，前者为拔度亡魂，针对阴间鬼魂；后者为祈福禳灾，针对阳间生人。两类仪式都可通用的节目，即称通用。

⑤ 卿希泰主编《中国道教思想史》（第三卷），第 393 页。

说戒仪与《上清灵宝济度大成金书》朝真谒帝门的辅职戒禁品对比来看，前者收录辅职说戒仪一副，后者收录辅职说戒科二副。在仪式流程和内容上，两者大致相同。不同点在于《上清灵宝济度大成金书》收录的另一副辅职说戒科的十戒内容。《灵宝领教济度金书》辅职说戒仪中的十戒为：

第一戒者，心不恶妒，無生阴贼，检口慎过，想念在法。
第二戒者，守仁不殺，愍济群生，慈爱广救，润及一切。
第三戒者，守正让义，不淫不盗，常行善念，损已济物。
第四戒者，不欲不色，心无放荡，正洁守慎，行无点污。
第五戒者，口无恶言，言不华绮，内外中直，不犯口过。
第六戒者，断酒节行，调和性气，神不损伤，无犯众恶。
第七戒者，不得嫉人胜己，争竞功名，每事逊让，退身度人。
第八戒者，不得评论经教，訾毁圣文，躬心承教，常如对神。
第九戒者，不得斗乱口舌，评详四辈，天人咎恨，伤损神气。
第十戒者，举动施为，平等一心，人和神穆，行常使然。①

《上清灵宝济度大成金书》辅职戒禁品的又辅职说戒科中的十戒为：

第一戒者，登临坛席，澡雪精神，秉简当心，如对君父。
第二戒者，各扬乃职，拯济群生，动止依仪，勿生他想。
第三戒者，礼圣朝真，五体投地，存想师尊，无有懈怠。
第四戒者，洗心刻意，吟咏精专，格降上真，同增福利。
第五戒者，柔和性气，举动安庠，上下和颜，切勿嗔怒。
第六戒者，护持经法，顶礼虔恭，毋自轻慢，免致阴书。
第七戒者，行道转诵，思真辑神，当运诚心，须臾不替。
第八戒者，不得轻忽，言笑争竞，是非当行谦让，以道为务。
第九戒者，言无华绮，口无恶声，成就斋功，幽冥仰赖。

① 《道藏》第 7 册，第 116 页。又见于《藏外道书》第 16 册，第 138 页。

第十戒者，善不自伐，专务清虚，内外寂静，谛听受持。①

第一个十戒出自陆修静《洞玄灵宝斋说光烛戒罚灯祝愿仪》，这与林灵真所属东华派继承自灵宝派相符合，而第二个十戒似是明代新出，这说明周思得不仅仅只是收辑林灵真的科仪范本，同时也有加入当时新的科仪内容。

关于章表。《灵宝领教济度金书》的表榜规制品记载有 41 种开度、祈禳通用表文、榜文；《上清灵宝济度大成金书》表笺规制门记载有 59 种开度、祈禳通用表文、笺文。以两者都有记载的祈晴言功表为例。《灵宝领教济度金书》中的格式较为齐整，正文之前，“具位臣姓某上言。今月某日，为某修建某斋几昼夜。祈求晴霁，已沐感通，以今解坛忏罪，为将吏言功者。”② 文后有“谨具表陈谢以闻。诚惶诚恐稽首顿首再拜。谨言。年 月 日 具位臣姓某上表。”③ 而《上清灵宝济度大成金书》直接以臣闻起头下接“万宝成功，仰天时之有喜。百神受职，昭地利之无私。恒旸克慰于穑人，霁日允符于馌妇，欢腾梓里，恩浃枫坛。入意。伏念醮主某人，东作方舆，西成有望，淹淹积雨，乃弥旬而不开……臣敢不殚诚斋戒，竭志修为。时雨时晴，倘遂三农之乐意。承天承地，愿敷一炁之良心。臣干冒云云”④。两者最大的区别在于《上清灵宝济度大成金书》省略了启圣等内容。这种省略在其他的表文中也可以见到。

关于符咒云篆。《上清灵宝济度大成金书》合契符章门的开度祈禳通用品和《灵宝领教济度金书》的书篆旨诀品，两者记录的都是开度祈禳通用符咒。《灵宝领教济度金书》卷二百七十五收录有发遣诸符、万灵符、开天升坛诸神符、羽盖朱凤玄龙符、节幡凤鸾狮鹤符、发炉复炉六吏符、命魔解秽符、五方安镇卫灵符、五方真文削过玉符、拜章遣章焚章诸符、十方飞天使者符、十方飞天神王符 12 篇目。在卷二百六十二

① 《藏外道书》第 16 册，第 140 页。
② 《道藏》第 8 册，第 637 页。
③ 《道藏》第 8 册，第 638 页。
④ 《藏外道书》第 17 册，第 552 页。

符简轨范品中则配有相应符咒的画法图案。[①] 而《上清灵宝济度大成金书》合契符章门的开度祈禳通用品分为发缄一宗、敕水净坛一宗、变坛一宗、分灯一宗、鸣金振玉一宗、卷帘一宗、朝修一宗、章表一宗，如普化坛殿符、丹舆绿辇符、羽盖琼轮符、朱凤符、玄龙符、九色之节符、十绝灵幡符、九凤齐唱符、八鸾同鸣符、五色狮子符、九光白鹤符等诸多符箓都有继承。相比《灵宝领教济度金书》只是罗列当时常用的几类符咒，周思得根据具体科仪的不同，将开度祈禳通用符咒分为八个类别。

纷繁复杂的诸多斋醮科仪可以最终是为了体现道教之“道”的思想，这个“道”在很大程度上就是“仙道贵生，无量度人”。道教的斋醮之法历来以灵宝为宗，认为灵宝是诸法之祖。东华派的实际创始人宁全真曾受灵宝妙旨，而林灵真也继承了这一道法。周思得编撰《上清灵宝济度大成金书》的初衷是有感于当时科仪行事之不诚，他说“道体至虚，非虚不能应物；人性至善，非善不能明道”[②]。“斋醮坛场为祀神之地，一念不诚则伪，一事不诚则欺，科仪演习必须真诚实意，尽心祈祷。道经宣称只有以至诚之道，方能动天地，感鬼神。”[③]《上清灵宝济度大成金书》以济度为名，便是想以至诚之心，济度无量世人，在秉承宁全真、林灵真道法的基础上，又结合明代社会的具体需要，推陈出新。

《上清灵宝济度大成金书》体现了当时民众的需求促使道士根据不同的斋法采用不同的科仪，这对此后的道教产生了深远的影响。汪桂平通过对当代鄂东地区民间道士举行度亡道场时所使用的科仪文本的分析，并与周思得《上清灵宝济度大成金书》中的有关科品进行比较，发现两者内容几乎完全相同，体现了它们之间似有一脉相承的关系。她认为：“至少可以肯定的是，《上清灵宝济度大成金书》自明代以来，就流传到鄂东地区，并在此地一直流传至今。从当地江姓道士已经传承有18代来

---

① 《道藏》第8册，第268～275页。

② 《藏外道书》第17册，1992，第53页。

③ 卿希泰主编《中国道教思想史》(第三卷)，第408页。

看，一代按25年推算，则已经传承有450多年的历史了，据此推测，约在明代中叶，《大成金书》就已流传到鄂东地区。”[①] 湖北鄂州地处长江中游，水路交通非常发达，顺江而下就能到达南京，进入江浙地区，自古以来长江沿线地区的经济文化交流就很频繁。《上清灵宝济度大成金书》在鄂东地区的传播及传承，恰好反映了东华派在明朝时候依然具有旺盛的生命力。

第四节 环绿观中的温州道人

苍南道教的历史可追溯到宋代。北宋时苍南开始出现道教世家，宋徽宗政和年间，在苍南创立了谷神道院，苍南道教开始兴盛起来。元代，苍南道教开始在民间广为流传，一些道观相继出现。明朝时期苍南境内新修的道观中，值得一提的是创立于洪武二十四年（1391）的德清观。“明洪武二十四年，金乡卫首任指挥使张侯麟为上祝圣寿、下泽军民，亲自选择峰峦秀结、林木蕃蔚的金乡城东狮山麓创建道观，命名为‘德清观’，后改名‘环绿观’，民间称之为‘道人观’。‘环绿观’创建后，聘请龙虎山杨伯实道人主领观事。这是境内有全真道人之始。”[②] 关于环绿观，明朝万历时期的《温州府志》中亦有记录：“环绿观，在金舟乡。”[③] 虽然只有寥寥几字，但作为全真道观的环绿观，在温州道教史中占有重要的一席之地。明清时期与环绿观有关的几位道士以及他们的事迹，在温州道教史上留下了浓重的一笔。

“明洪武二十四年（1391），金乡卫首任指挥使张侯麟于金乡狮山麓建德清观（后改名环绿观），聘请龙虎山杨伯实主领观事。成化十四年（1478）郑仲素主持此观，增设炼丹室，延纳官员往来。嘉靖三十五年

① 汪桂平：《鄂东地区民间道士所用度亡科书的研究——兼论〈上清灵宝济度大成金书〉的流传地域》，《世界宗教研究》2006年第3期。

② 丁伟志：《百县市经济社会调查（苍南卷）》，中国大百科全书出版社，1996，第440页。

③ （明）汤日昭：《万历温州府志》卷四《祠祀志》，明万历三十三年刻本，第214页。

(1556)，刑部主事为勘复环绿观撰碑文。温州知府捐俸助修，道教在苍南境内流行。”① 环绿观建造之初衷，系金乡指挥使张侯麟（应作张侯麒）为“上祝圣寿、下泽军民”所修，名为道观，实为祝圣之地，官府往来之所。当时的住持道士杨伯实亦为金乡从龙虎山所聘请，为正一道士。至郑仲素时期，修复并扩建此观，弘扬道法，济世度人，使环绿观名声大振。“金乡旧有环绿观，盖始于洪武初信国公建卫城之后，指挥张侯麒所创也。司邑事者为请于朝，典礼大臣议而从之，实为阖城将校拜恩祝釐之地，而以道士杨伯实主守之。后百余年渐就倾圮。弘治改元戊申岁道士郑德延捐己资广修屋宇，增置香田，是为观重兴之候。”② 此记表明，郑仲素（字德延）掌教时期，环绿观无论从规模上，还是从信众上，都达到了空前兴盛的规模。

为了纪念郑道士对环绿观的贡献，有人专为郑德延修复环绿观一事撰写了碑文，即明孝宗弘治时刑部主事陆健（字文柔，宁波人）所撰碑文，名为《郑真人重兴环绿观记》：

> 老氏生于姬周之季，以清静简默柔巽之道，垂教于天下。后世非惟其徒宗而传之，而时君世主，往往亦见尊信，故其道至今弗坠，而其宫环天下皆是矣。
>
> 平阳邑治南行可三舍许，有环绿观，在金乡卫城中东隅，乃冲素郑真人所居也。先是洪武辛未，指挥张侯麒肇建兹观，而聘道士杨伯实主领观事，且以为阖卫将校岁时拜恩祝釐之所。伯实既至，拓而大之。历岁滋久，殿堂门庑毁损蠹坏，几于倾圮。
>
> 天顺甲申，郑真人入是观，奉老子法，慨然有兴复志。清修苦节，蓄有余赀，揆度经营，次第起废。成化戊戌春，建立三门，缭以周垣，踵之而整。弘治戊申，筑室五间，洎山楼廊房。正殿左偏为炼丹处，且以延纳官员使客之往来者。岁庚申，复市材僦工，撤故殿而一新之，壮丽宏敞，恢复旧观，且更严于昔，金碧荧煌，廊

① 苍南县地方志编纂委员会编《苍南县志》，浙江人民出版社，1997，第686页。

② 吴明哲编《温州历代碑刻二集（下）》，第992页。

庑坛壝，并以修饰。观者咸啧啧叹曰："冲素真人，诚道家者流之表表者，非斯人其曷克兴复是观耶？真人辛勤效力，积三十春秋有奇，而观乃完美，呜呼亦艰矣哉！"其所厚义官俞天锡以公务来京，具以告予，请书其事，余不得辞。

真人名衽，字德延，世居邑之南楼，族大，望于乡。自幼凝重好清静，故父母命为道士。诵函经，讲元教，得乎正印之传。其除不祥，劾鬼物，驱飙走霆，厥应如响，实足以主斯观。因并记之，俾镵之石，以不忘其能。后之嗣教者览之，将必有所感动而取法焉。观故有田若干亩，真人续置田若干亩，皆以充香灯斋庖之需。若夫山水之胜，林麓之美，具在旧文，兹故略云。弘治癸亥冬十月吉。①

郑真人，即前文所提之郑仲素，字德延，为苍南金乡之名门望族，自幼喜好读黄老之书，以恬淡无为为守，后出家为道士，得传法印，常为民驱灾辟邪，声名远扬。天顺八年（1464）郑德延入环绿观，开始重振玄风，弘扬道教，使环绿观从之前的职能性祈福道场，变为了道士修真悟道、度化民众的场所。郑德延自入观以来便有重修道观之志，于是率领道众节衣缩食，以俭从生，并时时为民解灾，一面节省开支，一面积蓄香火，为重修环绿观做好准备。成化十四年（1478）春，环绿观扩建工作开始动工，增设"三门"，至弘治元年（1488），"筑室五间"，并于正殿之左侧设"炼丹处"。炼丹处应为烧炼外丹之地，但环绿观是否烧炼外丹，未见记载。至弘治十三年（1500），工程方才完工，重修之环绿观，壮丽宏阔，金碧辉煌，远胜于昔。修复后的环绿观吸引了大量的香客信众，曾在金乡盛极一时。郑德延道士修复环绿观历时三十余年，倾其半生之经历，乐此不疲，其事迹深为时人所感动。当时之百姓称其为"诚道家者流之表表者"，时明孝宗刑部主事陆健闻其事迹，大为所动，故书此碑文以纪念之。

① 符璋、刘绍宽：《民国平阳县志》，民国十四年刻本，第1637～1638页。

然而，郑德延一手兴复之环绿观，后被官府纳为己有。“厥后有司、阃臣、有事于卫者咸馆于是，岁月既久，总戎事循于沿袭之旧，遂以为公宇而夺之，启闭出入皆掌于官。”① 民国时期刘绍宽在《重建环绿观记》中亦有此种说法：“金乡卫旧有环绿观，明洪武间指挥张［侯］麒建，为岁时拜恩祝釐之所，延道士杨伯实主之。弘治初，道士郑德延积赀重兴，厥后有司占为公廨。嘉靖间，道士项云鹏特请于朝而复之，各有碑纪其事。”② 环绿观修复后不久，即被朝廷征用，仍旧作为地方机构为圣祈福之地，朝廷官员往来之所，其作为宗教场所传播信仰的职能被大大削弱了。

嘉靖年间，道士项云鹏唯恐环绿观废于官府，便上奏朝廷，希望能将环绿观复归于道士。在项道士的努力下，朝廷终于允命将道观归还给道士。关于项云鹏重修环绿观之事迹有李伯遇（晋江人，进士，嘉靖三十三年任平阳知县，升大理评事）所撰《勒建奏复环绿观碑》为证。此碑为青石材质，额有楷书“奏复环绿观碑”六字，上有双龙祥云纹饰，高146厘米、宽70厘米、厚11厘米，正文18行，满行40字，楷书采用阴直刻法，现保存于金乡镇文管会内。“文中于‘嘉靖丙辰岁仲冬穀旦’下增‘民贰八年六月住持潘诚忠重修’13字，当系旧碑补镌者。”③ 碑中记录了项云鹏对环绿观的忧虑，以及李伯遇本人对此事件的看法，恕不详述。

清朝初年，金乡卫遭废，环绿观亦被毁，“清初卫废而观亦毁，顾氏清标诗所谓‘断碣犹留劫火余’者是也。自是二百余年，无人过问，碑仆荒榛丛厝间，遂无有知之者”④。直至光绪二十三年（1897），台州道士林志广来到金乡，见环绿观之旧址残破，心痛如割，发愿要重兴环绿观。林志广遂住在环绿观中，每日出门募捐，其同乡陶锦华感其诚挚，为其介绍当地绅士旺族，方才有富于资产者为其出资。在修复旧观之初，

① 吴明哲编《温州历代碑刻二集（下）》，第992页。
② 政协浙江省苍南县文史资料委员会编《苍南碑志》，内部资料，162页。
③ 吴明哲编《温州历代碑刻二集（下）》，第993页
④ 政协浙江省苍南县文史资料委员会编《苍南碑志》，第162页。

林志广于地下得到碑刻三块，上刻有环绿观之历史，于是便请书县令，求其恢复旧址。林志广在金乡广传道法，收杨理盛为徒，后杨理盛又收吴宗兴为徒，三人齐心，共图重振道观。

光绪己丑年（1889），环绿观正殿修复成功。不料第二年，恰逢飓风大作，重修之正殿屋瓦飞散，遍地狼藉，仅剩下柱础。但天灾并没有磨灭三人重修环绿观之志。为筹措修复经费，林志广与吴宗兴多次前往永嘉、福鼎等地募捐。“盖僧道之拜募赀财，其事至为艰苦，只身适异地，举目不相识，风餐露宿，日膜拜市集中，久之，人鉴其诚始稍稍出赀予之。”[①] 林志广在永嘉筹资半年，方得有人资助，携带建筑木材而归，而吴宗兴亦历经半年方遇施主。至第二年，正殿修复完成。刚刚建成之环绿观，没有产业，没有香火，自谋伙食尚不足生计。于是杨理盛白天出门募米，夜晚归来锄地种菜，以供众食。林志广去世之后，杨理盛主理环绿观，两年后，将环绿观交由其徒吴宗兴掌管，自己仍然外出募捐，日日如此，长达十七年。后杨理盛闭户清修，谢绝人事。吴宗兴一心经营，在其掌事期间，增构前后两庑，扩置田园二十余亩，至此道众之生计方有着落。

关于杨理盛的记载，《民国平阳县志》卷六十补遗载：“杨理盛，东门杨人，居金乡环绿观。观自清初毁于寇，光绪间，道人台州林志广募重建之，初无产业，理盛为之徒，募米供食者十有七年。”[②]杨理盛乃金乡外东门人，四五十岁时得闻林志广来金乡，便请求拜其为师。最初并不识字，但得林师之传，静而生悟，后能读《道德经》《黄庭经》《性命圭旨》等书。与林志广一同为修复环绿观游历募捐十七载，后弃绝人事，坐忘参道。刘绍宽所写、潘诚忠所立《书杨理盛尊师碑阴》称其“至六十二，悉却诸事，坐一室，冬不棉，夏不葛，不炉不扇，不醴面，不濯足，日再食，不问多寡旨否，或缺不馈亦不索，蚊噬不搏，盗入室攫其

① 政协浙江省苍南县文史资料委员会编《苍南碑志》，第 162 页。

② 符璋、刘绍宽：《民国平阳县志》，民国十四年刻本，第 1119 页。

物不禁亦不呼，专壹心志，遗外形骸，盖十有一年”①。

环绿观修复后，杨理盛长期闭关，不问世事。民国三年，天气久旱无雨，民不聊生，乡人知杨理盛道法高妙，请其为金乡求雨。杨理盛为解民苦，应约出观，在狮山上建坛求雨。起初只有微雨，三日后即大雨连天，禾苗得润，干旱立解。民众都称道杨理盛道法高强，神乎其神。杨理盛晚年时期粒米不食，医生诊治无疾病，乡人劝其进食，理盛却说：“吾舍坏矣，食之，徒增秽耳。吾将去矣。”“惟时略饮水而已。迄十有五日，自起旋于门外，还坐而化，是年七十有二。”② 相传杨理盛的床下放了一块木板，为犯人砍头时所用之椹板，上面斧痕纵横斑斑。杨理盛每上床之前必光脚踩磨此板，积年累月，此板已经光滑如砥，不复有斧痕。理盛此举是欲天下无有杀戮，其悲天悯人之情怀令人敬佩不已。杨理盛道士之一生，为修复环绿观踏破云履，收效颇多，其外在事功之著令人敬仰；其苦心修行，清净无为，身怀妙道，知机顺命，羽化而终，其内在修为之高令人崇敬；其拯世济物，弘扬道法，为民解厄，其功德之无量令人仰止。

观环绿观兴衰之事迹，感人至深，民国之刘绍宽为此所感动，特作碑文以为纪念，收录于《厚庄诗文续集》第六卷：“夫道教之兴，岂惟是崇其垣宇，赡其资粮而已，必将有坚深卓绝、能负荷老氏清净无为之道者之始为贵也。”③ 他认为，道教的兴衰，不在于其庙宇是否辉煌庞大，资粮是否充实阔裕，而在于是否有一批能够以弘道为己任、传承道家清净无为理念的道士，这些道士愿意穷其一生，奉献于道，道教才能长久兴旺不衰。环绿观中的道人们，以一己之薄力捍卫道场，弘扬道法。郑德延节衣缩食，恢复旧址，造昔日环绿观之辉煌；项云鹏存亡忧思，救宫观于危难，以道为家，还道众之宗归；林志广苦心孤

① 吴明哲编《温州历代碑刻二集（下）》，第1190页。此碑刻于民国二十七年，据龙湾区文博馆藏照片录出。《苍南碑志》上编第71页亦有记载。碑青石质八字额，高99厘米、宽64厘米、厚8厘米，正文11行，满行23字，楷书阴直刻，现保存于金乡镇文管会。

② 吴明哲编《温州历代碑刻二集（下）》，第1190页。

③ 政协浙江省苍南县文史资料委员会编《苍南碑志》，第163页。

诣，穷其毕生之力，续存香火；杨理盛游历经年，寝不贴席，食不甘味，只为修复道宇；吴宗兴广结善缘，殚精竭虑，继承先志，以振兴道门。尝有人言，道士皆隐居遁世，不食人间烟火，“仙道贵生，无量度人”，然若学道者唯以贵生为要，则大失其旨。环绿观历史上的几位道人，以他们的事迹启示我们，学道不仅要修己，更要度人。只修己不度人，不足以为道。

第五节　平阳龙门道法传承脉络

龙门派第十三代传人杨来基在嘉庆元年（1796）于委羽山大有宫传戒于十四位弟子，称十四房，其中第六房翁复泉、第八房陈复朴二系与温州道教的关系最为密切，“其第 19 代‘圆’字辈中有余圆一，金乡人；薛圆顺，万全下薛人；吴圆珠、朱圆坤（均瑞安人，所传徒多平阳籍贯），陈圆量、李圆密、林圆丹（均温岭人，所传亦多平阳籍者）等，对振兴平阳道教都起了重要的作用，特别是薛圆顺和林圆丹二人，被尊为开平阳龙门派的始祖”①。

陈复朴（1755—?），俗名志华，道号春谷，太平（今浙江温岭）人。生于清乾隆二十年（1755），家境贫寒，幼而好道，年仅十七即入黄岩大有宫修道，曾为学道游历天下名山，五朝九华、七谒南海、二至五台，复游终南梅花观。后闻天台道法高妙，便前往桐柏崇道观拜师，学龙门派法旨。陈复朴道根深厚，识见甚广，内外典藏皆通明于心。为人谦和，相传他能预知未来之事，尸解后妙感无比，居民画肖像以祀之。著作有《归真要旨》三卷、《易数八十卦》、《注悟真参同清静经》等。

薛圆顺，平阳万全乡下薛人，出家于大有宫，光绪三年（1877），重建昆阳（今平阳县昆阳镇）东门外发春观，并分支于此。光绪十一年

① 平阳县志编纂委员会编纂《平阳县志》，汉语大词典出版社，1993，第 758 页。

(1885)在杭州玉皇山蒋永林律师处受三大戒，道号福禄子，授徒薛明德、郑明住、杨明洁、薛明道、白明亮、曹明松、宋明长、鲍明忠、曹明埭、王明善、鲍明中等十一位，其中九位是平阳（含苍南县）人，薛明德最为出名。“薛圆顺等支派主要活动于今苍南县境各宫观，如龙隐观、天真观、凤仙观、青华观、三元观、环绿观等处”[1]。

林圆丹，浙江温岭人，出家于紫公洞，拜江永长为师，来平阳后，先居金乡环绿观，后造白玉坛于玉笼山水帘洞，弟子有吴明善、蔡明全、梁明琴、吴明元、颜明堪等。据载，林圆丹曾参与发起民国初年的温郡道会司，“民国初，温郡曾由士绅和道众发起成立道教分会，平阳县的发起人有叶志庚、陈锡琛、刘绍宽等7人及林圆丹、陈圆蟾、金宗藩、方志通等10余道人，印刷《道教分会温郡第一次布告》。当时道会司负责人为李守贤”[2]。

薛明德（1865—1931），江南八岱人，是薛圆顺之弟子，在发春观出家，于光绪乙酉年（1885）在杭州玉皇山福星观受蒋永林律师授三坛大戒，道号敦正子，后多方云游，民国九年（1920），返回望里镇溪头埠龙隐观，潜心修炼内丹，颇有造诣，“明三乘口诀，成炼九琴九剑九转之还丹”[3]。薛明德一生共修寰宇九次，坐山入关九次，共计一十八年，收徒二十九人，其中苍南十一人，是温州龙门派中的一位重要人物。

薛明德不仅从事宗教活动，还与当时流行于江南一带的“神拳会”组织有关，相传他曾于八卦教五山之一的望州山颁发印符和青龙山福聚堂的神拳会飘布。“据《厚庄日记》，薛是民间教派八卦教震教派的领袖之一。”[4] 在《厚庄日记》中仅有一处关于薛明德道人的记载，在《庚子同记》七月十九日一条，其文称：“昨晚王小亭丈来言，薛道人在南山，金、许二酋皆供及之，蓝都戎捕之甚急。二河陈子谷（可贞）言，伊地

① 平阳县志编纂委员会编纂《平阳县志》，第758页。

② 平阳县志编纂委员会编纂《平阳县志》，第759页。

③ 周孔华主编《温州道教通览》，第320页。

④ 周孔华主编《温州道教通览》，第320页。

有名永郎者，系陈氏甥，与子谷中表兄弟。其父入金钱会，被大军割耳逃去，挈妻到望州山，生此子。本年二月，随陈干卿来二河盘桓数月。至六月间，金匪事起。或谈及望州山薛道人事，彼遂问望州山何在？山上有何洞？有何道人？子谷怪问其故，彼云：杭州有八卦教，教中言天下有五山，一九龙山，一望州山，一梦泽山，余二忘其名，皆有道人居之，以传其教。有'望州山上出青龙'云云。居数日，有家信来唤，遂去。据此则前时所得飘布，有云青龙山福寿堂，边画八卦，正为八卦教矣。"[①] 关于薛圆顺与八卦教的关系，颇有争议，有待考证。

神拳会是1900年在江南为响应义和团运动而爆发的一次农民运动。《民国平阳县志·武卫志·兵事》记载："光绪二十六年庚子六月，蔡郎桥神拳会匪金宗财，聚众作乱，散卖'双龙票布'，影借北洋义和拳匪，借名除灭洋教诱民入会，从者蜂起。十四日温州知府启续至平，诡称奉督抚令，招抚神拳，教民闻风逃避，莠民乘机鼓众拆毁鳌江、萧家渡、北港等处耶稣教堂及教民房屋。十五日，金宗财与瑞安拳首许阿雷，联合聚众祭旗。县城戒严，各乡筹设团防局。十六日，东门外仙坛山中见匪旗数面，匪党数百人，持刀鸣鼓，联队而南，是日西门教堂被毁。十七日，匪众自鳌江至钱库，都司蓝蔚廷率兵勇壮役，会合民团分道前进，擒获妖妇章陈氏（三姑娘），匪众奔溃。二十日，蓝都司派驻马屿哨弁萧明亮，擒获匪首许阿雷。二十二日，江南团防局丁会合哨弁黄华廷擒获匪党谢凤标，解县并章陈氏伏诛。二十九日，知县谢焯莹督饬，典吏徐尚原，会营守备彭承诰擒获妖僧景雪，伏诛。七月十五，金宗财擒获，伏诛。神拳会匪平。"[②]

《平阳县志》中以"匪"来定义神拳会，是站在当时朝廷的立场。神拳会是平阳、瑞安等地民众面对帝国主义侵华的恶行，奋起抵抗，一致排外的一次农民运动，最初以金宗财、许阿雷为首领，金、许被俘牺牲后，民众便推举薛明德为首，继续进行反抗帝国主义的运动。"此后，

① 苍南县政协文史资料委员会编《苍南文史资料》第16辑（刘绍宽专辑），2001，第186页。

② 符璋、刘绍宽：《民国平阳县志》，民国十四年刻本，第356页。

平阳拳民推举薛明德为首领，在极端困难的条件下，继续高举‘除灭洋教’的大旗，前仆后继地进行斗争。”① 据《平阳县志》所记“薛明德曾在苏湖山建天真观，即望州山。杭州八卦教言天下有五山，一是九龙山，二是望州山，三是梦泽山，有‘望州山上出青龙’的诗句。望州山上有青龙洞，即青龙山，其堂名福寿堂，而‘神拳会’所发的‘飘布’（入教符记）便书有‘青龙山福寿堂’”②，可证其确实参与当时的神拳会运动。在刘绍宽日记中亦能找到相关材料佐证：“十八日。阴。函致孙仲容先生，请公禀将监禁诸匪早行正法。缘昨日孙先生有函与和卿先生云：神拳复炽，勾引台匪，瑞安则伍正熙主之，平阳则薛明德主之等语。伍名黼廊，与日前所闻颇合。前闻神拳此举，将欲劫狱救出金宗财等‘匪’也。”③ 此篇日记似可证明在金宗财、许阿雷被捕后，平阳推举薛明德为首，似欲谋划解救金宗财等人。另有日记曰：“七月初四日十一都陈秉中等言望舟（州）山上有青龙洞，即青龙山，其堂名福寿堂。昨所得青龙山福寿堂飘布，确系薛明德之件无疑矣。”④ 可见薛明德参与神拳会应确有其事。

《温州文史资料》中这样说道：“拳民运动是义和团运动的一个组成部分，平阳的拳民是浙南拳民运动中的一支主要力量。它从兴起到失败，时间虽短，但是当时我国东南地区一次比较重要的反帝斗争，它沉重地打击了帝国主义在这一地区的势力。同时，运动开始不久，便受到清朝地方政府的残酷镇压。它跟北方义和团不同，并不存在受清政府欺骗利用的问题。它的矛头，既对准帝国主义，也对准清政府，它不是被帝国主义的侵略军所击败，而是清政府勾结地主团练直接镇压的。因此，它既是反帝也是反封建的斗争。”⑤ 神拳会是当地民众在

① 温州市政协文史资料委员会编《温州文史资料》第 15 辑（温州文史精选集），2001，第 80 页。

② 平阳县志编纂委员会编纂《平阳县志》，第 758 页。

③ 苍南县政协文史资料委员会编《苍南文史资料》第 16 辑（刘绍宽专辑），第 188 页。

④ 平阳县政协文史资料工作组编《平阳文史资料选辑》第 1 辑，1984，第 55 页。

⑤ 温州市政协文史资料委员会编《温州文史资料》第 15 辑（温州文史精选集），第 82 页。

面对帝国主义列强侵略、清政府腐败无能的历史条件下做出的历史选择，有其积极的意义，但同时也应看到其中不乏一些非理性的举动，应予以客观的评价。

第六节　元明清时期的其他温州道教人物

元代，全真道开始南传，平阳道士黄广久较早地接受全真道，并在各地授徒传教，而融合南北二宗的代表人物则是刘修真。

刘修真，元代道士，号静趣，自幼好学，广涉经史诸子百家。年二十，倾慕方外之学，遂离家舍亲，皈依道门，“二十岁时师事横舟、虚白二位高道，受东华上道，后游江淮，学得全真内丹功法，是把符箓派道法和内丹派道法结合起来的著名道士”[①]。刘修真被后人称为“莲花博士”，因其“立志丹霄，融身大自然，酷爱飞霞洞火水之胜，因而构屋以居。其地有水莲万柄，‘周遭环绕’，刘修真由此又号‘莲花博士’”[②]。之所以称其为融合南北二宗的重要人物，因其先从横舟、虚白二人那里学得“东华上道”，后从霞隐张真人“参全真功”。且从孤绝禅师处研究“竺乾的意”，回来后居于飞霞洞。至元十六年（1279）夏天，刘修真自容成洞天修斋事毕，归即沐浴更衣，端坐而逝。刘修真临终告诉他的弟子们：“古人谓生死事大，无常迅速，然清净心源，圆满广博，性含万法，体绝百川，生死去来，了无关涉。”[③]“有进笔求语者，曰有言未也。遂安坐而寂，玉箸从鼻交流至膝，越三日貌如生。”[④]玉箸垂下又叫玉箸双垂，即临终时两鼻孔流出很长的浓稠鼻涕，是修行有成就者临终时有的瑞相之一。

---

① 平阳县政协文史资料委员会编《平阳文史资料》第 11 辑，1993，第 100 页。
② 中国道教协会、苏州道教协会编《道教大辞典》，华夏出版社，1994，第 485 页。
③ 平阳县志编纂委员会编纂《平阳县志》，第 757 页。
④ （明）朱东光纂修，（清）万民华补遗《隆庆平阳县志》卷九，隆庆五年修、康熙中增补抄本，第 262 页。

周颐真（1265—1350），字养元，福建福清人。元惠宗至元年间（1335—1340）徙居永嘉，自号山雷子。幼颖悟，能画《周易》方、圆二图，相传其少年时曾在西蜀与异人相遇，异人传授给他隐书及壬遁返闭之法。“后从开元观道士蔡术，嗣灵宝法，凡玄学运用，悉以《易》变通之。”① 元统二年（1334）大旱，郡中人请他祷雨，周颐真默然运气，有电从袖中闪出，雷雨随即而至。“未几，有讦其左道惑众，捕之急。颐真挺身立州桥石栏侧终日，捕者旁午，莫得见。有司知其神也，始获免。至正癸未（三年）夏又旱，时郡守张忠招颐真至华盖山设坛祈之，雷雨辄至，官吏身皆淋漓，如立水中，其法若此。进士孙以忠赋诗以赠。己丑（九年）春三月既望，忽命笔书云：‘我从空来我即空，我向空归空自在，八十五年幻化空，非幻不化空不改，喝豁达，大空空，不空空，一轮红日古今同。’掷笔而寂，世称兰室先生，有《洞浮老人集》。”② 其事迹可见《福建通志·方外》篇，《道教大辞典》中周颐真条目与上同。

关于周颐真的祖籍问题，查各种地方志说法不一。明《弘治温州府志》中记载其为福建福清人，后由于战乱与母亲迁居永嘉，“周颐真，字养玄，闽之福清人……至元丙子（二年），兵至闽，父早世（逝），独与母自闽之温，遂为永嘉人”③。《万历温州府志》与此说法相同，而至明朝徐象梅所编《两浙名贤录》中却将周颐真划为永嘉人：“周颐真，字养玄，永嘉人。”④ 清《雍正浙江通志》亦称周颐真为永嘉人：“周颐真，《两浙名贤外录》字养元，永嘉人。”⑤ 乾隆年间的县志称周颐真为福清人，又《乾隆温州府志》：“周颐真，字养元，闽福清人，至元丙子徙居永嘉。”⑥ 至《光绪永嘉县志》便发现了这一问题，《光绪永嘉县志》记载云：“案通志，周颐真，永嘉人；府县志则云，闽福清人，至元丙子

① （明）何乔远编《闽书》第五册，福建人民出版社，1995，第4104页。
② （明）王瓒、蔡芳编《弘治温州府志》，第405页。
③ （明）王瓒、蔡芳编《弘治温州府志》，第404页。
④ （明）徐象梅：《两浙名贤录》，明天启刻本，第3116页。
⑤ （清）嵇曾筠：《浙江通志》，《景印文渊阁四库全书》第524册，第345页。
⑥ （清）李琬：《乾隆温州府志》，清乾隆二十五年刊民国三年补刻本，第1066页。

徙居永嘉。当非无据，今姑存其人于方外，而删其集。”① 周颐真究竟是福清人，还是永嘉人，说法不一，清人孙诒让编撰《温州经籍志》对这一问题进行了详细的梳理，并得出了自己的结论：“周颐真《洞浮老人集》，《万历温州府志》十七、《雍正浙江通志》二百四十八、《乾隆温州府志》二十七、《乾隆永嘉县志》二十三。案：周道士颐真，《雍正浙江通志》、《乾隆温州府志》、《乾隆永嘉县志·仙释传》并有传。其籍贯《通志》云永嘉人，府、县志则云闽福清人，至元丙子徙居永嘉。当非无据。其集诸《志》经籍门并误收。今删之。”② 依孙诒让之说法，周颐真当确属福建福清人，其后由于兵乱而迁徙永嘉，定其本为永嘉人一说法有误。今人亦多认同此观点。关于周颐真所著《洞浮老人集》一书，现只有存目，其内容无可寻。“《洞浮老人集》，存目，元周颐真撰。《古今图书集成·神异典》卷二百五十五神仙部引《温州府志》。仁按：福建福清人。世称‘兰室先生’，自号‘山雷子’。元末尚在世。”③

贾复真（？—1368），号静观，元末道士。元惠宗至正年间（1341—1368），随温城同知雷仙伯学习雷法，雷师又以天文地理秘旨授贾复真，相传其道法高妙，祷雨有应验。“贾复真，号静观，至顺壬申居温城……庚辰，郡大旱，有司请复真祷雨于岳祠，应时雷雨大至。洪武戊申，修斋于竹园道院，一日梦天枢院遣使请归，端坐而逝。”④《光绪永嘉县志》记载与此相同。

陈镐，元末时人，曾被主管道教的集贤院授予冲和凝妙通玄法师称号和温州路玄妙观提举官职，参政周嗣德派吏迎请六七次，都被他拒绝。后屏居东塘，专研道教经典。明洪武七年（1374）的临终遗言是：“天地无物不归于尽，吾将休矣。虽然，人而不学，何以通古今识道理？我死后汝等勉之。”⑤

① （清）王棻：《光绪永嘉县志》，清光绪八年刻本，第 1872 页。

② （清）孙诒让：《温州经籍志》下册，第 1715 页。

③ 丁培仁编著《增注新修道藏目录》，巴蜀书社，2008，第 638 页。

④ （明）汤日昭：《万历温州府志》，万历三十三年刻本，第 790 页。

⑤ 平阳县志编纂委员会编纂《平阳县志》，第 757 页。

顾泰真，号虚白，年少即聪敏好学，有志于道。师从鹿城陈静心，后四处游历名山大川，访道求学，相传其于浦城遇到麻衣道人，获授掌心雷法，能呼风唤雨，叱咤风雷，而且“能神游太空，洞知祸福”①。洪武十九年（1386）夏天遇旱灾，顾泰真受请于实胜寺求雨，登坛不久，即电闪雷鸣，大雨倾盆而至，直下了三天三夜。后洪武二十一年（1388）夏天四月，顾泰真赴金乡做醮场，刚一发奏，蛇鸡鼠等即群聚而至。相传顾泰真不仅法力高强，更能参透生死，他预知自己羽化之期，对他的弟子说：“辰年巳月酉日子时，吾将化矣。”果真到这一天时，他沐浴端坐，提笔手书云：“三十六年春梦足，参玄道学空劳碌。夜半骑龙上玉虚，浩歌一段无生曲。”② 书毕而逝。清《雍正浙江通志》中亦记录顾泰真之事迹。

梅芹，永嘉人，自号大歇子，早年出仕，元末后期疲于仕途之人事，遂入道学黄老。相传其善于符箓，能用符箓让盗窃者自行归案。“能驱鬼出神，或盗其丘木，焚符灶中，盗者披发负树来归，以水噀之，谢而去。”曾自题小像曰：“石斛花开劫外春，百城烟水漫劳神。谁将秋兔毫端写，須出山林幻有身。”③ 由于其颇有异能，人称“梅半仙”。

叶昌龄，永嘉县人，年幼机敏。一日外出遇一老叟，老叟带其进入一岩壑之中，此岩洞仙气升腾，老叟于此洞中教其正一五雷之法。正德间（1506～1521）又逢大旱，郡守请其登坛作法求雨，叶昌龄问郡守曰：是要城中下雨吗？郡守回答他说：城中之雨只要能浸透禾苗就好，城外雨要大一些。于是叶昌龄乃执笔画符，“已而掷笔空中，俄见白气上冲，雷电交作，城中仅飞洒而四郊大沛”④。

张日惺，号太微。居于白鹤山双瀑潭侧，学法于龙虎山。擅长祈雨，时人称其为张法官。“尝祷雨烈日中，戒侍者宣疏毕，亟匿案下，忽黑云

---

① 平阳县志编纂委员会编纂《平阳县志》，第757页。
② （明）汤日昭：《万历温州府志》，万历三十三年刻本，第790页。
③ （明）汤日昭：《万历温州府志》，万历三十三年刻本，第789页。
④ （清）嵇曾筠：《浙江通志》，《景印文渊阁四库全书》第524册，第345页。

一朵，如元芝从海门起，怒雷激之，大雨如注，时称张法官。”[①]

《东瓯逸事汇录》中记载了温州几位传奇道人。所谓“逸事”者，即正史中所不载、常人所不知之故事，究竟真伪，无从考证，却可从另一侧面说明这些人在当时的影响。

林大敷，号紫轩，自称木通生，永嘉平阳人。以嗜酒为乐，颇有异能，据说其走路不疾而速，遍游五岳名山。大德二年（1298）二月十八日，林大敷与旧交一一辞别，说自己即将离去，第二天，他静坐茅龛中，焚香诵经，突然大喝一声“去”！便见其身坐火中，经声仍不断绝。“顷之，地无遗骨，空有祥云，所谓火解者。众方叹异。”[②] 然而，后又有多人相继看见他出现在不同的地方，众说不一。

金志扬，又作金志阳，号野庵，人称金蓬头，元初江南全真道士，浙江永嘉人。生而不群，自幼果敢，大志不羁。“初师南宗白玉蟾之徒李月溪，月溪又命其北上参全真道李真常，颇有所得。”[③] 于龙虎山筑天瑞庵居之，兼行祈禳，四方来求治病者甚众。元统元年（1333）迁居武夷山，隐于白玉蟾之止止庵。浙东元帅李太平闻而礼之，谓曰：“命严则民治，心清则欲寡。”[④] 弟子中如劳养素、郭处常、李西来、张天全、殷破衲、方方壶等，当时皆以道术名世。

童中模，字哲初，永嘉人，号罗颠山人。年少时从儒，学习诸子百家之学，精通勾股壬遁之术。喜好游山玩水，常常流连忘返，人皆以其为神仙。嘉庆七年（1802）夏天大旱，当地巡抚李銮宣求法于童中模，童中模乃于六月九日设坛于当地书院，祷祝三日后对李巡抚说：十三日午时将有大雨。果真，十三日时，大雨遍洒。李巡抚赠其酬金，童中模辞之不受。不久，处州亦逢大旱，处州知府王绩、署丽水令张吉安礼聘童中模求雨。童中模为其祷祝，果真应验。童中模曰：“未申之日未申时，大雨滂沱雷电驰。莫道天公容易测，桑林且费七年思。”至七月初二

① （清）嵇曾筠：《浙江通志》，《景印文渊阁四库全书》第524册，第345页。

② 陈瑞赞编注《东瓯逸事汇录》，上海社会科学院出版社，2006，第569页。

③ 李养正主编《道教手册》，中州古籍出版社，1993，第433页。

④ 赵道一：《历世真仙体道通鉴续编》，《道藏》第5册，第448页。

未日未时，初三申日申时，皆验。“酬以金，亦不受，归。”[1]

王球琳，清嘉庆间（1796—1820）原招顺乡埕溪人（今属苍南），自号日蟾子，弃儒从道，“著有《参同契、悟真篇注释》、《仙道辟伪说》等劝人学仙”[2]。

章本旭，号超阳子，“清朝乐清人，潜心修炼，尤精医理，寿90余”[3]。居黄岩委羽山大有宫，一生清虚恬淡。太平进士黄浚游委羽山时，有诗云“山中道士皆修养，超阳章老龙肃爽”。

张鹤，字静芗，瑞安人，住上海玉清观，擅长古琴，对诗、书、画亦有造诣。撰有《琴学入门》，刊于清同治三年（1864），收琴曲二十首，附工尺谱。谱中所收《阳关三叠》《渔樵问答》等琴曲，今仍十分流行。《琴学入门》清同治十二年刻本残卷现保存于沈阳故宫。[4]

华理勋，玉环人，清末入玄乐清青云观，历十四载寒暑，尝数万里风尘，遍游粤闽赣皖苏，返温后重振东蒙山，培育道徒。通医卜星算堪舆，著《地理虎鸣经图说》。[5]

叶明达，“清末民初任乐清道会司，编立箴规，阐扬道化，整顿道门，得内外悦服，终年近90”[6]。民国二十年（1931），叶明达重建集云道观，集云道观在白石镇横山南麓，旧为佛寺，叶明达重建后，改为道观。

这些道教人物，或有其师承法脉，或只有其个人记载，均各有所长，从这诸多道士足以管窥元明清时期温州道教的繁盛。综上所述，至清朝后期，道教的教理教义及修持工夫、方术等逐步渗入民间，与民间传统信仰混合，对广大民众的思想观念及经济、文化、生活等各方面产生了广泛的影响，进一步渗透影响到社会和习俗传统中。

民间道教文化与官方道教文化是相对而言的，传播主体从官方宗派

① 陈瑞赞编注《东瓯逸事汇录》，第441～442页。
② 平阳县志编纂委员会编纂《平阳县志》，第757页。
③ 温州市志编纂委员会编《温州市志》上册，中华书局，1998，第455页。
④ 沈阳一宫两陵志编纂委员会编著《沈阳故宫志》，辽宁民族出版社，2006，第209页。
⑤ 温州市志编纂委员会编《温州市志》上册，第455页。
⑥ 温州市志编纂委员会编《温州市志》上册，第455页。

过渡到宗谱传承，消费主体从士大夫延伸到市民大众，道教文化走下庙堂，扎根民间。官方宗教式微，民间宗教崛起，与市民社会的结合也让扎根民间的道教实现了世俗化、技艺化的发展转向，在新土壤里深刻影响着各社会阶层的生活方式和精神寄托。

第六章

近现代温州道教的发展

近现代温州道教涌现出了许多著名的人物，如方至通、闻理朴、马诚起、吕信足等高道，他们不仅为本地区道教发展起到了重要的延续和推广作用，更将温州道教的影响力和道脉的传承拓展到了全国各地，在温州道教史上起着明显的承上启下作用。各种组织也先后兴起，温州道教步入现代化进程。

第一节　近现代温州道教的重要人物

清代中叶，道教全真龙门派从浙江黄岩委羽山大有宫传至平阳东岳观，来自大有宫的薛圆顺、林圆丹两位大师被尊为平阳龙门派的始祖。

一　薛圆顺—薛明德嗣系脉络

薛明德之徒弟中以吴至荣与石至鹤为代表。“苍南县道教后期自清光绪间至现在的道统源流大都是薛圆顺—薛明德—吴至荣—王理湘等一脉相承而繁衍。”①

1. 吴至荣一系

吴至荣，出家于龙隐观，收王理湘为徒，活动于龙隐、天真、凤仙、清华、三元、环绿等道观。

王理湘（1901—1996），俗名王义，温州乐清人。少年好道，宣统三年（1911）出家于苍南县望里镇溪头埠龙隐观，与其师公薛明德，师父吴至荣，师叔石至鹤共同生活、修炼。民国二十二年（1933）在黄岩委

① 周孔华主编《温州道教通览》，第320页。

羽山大有宫受三坛法戒。后曾任苍南县道教协会名誉会长。

王理湘天资聪慧，乐善好玄。出家后尊师崇圣，承受其师祖薛明德大师之道德教法，恒持修炼，成为苍南县全真龙门派中兴的主要人物。王理湘不仅是道教界的重量人物，更是一位爱国志士，曾以龙隐观为根据地开展救亡图存之爱国活动。“曾因龙隐道观隐居僻处，殿阁连亘，遂宜（与）地下党首长刘英、粟裕、王国祯、张培农、叶挺鹏、陈阜、陈铁军、陈卓如、林辉山等同志驻观定策……并教育王道长参加革命活动，任用王道长为地下革命通讯员之职。”① 1927 年国民党军队围剿龙隐观时，王理湘为救护林辉山等人出逃，自己化装成林辉山，吸引伪军出现，自衣蓑笠，搅乱伪军围剿计划，最后成功掩护林辉山脱离危险。然而，王理湘因此遭掠成疾，长期弗瘳不治。

王理湘一生授徒 73 人之多，其中以董宗规、陈宗化、刘宗和为代表。董宗规曾任金乡镇金仙道观住持，1989 年主持扩建钱库镇仙岩道观“玉皇宫”。

陈宗化，法号涤垢子，全真道士，苍南县望里镇新民村人。13 岁出家于藻溪三台山金仙道观，拜赖真人为师，赖真人羽化后再拜龙隐观王理湘为师。曾住持钱库镇静幽道观，担任过苍南县道协副会长。静幽道观位于素有小江南八宝名山之一称谓的望里镇浃底园凤凰山山麓。山上的凤凰精舍最早建于清代康乾年间，陈宗化住持此观后，将它翻修扩建，于 1985 年破土动工，1986 年建成了有二殿二枕、轩楼偏舍 18 间的静幽道观。有一联曰：凤雏问道谁家静，卧龙回言此处幽。陈宗化以弘道传教为己任，周游各地，修缮龙沙青云洞、金乡西方寺、老城灵岩观、宜山洪池观。“曾经一次在青城山承授玄都法戒，三次被推任玄都律坛，皈依玄门的方便戒为律师。笃志继承道教优良传统。”② 陈道长勤劳俭朴，乐善好施，修桥造路，济贫扶困，救灾解难。改革开放后，陈宗化积极响应国家经济政策，为发展当地农村经济建设，于 1994 年至 1997 年带

① 周孔华主编《温州道教通览》，第 321 页。

② 周孔华主编《温州道教通览》，第 331 ~ 332 页。

头承包水田15亩，每年收入稻谷、蔬菜两万多斤。

1985年5月苍南县成立道教协会时，“推选黄诚宝为会长，王理湘、卢信回为理事，章晖为秘书长。第二届（1988）推选黄诚宝、王理湘、章晖、董宗规、陈宗化、李成松、陈信有、陈其图、沈诚忠、吴宗珍、郭宗英、章诚悻、王信妙、陈信和、杨宗源、黄诚坚等为理事，连选黄诚宝为连任会长，王理湘为名誉会长，董宗规为副会长，章晖为副会长兼秘书长”①。至1993年5月第三届时，董宗规、陈宗化仍为副会长。

2. 石至鹤一系

石至鹤，望里镇茶寮浃尾人，出家于龙隐观，拜薛明德为师。1927年即丁卯年冬，在宁波渊德观受三坛大戒。于1935年捞荷有功，平阳县政府赠其匾额“功同圆蔓”；石至鹤传授道徒21人，以陈理成、蔡理延为代表。陈理成传李宗锦，李宗锦著有《宗教生活的基本形式》一书。李宗锦传黄诚宝。蔡理延传陈宗耀，陈宗耀传李诚松、金减扬等人。

陈宗耀，俗名陈长乃，苍南县人。1922年生于一渔农之家，8岁丧母，13岁丧父，家境日趋窘迫。后不得不放弃私塾，辍学务农。1939年，因生活贫困，投奔苍南县云台山三元观出家为全真道士，拜该观住持蔡理延道长为师，取道名“宗耀”。陈宗耀出家后一面跟随师傅学习道教经典，提高修为，一面仍不忘砍柴、种地、下厨劳作，于生活中体道参玄。1940年，恰逢黄岩委羽山大有宫方丈蒋宗翰律师设坛演戒，说法度人，乃恳请师父允其前去受戒。陈宗耀受戒后，于委羽山大有宫留住3年，勤修道教教理、教义、戒律、威仪、全真正韵及内炼功夫等。1943年，陈宗耀来到平阳县南山独居茅庐，苦修一载。1944年到温州云溪万年寺，住修一载。万年寺原为佛寺，但其中无僧，陈宗耀深得当地信众挽留，便住修于此。随后，陈宗耀赴天台山桐柏宫参学两年，在该宫曾任执事兼经师。1947年冬，辞别桐柏宫，返回云台山三元观，担任住持。在陈宗耀管理三元观期间，他率领道众募缘集资，兴工扩建了原有的殿宇。“文革”期间，三元观被毁，陈宗耀被遣返老家劳动。“1976

① 周孔华主编《温州道教通览》，第332页。

年‘文革’结束，陈宗耀道长重著道袍，投奔苍南县麒麟山燕窠洞（道观）师侄黄诚宝住持处常住，与黄诚宝道长及徒孙黄信阳（现为北京白云观监院）协力募缘集资，修葺宫观，开拓道场。”① 1985 年苍南县道协成立，陈宗耀任常务理事，并主持燕窠洞庙务。1989 年，北京白云观举办中断 60 年的传戒盛典，陈宗耀被北京白云观恭请为引请大师。《北京白云观志》记载：“引请大师陈宗耀〔历略〕：陈宗耀，俗名陈长乃，浙江苍南县人，生于 1922 年，1939 年投苍南云台山三元观出家，度师蔡理延道长。1940 年浙江黄岩委羽山大有宫方丈蒋宗翰传戒，前往受三坛大戒，留住进修道功三年。1943 年到平阳县南山独居茅庐苦修。1945 年游方赴天台山桐柏宫，留任经师。1947 年冬返云台山，募缘兴建三元宫殿堂，任住持。三元宫于‘文革’中被毁，移住苍南县麒麟山燕窠洞。1989 年白云观传戒，礼请任引请大师。”②

李诚松，师承陈宗耀，法号寿长子，1930 年生，金乡郊外下处桥人。6 岁随其母出家于灵善道观，18 岁进入云台山三元观，拜陈宗耀为师，聆听师教，立志参玄。曾任苍南县道协会长、温州市道协常务理事，苍南县、温州市政协委员。李诚松精研义理，善于实践，常行医救人，以布施济世救人为己任，对针灸尤其擅长。尤其值得称道的是，受其母素食习惯的影响，李诚松半点荤腥不沾，一生茹素。他所出家的灵善道观，位于金乡东门吴家堡，原名东庵，俗名半路堂。始建于明弘治年间，1944 年间林有匮复修，1989 年李诚松翻新重建，1990 年修建灵善观正殿 5 间，走廊 6 间，1994 年增建前座，1996 年建成，规模雄伟。李诚松特撰写一副对联云：“灵善原是古刹地，道观重兴大罗天。”此外，在李诚松的住持下，还“重建凤凰观 6 间，扩建炎亭东安观 9 间”③。李诚松一生行善不断，扶贫恤弱，为国家助资修桥造路，1998 年当选为苍南县第七届政协委员。

---

① 李养正：《当代中国道教》，中国社会科学出版社，1993，第 286～287 页。

② 李养正编《新编北京白云观志》，宗教文化出版社，2003，第 240 页。

③ 周孔华主编《温州道教通览》，第 332 页。

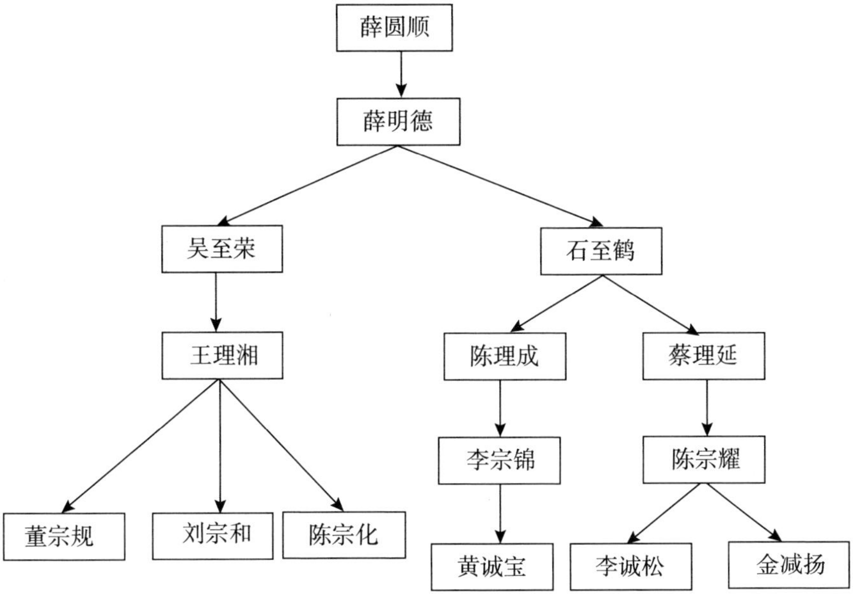

薛圆顺宗师传承脉络大要

二　林圆丹道法传承脉络

林圆丹的弟子吴明善，收方至通、林至金、林至广为徒，方至通传陈理余、闻理朴，林至金传钟理藻。钟理藻为民国时期龙门派著名炼师，曾修道于东岳观，“民国 18 年（1929）钟理藻道长接任住持，钟道长赴四方劝募，铸铜钟，重造大罗宝殿，从此晨钟暮鼓。钟道长威望极高，温州、瑞安一带道观都请为顾问，南雁仙姑洞等都派道士来学功课、道场等，于民国 24 年重建东岳观”①。钟理藻授徒黄宗和，黄宗和又传马诚起。

1. 方至通

方至通（1877—1926），苍南上岗人，号空成子、敏达子，幼年寄养于舅父家中，自小淡薄于人情世故，慕黄老清静无为之风，以葛仙翁为

① 平阳县政协文史学习委员会编《平阳文史资料》第 17 辑，2000，第 161 页。

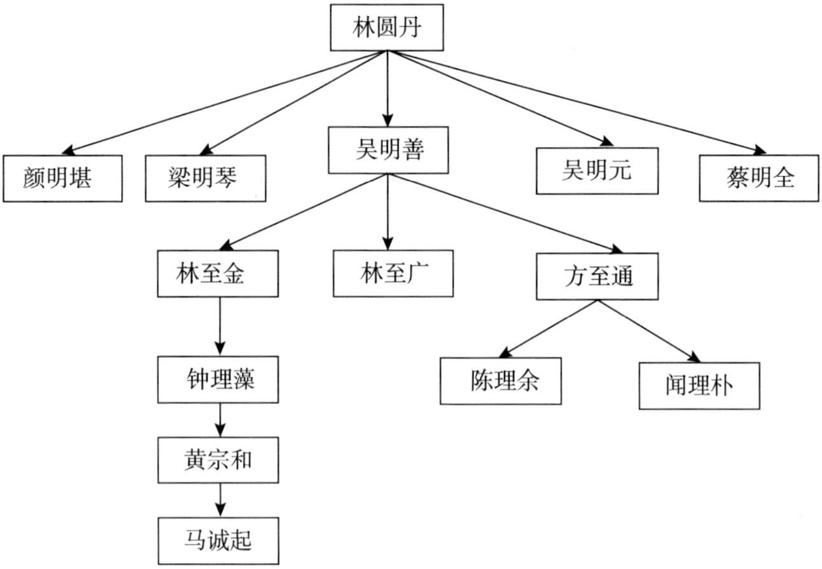

林圆丹宗师传承脉络

榜样，欲求真道，出家于水帘洞道观，拜吴明善为师，成为林圆丹的再传弟子。皈依入道后，潜心修炼，常周游各地拜访高道大德，后得悟丹诀秘要，乃居于龙虎山，自开紫云洞、斗姥阁，不问世事，闭关清修十年。1913年于宁波渊德观受三坛大戒，得选为“天仙状元”，并于次年接任平阳东岳观住持。入东岳观后，方至通一心以振兴道观为己任，在其掌教期间，东岳观按丛林制度分司执掌，量才使用，各尽其能。1917年大罗宝殿得以重建，后又翻修斗姥阁，东岳观香火逐年兴盛，不仅促成了一个道观的兴旺，更使平阳道教迎来了中兴时代。平阳县知事熊钧特为方至通赠匾额“怀葛风高”。

值得一提的是，方至通在道教音乐上颇有造诣，浙江温州及整个浙南地区所流行的全真科仪音乐称为“十方板”，方至通精通乐律，在传承发扬“十方板”的历史过程中起了重要的作用。徐宏图对“十方板”的流传过程进行了考证，他在《浙江的“十方板”、“子孙板”及其研究方法初探》一文中得出的结论是：“清光绪年间，全真龙门派第19代弟子林圆丹，从黄岩大有宫传至平阳东岳观，后由其徒吴明春（当作吴明善）传方至通，方传闻理朴，方之师弟林至金传钟理藻，钟传黄宗和，黄传马诚起，马传黄信阳。黄信阳将温州十方板中的早晚功课及《铁罐焰口》科仪共84曲传至北京白云观。现黄岩大有宫主持华诚鹤，又从北京学回。”[①] 方至通在“十方板”的流传过程中可谓起到了枢纽作用，上承师法，下传弟子。晚年，清修益进，无疾坐化，授徒二十五人，其中主要代表为闻理朴，是民国时期龙门律宗的振兴者。

2. 闻理朴

闻理朴（1892—1935），字达子，道号文素子，温州梧埏人。生于清光绪十八年（1892）正月初八日午时。容颜慈祥，沉默寡言，神清气爽，和蔼可亲，人皆敬爱。颔下有须，貌清癯而发长等身，黄冠羽服，宛如画中神仙。成年后父母双亡，孑然一身。时逢国内军阀混战，政治腐败，道德沦丧，世风日下，民不聊生。1918 年出家，隐居温州胜美尖吕公祠，两年后赴平阳东岳观拜方至通为师，甚为方至通器重。方公尝语众曰：“此吾教承道人也。”闻理朴为精深造诣，四处云游访道，听经参学，足迹遍布道教诸山。先至北京白云观听经，“于 1925 年往湖北长春观受戒法，同时受戒的有 450 人，经三场论文、道、经、律考试获得首选，称‘天仙妙道状元’”[②]。长春观方丈刘敬义律师赞叹道：“子真吾道柱石也!”乃亲授大法。“届时四方道众云集，得天字号闻理朴、地字号童诚尧，接法嗣之号的蒋宗翰等四百五十四人。”[③]

方至通病危时，闻理朴“随侍在侧，亲奉汤药，衣不解带。公殁，执礼甚哀，形毁骨立，孝感动人，乡里称誉。翌年众推为东岳观住持”[④]。

闻理朴道人为道教事业做出了重要贡献。其功绩应被铭记在民国时期温州道教的历史上。

第一，提倡积功立德为宗旨。闻理朴热爱道学，立志振兴道教，以

---

① 徐宏图：《浙江的“十方板”、“子孙板”及其研究方法初探》，转引自张振涛《来自香江的报告——“中国传统仪式音乐研讨会”侧记》，《中国音乐学》1998 年第 4 期。

② 平阳县志编纂委员会编纂《平阳县志》，第 758 页。

③ 中国人民政治协商会议武汉市委员会文史资料委员会编《武汉文史资料》，1985，第 175 页。

④ 平阳县政协文史资料研究委员会编《平阳文史资料选辑》第 6 辑，1988，第 28～29 页。

清静无为度化世人，惟望战乱平息，百姓安宁。闻理朴任住持期间，以提倡积功立德为宗旨，带领道众自觉遵守清规戒律，积极参加生产劳动，自食其力，以免挨门募化之累。当时温州地区水旱蝗灾并作，平阳、乐清、瑞安等地灾情尤重，许多地方颗粒无收。闻理朴勤俭持观，手足胼胝，通过生产自救，不仅解决了观内道众的温饱，还把东岳观整饰一新。闻理朴终生不慕荣华势利，自奉淡薄。尝作楹联以自明："焚香静坐，抱膝长吟，幽兴闲情供我辈；拥资敌国，尊爵当朝，勋名事业让他人。"①

第二，建立"育真私塾"。当时社会众业凋敝，民生艰苦，无力顾及子弟就学，为了培养幼童，他在东岳观太岁殿设立"育真私塾"，免费施教，就读者有待业青年、贫家子弟，生徒有四五十人之多。他还资助孤儿郑步瀛入校读书，携带张贻桂、尤葆枢等到黄岩拜名画家蔡心斋道人学画深造。民国二十年（1931）春，闻理朴道人应邀参加中华道教会在上海召开的筹备会，离别时，生徒依依不舍，闻理朴作诗纪念："晷光灯影共相依，讲学深惭董子帏。一字师资予犹馁，经年请益尔初肥。谁知曲奏阳关早，忍看桃苞异路违。挥手河梁将暂别，石榴花发即来归。"②

第三，整理经教法忏。闻理朴道人自幼天资聪颖，能书善画，少年时曾拜名儒陈子万为师，据传其读书有过目不忘之功。皈依入道后，闻理朴一心向道，欲将道教之学发扬光大，他依据古籍修正整理了玄门功课、经忏、音韵、仪律等，使杂乱无序的科仪归于正规。四方道友闻风向往，来本观常住者三十余人，道风大振。他著有《道德经浅著》《文素子诗文集》，手书《道德经》《玄门功课》《玉皇经》《莲华经》均付石印出版，供各地道观诵读，惜"文革"期间遭劫，现仅存诗稿若干首在东岳观中。闻理朴昔日游杭州玉皇山时，在半山峰回路转处石壁上题七律一首；于永嘉乌牛纂天然道观题"虎礤岩"三字；八坎田伴云观门墙亦有闻理朴所题"福生无量天尊"六字，伴云观前有一联"凤笙吹月

---

① 平阳县政协文史资料研究委员会编《平阳文史资料选辑》第6辑，第28～29页。

② 平阳县政协文史资料研究委员会编《平阳文史资料选辑》第6辑，第30页。

上，鹤侣伴云居”，“系道教中著名道者闻理朴（道号达之）所撰”[①]；紫云观洞壁上亦有闻理朴所题“紫岩风景地，云洞大罗天”十字；平阳东岳观东岳殿匾额手迹至今犹存。观其字迹，俊朗洒脱，可思其人仙风道骨，德高望重。他于民国十七年（1928）卸任。著作有《朴庐诗文稿》《朴庐味道吟》等。

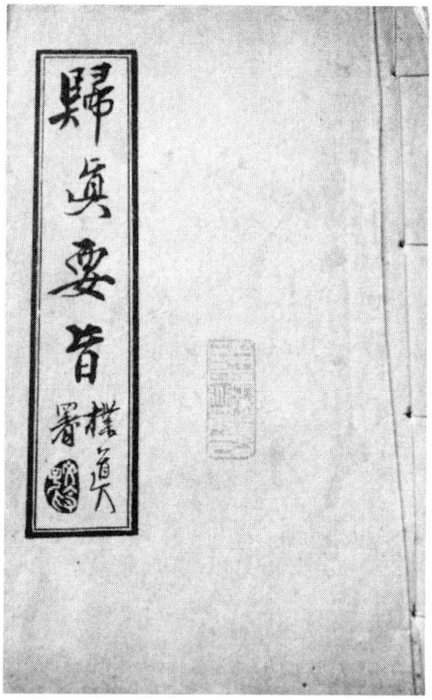

图6－1　《归真要旨》闻理朴题签

第四，住持大有宫。闻理朴后在中国道教第二洞天黄岩委羽山大有宫任住持。现在委羽洞口还有闻理朴大师手书石碑“篦萝深处”，落款是“朴道人”。民国二十一年（1932），天台高道叶宗滨迎请闻理朴出任天台桐柏宫方丈，于正月至三月开坛传戒，受戒道士有78人，此次传戒为1949年前道教界三件大事之一。大有宫与东岳观两观之间一直有着密切的联系，民国二十二年（1933）大有宫开戒，蔡理鉴任大有宫方丈，蒋宗翰（后任北京白云观方丈、中国道协副会长）主持开坛传戒，为全

① 浙江省地名委员会编《浙江地名简志》，浙江人民出版社，1988，第205页。

国12个省87名戒子授戒，邀请闻理朴担任戒师。

相传闻理朴，“忽一日，与大众话别：‘我将远游矣’，取竹叶煎汤沐浴，端坐振笔赋诗，诗曰：‘四十四年谪世尘，韬光道月羽衣身。如令依旧朝真去，安享蓬莱不老春。’诗成长逝。临终时，神气安和，贞静自然，如龟脱壳，如蝉委蜕”①。闻理朴道人虽然羽化，但他的事迹对当时之人以及后世之人都产生了较大的影响。后人有诗赞曰：“绿竹绮绮兮其叶青青，临风摇曳兮虚无其心。傲雪冻霜兮岁寒不凋，劲节柔韧兮抱道坚贞。”②

3. **马诚起**

马诚起（1915—1990），俗名志远，法号开化子，道号“诚起”。平阳县二都今万全三社村人。曾任温州市道教协会会长、市政协委员，浙江省道教协会筹备组成员，中国道教协会第四届理事。《平阳县志》中关于马诚起的记录为：“道徒马诚起，善诗词，曾被选为温州市道教协会会长和全国道协理事，1990年去世。”③“马诚起（1915—1990），平阳人，9岁出家，1986年当选为中国道教协会理事，温州市道教协会首届会长，温州市政协委员。”④《浙江古今人物大词典》收录“马诚起”词条，称其为“平阳人。龙门派道士。曾任中国道教协会理事，温州市道教协会会长，温州市政协委员。曾在北京白云观乾道培训班教授经忏。有诗集刊行，收诗100余首”⑤。

马诚起道长4岁丧母，8岁失怙，9岁入平阳东岳观当道士，拜黄宗和为师，成为全真道脉第二十四代传人。马道长从小勤奋好学，秉承道教“清修与劳作相结合”的传统，修行期间，每天坚持早起敲钟、诵课、打扫殿堂，随众下田耕耘，从不言苦。时值孙赛松道长于东岳观闭关修炼，马道长每天定期为孙道长送饭，孙师以其年幼聪敏，便教他读

① 平阳县政协文史资料研究委员会编《平阳文史资料选辑》第6辑，第30页。
② 平阳县政协文史资料研究委员会编《平阳文史资料选辑》第6辑，第31页。
③ 平阳县志编纂委员会编纂《平阳县志》，第760页。
④ 温州市志编纂委员会编《温州市志》上册，第455页。
⑤ 单锦珩编《浙江古今人物大辞典》下，江西人民出版社，1998，第15页。

书识字诵经，后传其道法科仪。十二三岁时，马诚起到永嘉伴云观勤修，后回到东岳观。

马道长二十岁前后，开始四处游历求道，起初来到乌牛纂天然道观，跟随项理培大师学习老庄思想。深为《老子》的“无为自然”之道和《庄子》的“长生久视”之法所动，对玄门义理产生了浓厚的兴趣。一年后，师公钟理藻患病，马道长便回到东岳观服侍，直至师公羽化长辞。1935 年，马道长来到宁波镇海天庆观参学，第二年秋到上海桐柏宫，1937 年回到伴云观。1938 年秋，马道长回到故里三社，遇邱鸣初，向其学习中医，兼修内丹，马道长的《与邱夫子久处乡里》一诗正是描写其此时的经历：“缔交三十年，风雨共盘桓……谭玄每晚食，赏句屡迟眠。倘若回故里，相处意绵绵。”学成中医后，马道长自设诊所为民治病。后到岙底崇庆道院当住持。在崇庆道院期间，他一面替信众做法事，一面为村民治疾病，用积累起来的钱购置了香灯田二三十亩。1949 年 5 月后，他先于市区东门行前街的吕祖庙（先锋殿）做住持。后于“1953 年在东门高殿下等处开设诊所，1954 年到乐清田联合诊所工作了三个多月，随即转到大荆山区双峰乡所工作一年余。那时，麻疹流行，他就上山采药，用中草药给病人治疗，既实效又省钱。一天夜里，为抢救一个危在旦夕的病人，他不顾伸手不见五指的黑夜，冒着滂沱大雨，涉过六条湍急溪流，翻越一条条山间小道，一到病员家，他不顾全身衣服淋湿，裤被小树杈撕破，脚腿多处挂花，立即投入抢救，经数小时诊治，病人终于得救了”[①]。1956 年初，马道长回到鹿城大南门诊所，1959 年春被下放到永临，后转藤桥，1961 年夏重新回到大南门诊所。直至 1975 年，他才回到伴云观。

党的十一届三中全会后，政府恢复宗教信仰自由政策。“‘向道心坚今胜昔，还希故友共加鞭。’这位年近古稀的道长，为恢复温州的道教，使其走上正规化、正常化，为联络各县道教徒，建立温州市道教协会，觅宗访友，寻观探胜，翻山越岭，不辞辛劳。南北雁荡的北斗，玉虹、

① 平阳县政协文史资料委员会编《平阳文史资料》第 10 辑，1992，第 58 页。

仙姑诸洞，大罗山四周的瑶溪海安，永嘉乌牛纂，乐清白龙山，苍南燕窠洞，瓯海八仙岩，瑞安圣井山、东海之滨和洞头列岛，都留下了他的足迹。经过几年努力，温州市道教协会终于在 1986 年 11 月诞生了，代表们一致推举他为会长。”① 在他的诗中这样写道：“欲将余力阐玄风，老来如何把道弘；担重途遥蒙重托，事多人寡计多穷。光天稳步求前进，化日长征望畅通。惟冀明贤时屈顾，富强祖国效微功。”1984 年 5 月，马道长应邀到北京白云观为青年乾道授课，这是他第一次来到全真道祖庭白云观。“鹿城一别到燕京，万水千山远远行。得见祖庭诸胜迹，方知先圣苦经营。乔栖玉宇情非易，蠹食金书惬素情。喜晤名山诸道侣，玄风刻日遍蓬瀛。”在《白云观》一诗中，他写道：“今朝得拜祖邱翁，残梦惊回意自融。屈指丛林遗有几，放怀玄侣未终穷。殿堂碑碣巍峨在，钟鼓幢幡朝夕崇。历代宗风推典范，龙门道脉永恢宏。”诗中有他说不尽的激动、崇敬，身为道门中人的骄傲和自豪感。1986 年 9 月，马道长参加中国道教协会第四届全国代表大会，并被选为理事。虽已年迈，但马道长为道教事业奉献的热心仍旧健壮，学道参玄的热情仍未减退，“《道藏》一出版，这位以苦为乐，艰苦朴素，平时几角钱车费也舍不得花的道长，竟不惜拿出几千元去购买《道藏》一部，继而孜孜不倦地去学习，去钻研”②。1988 年 4 月，马道长出席政协温州市第五届会议，入选为本届市政协委员。他积极参政议政，对宗教界如何参加两个文明建设，出谋献策，身体力行。“1989 年全国道教协会为筹办该年底开戒事宜，在四川青城山召开预备会议。3 月 17 日马道长离温经北京白云观前往青城山。由于年事已高，长途跋涉，劳累过度，上山途中又遇暴雨袭击，4 月底回温后便病倒了。患病期间，……他念念不忘温州的道教建设，关切道教界接班人的培养，强调全真道与正一道之间团结共事至关重要，认为加强宫观管理是道教界建设的重要一环。他多么希望自己早日康复，

① 平阳县政协文史资料委员会编《平阳文史资料》第 10 辑，第 59 页。11 月是拿到政府批示的时间，正式开会宣告成立协会是在当年 12 月在紫霄观召开首届温州道教界代表大会。

② 平阳县政协文史资料委员会编《平阳文史资料》第 10 辑，第 60 页。

为温州道教事业再添一把余热。不幸的是，病魔终于夺走了他的生命，1990 年 6 月 24 日，这位道长走到了人生的终点，与世长辞了。”① 马道长的一生，截止到生命最后一刻，都在为道教事业殚精竭虑，无私奉献，这样的精神令人敬仰。

马道长有《马诚起诗集》传世，我们可以从他的诗中看到他仙风道骨、恬淡无为的境界，看到他精研义理、饱览经忏的学识，看到他披肝沥胆、励精图治的奉献精神。

薛圆顺、林圆丹两位先师的法脉一直传承至今，有很多弟子正在传承和践行着先师们留下的精神。王理湘道长葬在苍南水门龙安道观，道观两旁依旧悬有王理湘道长所作对联：“龙门洞天神仙府，安居福地道人家。”2008 年王理湘道长之徒孙许诚化应邀来到龙安道观担任住持，传承法脉，并于 2011 年组织成立了苍南道教慈善基金会。自古及今，苍南道教龙门派都以其真实感人的事迹与香火不断的传承在向人们阐扬着“仙道贵生，无量度人”的大化思想。

三　吕信足

吕信足道长，曾任东蒙山天然道观住持，后收陈崇杰为徒，1985 年，吕信足远渡重洋移居纽约，创立美东道教会，将龙门派发扬光大，在异域大放光彩。2004 年 9 月，据美国《侨报》报道，纽约华人社团联合总会法拉盛分会，9 月 11 日中午在法拉盛图书馆门前举行“十一”国庆升旗仪式，这是当地华人侨团连续四年在国庆前夕举行的升旗活动。鉴于当天是“9.11”三周年纪念日，主办单位在现场奏起美国国歌，并以两国国旗降半旗表示哀悼。在国庆庆祝活动结束之后，主办单位特别邀请美东道教会为“9.11”死难者举办一场超度法事。美东道教会吕信足会长随后主持了超度法事，他带领一群教友为三年前在“9.11”恐怖袭击事件中死难的亡灵默诵，同时祈祷世界和平、人类永远脱离苦难。近几年，吕信足道长捐资重建东蒙山风景区。

① 平阳县政协文史资料委员会编《平阳文史资料》第 10 辑，第 61 页。

第二节　民国时期的温州道教组织

方至通、闻理朴、钟理藻、陈理余住持期间，东岳观盛极一时，道人多至50余，南雁荡仙姑洞亦归属东岳观龙门世系。江浙全真道盛时，1940年续修的《委羽山龙门宗谱》共47册，黄岩、临海、温岭存26册，温州地区所存20册中，平阳有7册，分存东岳观、云台山三官堂、圣菜地天平观、龙隐观、凤仙观、妙觉庵及环绿观等处。“至理宗诚信，崇高嗣法兴”，今之行辈已超过二十字。“据民国21年度统计，信仰道教的人数为702人，民国24年调查为477人（男427人，女50人），民国32年参加道教协会的会员有423人。宫观则有21处，至解放前夕为31处。”① 到1942年，平阳县地方法院占据东岳观部分殿舍，影响道教活动正常进行，历时8年之久。

在道教组织方面，民国初，温州曾由士绅和道众发起成立道教分会，平阳县的发起人有叶志庚、陈锡琛、刘绍宽等7人及林圆丹、陈圆蟾、金宗藩、方志通等十余道人，印刷《道教分会温郡第一次布告》。当时道会司负责人为李守贤。抗日战争时期，仍有道教会存在，会员423人。②

民国时期，乐清县成立了道教会，是当时管理乐清地方道观和道教事务的主要机构。据统计，乐清县道教会下设六个区，覆盖整个乐清地区，由于资料的匮乏无法对所有分区的教会进行考察，现仅以四五两区分会为例，考察当时乐清县道教会的存在状况。

一　乐清县道教会四五区分会的成立

乐清县道教会四五两区分会，成立于1938年，现乐清档案馆中仍然保存着当时国民政府颁发给四五两区分会的许可证。

① 平阳县志编纂委员会编纂《平阳县志》，第758页。

② 平阳县志编纂委员会编纂《平阳县志》，第759页。

人民团体组织许可证书 字第三号

兹据倪竹斋等申请许可组织乐清县道教会四五两区联合分会，经本会派员视察，认为合格，应准依法组织，并应遵守左列事项。合给此证为凭。

右给乐清县道教会四五两区联合分会收执。

中华民国二十七年五月六日

从许可证可以看出，当时政府对民间宗教团体实行自治与监督并行的政策，道教会自行管理负责区域的教派事务，但是政府要求道教会中不得出现违反三民主义的言论和行为，必须接受国民政府的指导，遵守国家法律，服从政府命令并且团体会员的数量要在法律所许可的范围内。除此之外，国民政府规定不得将有“反革命行为及被剥夺公权处分者”接纳为会员，道教会除例会外各项会议须得当地高级党部及主管官署之许可方可召集。可见当时的道教会拥有一定的权责空间，但总体上处于被国民政府的严密监管下。

乐清县道教会四五区分会的最初会址设置在紫芝观，第一届理事长暂无资料记载，第二届理事长为陈翼儒，到民国三十二年（1943），第五届理事长为王旭开，并下设4名理事，2名监事长，3名候补理事，共有会员代表15名，约占全体会员总数的7.6%，其中有7名为国民党党员。到了民国三十六年，理事长变更为臧崇霞，会员代表扩充为33名，约占全体会员总数的10.9%，全部为非党员。另据档案，李信传亦曾任乐清县道教会四五区分会理事长，在臧崇霞之前，具体为第几届理事长尚无记载。

二　四五区分会的组织规模

表6-1　乐清县道教会四五区分会会员名册统计

单位：人/%

时间	总人数	男性比例	女性比例	小于20岁比例	21岁至39岁比例	41岁至69岁比例	70岁以上比例	国民党党员比例
民国三十二年	197	100	0	3.6	50.8	44.6	1	11.2

续表

时间	总人数	男性比例	女性比例	小于20岁比例	21岁至39岁比例	41岁至69岁比例	70岁以上比例	国民党党员比例
民国三十六年	304	95.7	4.3	3.1	43.2	49.8	3.9	3.3

民国三十二年4月12日（源自乐清档案馆）

表6－1数据显示，民国三十二年时，乐清县道教会四五区分会共有成员197人，其中全部为男性，年龄20岁到70岁之间的占绝大多数，小于20岁、大于70岁的成员只占总数的4.6%。参加道教会的成员中有部分是国民党党员，占总人数的11.2%，可见，当时道教在乐清的影响很广泛，社会各个阶层都有信众。

到了民国三十六年，短短的四年时间，会员总人数增加了107人，消灭了原来女性会员为零的记录，新增十几位女性会员。从这一时期的年龄分布来看，41岁至69岁的成员几乎占了会员总数的一半，相比民国三十二年来讲，这一阶段的人数有所增长，民国三十二年占会员总数一半的还是21岁至39岁的年轻群体，至民国三十六年，中老年群体取得了绝对的优势。可见这一时期乐清道教吸收了更多的中老年信众和妇女信众。

表6－2　乐清县道教会四五区分会会员身份统计数据

单位：%

私塾	中心小学	初小	高小	职业学校毕业	全真道士
21.4	3	55	20.5	1	31.9

民国三十六年4月4日（源自乐清档案馆）

在民国三十六年的会员中，初小文化水平的占了一半以上，高小学历的成员大概占总数的1/5，可见这一时期，道教的信众总体上文化水平不高，但大多都受过教育，诵读经书、抄写符箓章表应该不成问题。全真道士只占当时会员的1/3左右，大部分会员仍是以散居的正一道士为主。

从四五区分会的组织规模可以管窥，民国时期的乐清道教相对比较发达，覆盖范围比较广，信众也在逐步增多，组织管理比较正规，人员统计等都有详细的记录。

三　乐清县道教会的运作情况

关于乐清县道教会的主要职能及其运作状况，我们可以从它的几次会议记录中看到一些行迹。

表 6－3　乐清县道教会主要会议简表

会议名称	时间	拟解决问题
会员代表大会	民国三十二年 10 月 24 日下午 1 时	1. 协商道教会章程 2. 协商道教会会址 3. 道教会经费问题 4. 按甲乙丙丁四等级别征收道观经费 5. 做慈善事业
乐清县道教会第三届第一次会员代表大会	民国三十六年 4 月 11 日上午	1. 重修章程 2. 会址紫芝观被占领问题应如何解决 3. 发会员证 4. 规定会费三千元每月 5. 火居道士管理门面应定期登记
第二次理监事联席会议	民国三十六年 5 月 10 日下午	1. 设干事三人 2. 各道观征收谷米三斤 3. 二三四五六各区设组长五人 4. 设调查员五人 5. 每位道士为道教会捐款五千元
第三次理监事联席会议	民国三十六年 8 月 7 日下午 2 时	1. 会员缴费问题 2. 道士诵经依照市价 3. 关于无力负担请全真道人费用问题 4. 经费不够 5. 老幼出家半途而归应如何处理
第四次理监事联席会议	民国三十六年 11 月 8 日下午 2 时	1. 会址问题 2. 拟办小学提案 3. 商议火居道士性质划定 4. 组长认定火居道士经忏需收费 5. 采集相片，办会员证 6. 设愿警一名维持秩序

续表

会议名称	时间	拟解决问题
乐清县道教会第二次理事会议	民国三十七年2月29日下午1时	1. 拟办私立道民初级小学提请 2. 道民学校基金应如何筹措 3. 开办费一千万元应如何筹措 4. 入不敷出的经费问题
乐清县道教会第五次理监事联席会议	民国三十七年8月29日下午1时	1. 自本年五月份起每会员每月征收会费法币二十万元 2. 提高火居道士诵经工资 3. 各道观香客往来帮办经忏依照常住规则由当家自行负责

（源自乐清档案馆）

第一，对当地的道观、道士进行有组织的、规范化的管理。乐清县道教会的成立，使得当地零散的道观和道士有了合法的组织依靠。乐清县道教会章程中明确规定了会员道观、道士所应有的权利、义务以及与本会的关系；乐清县道教会还为每一位入会的人员进行登记管理，颁发会员证；会址先后有紫芝观与望杏乡乡公所两地。道教会的经费来自两部分，一部分为道观向道教会所缴纳的会费，道观依照规模大小、香火繁盛程度被划分为甲、乙、丙、丁四等，每一等级所缴纳会费不同；另一部分来自道士所缴纳的会费，最初规定每位道士所缴纳的会费为每月三千元，但由于严重的通货膨胀，一年后会员费上涨为每月二十万元法币。乐清县道教会除了对六个分区的分会都设立理事长，在总会中设立干事3人，调查员5人，不定期地深入基层进行监督和指导，并设立愿警一名维持秩序，规定火居道士管理门面应定期登记。

第二，由道教会组织承接民间法事，而非道士私自做经忏。乐清县道教会的一个主要功能是，通过各个道观，使某一片区内的道士集中起来，由道观作为组织者，承接民间经忏法事。由道观发给道士工资，按照经忏规模的大小，发给额度不等的工资。这样的组织安排便于管理，使得道教管理更加规范化、可控化，但同时也必然会产生相应的问题，即道士与道观之间的利益摩擦。道观统一安排经忏活动，即是禁止道士私自承接法事，然而总有一些道士利用其他资源在观外私自活动，这让安分于观内的道士感觉吃亏，也增加了道观与道士之间的矛盾。如何处理这种利益关系，成了乐清县道教会会议上多次探讨的问题。

第三，本道观当家自主负责道观内部事务。各个道观的经忏活动、生活开销、收入盈亏等皆由本观当家自行负责。观内有的道徒出家半途而废，也需要本观自行做好安顿处理。乐清县道教会所建立的这种道观独立经营、总揽经忏法事的模式，没有为道观带来明显的经济效益，相反入不敷出的经费问题成了每一个道观最大的难题。由于道观经费入不敷出，乐清县道教会的经费便颇为拮据，多次通过强行向道观和道士募捐的形式来增加经费，这样的措施并不能从根本上解决经费问题。

第四，配合地方政府做好宗教管理工作。当时国民政府规定，各种地方宗教团体，除例会外各项会议须得当地高级党部及主管官署之许可方可召集。因此乐清县道教会的每一次会议都要报地方政府备案。以乐清县道教会第五次理监事联席会议为例，在本次会议上，所提出的问题为，“火居道士纷纷来请，迩来物价高昂，对于诵经工资应宜设法提高，上等道场每工折食米七斤，中等道场每工折食米六斤，以资维持生活，请核议案”。当时会议给予的决议是“通过。呈请县政府核示”。会后，道教会便将此次会议所提出的问题呈报给政府备案。其所向政府递交的备案如下：

浙江乐清道教会呈 道字第八十九号

中华民国三十七年十月二十七日发

事由：为决议调整本会会员费自五月份起每会员每月征收二十万元祈核备由

案查，本会于八月二十九日开第五次理监事联席会议，关于讨论事项（一）现因物价狂涨，币值贬低，本会经费入不敷出，应如何调整？

案议决：自本年五月份起每会员每月征收会费法币二十万元。

呈请县府核备等语记录在卷，理合录案备文，呈请钧长鉴核备案，诚为公感，谨呈

乐清县县长陈

乐清县道教会理事长臧崇霞

浙江乐清道教会呈 道字第九〇号

中华民国三十七年十月二十七日

事由：为决议本会会员火居道士诵经工资增折食米祈核事由

案查，本会于八月二十九日开第五次理监事联席会议，关于讨论事项（二）第四组组长林玉光呈，称本会会员火居道士纷纷来请，迩来物价高昂，对于诵经工资应宜设法提高，上等道场每工折食米七斤，中等道场每工折食米六斤，以资维持生活，请核议案，议决通过。

呈请县政府核示等语记录在案，理合备文，呈请钧长鉴核示遵，诚为公感，谨呈

乐清县县长陈

乐清县道教会理事长臧崇霞

实质上，乐清县道教会规范了道教的组织管理形式，从而为道教在当时社会赢得了一定的发展空间和政府支持。

第五，对慈善事业的关注与探索。乐清县道教会本着无量度人的道教宗旨，从一开始就关注民生、慈善，最值得一提的是，乐清县道教会曾一度尝试开办“私立道民初级小学”，提案首次提出是在民国三十六年召开的第四次理监事联席会议上，在第二年召开的第二次理事会议上重新将此提案推出，并针对如何开办“私立道民初级小学”的具体问题展开了探讨，如道民学校基金应该如何筹措，开办费一千万元应如何筹措等问题。创办“私立道民初级小学”，不仅能够为道教培养更多的信众，同时也是一项公益的慈善事业，将给那些失养的儿童一个新的归宿、一个实在的家园，同时也是心灵的家园。

四 乐清县道教会的意义

首先，乐清县道教会是一次在政府的指导管理下道众自主进行道教事务管理的尝试，与同时期上海、杭州地区的道教会相互呼应，它使当时乐清地区的道教发展走上了组织化和规范化，有利于道教内部的沟通交流，也有利于社会环境的和谐稳定。

其次，乐清县道教会下设六个分区，辐射整个乐清县，信众从少年到老人，从国民党党员到普通民众都有，基本上渗透进了各个层次的群众之中，客观上为道教的传播和发展创造了有利的条件。

最后，乐清县道教会所尝试过的许多运作方式，不仅在当时具有重要的实践作用，对于今天道教协会如何开展道教生活仍具有积极的借鉴意义。乐清县道教会，响应国民政府的号召，创办“私立道民初级小学”，从小进行道家文化普及教育，为培养未来道教人才打下了坚实基础。

第三节 温州道教对革命事业的贡献

在抗日战争时期，道教人士用自己的方式捍卫着祖国的尊严，书写了壮丽的爱国篇章。以紫霄观的故事为例。1942 年夏，日寇在温州地区进行大面积的烧杀劫掠，穷凶极恶，整个浙南大地上都笼罩着一片血色的阴云。8 月的一天清晨，紫霄观外突然传来阵阵枪声，惊动了观内正在做早课的道士们。枪声未消，突然有一人闯进了观内，只见他满面苍白，手臂鲜血淋漓，高祥道长看出他是抗日的爱国士兵，便将其扶进屋内，包扎伤口。谁知紧接着日寇便追了上来，在门外高声叫喝。高祥道长急忙叫人从后门送走了这位不知名的爱国战士。日军不见有人开门，便砸开山门蜂拥而进，当即用刺刀捅死门旁一道士，威逼道观交出爱国战士。紫霄观的道士们以崇高的爱国精神，用自己的血肉之躯保护了这位战士的生命安全，这种无私忘我的精神不能不让人动容。关于这段历史，《瓯海文史资料》中写道："观内 10 个道士为了保护抗日战士，捍卫道观神圣，面对侵略者的荷枪实弹，面临惨绝人寰的大屠杀，以无所畏惧的英雄气概，宁死不屈，赤手空拳与敌人进行殊死搏斗。在敌我力量悬殊的恶劣境况下，高祥道长等 11 位道士为抗日救亡英勇地献出了自己的生命，为温州的抗日斗争史，为道教爱国主义的优良传统谱写下了可歌可泣的壮烈史篇。"①

王理湘道长出家于苍南县望里镇溪头埠龙隐观时，亦有爱国之举，前文已述。

道教作为中华文化的重要组成部分，其爱国济民的情怀与儒家精神并无二致。国难当头，爱国道士以救国为己任，放下小我，担当大我，勇敢地战斗在抗日战线的前沿。爱国主义的民族精神是道教显著的特征之一，每一位以道为师的道士也都深刻地践行着爱国主义精神。

第四节　近代温州道教的特点

温州独特的地理环境、历史背景以及人文特色等，使温州道教有许多地方特色，这些地方特色和当地的百姓息息相关，渗透在人们生活的方方面面，具有多方面的价值和意义。

一　特色道场

温州道教每年大大小小的法事数不胜数，地方特色鲜明，有的融入地方木偶戏，有的有上刀山表演，有的结合当地的戏曲音乐等，形式多样，异彩纷呈。

在温州地区流行的诸多道场中翻九楼颇有特色。翻九楼难度非常高，这个道场相对罕见。请道士做翻九楼道场，不仅需要一定的财力，还需要找对相关的道士，因为不是所有的人都能做。翻九楼"一开始，先将

① 温州市瓯海区政协文史委员会编《瓯海文史资料》第 7 辑，1999，第 226 页。

两根又长又粗的杉木并竖在地上，其上再倒接两根，再用八仙桌（方桌）18 张或 24 张，紧靠木杆叠起缚牢，叫‘九楼台’”①。这是对翻九楼的一般描述，但由于地域不同、道士的师传不同、技法不同，翻九楼在具体细节上略有差异。例如，有的道士便不再用木杆作为扶持，而直接垒叠八仙桌，在每两个八仙桌的四个角上都垫有湿纸巾。由于翻九楼的技术要求较高，当代道士中能翻 9 层者居多，只有少数道士能翻至 13 层或 15 层。翻九楼可以由两名道士来完成，一人上下翻层，一人在原地作为助手。翻九楼者头扎红巾，腰束布带，脚踏芒鞋，在楼下叩拜念咒后，用一羽灵镖扎在最下层桌腿上，口念咒语，让桌子定住不动，然后自下而上，一张张翻筋斗而上，翻到最高层时，道士要步罡踏斗，十分惊险，扣人心弦。

除了翻九楼，另有“上刀山”等活动，现在已被列为非物质文化遗产项目。

二　区域庙会

在温州地区，很多乡村都有庙会，各地的庙会时间不一，规模不定，但相同的是，庙会时间一般都会选在与神仙相关的道教节日里，庙会一般都带有一些神仙的色彩。例如，过去在永嘉，岩头正月半，芙蓉二月二，上塘二月十五，枫林二月二十一均有庙会。每到庙会日，各地迎神演戏相庆，家家户户摆酒肴，相邀亲朋看戏。三教九流，红男绿女齐集，热闹非凡。庙会期间，会有迎神活动，百姓们扮演元帅或者七星，身穿神仙的服装，手执钢叉或刀枪，脸上涂金，骑在马上，在本村和邻村的主要道路上巡游一番，意在祈求风调雨顺、五谷丰登、人口安泰、六畜兴旺。②“迎神赛会时，往往请戏班唱戏，大会亲友，同时放花灯，社神乘彩舆由众人抬舆出游，旗锣伞导开道，众踏高跷，扮戏出，放焰火，俗称‘拦街福’。民谚有‘上望迎太公，米桶吃得镜恁空；澍村闹花灯，

---

① 叶大兵、乌丙安主编《中国风俗辞典》，上海辞书出版社，1990，第 685 页。

② 永嘉县地方志编纂委员会编《永嘉县志》下，第 1209 页。

芥菜剥了剩个心’”①，可见庙会时人数众多，食物一抢而空的盛况。

《永嘉县志》中记载的上塘庙会一般举行三天，届时在上塘殿（孝佑宫）里演戏，庙宇里摆大馒头上供，灯火辉煌。当地有童谣云：“月光光，佛上堂，上塘殿，大灯光……”庙会期间摊贩云集。随着经济的发展，庙会越来越成为一个商品交易的集市，市场功能扩大了，宗教色彩减少了，但依旧能感受到一些宗教的情结，关于神仙的情感流露依然处处可见。

三　道教与少数民族信仰相结合

道教不仅在汉族人口中广为流传，也渗透到一些少数民族中，对少数民族的宗教信仰起到了一定的影响。温州地区的畲族信仰中就有很明显的道教成分。

畲民奉祀的道教神灵有三清、三官大帝、真武大帝、福德正神、将爷公、三仙大师等。畲族对道教尊神的接纳首先表现在对始祖盘瓠与三清尤其是太上老君关系的理解上。畲族认为三清与始祖盘瓠同样尊贵，在重要的祭祀场合要挂三清画像和祖图。畲族对太上老君怀有特殊的情感，冠之以“日月紫微星”的尊号，奉为本民族的保护神。畲族相信太上老君对畲民始祖盘瓠特别垂爱。盘瓠当年只身入番取番王首级，归途中，在后有重兵追赶，前有江海阻隔的危难关头，幸亏“神仙老君来相帮，腾云驾雾游过海”，才得胜而归。得到太上老君的庇佑是畲族人拜师最注重的过程。拜过师的男子 40 岁后要刻制一方“日月紫微星太上老君”木印，度亡做“功德”时首先要“请师爷”，迎接太上老君下凡，保佑超度仪式顺利进行。由于畲族将道教教祖太上老君奉为本民族的最高保护神，所以畲族在精神领域的方方面面都与道教结下了不解之缘。无论是畲族的法师作法，还是普通畲民唱歌，都有道教的痕迹。② 畲族所供奉的民间俗神很多，大多与道教相关，比如灶神、元帅、将军、先

① 瑞安市地方志编纂委员会编《瑞安市志》下，中华书局，2003，第 1560 页。

② 邱国珍、姚周辉、赖施虬：《畲族民间文化》，商务印书馆，2006，第 232 ~ 233 页。

师、师爷、仙娘、婆神、洞主、仙公、灶神、奶娘（陈靖姑）、五显大帝、关帝、观音等。

除了信仰成分，道教特征还表现在畲族人的日常生活中，比如在农业生产上，畲族人民有一风俗，即三月初三不下田，以免断水路，影响稻谷收成；立秋日也不下田，因为他们认为，如果此时下田，日后老鼠就会来偷吃谷子；十月十五日为五谷生日，不许别人来家中拿一粒粮食；冬至不能进菜园，否则种的蔬菜会长虫子。[①] 这些有趣的民俗都与道教有关，即相信万物有灵，尊重自然。

四　民间信仰中的道教色彩

温州道教的另一大特色是道教和民间信仰没有完全割裂开来，互相渗透影响，民间信仰中有鲜明的道教色彩。

古代温州人笃信鬼神。寻常人家除了供奉灶神、檐神（俗称檐头亲爷）、井神、财神、白虎神、土地神这“六神”，还供奉观音、三官大帝和其他诸神。神灵崇拜中的地方神，首推汉敕地主东海王，俗称东瓯王。东瓯王驺摇原系历史人物，被温州人奉为始祖，居诸地方神之首。旧时每年三月初八为东瓯王出巡游街日。瘟疫流行或祈雨迎神时，东瓯王居首，其次为城隍，再次为土地神，复次为财神。

在温州，各行各业都崇奉自己的行业神。文昌帝君、魁星是司科举之神，各地有庙，称文昌阁、魁星阁，士子赴考时均前往祝祷。妈祖是海上助济之神，过去永嘉城内有天后宫、天妃宫，瑞安、洞头等县亦有宫庙。与海洋和水有关的神还有平水王周凯、海神周某及三港爷。司医药之神有药王。司保护妇婴之神有保赤夫人、保生夫人、花粉夫人、种痘娘娘，有自己的宫或在他宫内设牌位。浣纱娘娘司纺织。赤帝，即火神爷，司防火，火灾之后祭之。中医祀华佗，戏班祀唐明皇，水木石业祀鲁班，铁匠祀李老君，裁缝业祀轩辕，雕刻业祀邱弥陀。有些行业所用工具，传说系祖师爷发明，代代相传，且认为可以避邪，如木匠的墨

① 苍南县地方志编纂委员会编《苍南县志》，第687页。

斗、角尺，裁缝的剪刀、粉袋，随身夜行可防恶鬼侵袭，实则遇歹徒时可用来防身。这些习俗都十分具有道教特色，表现出人们对于自然物的崇拜。

历史人物与传说中的人物神有神农、尧、舜、禹、王子晋、蔡敬则、朱熹、岳飞等，均有庙。关羽最为显赫，各县有庙，香火旺盛。温州江心孤屿有祠，祀文天祥。瑞安城厢设卓公祠，祀明初靖难之役后被杀之卓敬。抗倭名将晏继芳之庙，称晏公殿。还有陈靖姑，温州鼓词演唱她降妖灭怪故事，影响广泛，各县有太阴宫、广应宫、永瑞宫等供奉。温元帅，市区旧有忠靖王庙三处祀之。“感应神祇尚有胡公大帝、杨府圣王（俗称杨府爷）、许府真君、埭头陈元帅、琯头石元帅、下塘周将军、水心杨大王、瓯海塘下任相公、孤田马二姑等。还有五通爷、殇官爷诸恶神。”①

祖先崇拜是温州民间信仰的一大特色。民间重视“慎终追远”。祖父辈亡故后，子孙奉祖父若神灵，代代祭祀膜拜，挂容图。从前富贵人家，生前请人画容，死后每年春节悬挂容图祭祀。也有将容图常年挂于祠堂祭祀的。寻常人家逢年过节皆祭祖。于祖上生辰、忌辰亦祭拜。祭祀仪式隆重，酹酒焚楮，家人按辈分依次跪拜，祭毕合宴。

温州还有特殊的动植物神崇拜，如温州建城时，相传有白鹿衔杏花献瑞，故建有白鹿庵、杏花堂。亦有奉老虎为神。有些庙迎神时，抬纸扎老虎，称“大猫爷”，随神像巡街。

五　地方民俗中的道教特色

1. 生产习俗

（1）开秧门。“拔秧插田开始之日，农家要在田头或道坛上祭拜天地，叫做‘开秧门’。祭品颇丰，内有20个米桃，在果盘上叠成山形，称为‘生盘儿’，取‘积谷如山’之意。祭毕，农民绕秧田一圈，拔一

① 温州市志编纂委员会编《温州市志》上册，第504页。

把秧带回家，摔在门墙上，意为谷神进门。”[1]

（2）浸种。“早、晚禾谷种浸在木桶里，要插一把镰刀和桃树枝，据说可驱邪早发芽。”[2]

（3）祭猎神。“山区一些路口岭脚有山神庙，中塑山神像，旁塑猎神像。猎户在进山前，备福礼去祭拜，口念：‘求猎神爷保我平安，满手走归。如当地无山神庙，则燃香点烛，望空求祷。’”[3]

（4）造船眼。建造新船时，要用上等樟木精制一对船眼，呈扁平半球形。新船下水前，选一吉日涨潮时辰，将船眼嵌钉在船头两侧，然后用黑白二色涂作眼白和眼乌。眼球朝下，一副观鱼神态。钉船眼规定用三枚钉子。先在左右角各钉上一枚，第三枚定好位，不钉实，挂上五彩丝线，代表金、木、水、火、土五行，到选定的吉辰，由船主一敲而入，然后用新红布蒙住，称为“定彩”。新船下水前或首航前，要祭海神，由船主在鞭炮声中揭去红布，叫作“开眼”。初出海时，要在船上烧锅热水，锅里放银圆，俗称“烧银汤”，用以洗船眼，使之“明亮”，帮助船主找到鱼群。

2. 生活习俗

“温州民间最常见的养生方法，有练气功，打太极拳，做八段锦，散步慢跑，推拿按摩以及搔脚板等。各人按自己身体情况选练一二种。温州铜钟功，俗称定劲，始于清朝康熙年间，以其健身、治慢性病效果明显，得以普遍推广。80 年代以来，常年坚持在各公园或操场草坪晨练者，不下万人。”[4] 这些是道教注重养生在当代的反映。

瑞安养猪业也有许多关于猪的习俗，如吃猪血汤、猪刀疤、路头插红条纸、讨猪粘银等。“猪为祭请天地、鬼神的三牲福礼之一。但一般小祭请，农户买不起猪头，便有变通办法，即用米糕粉做成猪头的形状来替代。久而久之，互相模仿，就出现了许多用米糕做成猪头、鸡等的美

① 温州市志编纂委员会编《温州市志》上册，第 480 页。
② 永嘉县地方志编纂委员会编《永嘉县志》下，第 1202 页。
③ 温州市志编纂委员会编《温州市志》上册，第 481 页。
④ 温州市志编纂委员会编《温州市志》上册，第 493 页。

术品，颇具古朴粗犷的风格。”①

3. 岁时风俗

（1）划龙舟。“温州东部平原，河道交错，几乎各村都置龙舟。南宋叶适诗：‘一村一船遍一邦，处处旗鼓争飞扬。’划龙舟从五月初一开始，至初十前后结束。赛龙舟时，河道锣鼓喧天，数条或数十条龙舟展旗争先，岸上观客呐喊助威，场面壮观。”②

（2）端午习俗。“大户人家中堂悬挂钟馗像，门上插菖蒲和艾，小孩臂系五色丝线，称‘长命缕’。”③

（3）送灶神。腊月二十三、二十四晚上，各家送灶神上天。是夜也称“小年夜”。送灶神时，在灶头放置水果、糕点与麦芽糖，请灶神“上天言好事，落地保平安”。麦芽糖是必备供品，传说灶神嘴被粘住，就不会说家人坏话。

（4）清明灯会。各地有灯会和迎城隍等活动，异常热闹。长街搭布幔，摆花祭，置鳌山。入夜提灯游行。灯有花灯、宫灯、百鸟灯、走兽灯、鱼灯，最简陋的为芥菜灯。瑞安有首歌谣记30年代灯会盛况。

清明时节闹盈盈，瑞安城底赛迎神。
大街小巷花灯扎，抬出城隍闹花灯。
东门扮起龙喷水，南门扮起走马灯；
西门河头鳌山搭，北门柳翠扮新人；
卫房宫做文明戏，杨宅坛里唱词文；
五显殿打藤牌阵，天后宫女配胡琴。
骡马寺口挂珠囤，三港殿前吊纱灯；
大街市面搭布幔，花门竹插两边分。
店口门头摆花祭，冷清巷点煤气灯；

① 瑞安市地方志编纂委员会编《瑞安市志》下，第1561页。
② 温州市志编纂委员会编《温州市志》上册，第497页。
③ 温州市志编纂委员会编《温州市志》上册，第497页。

留声机器弹词唱，琴箫鼓乐闹盈盈。[①]

4. **礼仪习俗**

以往温州人特别“看重为男孩取名。迷信者先为算命，如命里五行有缺，在名字后一字上弥补，若缺金，取‘金’偏旁字，前一字则为宗谱规定之‘辈份’字。下辈名字，不能跟长辈同字或同音。怕男孩难养大，往往取女名，如小燕、秀珍，或取贱名，如阿狗”。“女孩则多以娟、娇、婉、娥、香、英、淑、娴等字为名，示美好贤惠；多女无子家，为女孩取名寄托有嗣愿望，如招弟、有弟、领弟、来弟等。”[②] 这种招弟的思想即与道教感应的思想相关。

温州人忌讳讲病字，“小孩病了，委婉说‘有点不相能’、‘不如故’。大人病了，称‘干不动爻’。药方称‘茶方’，买药称‘擸茶’、‘撮茶’，吃药称‘吃茶’。辅助中药称‘代茶’。吃罢中药，药渣撒于街心，表示将病连药抛掉”。忌讳讲死，“人死称‘好去’、‘走去爻’、‘过辈’。老人死，不称‘丧事’，而称‘白喜事’或‘白事’。棺材称‘寿枋’、‘百岁枋’。未入葬圹墓称‘寿圹’。温州‘四’与‘死’同音，忌说‘四’字。‘生不做四十’，亦是此故”。温州人还“忌讳说人‘十三点’。昔时，骨牌过五关游戏，十三点不能过关。是故‘十三点’是指精神有缺”。[③] 他们认为这些词语都是不吉利的，要避开才能有好运。

道士为了笼络信众，常常替人占卜算命看风水，当然并非占卜看风水的人都是道士。占卜风水等术数源远流长，在民间一直广有信众。《灵溪镇志》中记载清朝时灵溪地方就有祖传算命的先生，在韩头桥华宅设立卦坛，为人占卜。龟壳内放铜钱三枚（后改用木盒、铅角子），分二十八宿，六十四卦，卦下有文，占验吉凶。华宅卦坛有《卜筮正宗》《万年经》等书，只传子孙，不传外人。镇民家里发生疑难之事，有到

① 郁宗鉴、侯百朋编《温州故实杂录》，第250页。引用时有校改。

② 赵东华主编《温州的性格》，中国经济出版社，2005，第118页。

③ 温州市志编纂委员会编《温州市志》上册，第505、506页。

卦坛占卜吉凶之习。[1] 温州过去有决花树的习俗。巫婆为妇女以花卜其一生祸福休咎，如占到牡丹，谓一生富贵；占到石榴，谓多子而贫。占一时运气者有测字、测米、摸牌儿、鸟儿衔牌、打珓、求签、求梦、点指等。为婚丧、建房择吉选时者有“择日”。求神灵治病禳凶者有降童（即降神）、许天愿、谶愿、求愿、乞香灰仙方、请道士捉妖等。欲会见神灵与亡故亲人有讲灵姑等。“灵姑，即巫婆，装神鬼附身，言人休咎，俗叫‘灵姑’。有诗云：‘民间盛行讲灵姑，襁负先灵与人语，描摹口吻巧逼真，闻声不能见其人。’相信此项迷信风俗，妇女居多。”[2] 现已消失。

不仅人们在生产生活、岁时节令上有道教的痕迹，在关于死亡的态度上也离不开道教。道教让人们相信人是有灵魂的，所以“招魂”在民间广为流传。比如：

> 溺水者得救上岸后，神情恍惚，家人认为其魂未返，便取溺者旧衣吊竹枝上。至落水处河边召唤溺者姓名，一呼一应，回家后再以此衣服覆身。这是“招生魂”。对溺死者则“招死魂”：用大船到所溺河中来往巡游，船中一人击锣，另有数人用竹竿（枝上也系着溺者的旧衣）左右摇晃，以至竹枝触及水面，齐声呼唤，祈求亡魂回归。遭受海损的渔民，被找回尸体后，便要请师公或道士做醮超度，当夜由家属引到海滩设坛招魂，有钱人家并在澳口海面“放水灯”，多至三四百盏。[3]

六　普通民众信仰佛教、道教不分

在温州的普通老百姓，其信仰多佛教、道教不分，无论是佛祖、观音、地藏，还是三清、玉皇，皆为崇拜对象。同一个村镇，释迦牟尼、

① 灵溪镇志编纂办公室编《苍南灵溪镇志》，浙江人民出版社，1993，第 281 页。

② 叶大兵编著《温州民俗》，海洋出版社，1992，第 158 页。

③ 苍南县地方志编纂委员会编《苍南县志》，第 713 页。

地藏王、杨府上圣、齐天大圣、五显大帝、文昌帝君、白马明王、观音大士、晏公元帅、开天大帝、妈祖娘娘等佛神信仰应有尽有，每逢夏历初一、十五，善男信女常往宫庙寺院烧香敬神。亦有在宫庙奉行“祈雨”“禳灾”等斋醮。此外，还有“许愿”“还愿”、献香烛和抽签等习俗。

民众家里发生灾异或难治之病，有请“神壮”逐煞、除妖之习俗。届时，“神壮”使用剑、令、雷牌、神尺、青竹符（今改用桃枝、茅草）等，为患者逐煞。有时亦为人除妖、安土、收惊。人们生病，有请裱公祈安的习俗，称为“做裱”，敬请五斗星君，古又名“做五斗”。届时，亲戚送“圣礼”为病人祝福添寿。[①]“除夕日，用几滴鸡血洒在小块白纸上，分别贴在家禽、家畜舍门，习传此可驱瘟辟邪。至今乡村仍流行。”[②] 各种佛事、道场，只要能够解决问题，都会成为民众的选择。民众往往不刻意区分，有时也区分不了佛教、道教，所以乡村神庙中往往将佛、菩萨与三清等道教的神共奉同祀。

由此可见，道教信仰已深入民间生活习俗，与百姓的生活息息相关，丰富了民众信仰的多元化，满足了百姓各种不同的精神需求。

第五节　当代温州道教的发展概况

1950 年，温州市开始成立道教小组，“文革”时期中断，中共十一届三中全会后，党的宗教政策逐步得到恢复和落实，温州市正式的道教组织也开始筹建。最早一批发起组建温州道教组织的人员为马诚起、陈崇杰等人，他们充分调动当时道教界的有识之士，在市委统战部和市民族宗教事务局的大力支持下，温州道教联络组于 1983 年成立。经过三年的筹备与酝酿，1986 年 12 月首届温州市道教界代表会议在紫霄观召开，

① 灵溪镇志编纂办公室编《苍南灵溪镇志》，第 281 页。

② 浙江省文成县地方志编纂委员会编《文成县志》，中华书局，1996，第 278 页。

在这次会议上，温州市道教协会正式宣告成立，马诚起担任第一任会长，陈崇杰、李金满为副会长。1991 年，温州市道教协会换届，陈崇杰道长当选会长，季信灵、蔡宗义为副会长，陈高悦为秘书长。

温州市道教协会是由全市道教徒自愿结成的非营利性爱国宗教社团，协会由集体会员（道教宫观）和个人会员（道教教职人员）组成。温州市现有道教宫观场所 1915 处，其中由浙江省政府颁发证件的道教宫观有 276 所，由温州市政府发证的道教固定活动场所 729 处，其他民间信仰场所 910 处。温州市共有道教教职人员 3505 人，其中全真道士 528 人，包括 378 名乾道，150 名坤道；正一道士 2977 人，参与道教宫观管理的人员多达 7398 人。目前全温州市共有十一个道教协会：温州市道协、鹿城区道协、瓯海区道协、龙湾区道协、乐清市道协、瑞安市道协、平阳县道协、苍南县道协、永嘉县道协、洞头区道协、文成县道协。①

温州市道教协会的宗旨是在党和政府的正确领导下，团结全市道教徒，坚持独立自主、自办教会的原则，协助政府依法管理道教事务，努力做好政府和信教群众的桥梁纽带作用，自觉遵守国务院《宗教事务条例》和《浙江省宗教事务条例》，依法开展正常的宗教活动，满足信教群众的宗教信仰和精神需要，挖掘和整理古老的道教文化，弘扬道教事业，为现代和谐文明社会服务。在人民政府领导下，全面贯彻党的宗教工作方针，发挥宗教界人士和信教群众在促进经济社会发展中的积极作用。团结全体道教徒爱国爱教，遵守国家宪法、法律、法规与政策，协助政府贯彻执行宗教信仰自由政策，维护道教界的合法权益；兴办道教事业，弘扬道教教义，传扬道教文化，遵守社会道德风尚；继承发扬道教优良传统，办好教务，加强道教规范化管理，积极引导道教与社会主义社会相适应；积极参加中国特色社会主义现代化建设；加强道教教育，开拓进取、与时俱进，合力构建和谐社会；维护社会主义制度，拥护中

① 《温州道教协会简介》，温州市道教协会网站，2020 年 6 月 2 日，http：//www. wzdjxh. com/About. asp？ComID =252。

国共产党的领导，维护祖国统一，维护世界和平。

温州道教协会的成立，对规范温州地区的道教管理起到了重要的作用。温州市道协引导道教信众爱国爱教，协助政府全面贯彻执行宗教信仰自由政策，帮助广大信教群众和宗教界人士不断提高爱国爱教和社会主义觉悟，代表道教界合法权益，为温州道教事业的发展做出了许多重要的贡献，包括改革宫观管理制度，促进精神文明建设，大力发展社会公益事业等。

由于信众数量众多，温州许多道观缺乏规范管理，道教与巫术不分、道教与佛教不分的现象普遍存在。为了整顿道风，重新树立起道教的良好形象，陈崇杰会长带领道协的骨干成员，深入基层调查，商讨各种改革方案与对策。历时一年多，在政府相关部门的指导和帮助下，温州市道教协会于1993年起推出两项改革措施：一是将神殿改为宫观管理，对宫观的神像、建筑格局和财经制度实行统一管理，调派教职人员主持宫观宗教活动；一是实行正一道士会员制度，对居住宫观的正一派道士统一登记造册发证，宗教活动凭会员证方可举行。这两项措施的推行取得了相当大的成效，使温州各地的宫观都得到了有效管理，民间道教活动越来越正规化、组织化，会员制度也提升了道士的素质，促使道士越来越注重宗教修养的提高，使道教内部既井然有序又充满活力。温州市道教协会的这一改革办法，对整个中国道教的规范管理都具有借鉴意义，得到了中国道教协会的首肯，中国道教协会借鉴温州市道协模式，在全国道教界将这种管理方法推广开来，对整个中国道教的管理起到了促进作用。温州市道教协会将温州市划分为东、南、西、北几个区域，乡、村经忏组，分别指定专人负责。做道场时散居道士要备有三证，即身份证、会员证、正一道士证，否则一律作为假道士处理。温州市道协为了开展道学研究，培养人才，持续向中国道学院和进修班选送学员，为道教增加新的血液。此外巩固发展了道教居士组织建设，选拔了一批政治素质和学识较好，有德、才和管理能力的青年道士到领导岗位上来。

“从1987年以来，市道协对救灾、扶贫、希望工程、社会服务，作出了积极奉献……并在1993年被评为全国道教界爱国爱教先进集体，1991年被评为浙江省四化建设服务先进单位。1992年和1996年二次被评为市级先进社会团体，并多次被市人民政府宗教事务局评为社会公益事业服务先进单位和四好先进单位。”① 以下简述各区县道教的情况。

一　瓯海区

瓯海区的道教可以从伴云观说起，瓯海区慈湖吹台山南麓与瑞安市丽塘岭之间的峡谷间，有个“八福山地”的地方，伴云观就坐落于此。此地方圆二十余里，岗峦起伏，景色奇特，山清水秀，风光喜人，名胜古迹比比皆是。历代文人墨客常驻足于此，流连忘返，写下了不少诗赋篇章。伴云观始建于明嘉靖年间。观前有塔一座。

据伴云观的第四代住持蔡宗义道长称，依照龙门派辈字谱上溯，伴云观始祖吕锡通，属百代派第二十世明字辈，又名吕明通，平阳县江南人，擅长南拳，在观内置石锁、石草鞋（1958年修水库时失落）、石两头锤，终生习武，功夫非凡。耄耋之年，双目失明，死后葬于观北侧山坡。继由第二代黄至南道长住持道观。黄原籍瑞安丽岙叶宅，膝下一女，中年出家修道。其侄黄菊裳，字公略，曾和黄宗石、王国征三人结伴在伴云观读书，聘丽塘林志远担任教席。1924年伴云观最后一次重修时，黄菊裳亲笔撰写对联挂于道观中堂石柱上，联曰：“我是同堂作罗汉，三千界内有桃源。”第三代道长王理祥，即蔡宗义师父，原名王瑞洪，乳名阿洪，凡认识他的人，都叫他洪师爷，茶山贾宅人。第四代蔡宗义道长，瑞安仙岩下林人，兄弟五人，他排行第四，为避壮丁，二十岁入观，拜王理祥道长为师，师殁后继任住持，当时年仅三十岁。蔡宗义师弟倪士酬，又名化清，梧埏后岸人，一生修道习武，后侨居美国纽约，醉心道学，由粗及精，终得玄契。遂以《道德经》为宗，参以一般修炼要诀，用英文写成众多道教书籍，传布西方，启发西方慕道者修道之热忱，为

① 周孔华主编《温州道教通览》，第18页。

海外道教的弘扬做出了很大努力。①

瓯海区道教协会成立于1993年，首届代表会议于12月22日召开，参会代表156名，以民主方式选举产生理事、常务理事、会长及秘书长等共19人。1998年4月13日举行第二届代表会议。瓯海区道协成立以来，尤其注重人才培养，提高道士的素质和专业能力，参加龙虎山授箓、白云观传戒、青城山传戒的道士也越来越多。②

二　鹿城区

鹿城区最有名的道教圣地应属华盖山容成洞，又名容成太玉洞天，为道教三十六小洞天中的第十八洞天，据说是仙人容成子居住修炼之处，宋时香火旺盛，宋仁宗曾三次遣使来此烧香祭拜。元时，华盖山麓建造了容成道院。民国时期道教逐渐衰微，容成洞亦遭毁坏，香火冷落，道士离去。③

道教有许多重要的节日，在这些节日中，各宫观多举行宗教活动。比如五月十五、十六两日天地交泰，要做“天地忏”，信众吃素。逢二月十五太上老君诞辰，在东瓯王庙举行盛大庙会，做道场，诵《道德真经》，祈求太平丰收。④

鹿城区道教协会成立于2000年9月16日，出席代表100多人，推选陈高乐为会长。协会贯彻宗教政策，制定多项关于宫观管理的制度；举办多次培训班，提高教职人员和宫观负责人的道学水平和管理能力；每季召开宫观负责人和教职人员进行学习，弘扬道教文化，引导大家多做济世利人、积功累德的善事，为社会做贡献。2003年底，全区共有道观50座，道士、注册居士135人。⑤

① 浙江省瓯海县委员会文史资料工作委员会编《瓯海文史资料》第3辑，1989，第157~159页。

② 周孔华主编《温州道教通览》，第45页。

③ 鹿城区地方志编纂委员会编《温州市鹿城区志》下册，中华书局，2010，第1116页。

④ 鹿城区地方志编纂委员会编《温州市鹿城区志》下册，第1117页。

⑤ 鹿城区地方志编纂委员会编《温州市鹿城区志》下册，第1115页。

三　龙湾区

温州市龙湾区设立于1984年。区内有很多信道群众。1994年初，经龙湾区民宗局批准，建立了区道教协会筹备小组；1996年1月1日召开了全区道教信徒代表大会，经过与会信徒代表的协商推荐，选举产生了第一届区道教协会班子成员，设会长1名、副会长2名、名誉会长1名、常务理事11名。

龙湾区道教协会设立在状元镇茅竹桥罗山道观。罗山道观原名太阴宫，始建于明朝。历经多次迁建、修建。1992年，周高玲住持太阴宫，她出资，并向道教信徒募捐，将太阴宫扩建为五进二廊、二楼、一亭、一台的宏伟道观，占地3500平方米，扩建后改名为罗山道观。

鹿城区道教协会自成立以来，为解决区域道教的问题进行了一系列努力。民间存在教职人员拉帮、占“地盘”，神汉、巫婆干涉宫观活动等现象。为了解决这些问题，鹿城区道教协会从三个方面入手：“一是把热心于道教、乐于奉献的信徒吸收进协会班子；二是建立协会的各种规章制度，做到依规、依章办事；三是从教育入手、定期或不定期对宫观负责人举办学习会、培训班，对广大信徒开展教育，提高信徒的思想认识，加深对党的宗教政策及信仰自由的理解。”① 经过整顿改革，鹿城区道教的面貌焕然一新。

四　瑞安市

“瑞安山灵水秀，东有大罗山脉，南有圣井山，西有高楼九潭山，湖岭巾子山，北有陶山仙门山，中有梅屿梅尖山，均建有道教坛场。”② 清嘉庆《瑞安县志》中记载了许多道观和道院，如集真观、东岳观、宗元观、崇真观、都仙观、长春道院、崇真道院、延雅道院、林洋道院、东山道院，其中所记之“崇真观”与“崇真道院”并非一处，崇真观“在

① 周孔华主编《温州道教通览》，第405页。
② 周孔华主编《温州道教通览》，第88页。

集善乡金山麓。元至正二年建，明洪武戊午重建”，而崇真道院“在清泉乡北湖”。县志中对集真观的记载如下：“在县东。梁天监二年建。(《赤□□□》《明一统志》) 旧址以四河为界，元至正甲辰筑城，截东北余地于城外，明洪武三年复割址三之一建城隍庙，后为道会司，二十一年置瑞安所，余地悉为军营。二十四年立成丛林。清乾隆癸酉重建，东为三元宫，西为东岳庙，今址北迄方物库基，南临街东，傍晏公庙，西射圃，辛卯元旦正殿毁，六月重建。光宣间大修，民国间邑人于观东伪建洋式楼房为斗姆阁，正殿、耳房凡十余间。”[①] 至民国二十七年（1938）时，瑞安有记载的宫观有107所，保存至今最重要的道观有东岳观、崇真道院、圣井石殿、天庆观等。

瑞安的道教源远流长，轩辕黄帝、朱孺子等许多人物的传说都与瑞安有关。魏晋南北朝时期的陶弘景，其行医炼养与瑞安有关。陶弘景晚年曾于陶山、沙门山、屿山、獐儿岩、福泉山、十八亩坪等地隐居修炼，在瑞安留下了许多修行的印迹。现陶山尚有陶公隐居祠，相传陶山之名亦是为了纪念陶公而改。此外，唐末五代道士陈落魄曾居集真观。清乾隆《温州府志》载：“陈落魄，旧志：景福初，为集真观道士。所居室前草常盈尺，陈每出入，草辄靡然向之，若迎送然，人亦以是验其往还。一日，语其徒黄守聪曰：‘吾将入蜀，愿得锦袄。’而去未几，卒于大树下。守聪觉之，遂以锦袄敛（殓）。后有乡人自蜀归者，为陈致锦袄之谢，守聪发棺视之，但遗锦袄而已。”[②] 北宋道士李少和世居大罗山，志于方外，初受业于元封观，续修真华观，后栖乐清白石山洞。南宋著名道士谢守灏，宋光宗绍熙初赐号“观复大师”，著有《太上老君混元圣纪》九卷等，晚年住瑞安紫华峰。南宋道士马湘，见西岘山（现西山）傍城枕江景色优美，于东麓（今瑞安人民剧院院址）买地建宅定居潜修。在此开井，凿臼，砌灶，筑炼丹台，至今留有遗址。宋末元初道士周恢，瑞安人，曾遇葛仙翁，拜为师，受密印，遂修道不辍。上述诸人

① 瑞安县志委员会纂修《瑞安县志稿》，民国二十七年铅印本，第148～149页。

② （清）李琬：《乾隆温州府志》，清乾隆二十五年刊民国三年补刻本，第1053～1054页。

致力于道教事业，瑞安道教得以迅猛发展。

金元时期，龙虎宗、茅山宗、阁皂宗三山符箓逐渐合流于正一派。北方出现全真道，建立传戒和丛林制度，和金丹派南宗并称全真南北宗。元代以后，瑞安道教以正一、全真两大道派逐渐传衍于世。但是到了清朝末期，瑞安道教日渐衰落，但表面上尚颇具规模。《温州宗教志》载，清末民国初期，瑞安宫观庙宇达102座，散居正一派道士更是不计其数，主要活动是为下层信教群众进行追思、祈禳等斋醮法事。

民国27年（1938）瑞安共有宫观107所，主要有：

东岳观　在梅头镇后岗城河路，创建于宋咸淳二年（1266），民国12年（1923）重建。观为二进五间二廊，祀东岳大帝，旁建太清阁、斗姥阁，有道士4、5人。1994～1996年初，瑞安市道教协会办事处设此。1995年，先后被温州市道教协会和瑞安市道教协会评为先进集体。

崇真道院　俗称“道堂”，在城关西门街，元至大元年（1308）建，清嘉庆六年（1801）重建，1995年，筹建大罗宝殿，祀玄天大帝，观共三进，总面积1100平方米，为瑞安道教重点宫观之一。

圣井石殿　在大南乡圣井山上，祀晋道士许逊（239—374），俗称‘许爷殿’。逊字敬之，原籍河南，后迁江西南昌，举孝廉，曾为江西旌阳县令，世称许旌阳或许真君。因感晋室棼乱，弃官东归，周游江湖。相传曾在圣井山炼丹修道。

天庆观　在桐浦乡太平山，始建于宋，清光绪二十年（1894）扩建。20世纪50年代拆毁，80年代重建，90年代扩建，现为二进及两轩房建筑。①

1949年后，道教有了一定的发展，但由于十年动乱的冲击，道教活动被迫中断。“至1949年，全县共有道观107所，全真道士146人，道姑

① 瑞安市地方志编纂委员会编《瑞安市志》下，第1508页。

161 人；正一派道士约 200 人。”[1] 1997 年编纂的《瑞安市简志》记载：“全市道教已登记活动场所共 30 处，道士 242 人，全真道士 6 人，道姑 7 人，市道教协会于 1994 年成立，已换届 2 次，第三届理事 25 人。”[2] 之所以 1997 年的统计数据会比 1949 年还少，是因为许多道士受当时的政策影响纷纷还俗，道士人数大为减少。1978 年中共十一届三中全会后，党与政府全面贯彻落实宗教信仰自由政策，道教宫观及道教活动逐步恢复正常。在政府宗教部门的支持下，于 1992 年 5 月成立筹备组，筹备组成员经常召开办公会议，做了大量思想工作，赢得了广大信教群众的拥护。1994 年 3 月成立了市道教协会，为道教开创新局面做了大量的工作，结束了道教的散漫现象。[3]

区道协成立后，发挥了爱国爱教团体的作用，协助政府全面贯彻落实党的宗教信仰自由政策，帮助广大信教群众不断提高爱国爱教和社会主义思想觉悟，引导道教与社会主义社会相适应，对全市散居正一派道士进行管理，曾多次举办正一派道士培训班，提高他们的政治思想觉悟，传授斋醮科仪知识，并登记发证，规定正一派道士外出做道场时必须携带道士证、身份证和会员证。从 1993 年开始，每年选送一名青年道士到中国道教学院深造，并给予经济上的帮助，为道教的发扬光大培养新生力量。1995 年输送全真道士 1 名到青城山受戒，正一道士 10 名到江西龙虎山天师府受箓，1998 年输送 1 名青年道士到中国道学院进修培养后继人才。另外，对道教坛场实行全面管理，帮助宫观建立规章制度，协助政府宗教部门做好登记发证工作。帮助 187 处宫观获得宗教活动场所登记证并使 63 处宫观换发到国务院宗教活动场所登记证及保留证。通过发证，目前道教活动场所基本能满足广大信众正常的宗教活动之需，并在各个宫观进行爱国主义教育、宗教信仰自由政策和遵纪守法的教育。

---

① 瑞安市地方志编纂委员会编《瑞安市志》下，第 1507 页。

② 瑞安市地方志编纂委员会编《瑞安市简志》，1997，第 228 页。

③ 周孔华主编《温州道教通览》，第 88～89 页。

五　乐清市

关于乐清道教的传说，最早可以追溯至周朝，相传周灵王太子名晋，“游邑西山上，吹箫于山顶，沐箫于山泉，乘白鹤而去。后人因名山曰箫台山，泉曰沐箫泉”①。乘白鹤而去者定非凡人，这是乐清仙话中最早的传说。而后便是东晋的张文君，字子雁，世居白鹤山下。相传其得神仙修炼之术，尝于居处炼丹修行，“郡守王羲之慕其名，往访焉。文君以余药掷溪水，遁入竹中，右军不获见而去。后遂舍宅为寺，日中乘白鹿入山，不知所之。人以其所入竹为笙簧，其声绝佳。至今溪石有金星之点，相传以为余药所渍云”②。此后，李少和、林守淳、邱大同等著名道士都与乐清有关。

元代全真教从北方传入后，乐清道教有了新的发展，宫观随之相继兴建。“元末明初，全县已兴建道院 16 处”③，除紫芝观，其他 13 所道观如下：

玉虚道院　在城镇北门，宋咸淳六年（1271）本城人刘汝霖舍地建造，塑真武祖师像。

镇福道院　在县治东镇福坊下首，元大德元年（1297）地人余胜一建造。

东华道院　在九牛山下，元至正六年（1346）地人何道元创建。

长春道院　在箫台山沐箫泉下，元天历间（1328—1329）地人郑通甫建造。

崇真道院　在蒲岐南门，元至正十九年（1359）建造。

真君道院　在杨湾（今四都杨村），宋咸平五年（1002）建立。

佑圣道院　在瑶岙，元至正丁酉（1357）里人李均海舍资、道士钟晓山建造。

① 《永乐乐清县志》，《天一阁藏明代方志选刊》第 20 册，第 233 页。

② 《永乐乐清县志》，《天一阁藏明代方志选刊》第 20 册，第 233 页。

③ 乐清市地方志编纂委员会编《乐清县志》，第 1019 页。

泰安道院 在万岙，元至元二年（1336）居民黄惟正建造。

玄真道院 在翁垟街，元至正丁酉（1357）道士刘古岩建，奉真武像，今称真武观。

长安道院 在排岩头，元至正二十六年（1366）道士刘古岩建造。

仙源道院 在白石，元泰定元年（1324）里人徐氏舍地建造。

元和道院 在石船，元至正丁酉（1357）里人刘景陶、郑明厚建造。

金井圣佑道院 在重石，元至大元年（1308）里人王均实舍地，道士彭竹简建造。”①

元末明初乐清道观的兴建大多数由本地人修建，可知当时乐清的道教信仰很兴盛。这十多所道观，遍布当时乐清县的各个角落，充分满足了各个地区信众的信仰需要。乐清的龙门派，可以追溯至元代，元朝天历年间，龙门派第三代弟子郑通甫为纪念龙门派丘长春祖师，在箫台山山麓创建了长春道院。北门翔云山下建立的玉虚道院，镇福坊下的镇福道院，也是龙门派宫观。

清朝和民国，以上宫观大多被毁，保留下来的只有紫芝观和玄真观两处。但这一时期也有一批新建的宫观，1947 的调查显示，“全县宫观有 25 处（属龙门派），又新建了真人殿（西门山前）、岭头堂（沙岙岭）、百丈岩庵（白石西漈）、青阳观（大墓）、骐麟观（海屿下岙门）、三星观（岐头山）等二十八处”②。这说明，当时乐清龙门派的宫观数量可观，龙门派在乐清的传播发展很兴盛。1990 年乐清的宫观数量已增加到 39 处。依照 2000 年的《乐清县志》统计数据，乐清的龙门派，“繁衍已至 28 代‘嗣’字辈。全县有全真道徒 42 人（内坤道 8 人）”③。

在道教组织上，明、清两代有道会司。民国二十七年（1938）建道

① 乐清县政协文史资料研究委员会编《乐清文史资料》第 9 辑，1990，第 152～153 页。
② 乐清县政协文史资料研究委员会编《乐清文史资料》第 9 辑，第 153 页。
③ 乐清市地方志编纂委员会编《乐清县志》，第 1020 页。

教会。20 世纪 50 年代建有道教协会，“文革”中废。1986 年重建，会址设于紫芝观。[1] 紫芝观是乐清的一个重要道观，最早创立于宋绍兴年间(1131—1162)，原址在九牛山山麓东岳庙旁。1391 年从子孙庙改为丛林，1942 年被改为县师范学校，1987 年经乐清县人民政府批准在城隍庙西首重建，1988 年落成。现为乐清市道教协会的办公地点，也是道众的活动中心。

六 平阳县

平阳县最早的道教宫观是东岳观，位于昆阳镇坡南汇头寿桃山山麓，原名“宋志观”，始建于宋英宗治平三年（1066），宋绍兴年间改名“广福宫”，清朝光绪五年（1879），因前殿崇祀东岳大帝而改名“东岳观”，是温州地区现存最古老的道观，也是浙江省最有影响的全真派观宇之一。1985 年被定为平阳县重点文物保护单位。

平阳县道教源远流长，信仰旺盛，信众数量很多，以下一组数据可以显示出平阳县道教从 1949 年到 20 世纪末的发展趋势。

表 6－4 1949～1996 年平阳县道教宫观及道士数量

单位：座/人

年 份		1949	1982	1986	1990	1991	1993	1996
宫观		12	2	6	6	6	9	15
全真道	乾道	30	—	21	21	21	21	19
	坤道	15	—	13	13	17	18	15
	小计	45	21	34	34	38	39	34
正一道士		200 多	—	—	256	—	—	373

陈村富：《宗教文化 3》，东方出版社，1998，第 30 页。

1949 年，平阳县统计宫观数量 12 座，全真道士 45 名（其中乾道 30 名，坤道 15 名），正一道士 200 多人。随着时代的变化，平阳县道教一度出现低迷，20 世纪 90 年代，正一道士的数量有所增多，截至 1996 年，

① 乐清市地方志编纂委员会编《乐清县志》，第 1020 页。

全县共有道观15座，全真道士34名，正一道士373人。以1996年的34名全真道士为例，其构成层次如表6-5。

表6-5　1996年平阳县全真道士文化程度统计

单位：人

性别	乾道				坤道			
文化程度	30岁及以下	45岁至60岁	67岁及以上	小计	31岁及以下	39岁至60岁	76岁	小计
初中	1	—	—	1	—	1	—	1
小学	5	8	5	18	7	5	1	13
文盲	—	—	—	—	—	1	—	1
合计	6	8	5	19	7	7	1	15

陈村富：《宗教文化3》，第31页。

1996年的平阳道教，全真道士中男女比例大致持平，其中乾道以45岁至60岁的中老年男子居多，而坤道31岁以下的青年女子则占了半数，无论年龄层次、乾道坤道，在这一时期绝大部分的全真道士只有小学文化。

正一道士在平阳县可以分为用温州方言唱诵的"温州道士"和用闽语唱诵的来自福建的"闽派道士"，后者又被称为"师公"。

表6-6　1996年平阳县正一道士文化程度统计

单位：人

师派	温州道士						师公					
文化程度	25岁及以下	26岁至35岁	36岁至45岁	46岁至62岁	63岁及以上	小计	25岁及以下	26岁至35岁	36岁至45岁	46岁至62岁	63岁及以上	小计
大学	—	—	—	—	1	1	—	—	—	—	—	—
高中	—	2	—	—	—	2	—	7	2	1	3	13
初中	30	58	7	13	13	121	66	98	5	5	9	183
小学	5	4	3	3	6	21	2	7	5	4	5	23
私塾	—	—	—	1	4	5	—	—	—	—	4	4
合计	35	64	10	17	24	150	68	112	12	10	21	223

陈村富：《宗教文化3》，第31页。

从表6－6中可以看出，无论是温州唱腔的道士还是闽派师公，其中绝大部分的道士为初中文化水平，这一时期的道士几乎成为一种职业，许多道士以做法事科仪为生，“80年代做道士的人最多，26～35岁一档占总人数的47%，25岁以下占27%，这些年轻人大都是以此为职业，谋求经济收益，一场法事，每个人有110元左右收入，比全真道士高得多”①。

1985年10月，平阳县正式成立了平阳县道教协会，团结全真、正一两派道人，选出理事17人，常务理事11人，正副会长6人，每区设正副组长各1人。1989年协会换届重选。② 道教协会成立后，规范了平阳县道教的组织和管理，取得了许多可观的成绩。

七　苍南县

苍南于1981年建县。苍南的道教传说可溯源于葛洪。传说他曾来此炼丹修行。五代时期，吴越节度使林倪于钱氏纳土归宋后，辞官结茅潜隐，来到苍南钱库东部莯湖山修炼，后相传其孙林升真神游上清，羽化成仙。林升真传授莯湖一虚，一虚传水南先生。唐末马湘、王延叟师徒，宋朝的陈师、林任真，明朝的郑仲素等道士的诸多行迹都与苍南相关。

苍南道观最早见于记载的，是宋政和年间（1111—1118）礼部侍郎陈桷在夏材所建谷神道院。③ 清光绪年间（1875—1908），苍南县的道教活动基地素有三山、五洞、九道宫之称。三山：云台山、鹤顶山、望州山。五洞：白云洞、水帘洞、观音洞、紫云洞、燕窠洞。九道宫则是三元道宫、天真道宫、水帘道宫、妙峰道宫、紫云道宫、玉虚道宫、凤仙道宫、龙隐道宫、清华道宫。

苍南县道教全真派在清光绪年间的道统大多是薛圆顺—薛明德—吴至荣—王理湘等一脉。1949年前后全县只有31座道观245人，1999年

① 陈村富：《宗教文化3》，第31页。

② 平阳县志编纂委员会编《平阳县志》，第758页。

③ 苍南县地方志编纂委员会编《苍南县志》，第687页。

发展至140座道观507人。[①] 正一散居道士，包括禠公、道士和厄禠三种。禠公于清代自闽南传入，由渡龙乡苏道兴、苏道显承法，后传其同乡蔡廷选。

明、清两代在温州地区便有以县为单位组织的道会司作为道教组织管理的形式。民国初期，温州由士绅和道众发起成立道教分会。平阳县有士绅叶志庚、陈锡琛、刘绍宽等七人和林圆丹、陈圆蟾、金宗藩、方至通等十余道人参加分会，当时印刷《道教分会温郡第一次布告》。至抗日战争时期道教分会尚存。1985年5月苍南县正式成立道教协会。道教协会成立后，对管理苍南道教采取了一系列措施："教管方面，以道观为单位实行二级管理，即主持（代监院）及护法二级。并组织观管理会或堂务管理小组。道徒生活来源有三：（1）劳动收入；（2）施主收入；（3）经忏收入。"[②]

八　永嘉县

《光绪永嘉县志》记载，华盖山下"有容成太玉洞，道书谓天下第十八洞天"[③]。相传容成子修炼于此；汉宣帝甘露三年（前51），傅隐遥道人在大若岩石室修炼；三国时，有道士王玄贞收徒朱孺子；东晋时葛洪到东蒙山炼丹，丹台至今尚在；南朝梁代陶弘景，在大若岩石室著《真诰》一书；魏晋时期的张文君，宋代夏元鼎、李少和、林守真，元代周颐真，明代叶昌龄等道士在永嘉传播道教，名播东瓯。清代"黄教"即藏传佛教格鲁派传入，笼络了大批信众，道教衰落。民国时期，农村尚行道场法事。清以前，永嘉"有道士100多名。民国初期，有宫观32座，道士300多名。1990年，有宫观100余座，道士600余名"[④]。

1949年后，全真派道士响应政府号召，大多还俗归农，少数道士孤守宫观，躬耕自给。"文革"期间，多数宫观神像被毁，部分道士蒙受

① 周孔华主编《温州道教通览》，第320页。

② 苍南县地方志编纂委员会编《苍南县志》，第687页。

③ （清）王棻：《光绪永嘉县志》，清光绪八年刻本，第16页。

④ 永嘉县地方志编纂委员会编《永嘉县志》下，第1212页。

不白之冤。1978 年后，宫观逐步修葺。1987 年 10 月，成立永嘉县道教协会。

1990 年，东蒙山天然道观开放。该观位于乌牛镇西湾村北的东蒙山上，始建于晋代。清朝龙门派第 22 代弟子华理勋大师住持天然道观，开辟“小方岩”，建“胡公殿”“土地岩”。1979 年，第 24 代江诚守，25 代吕信足，26 代陈崇杰、郑崇福，27 代庄高峰与众信徒同心协力，重整天然道观。从乌牛码道至山下村，铺 1500 米长水泥路，从山脚至天然道观筑 1224 级石磴。1988 年在观旁塑“青牛”“龙头”。1990 年 4 月对外开放。①

九　洞头区

洞头区位于浙南沿海，瓯江口外，全区由 103 个岛屿和 259 个礁组成。洞头区的特殊地理位置与地理特征，一方面使其成为重要的国防军事要地，另一方面也吸引了许多求仙的人来此寻觅。清代诗人王步霄曾有诗句赞美洞头：“苍江几度变桑田，海外桃源别有天，云满碧山花满谷，此间小住亦神仙。”② 洞头与道教有着不可分割的联系。

元明时期天后宫、太阴宫（娘娘宫）、关帝庙、杨府庙、陈府庙等在洞头很多，供奉玉皇大帝、王母娘娘、陈靖姑、土地爷、关帝、杨府爷、陈府爷（陈元光）、妈祖（林默娘）等诸神灵。崇信者逢年过节进行朝拜，遇重大事件前去烧香许愿，遭灾生病时去祈求保佑。常常是几个宫庙都去朝拜，不分彼此。能在海上救苦救难的神灵，如妈祖，尤其受欢迎；杨府爷也成为驾船驱海盗救苦难的神。

清代洞头开始出现职业性道士。“乾隆 27 年（1763），洞头岛才有第一位从事以道教醮代为职业的人，即洞头道士第一代，张连贵，生卒不详；第二代张云评，洞头道士……第三代道士黄生姑、黄生金；第四代道士杨兴深；第五代道士郭通怀；第六代道士苏庆林、叶诸灵；第七

① 永嘉县地方志编纂委员会编《永嘉县志》下，第 1212 页。

② 洞头新闻网，2020 年 3 月 8 日，http：//www. dtxw. cn/system/2007/04/10/010216501. shtml。

代道士梁成；第八代道士梁情祉、洪宏岩、许录等；第九代道士施书宝、苏彩生等。”[①]

1945 年，第六十三代天师张恩溥曾云游洞头，居住在半屏山，并给施书宝道长取道号鼎盛。1949 年农历五月初六日在县城土地庙举行授箓活动，参加授箓的有施书宝、苏彩生、叶克明、应方开、陈宏等五人。1987 年在施书宝道长的倡导下，苏彩生、陈加添、林孝棠等几位有名望的道士自发组织过宫观集体生活，成立紫云道观管理小组，把全县散居正一道士（包括吹鼓手）集中到大龙岭紫云道观，接受政府部门管理。在施书宝道长带领下，紫云道观实行六个统一的管理办法，即统一领导、统一安排、统一调配、统一管理、统一收入、统一发薪。1993 年 6 月，北岙紫云道观被全国道教界评为“爱国爱教先进集体”。1995 年 7 月，洞头县道教协会成立，使洞头道教纳入了规范化管理的轨道。同年 10 月，中国道教协会在龙虎山天师府首次开坛授箓，施书宝道长当选为护戒大师，带领浙江 81 名正一道士参加授箓。1997 年，受江西龙虎山邀请，洞头道协在施书宝的带领下，一行 22 人应邀出席道教文化交流会。1999 年 11 月，洞头县道教协会第二次代表大会召开。此时有道教场所 58 处，道士 82 人。[②] 2015 年以来，改称洞头区道教协会。

十　文成县

在南朝时期，文成就已有道人的足迹，陶弘景在百丈漈筑炼丹台，从此道教便在文成播下了种子。据 1990 年调查，县境共有神庙 186 座。著名的道观有：无为观（遗址）、陶氏真人炼丹台、三官庙、许真君庙、五显公庙、徐三公庙、庄济公庙、包公庙、刘基庙、杨府爷庙、太阴宫、灵应宫、文昌阁等。值得特别介绍的是徐三公庙、庄济公庙、包公庙、刘基庙。

文成有多处徐三公庙。徐三公是南宋泰顺仙居人，举人出身，屡有

① 周孔华主编《温州道教通览》，第 408 页。

② 洞头县地方志编纂委员会编《洞头县志（1991—2005）》，浙江人民出版社，2010，第 133 页。

战功，相传被封为护国高妙侯王。后殉难于大猫湾。宋高宗念其忠烈，敕封为“九州庙主徐三相公”，民间建庙奉祀。位于黄坦镇富岙东坑村陈塘坑的徐三公庙，始建于元代至正三年（1343），明、清多次重修；珊溪镇李井社区公路边的徐三公庙，始建于清；巨屿镇垟地边村的徐三公庙，当地称地主庙，1990年遭火毁，于华盖山山脚重建，规模宏伟。

庄济公庙位于玉壶镇东向水口，俗称“三港爷殿”。庄济公，唐代人，姓陈名逸，别名大星，字子良，泰顺洪门严春潭人。少有神力，能以两指夹破竹子，殁后屡次显灵保护海商于风浪间，民间因之建庙奉祀为神。

包公庙位于珊溪镇花前穹口村。始建于清初，1962年曾易为草席厂，1990年重修。正厅中为包公坐姿仪像，前侍立张龙、赵虎、王朝、马汉四将雕像，均由石质雕塑而成，形态自然。①

刘基庙，即“诚意伯庙”，里人俗称“驮祠堂”。1989年，刘基庙被批准为省级重点文物保护单位，恢复了张灯结彩、接神、摆供金银山、果点羹筵等部分传统春祭礼仪，在强调文物安全为首要前提下，祭祀简化为纪念活动形式。参与者已不再局限于刘氏后裔，多系社会人士事先提议承担活动经费开支，由当地政府和庙文物保护管理委员会统一安排进行。②

文成道士可分为文班道士和武班道士：

> 文班道士俗称道士先生，大多出现于民间丧葬、祈福禳灾等道场中。道场名称有：关灯、度关、斗十保、请佛、斩铁蛇、解释还愿、移星接斗、做流霞等。民间丧葬道场，俗称“关灯”，分为上下堂。上堂为净坦、起圣、接佛、褒贬、忏悔，下堂为破狱、召灵、盖棺、行医、收兵、蒙山、净土焰口、解结、送佛。再又如度关道场，俗称“做光生”，内容依次分为洒净、请圣、褒贬、忏悔、解厄、度关（包括夫人度、天师度、平筵度）等。道场中，文班道士

① 浙江省文成县地方志编纂委员会编《文成县志》，第897页。

② 浙江省文成县地方志编纂委员会编《文成县志》，第292页。

身着太极图衣帽，左手持笏板，右握手铃，其余道器有珓杯、钹等。唱腔以乱弹为主，或间以瓯昆，侧座配吹、打、拉等器乐，唱念悠扬动听，颇具地方民乐色彩。文班道士大多盛传于珊溪、峃门、大峃、黄坦、玉壶数区。

武班道士俗称“打王师公”。多出现于驱鬼降妖等道场中。师公身着红或黄色太极图道衣与帽，左手握铃刀，右手握龙角二道器，唱念之声怒而宏亮，边配吹、打乐器，民间舞蹈色彩极浓。武班道士大多流行于西坑、南田等局部地方。[①]

十一　泰顺县

现在泰顺所流行的道教法事主要有做福和清醮两种。

“做福”是一种祈祷活动，用以祈求神灵保护村境太平、六畜兴旺、五谷丰登等。常常“以一村或几村为单位，定期在宫庙或露天、岔路口举行。由首事人主办其事，邀尫师请神祈祷，众人烧香叩拜。请毕，众人出钱叙餐，首事人主持操办，乐于亏本垫钱，认为能得到神佛保佑……可使家门迪吉、进福招财”[②]。

“清醮”是一种驱邪禳灾活动。民众如果遇到许多邪怪现象，便需要做清醮，如一些人得了怪病，如遇到不可解释的现象时，便需要“求神问卜而酌做清醮。多以村为单位或数户联合举办，场面大的，由几个头人共同筹备。请来道士尫师，有的还兼请和尚，佛、道并举。摆设坛界，拜忏念经，度亡驱魔，进行三五天，多至六七天。其间戒杀吃素。功德活动节目，名目繁多”[③]，有“解结”“蒙山”“施食”“排灯”“焰口”“菩州”等。

近现代温州道教呈现出区域发展特色化、多样化的模式，每个地区的道派传承都有各自的特点，又相互联系，为百姓提供了多元化的精神

① 浙江省文成县地方志编纂委员会编《文成县志》，第899页。
② 泰顺县志编纂委员会编《泰顺县志》，浙江人民出版社，1998，第730页。
③ 泰顺县志编纂委员会编《泰顺县志》，第730页。

归宿，在推动社会发展、维护社会稳定方面起到了独特的精神保障。

第六节　当代温州道教传承管理上的改革与创新

温州道教在组织管理上采取了许多新的方式与方法，值得一提的是，通过“传度”以确定教职人员身份，规范道教管理，提高道士素质。

传度之所以重要，在于经戒法箓的传授对道士入道、修行有重要的意义，不同阶段的道士所传授之经戒法箓不同，成为道门内部等级划分的重要标志。传度不仅划定了道士不可僭越的职权范围，更成为道士向上修行、提高自己的积极动力。传度可以为道教的规范传播正本清源。根据正一道士的不同修行程度，可以把传度分为入道传度和授箓传度两种。道士初入道门有特定的传度仪式，可以称其为入道传度；依据道士修行程度而授予不同经箓又有不同的仪式，可以称其为授箓传度。

《三洞修道仪》载：“凡初欲学道，男七岁，号箓生弟子，女十岁，号南生弟子，始授训师门，性行稍淳，与授三戒、五戒，渐止荤血，自此后，不更婚嫁。如已成夫妇者，男称清真弟子，女称清信弟子，常依科斋戒，兼行黄赤交接之道，能便断得，即为佳也。其童男女秉持，至十五岁，方与诣师，请求出家。”[①] 此上所引为道士出家伊始之事，可将其中所涉传度仪式视为入道传度。道士出家后，要秉承戒律，誓戒三师，恪守初真八十一戒，如此方为入道，“称太上初真弟子，可入靖诵经，思神行道。此后，若勤修德业，广积善缘，内省自身，外度旁人，日久方可请授正一盟威箓。受箓对正一道士来讲是等级升迁。只有受正一盟威箓后，方可为人斋醮，未受箓者，无此权力。受正一盟威箓者，“称太上正一盟威弟子，系天师某治某气祭酒（所称治气者，取生月生日，所主不同）”。[②] 同时传授诸多相关经书，如《正一法文经》一百二十卷等。

① 《道藏》第32册，第166页。
② 《道藏》第32册，第167页。

一　入道传度

入道传度，是道教信徒正式入道的仪范，凡欲加入道门的信士，必须经由师传，皈依三宝，受守戒律，发誓弘愿，师尊方能传其度世之法。“若学不由师成，非根生；不承本名，为无根之草。（受道越次第，谓之非根生；不缘本师起，谓之不承本也。）”[①] 现据宋贾善翔所编《太上出家传度仪》中有关程序对入道传度做一基本介绍。

传度开始，弟子三拜，度师祝香。祝香之义，即焚香请圣，从三清上圣、十极高真，到出家弟子本命星官、十方地主，一切诸神圣仙皆受礼拜，此时，度师口念：“今辰谨有某人弟子某人，幼离俗网，早慕真风。今蒙国恩，许圆道相，启坛场于兹旦，服冠简于昌时，庶竭焚修，上报真圣，仰冀三境慈尊、十方真宰、天曹地府、一切圣贤，曲赐证明，少延飙驭。稽首皈依无极大道。”念毕，度师设案坐于三师前，“华夏引弟子礼度师三拜，面北长跪，听说出家因缘。设香花供养，度师上香”。

所谓出家有二种：一者出恩爱之家，二者出诸有之家。恩爱者，即一身之父母、妻子之家，出恩爱之家，即是要告别父母、妻子，脱离凡俗之事，专心奉道，济世度人，不以小家为家，而以广世为家；出诸有之家，即是要坚立信根，“离三界爱，登入九清”，在世而离世，济世而不泥于世，才能得真清净。可见，道教虽云出家，并非要道士断绝红尘，归隐田园，而是发自深切的济世情怀。所以出家者，不以自身一家之家为束缚，以天下为家，遇人不度，是为罪已；而惟道以为家，方能不为世累，无论顺逆平乱，皆奉道而行，修已度人。出家弟子明此出家因缘，方为知入道之真意，方能行道济世度人之大德。

说毕，引弟子于庭下，北向礼帝王。次谢先祖，辞父母，辞亲知朋友。后华夏引弟子至三师前立，行三归（皈）依礼。此时弟子需自行陈述出家愿念：“某伏念蝼蚁秽质，不自揆量，辄罄愚诚，愿亲众妙。兹者幸承睿旨，许具冠裳。今就度师，虔请教戒，庶从愿念，不敢有违。苟

① 《道藏》第24册，第781页。

违明科，不辞阴谴。某诚惶诚恐谨言。”也可将愿念写于纸或木简之上。

念毕礼三拜，度师读白文：“恭以三洞垂文，七真演教，咸令披度，得入妙门，功德难思，天人称庆。斯乃从凡入圣，阶浅及深，名奏天曹，身居仙列。苟非宿命，宁合因缘。汝既自陈道心坚固，当报四恩，三有以悟，独立重玄。今则百灵降格，万圣倾光，直须默运虔诚，无致亵慢。宜请保举二师，为脱俗衣，以圆道相。”

次保举师为弟子脱去俗衣，着履为先。所谓先着履者，“千里之行，始于足下。此一步，为初之意也”。足蹑双履，永离六尘，凡所行游，径陟仙阶。次系裙。裙者，群也。以道为友之义。裙又称裳，在上为衣，在下为裳，以表道士应守谦下为常行之法。次着云袖，云袖为中道之衣，“上以衬霜罗之帔，下以统飞霄之裙”。次披道服，顶簪冠，执简。“夫简者，以简事为言，收心敛意为用，简则心专，持则有守。”后知磬举三启颂，度师为弟子说十戒，弟子长跪聆听。

第一戒者：心不恶妒，无生阴贼，检口慎过，想念在法。

第二戒者：守仁不杀，悯济群生，慈爱广救，润及一切。

第三戒者：守正让义，不欺不盗，常行善念，损己济物。

第四戒者：不贪不欲，心无放荡，清洁守慎，行无点污。

第五戒者：口无恶言，言不华绮，内外中直，不犯口过。

第六戒者：不得嗔怒，调和气性，神无所伤，不犯众恶。

第七戒者：不嫉人胜己，争竞功名，每事逊让，退身度人。

第八戒者：不得评论经教，訾毁圣文，躬心奉法，常如对神。

第九戒者：不得争竞是非，评论四辈，天人咎恨，损伤神气。

第十戒者：举动施为，每合天心，常行大慈，普度厄难。

戒者，止恶防非之义。每说一戒，均问能持否。说戒毕，举《智慧颂》，听度师教戒，教弟子皈依三宝，所谓三宝者，即道、经、师。道士入道后，语默动静，常须念道、念经、念师。念道宝者，有二种：一念道身，即道之化身，七十二相，八十一好；二念法身，即道之真身，犹如虚空，圆满清静，亦名道性。念经宝，有三种：洞真、洞玄、洞神。

“若知诸法本无文字，正观实相，达其旨趣，亦名念经，是名善解念经之相。”其次念师宝。师宝者，父也。无师就不能得道，念师亦是归本而已。次引新戒子礼经、籍、度三师，发十二愿。次举《学仙颂》，回向念善，礼大道功德。至此，出家传度仪式结束。①

在民间，有时道士欲入道门，还需向师父投“拜师贴”，表明学道之初心。弟子经几年之学习，掌握了基本的道理、技巧之后，师父会为道士颁发职牒，称为“度师付职”，此职牒即今后道士行道之凭证；付职后还需举行一场仪式，名“奏职开科”，即欲通过此仪式获得神仙高真、同行前辈的认可，此后道士方可出山作法。此一形式，疑似民间道士之私相授箓。

二　授箓传度

加入道门之后，即为道人，但需要随着修行程度的提高，受不同之箓。箓，是道教记载天官功曹、神仙名属，道士召役神吏，施行道术的牒文。道士受箓后，便具有了道位神职，即所谓“名箓天曹，乃有道位”。箓之所以重要，按《三洞修道仪》所说，只有受正一法箓者，才可以为人做斋醮。也就是说，只有受过箓的道士，其斋醮的词章才能上达到天庭，没有受过箓的道士，所上之表章天庭不能接收到，无法获得神灵的首肯。受箓的道士必须熟谙箓文中的天地神祇之名号，做法事时才能应用自如。②

箓之所以如此重要，乃在于道人相信符箓之文是由道气衍化而成，是太上神真的灵文，九天众圣的法言。《正一修真略仪》称：“神符宝箓，其出自然，故于元始赤明浩劫之初，浑茫之际，空中自结飞玄妙气，成龙篆之章，乃元始神尊化灵应气然也。”③ 道气所衍化之符箓的作用即是：“总统天地一切神鬼，诛服邪魔，斩灭妖精，征灵召气，制御山川，

① 《道藏》第32册，第161～164页。
② 《道藏》第32册，第167页。
③ 《道藏》第32册，第175页。

涤荡氛秽，章奏传驿，通达神仙，莫先乎正一矣。”①

从道教创教早期，授箓传度便有本可追。《陆先生道门科略》中记载，太上老君见天下难平，百姓难安，授张天师以“正一盟威之道，禁戒律科，检示万民逆顺、祸福、功过，令知好恶。置二十四治，三十六靖庐，内外道士二千四百人，下《千二百官章文》万通，诛符伐庙，杀鬼生人，荡涤宇宙，明正三五，周天匝地，不得复有淫邪之鬼”②。

传度授箓有固定的基本仪范，首先是日期的选择。早期道教以三会日为授箓升迁之吉日。上会日正月七日，中会日七月七日，下会日十月五日。《太上大道玉清经》中记载此三会日乃是三官、二十七府、百二十功曹之神考校百姓罪福的日子，这一天诸神将人的福罪记录在册，至三元日时上表天庭，按律奖罚。故道民应在此三日行道建斋，修身谢过。预备受箓的道士，必须先在道靖内清心斋戒，备办酒果敬神，而后方能参加授箓。随着道教的发展，授箓日期不再限于三会日，一般认为甲子、庚申、本命、三元、五会、五腊、八节、晦朔等日可作为授箓吉日。

其次是授箓三师的选择。授箓三师即传度师、监度师、保举师，传度授箓仪式便是由此三师来登坛主持。三师分工不同，传度师负责传授正一法箓，监度师负责监督整个传度过程是否公正、规范，保举师专门负责保箓、保戒、保香。此三师必须自身受过箓，并道法精湛、德高望重才能担任。自龙虎山统领三山符箓后，授箓必须由龙虎山天师来担任，这作为惯例一直沿袭至今。

在授箓过程中，箓生需上呈请箓法词。请箓法词写明道士的受箓时间，受箓者之名字、籍贯、生辰八字、师承，正文叙述箓的法力，表达恭受法箓之诚心。

整个授箓的过程包括迎师、演礼、启师、宣表、焚表、诵经、说戒、传度授法器（如付印、令、尺、剑、拷鬼杖、旗、法水、科书、职牒）

① 《道藏》第32册，第185页。
② 《道藏》第24册，第779页。

等。道士受箓以后，由三师颁发牒文，上书道士的法职及对应的神界。此牒文即是职牒，它是道士修道行法的凭证。所受之箓不同，所具有的遣神役鬼之能力便不同，级别越高，能力越大。根据不同的法事，道士使用不同的符箓，调派不同的天兵天将。

《三洞修道仪》所列正一授箓之阶品分为：正一盟威、金刚洞神、太上高玄、太上升玄、中盟、三洞、上清大洞共七等宝箓八十四阶品，其中正一盟威箓二十四阶品。据《授箓次第法信仪》所载，受法职位依次有正一法位、道德法位、洞神法位、升玄法位、洞玄法位、五符法位、河图法位、洞真法位、毕道法位共九个等级，名目繁多，规仪繁杂；[①]后来《天坛玉格》化繁为简，《天坛玉格》有多个版本，其中一个版本以四个阶段概括诸阶品：初授《太上三五都功经箓》，升授《太上正一盟威经箓》，加授《上清五雷经箓》，加升《上清三洞五雷经箓》，再加《上清大洞经箓》。

道士能否受箓，重要的考量标准之一在于是否有德，而德本于功，功源于勤，勤修道法，济世度人，功成德就，方能受箓，名列天班。“民有三勤为一功，三功为一德。民有三德则与凡异，听得署箓。”[②] 另据《云笈七签》卷四十五，受箓的意义在于通过受箓“戒录情性，止塞愆非，制断恶根，发生道业，从凡入圣，自始及终，先从戒箓，然始登真”[③]，以此勉励受箓者精进于道，济世度人。[④]

三　2012 年 11 月乐清天师道观传度活动解析

下面就以 2011 年 11 月乐清天师道观举行的正一道士传度活动为例，介绍温州道教传承管理的这一形式。

（一）传度过程

在古代，入道传度是正一派弟子正式入道、成为道人的仪式，是道

① 《道藏》第 32 册，第 167 页。
② 《道藏》第 24 册，第 781 页。
③ 《道藏》第 22 册，第 318 页。
④ 刘仲宇：《道教授箓制度研究》，中国社会科学出版社，2014，第 163 页。

教传统的一种教规仪范；在当代，根据《道教教职人员认定管理办法》，传度成为道教教职人员认定备案的必要条件，是促进规范化管理、培养道教人才的基础。2012 年 11 月 15 日至 16 日，在温州市道协的组织下，于乐清北白象天师道观举行了继 2011 年后的第二次正一派传度活动，此次传度历时两天，每天传度 200 余名道士，共传度 500 多名道士，地区覆盖温州市瓯海区、鹿城区、永嘉县、苍南县、瑞安市、乐清市、龙湾区、洞头县、平阳县、文成县等，基本覆盖温州当时所有辖区。

此次传度活动过程如下。

当天上午，教务组为赶到的箓生分发道服法器，组织其冠衣巾、更衣，而后开坛演示，请水净坛，做玄门早课，发文奏牒。奏曰：

> 天师府下主行法派玄门应鼎增叩首百拜上言：
>
> 右臣奏为，中华人民共和国浙江省温州市各县市区居住会叩，乐清市北白象桥下天师道观启建，奉天师张大真人门下盟天奏职传度皈真嗣法弟子……诸弟子姓名……暨合道人等，生居黄族，忝列玄门，端由业师得亲正教，诵经礼忏，役鬼使神，承正一之真宗，扬法门之品德。若非天师之授命，曷得道法之灵通，爰卜十月二良辰，虔迎三师、六护法，恭叩天师道观奉行传度科仪，一一承取法名，各衍分香，□□圣鉴，庶使道法灵通，发扬光大。谨奏，上呈。
>
> 道历四七零九年天运壬辰十月初二日具。

奏文上盖道经师宝印。

奏毕，恭请三大师、六护法师。十月初二日，所请三大师分别为：戒师应鼎增，经师赵大展，度师林大章；六护法师分别为：护道大师施明春，护经大师谢荣竖，护籍大师林永寿，护法大师郑玉钱，护戒大师王思明，护坛大师肖若清。十月初三日，三大师中戒师仍为应鼎增，而经师则换为范罗山，度师换为钱大木，六护法师仍与前日同。以上诸法师皆为温州地区正一派德高望重的道长。三大师六护法师登坛后，上香朝拜："三清上圣，十极高真，祖师玄中教主虚皇静老天君，祖师泰玄都主，三天大圣……令臣启告，咸赐如言，具有情意，伏希鉴听……"

礼毕，参神谒祖，跪诵《天师宝诰》，诰曰：

本来南土，上溯蜀都。先获黄帝九鼎之丹书，后事老君两度于玉局。千轴得修行之要，一时成吐纳之功。法箓全成，受盟威品而结璘诀；正邪两辨，夺福庭治而化咸泉。德就大丹，道齐七政。大悲大愿，大圣大慈。三天扶教，辅玄体道。大法天师，雷霆都省，泰玄上相，都天大法主。正一冲玄神化静应显佑真君，六合无穷高明大帝，降魔护道天尊。

诵毕，箓坛演礼。后行扬幡、示榜、进表、午供等斋醮科仪。

至下午，第一项诵经礼忏，所诵经书为《道德经》《清静经》《度人经》《三官经》，礼《天师宝忏》。诵经毕则行戒坛传度：恭请三大师、六护法师登坛，宣戒礼“三皈依”“九真妙戒”。三皈依为：

第一皈依，虚无自然，太上无极大道，此世他生，虔恭信礼；
第二皈依，云书宝篆，三十六部尊经，心开解悟，受持转诵；
第三皈依，洞宸教主，玄中大法真师，勤修奉行，咸皆得道。

九真妙戒为：

第一戒为敬侍父母，孝敬双亲，谓之初真戒；
第二戒为爱国爱教，忠于国家，谓之念真戒；
第三戒为受持不杀，慈救众生，谓之持真戒；
第四戒为受持不淫，正身处务，谓之守真戒；
第五戒为受持不盗，推义损己，谓之保真戒；
第六戒为受持不嗔，恶怒凌人，谓之修真戒；
第七戒为受持不诈，隐恶扬善，谓之成真戒；
第八戒为受持不骄，不敢傲忽，谓之得真戒；
第九戒为受持不二，奉戒专一，谓之登真戒。

宣三皈九戒后颁发《传度宝牒》与《太上三官北斗真经》，而后，谢师发愿，众箓生在大师带领下发十二愿：

一愿乾坤明素；二愿气象清圆；三愿主躬康泰；四愿民族和睦；五愿天垂甘露；六愿地发祥烟；七愿四时顺序；八愿万物生全；九愿家多孝悌；十愿国富才贤；十一愿世界和平；十二愿正教兴行。

此后则迎祥送圣，返程，法会圆满结束。此次传度活动两天所行之仪式相同，所本科仪为《正一老祖天师法忏》《正一盟天传度法科》。

（二）本次传度的特点

1. 既非入道传度，又非授箓传度

从此次传度法会的目的、对象和形式来看，此次传度活动既不是入道传度，又非授箓传度，是一次较新的传度仪式，即“教职人员认定活动”。此次传度活动的目的是将预备认定教职人员的道士登记在案，颁发职牒，以便申办教职人员证，进行统一管理，未经过传度的道士没有资格认定教职人员，更没有资格参加授箓。从参加此次传度的人员上看，都是已经入道的道士，能够参加此次传度的道士都已从事道教事务多年，故此可以判断，其不是入道传度；至于其与授箓传度的区别，在其最后所颁发的牒文中便能体现。

温州市天师道观传度宝牒牒文（天师府字第226号）

盖闻道肇太极，理通阴阳，希夷示德，化育明仁。道法恢宏，降灵文之宝箓；玄恩浩荡，垂云篆之金文。今据传度弟子　词称本命太岁　年　月　日　时建生，上叨北斗　星君主照，言念弟子生逢盛世，幸际升平，慕道修真，日切皈依之愿；积功累德，时怀利济之心。凡属修士应就乐清市白象天师殿祖师名下传度，用以弘道宣化，利物济人，皈依行持，时日维谨。太上既设传度之科，师承必有传受之秘。兹遇下元节令，恭诣温州市天师道观，演教先天，法传后世，本神道以设教，打开接引之门；仙阶携提，广阐玄宗之旨。既具心香而表奏，定借云章以上闻。从此列籍道门，同沾化雨。

丹成九转，弘道传三洞之经；法源万通，济世造无疆之福。入世，出世，神功，仙功，勉之，勉之，益晋，益晋！右给付传度弟子准此道历四七零九年十月初二日给牒。

此牒中没有符箓标记，亦没有神职名称，只是道士入道的一个凭证，并非传统授箓所颁发之牒文。而且，此次传度活动后，所授经书只有一部《太上三官北斗真经》，也没有额外传授记有任何神阶名籍的箓文，可见，这次传度只是为教职人员资格认定打基础的一次统筹工作，是当今道士加入道门所必须参加的一项仪式。

2. 开启了道教管理的新形式

《道教教职人员认定管理办法》第三条规定申请认定道教教职人员应具备以下条件：

（一）爱国守法，拥护中国共产党的领导，拥护社会主义制度；

（二）信仰坚定，遵规守戒，护持道教；

（三）有道教传统的师承法派，已经冠巾或传度；

（四）能够背诵《早晚功课经》《三官经》《北斗经》，熟读《道德经》《南华经》《太上感应篇》等道教经典；

（五）坚持道教优良传统，持身端正、遵守社会公德。

可见，依据此文件，参加道教教职人员认定必须先经过冠巾或传度，未经传度的正一道人员不能参加教职人员认定，更不能参加授箓。可以对比中国道教协会颁布的《关于正一派道士授箓的规定》，正一派道士受箓所必备的条件之一为皈依“道、经、师”三宝，经过传度，有传统的师承法派。

乐清天师道观的这一传度活动，是适应新时代道教管理需求的产物。传度成为道教人员登记备案的方式，也是道士参与教职人员认定的前提，更是新时期道士参加授箓所必备的基础条件。这种新的管理体系使道教管理更加规范化，充分适应了时代发展的要求，并在一定程度上能够激励道士精进事业，提高自身的文化素质。如 2011 年乐清市的第一次传度活动便取得了良好的收效，2012 年 3 月 28 日，浙江省民宗委下发了全省道教教职人员备案的批复文件，温州市道协上报的包括正一派和全真派 595 名拟认定人员全部得以备案，成为温州第一批正式认定的道教教职人员。此次传度活动为温州市储备更多的道教教职人员做了很好的准备，打下了坚实的基础，道教管理越来越走向规范化。

第七节　温州道教在文化建设中的意义

近现代温州道教的发展，在潜移默化中影响了温州人的文化、生活、社交等多个方面，成为温州文化中不可或缺的一个重要组成部分。道教塑造了温州人独有的性格特征，作为一种传统文化，传承不绝。对温州来讲，道教具有十分重要的意义与作用。

其一，抚慰民众精神，调节社会心理秩序。道教在历史上起了调节民众心理、缓和压力、减少冲突、维护社会稳定的积极作用。在历史大迁移的过程中，许多北方汉人、闽越先民迁徙到了温州，也有许多温州先人迁徙到了其他地方，这种迁徙往往都充满了各种艰难和危险，这时移民们随身携带的小神像或香灰之类的圣物给他们提供了重要的精神抚慰。历史上，温州经常发生干旱、大水、飓风、瘟疫等自然灾害。当时生产力水平低下，人们无力抵抗这些自然灾害，当天灾降临，农业歉收，瘟疫横行时，人们不免产生恐慌、焦虑、不安等情绪，心理压力随之增加。道教信仰在一定程度上起了调节社会心理的作用。温州民众遭受干旱、大水、瘟疫等灾害时，无疑从东瓯王、温元帅、陈靖姑、杨府大神等温州地方神灵获取了抚慰，地方神灵成为他们战胜自然灾害的精神支柱。今天，随着科学技术的发展，人们能够有效地控制许多自然灾害，但是生活工作的压力、收入的悬殊、人情的淡薄等现象广泛存在，容易造成人们心理失衡，在这种情况下，借助信仰的力量，民众的心理可以在一定程度上得到安慰和满足。

其二，维系生活秩序，促进社会稳定。社会秩序的维系，不仅需要法律、规章、制度来规范人们的行为，也需要社会道德规范的调节。道教中的戒律威仪、神灵的监管，潜移默化地约束着人们的思想和行为，道教所宣传的行善积德、安分守己、和气生财等思想，有利于人们之间和睦相处，社会和谐发展。同时，道教在增强群体凝聚力，维系社会团结方面也起了一定的积极作用。成员之间共同的信仰、情感、价值观是社会团结的必要因素。共同的祭祀、共同的信仰无疑能增强群体的认同感和凝聚力。

其三，庙会集市促进经济发展。温州是一个宗教极其发达的地方，也是商业经济极其发达的地方，二者之间有很深的联系。譬如，民众对道教的广泛信仰导致他们十分注重道教的神仙节日，在这样的节日里往往会举行庙会。庙会最初是道众聚集祈福的地方，善男信女纷纷聚集在庙里，焚香磕头，祈求神灵保佑。但随着参加庙会人数的增多，许多商业契机也就萌发出来，庙会越来越变成一个临时性的集市，许多交易都在庙会上得以完成。直到今天，许多地区还定期举行庙会，这不仅促进了百姓在宗教情感上的交流，同时也拉动了商品经济的发展。温州道教的传播和发展，在一定程度上带动了温州经济的繁荣和发达。

其四，提高民众素质，宣扬德性教化。在温州广为流传的道教传说，多教导人们热爱家乡、行善积德、舍己为人等。在道教中能成为民众信仰对象的，大多是历史上的忠义之士和为百姓做过好事的人，如张三令公、林泗爷、徽猷神、岳武穆王、妈祖、五显灵官大帝、汤和公，等等。在家尽孝事亲，入仕则尽忠报国。一次祭祀活动，实际上就是一次以孝道为主题的传统伦理教育。道教宣扬“仙道贵生，无量度人”，要求在爱护自身的前提下，度化别人，帮助别人。善恶因果，自有报应，道教的这种教化方式对文化程度不高的群众，所起的作用更大。

其五，强化本土观念，传承传统文化。道教是中国唯一土生土长的宗教，具有强烈的民族意识和本土意识，每一地区所流行的道教都有不同程度上的地域差异，即是因为道教已经融入这一地区的血脉中。民众对道教的信仰，加深了民众对本土文化的认同感和归属感。了解温州的道教信仰，有助于我们深入地了解温州人的性格特征，了解温州文化的特色表现。同时，不同地区的道教形式千姿百态，但仍然有其不可磨灭的共性存在。这种共性来源于信仰层面的共同认识，更来源于文化层面上的血脉传承。道教是中国传统文化的重要组成部分，传统文化中的精髓都能在道教中找到痕迹。道教信仰，不仅具有宗教上的意义与价值，对传承整个中华文明也具有重要的意义，对我们在新时代重塑中华文明也具有重要的启迪作用。

附　录

附录1　温州地区主要信俗一览表[①]

信俗	主要职能（形象）	备注
杨府爷信仰	海神	
温元帅信仰（忠靖王）	驱瘟逐疫	
陈靖姑信仰（陈十四娘娘）	生育	
妈祖信仰	海神	
城隍信仰（汤和信仰）	护城	
平水圣王信仰	治水	
胡公大帝信仰	申冤评判	
岳飞信仰	护国英勇	
杨家将信仰	护国英勇	
关羽信仰	正义英勇	
陈府圣王信仰	除瘴	
包拯信仰	申冤评判	
齐天大圣信仰	保佑平安	"怀溪大龙山大圣殿"较为有名
玉皇信仰	天界主宰	
卢氏娘娘信仰	妇女平安	

① 文中数据参考（明）姜准撰，蔡克骄点校《岐海琐谈》，第187～204页；（明）王瓒、蔡芳编《弘治温州府志》。并辅以温州实地考查。

续表

信俗	主要职能（形象）	备注
刘伯温信仰	保佑平安	
天地水三官信仰	保佑平安	
龙王信仰	保佑平安	
文昌帝君信仰	智慧	
东瓯王信仰	保佑平安	
林三益信仰	保佑平安	
三港大圣信仰	护海	
广济侯王信仰	保佑平安	
仁济圣王信仰	保佑平安	
惠民大圣信仰	驱灾、保佑平安	
临海神信仰	护海	
灶神信仰	家宅平安	
岳庙神信仰	保佑平安	
晏公海神信仰	保佑平安	
龙母信仰	驱灾、保佑平安	
丽阳神信仰	保佑平安	
白马三郎信仰	保佑平安	小范围信仰
玄帝信仰	保佑平安	
郑老爷信仰	驱邪、保佑平安	永兴庙会
玄坛爷信仰	驱灾、保佑平安	永兴庙会
威济侯信仰	保佑平安	
真武大帝信仰	出行平安	
林泗爷信仰	保佑平安	小范围信仰
白鹤大帝信仰	延寿、保佑平安	
许府真君信仰	保佑平安	
埭头陈元帅信仰	驱灾	小范围信仰
琯头石元帅信仰	保佑平安	小范围信仰
下塘周将军信仰	保佑平安	小范围信仰
水心杨大王信仰	驱灾、延寿	小范围信仰
瓯海塘下任相公信仰	保佑平安	小范围信仰

续表

信俗	主要职能（形象）	备注
孤田马二姑信仰	保佑平安	小范围信仰
五通爷信仰	保佑平安	小范围信仰
殇官爷信仰	驱灾	小范围信仰

附录2　温州地区举行的主要庙会祭祀活动

庙会名称	分布范围	庙会时间	祭祀主神	备注
鲸头太平龙杨府庙祭祀	温州苍南县云岩乡	每月初八	杨府爷	道士主持祭祀活动
东岳庙会	温州	二月初一	温元帅	三月三迎温元帅是整个庙会高潮
东瓯王庙会	温州华盖山	二月初二	东瓯王	罗天大醮
胡公庙会	永康独松村	八月十三	胡公大帝	
洞头区东沙村妈祖平安节	温州洞头区	三月二十三	妈祖	
水口村二月二庙会	温州苍南县	二月初二	如来佛祖、二龙神、观音大士	三仙聚合传说
怀溪大龙山庙会	怀溪大龙山	七月二十五	齐天大圣	道场设在大殿和天井，天井则摆三排，代表“三界”之意
温州鹤溪庙会	温州鹤溪	正月初三	白鹤大帝、太阴圣母娘娘、陈十四娘娘、林泗爷	踩街、游玩和鳖灯会
永兴庙会	温州乐清	正月十四、十五	郑老爷、玄坛爷、宣灵隍爷、海神爷、杨府爷、地主爷	

续表

庙会名称	分布范围	庙会时间	祭祀主神	备注
洞头杨府庙庙会	温州洞头东屏镇	五月十八	杨府爷	烧符咒、龙舟会
中仑“真武殿”庙会	温州洞头东屏镇	三月初三	真武大帝	舞龙灯会、守神、“做敬”、班打“八仙”、“靠军”、抬佛
东岙陈府庙会	温州洞头东屏镇	八月十五	陈府圣王陈元光	法师做敬、烧香点烛祭拜

参考文献

一 古籍

《上清大洞真经》，《道藏》第1册。

《高上神霄紫书大法》，《道藏》第1册。

《九天应元雷声普化天尊玉枢宝经》，《道藏》第1册。

《无上九霄玉清大梵紫微玄都雷霆玉经》，《道藏》第1册。

《灵宝无量度人上品妙经》，《道藏》第1册。

《无上九霄玉清大梵紫微玄都雷霆玉经》，《道藏》第1册。

（南宋）夏元鼎：《黄帝阴符经讲义》，《道藏》第2册。

（南宋）夏元鼎：《紫阳真人悟真篇讲义》，《道藏》第3册。

（元）耶律楚材：《玄风庆会录》，《道藏》第3册

（元）秦志安：《金莲正宗记》，《道藏》第3册。

《灵宝无量度人上品妙经符图》，《道藏》第3册。

方碧虚：《碧虚子亲传直指》，《道藏》第4册。

（五代）沈玢：《续仙传》，《道藏》第5册。

（元）刘大彬：《茅山志》，《道藏》第5册。

《华阳陶隐居内传》，《道藏》第5册。

（金）赵道一：《历世真仙体道通鉴》，《道藏》第5册。

《上清后圣道君列纪》，《道藏》第6册。

《上清骨髓灵文鬼律》，《道藏》第6册。

《灵宝领教济度金书》，《道藏》第8册。

（南宋）蒋叔舆：《无上黄箓大斋立成仪》，《道藏》第9册。

《梅仙观记》，《道藏》第11册。

（南朝齐）顾欢：《道迹经》，《道藏》第 11 册。
王松年：《仙苑编珠》，《道藏》第 11 册。
（唐）杜光庭：《洞天福地岳渎名山记》，《道藏》第 11 册。
（南宋）谢守灏：《混元圣纪》，《道藏》第 17 册。
（元）张天雨：《玄品录》，《道藏》第 18 册。
《地祇上将温太保传》，《道藏》第 18 册。
《温太保传补遗》，《道藏》第 18 册。
（南宋）许逊：《许真君石函记》，《道藏》第 19 册。
《周易参同契通注》，《道藏》第 20 册。
（梁）陶弘景：《真诰》，《道藏》第 20 册。
彭晓：《周易参同契通真义序》，《道藏》第 20 册。
（唐）王冰：《黄帝内经素问补注释文》，《道藏》第 21 册。
（唐）司马承祯：《天地宫府图》，《道藏》第 22 册。
（宋）李思聪：《洞渊集》，《道藏》第 23 册。
（南宋）周无所住：《金丹直指》，《道藏》第 24 册。
（南宋）林自然：《长生指要篇》，《道藏》第 24 册。
《净明忠孝全书》，《道藏》第 24 册。
陆修静：《陆先生道门科略》，《道藏》第 24 册。
（唐）王悬河：《三洞珠囊》，《道藏》第 25 册。
《无上秘要》，《道藏》第 25 册。
《法海遗珠》，《道藏》第 26 册。
《道法会元》，《道藏》第 29、30 册。
（南宋）金允中：《上清灵宝大法》，《道藏》第 31 册。
（宋）吕元素：《道门定制》，《道藏》第 31 册。
（南宋）吕太古：《道门通教必用集》，《道藏》第 32 册。
《高上神霄宗师受经式》，《道藏》第 32 册。
（南宋）黄公瑾：《刘清卿事实》，《道藏》第 30 册。
（宋）袁庭植：《冲虚通妙侍宸王先生家话》，《道藏》第 32 册。
《上清隐书骨髓灵文》，《道藏》第 32 册。

（南宋）陈葆光：《三洞群仙录》，《道藏》第32册。

孙夷中：《三洞修道仪》，《道藏》第32册。

（宋）贾善翔：《太上出家传度仪中》，《道藏》第32册。

《正一修真略仪》，《道藏》第32册。

张万福：《传授三洞经戒法箓略说》，《道藏》第32册。

（明）张宇初：《岘泉集》，《道藏》第33册。

（南宋）白玉蟾：《海琼白真人语录》，《道藏》第33册。

《搜神记》，《道藏》第36册。

《上清灵宝济度大成金书·后序》，《藏外道书》第17册。

《铸鼎馀闻》，《藏外道书》第18册。

《灵惠冲虚通妙真君王侍宸记》，《藏外道书》第35册。

（唐）陆龟蒙：《唐甫里先生文集》，《四部丛刊》景印江南图书馆藏黄荛圃校本［CD］，学衡数据，2018。

（唐）陆龟蒙：《笠泽丛书》，《景印文渊阁四库全书》第1083册，台湾商务印书馆，1986。

（宋）李昉：《太平广记》，《景印文渊阁四库全书》第1043册，台湾商务印书馆，1986。

（宋）陈均：《九朝编年备要》，《景印文渊阁四库全书》第328册，台湾商务印书馆，1986。

（宋）郭彖：《睽车志》，《景印文渊阁四库全书》第1047册，台湾商务印书馆，1986。

（宋）周行己：《浮沚集》，《景印文渊阁四库全书》第1123册，台湾商务印书馆，1986。

（宋）林季仲：《竹轩杂著》，《景印文渊阁四库全书》第1140册，台湾商务印书馆，1986。

（宋）陆游：《老学庵笔记》，《景印文渊阁四库全书》第865册，台湾商务印书馆，1986。

（宋）阮阅编《增修诗话总龟》，《四部丛刊》影印上海涵芬楼藏明嘉靖刊本［CD］，学衡数据，2018。

（宋）曾敏行：《独醒杂志》，《景印文渊阁四库全书》第 1039 册，台湾商务印书馆，1986。

（宋）祝穆：《方舆胜览》，《景印文渊阁四库全书》第 471 册，台湾商务印书馆，1986。

（宋）赵与旹：《宾退录·林灵素传》，《景印文渊阁四库全书》第 853 册，台湾商务印书馆，1986。

（宋）范成大：《吴郡志》，《景印文渊阁四库全书》第 485 册，台湾商务印书馆，1986。

（宋）岳珂：《桯史》，《四部丛刊》影印常熟瞿氏铁琴铜剑楼藏宋刊本［CD］，学衡数据，2018。

（宋）王十朋：《梅溪王先生文集》，《四部丛刊》影印上海涵芬楼藏明正统刊本［CD］，学衡数据，2018。

（宋）李昉等：《太平御览》，《四部丛刊》景印中华学艺社借照日本帝室图书寮京都东福寺东京静嘉堂文库藏宋刊本［CD］，学衡数据，2018。

（宋）真德秀：《西山先生真文忠公文集》卷第四十五，《四部丛刊》影印江南图书馆藏明正德刊本［CD］，学衡数据，2018。

（宋）周辉：《清波杂志》，《四部丛刊》影印常熟瞿氏铁琴铜剑楼藏宋刊本［CD］，学衡数据，2018。

（元）虞集：《道园学古录》，《四部丛刊》影印上海涵芬楼藏明刊本［CD］，学衡数据，2018。

（元）脱脱等撰《金史》，《景印文渊阁四库全书》第 290 册，台湾商务印书馆，1986。

（元）阙名：《宋史全文》，《景印文渊阁四库全书》第 330 册，台湾商务印书馆，1986。

（元）张雨：《句曲外史集》，《景印文渊阁四库全书》第 1216 册，台湾商务印书馆，1986。

（元）耶律楚材：《湛然居士文集》，《四部丛刊》影印无锡孙氏小缘天藏景元抄本［CD］，学衡数据，2018。

（元）郑玉：《师山集》，《影印文渊阁四库全书》第1217册，北京出版社，2012。

（明）杨慎：《升菴集》，《景印文渊阁四库全书》第1270册，台湾商务印书馆，1986。

（明）刘基：《诚意伯刘文成公文集》，《四部丛刊》影印乌程许氏藏明刊本［CD］，学衡数据，2018。

（明）黄佐：《殿阁词林记》，《景印文渊阁四库全书》第452册，台湾商务印书馆，1986。

（清）吴任臣：《十国春秋》，《景印文渊阁四库全书》第466册，台湾商务印书馆，1986。

（清）嵇曾筠：《浙江通志》，《景印文渊阁四库全书》第519～526册，台湾商务印书馆，1986。

（清）谷应泰：《明史纪事本末》，《景印文渊阁四库全书》第364册，台湾商务印书馆，1986。

（清）徐乾学：《资治通鉴后编》，《景印文渊阁四库全书》第342～344册，台湾商务印书馆，1986。

（汉）司马迁：《史记》，中华书局，1999。

（刘宋）范晔：《后汉书》，《景印文渊阁四库全书》第253册，台湾商务印书馆，1986。

（汉）班固：《汉书》，中华书局，1962。

（东晋）葛洪：《抱朴子》，《诸子集成本》第八册，中华书局，1954。

（北齐）魏收：《魏书》，中华书局，1974。

（梁）陶弘景：《真诰》，赵益点校，中华书局，2011。

（梁）沈约：《宋书》，中华书局，1974。

（唐）房玄龄等：《晋书》，中华书局，1974。

（唐）玄觉：《禅宗永嘉集》，《大正藏》第48册。

（金）元好问编《中州集》，中华书局，1959。

（宋）乐史：《太平寰宇记》，中华书局，2007。

（宋）姚宽、陆游：《西溪丛语　家世旧闻》，中华书局，1993。

（宋）志磐：《佛祖统纪》，《大正藏》第49册。

（宋）赞宁等：《宋高僧传》，《大正藏》第50册。

（宋）杨仲良编《皇宋通鉴长编纪事本末》，台湾商务印书馆，1981。

（宋）张君房：《云笈七签》，李永晟点校，中华书局，2003。

（宋）陈亮：《陈亮集》增订本，中华书局，1987，第508页。

（宋）洪兴祖：《楚辞补注》，中华书局，1983。

（宋）洪迈：《夷坚志》，何卓点校，中华书局，1981。

（宋）赵鼎：《建炎笔录》，王云五主编《丛书集成初编》第3890册，商务印书馆，1939。

（宋）黄岩孙：《仙溪志》，福建人民出版社，1989。

（宋）胡太初，赵与沐：《临汀志》，福建人民出版社，1990。

（宋）郭若虚：《图画见闻志》，俞剑华注释，江苏美术出版社，2007。

《绘图三教源流搜神大全》，上海古籍出版社，1990。

（宋）李昉等：《太平御览》，中华书局，1963。

陈高华等点校《元典章》，中华书局、天津古籍出版社，2011。

（元）脱脱等：《宋史》，中华书局，1977。

（元）俞琰：《席上腐谈》，王云五主编《丛书集成初编》第322册，商务印书馆，1936。

（明）刘基：《刘基集》，林家骊点校，浙江古籍出版社，1999。

（明）释无尽：《天台山方外志》，杜洁祥主编《中国佛寺史志汇刊》第3辑，第9册，丹青图书有限公司，1985。

（明）刘基：《诚意伯刘文成公文集》，《四部丛刊》影印乌程许氏藏明刊本［CD］，学衡数据，2018。

（明）刘基：《诚意伯文集》，何镗编校，商务印书馆，1936。

（明）刘基：《郁离子》，中州古籍出版社，2008页。

（明）姜准：《岐海琐谈》，蔡克骄点校，上海社会科学院出版社，2002。

（明）何乔远编《闽书》第五册，福建人民出版社，1995。

（明）高澄：《使琉球录三种》第一册，台湾银行出版社，1971。

（明）谢肇淛：《五杂俎》，中华书局，1959。

（明）王应山：《闽都记》，海风出版社，2001。

（明）陆应阳：《广兴记》，清康熙刻本。

（明）张瀚：《松窗梦语》，中华书局，1985。

（明）宋濂：《宋濂全集》，罗月霞主编，浙江古籍出版社，1999。

（明）何白：《汲古堂集》，明万历刻本。

（明）徐渭：《徐渭集》，中华书局，1983。

（明）朱升：《朱枫林集》，刘尚恒点校，黄山书社，1992。

（明）胡应麟：《少室山房笔丛·庄岳委谈上》，上海书店出版社，2001。

《钞本明实录》第1册，线装书局，2005。

（清）张廷玉等：《明史》，中华书局，1974。

（清）黄以周等：《续资治通鉴长编拾补》，顾吉辰点校，中华书局，2004。

（清）永瑢等：《四库全书总目提要》第二十一册，商务印书馆，1939。

（清）梁章钜：《浪迹丛谈、续谈、三谈》，吴蒙校点，上海古籍出版社，2012。

（清）毕沅：《续资治通鉴·元纪三十四》，岳麓书社，1992。

（清）朱彝尊：《静志居诗话》，人民出版社，1990。

（清）范祖述：《杭俗遗风》（抄本），《中国方志丛书》，成文出版社，1983。

（清）俞樾：《茶香室丛钞》第3册，中华书局，1995。

（清）黄宗羲：《宋元学案》，中华书局，1982。

（宋）林景熙著，（元）章祖程注，陈增杰补注《林景熙集补注》上，浙江古籍出版社，2012。

（清）袁枚：《小仓山房诗文集》，周本淳标校，上海古籍出版社，1988。

《永乐乐清县志》，《天一阁藏明代方志选刊》第20册，上海古籍书店，1981。

（明）周华：《游洋志》（抄本），蔡金耀点校，龙岩新华印刷厂，2001。

（明）朱东光修，万民华补遗，（清）石金和等增补《平阳县志》，明隆庆五年刻本，清康熙增补抄本。

（明）汤日昭：《万历温州府志》，明万历三十三年刻本。

（明）王瓒、蔡芳编《弘治温州府志》，上海社会科学院出版社，2006。

（明）刘畿：《嘉靖瑞安县志》，明嘉靖三十四年刻本。

（清）周溶：《同治祁门县志》，同治十二年刊本。

（清）王棻：《光绪永嘉县志》，清光绪八年刻本。

（清）黄汉：《瓯乘补》，《中国地方志集成·浙江府县志辑》第58册，上海书店出版社，1993。

（清）孙诒让校集，宋维远点注《永嘉郡记校集本》，政协瑞安文史资料委员会，内部印刷，1993。

（清）孙诒让：《孙怡让稿本汇编》，黄晨主编，国家图书馆出版社，2019。

（清）孙诒让：《温州经籍志》，上海社会科学院出版社，2005。

（清）金以埈：《康熙平阳县志》，清康熙三十三年刻本。

（清）徐恕：《乾隆平阳县志》，民国七年刻本［CD］，籍古轩中国数字方志库，2010。

（清）李琬：《乾隆温州府志》，清乾隆二十五年刊民国三年补刻本。

（清）李遇孙：《括苍金石志》，清同治十三年增补本。

（清）王棻：《光绪永嘉县志》，清光绪八年刻本。

（清）庆霖等：《嘉庆太平县志》，清光绪二十二年重刻本。

《康熙永嘉县志》，《中国地方志集成·浙江府县志辑》第59册，上海书店出版社，1993。

《光绪乐清县志》，《中国地方志集成·浙江府县志辑》第61册，上海书店出版社，1993。

符璋、刘绍宽：《民国平阳县志》，民国十四年刻本。

二　现代专著

冯君实：《晋书孙恩卢循传笺证》，中华书局，1963。

何悟深编《黄山故事传说·风景名胜》，天津人民出版社，1986。

莫法有：《温州基督教史》，建道神学院，1987。

马兰注：《古代志怪小说选》，湖南文艺出版社，1989。

陈垣：《道家金石略》，文物出版社，1988。

朱文彬：《大成捷要》，郭任治点校，山西人民出版社，1988。

张政烺：《中国古代职官大辞典》，河南人民出版社，1990。

叶大兵、乌丙安主编《中国风俗辞典》，上海辞书出版社，1990。

柳存仁：《和风堂文集》（中），上海古籍出版社，1991。

王明清：《投辖录》，上海古籍出版社，1991。

李连斌编注《推背图点注评析》，北京师范大学出版社，1992。

李剑国：《唐五代志怪传奇叙录》下册，南开大学出版社，1993。

李养正：《当代中国道教》，中国社会科学出版社，1993。

李养正主编《道教手册》，中州古籍出版社，1993。

中国道教协会、苏州道教协会编《道教大辞典》，华夏出版社，1994。

卿希泰主编《中国道教》第1册，知识出版社，1994。

胡孚琛主编《中华道教大辞典》，中国社会科学出版社，1995。

卿希泰主编《中国道教史（修订版）》（第三卷），四川人民出版社，1996。

李丰楙：《宋朝水神许逊传说之研究》，台湾学生书局，1997。

郁宗鉴、侯百朋编《温州故实杂录》，戈悟觉主编《瓯越文化丛书》，作家出版社，1998。

蔡克骄：《瓯越文化史》，戈悟觉主编《瓯越文化丛书》，作家出版社，1998。

殷惠中主编《温州历史人物》，戈悟觉主编《瓯越文化丛书》，作家出版社，1998。

潘善庚主编《历史人物与温州》，戈悟觉主编《瓯越文化丛书》，作家出版社，1998。

蔡锦图：《戴德生与中国内地会》，建道神学院，1998。

陈村富：《宗教文化3》，东方出版社，1998。

单锦珩：《浙江古今人物大辞典下》，江西人民出版社，1998。

周孔华主编《温州道教通览》，天马图书有限公司，1999。

王家葵：《陶弘景丛考》，齐鲁书社，2003。

李远国：《神霄雷法——道教神霄派沿革与思想》，四川人民出版社，2003。

中国文史出版社编《二十五史》卷十二《明史》，中国文史出版社，2003。

李养正：《新编北京白云观志》，宗教文化出版社，2003。

吕立汉：《千古人豪：刘基传》，浙江人民出版社，2005。

徐宏图、康豹主编《平阳县苍南县传统民俗文化研究》，民族出版社，2005。

邱国珍、姚周辉、赖施虬著：《畲族民间文化》，商务印书馆，2006。

吴明哲编《温州历代碑刻二集（下）》，上海社会科学院出版社，2006。

陈瑞赞编注《东瓯逸事汇录》，上海社会科学院出版社，2006。

胡念望：《温州揽胜》，上海书画出版社，2006。

范恩君：《道教神仙》，宗教文化出版社，2007。

吴亚魁编《江南道教碑记》，上海辞书出版社，2007。

王卡：《道教经史论丛》，巴蜀书社，2007。

丁培仁编著《增注新修道藏目录》，巴蜀书社，2008。

陈安金、王宇：《永嘉学派与温州区域文化崛起研究》，人民出版社，2008。

卿希泰主编《中国道教思想史》（第三卷），人民出版社，2009。

林亦修：《温州族群与区域文化研究》，上海三联书店，2009。

蒋叔南：《蒋叔南集》，卢礼阳编校，黄山书社，2009。

陈彩云：《元代温州研究》，浙江人民出版社，2011。

蔡克骄、刘同彪：《明代温州民俗文化》，知识产权出版社，2011。

刘屹：《神格与地域：汉唐间道教信仰世界研究》，上海人民出版社，2011。

孔令宏、韩松涛：《江西道教史》，中华书局，2011。

周文锋：《刘伯温民间传说集成》，重庆大学出版社，2011。

陈国符：《道藏源流考》，中华书局，2012。

林成植、施世琥主编《福泉记》，中国言实出版社，2012。

刘仲宇：《道教授箓制度研究》，中国社会科学出版社，2014。

三　现代方志

平阳县政协文史资料工作组编《平阳文史资料选辑》第1辑，内部资料，1984。

中国人民政治协商会议武汉市委员会文史资料委员会编《武汉文史资料1985年第1辑》，1985。

平阳县政协文史资料研究委员会编《平阳文史资料选辑》第6辑，内部资料，1988。

浙江省地名委员会编《浙江地名简志》，浙江人民出版社，1988。

浙江省瓯海县委员会文史资料工作委员会编《瓯海文史资料》第3辑，内部资料，1989。

乐清县政协文史资料研究委员会编《乐清文史资料》第9辑，内部资料，1990。

平阳县志编纂委员会编纂《平阳县志》，汉语大词典出版社，1993。

浙江省玉环县编史修志委员会编《玉环县志》，汉语大词典出版社，1994。

乐清县道教协会编《乐清县道教志》，内部资料，1990。

平阳县政协文史资料委员会编《平阳文史资料》第10辑，内部资料，1992。

灵溪镇志编纂办公室编《苍南灵溪镇志》，浙江人民出版社，1993。

平阳县政协文史资料委员会编《平阳文史资料》第11辑，内部资料，1993。

丁伟志：《百县市经济社会调查·苍南卷》，中国大百科全书出版社，1996。

浙江省文成县地方志编纂委员会编《文成县志》，中华书局，1996。

白石镇人民政府编《白石镇志》，天马图书有限公司，1997。

苍南县地方志编纂委员会编《苍南县志》，浙江人民出版社，1997。

瑞安市地方志编纂委员会编《瑞安市简志》，内部资料，1997。

温州市志编纂委员会编《温州市志》，中华书局，1998。

泰顺县志编纂委员会编《泰顺县志》，浙江人民出版社，1998。

温州市瓯海区政协文史委员会编《瓯海文史资料》第7辑，内部资料，1999。

乐清市地方志编纂委员会编《乐清县志》，中华书局，2000。

平阳县政协文史学习委员会编《平阳文史资料》第17辑，内部资料，2000。

苏州市吴中区西山镇志编纂委员会编《西山镇志》，江苏大学出版社，2001。

苍南县政协文史资料委员会编《苍南文史资料》第16辑（刘绍宽专辑），内部资料，2001。

温州市政协文史资料委员会编《温州文史资料》第15辑（温州文史精选集），内部资料，2001。

政协浙江省苍南县文史资料委员会编《苍南碑志》，内部资料，2003。

永嘉县地方志编纂委员会编《永嘉县志》下，方志出版社，2003。

瑞安市地方志编纂委员会编《瑞安市志》下，中华书局，2003。

沈阳一宫两陵志编纂委员会编《沈阳故宫志》，辽宁民族出版社，2006。

鹿城区地方志编纂委员会编《温州市鹿城区志》下册，中华书局，2010。

洞头县地方志编纂委员会编《洞头县志（1991—2005）》，浙江人民出版社，2010。

（清）王殿金、黄徵乂：《瑞安县志》，宋维远点校，中华书局，2010。

四　学术论文

柳存仁：《许逊与兰公》，《世界宗教研究》1985年第3期。

唐代剑：《林灵素生平问题钩校》，《四川师范学院学报》（哲学社会科学版）1990年第5期。

唐代剑：《论林灵素与“徽宗失国”》，《宗教学研究》1993 年增刊。

谢从戎：《陈靖姑生卒年考》，《宁德师专学报》（哲学社会科学版），1994 年第 2 期。

谢重光：《闽西客家地区的妈祖信仰》，《世界宗教研究》1994 年第 3 期。

林来顺：《浙南道教名山——南雁荡山》，《中国道教》1995 年第 4 期。

唐代剑：《论林灵素创立神霄派》，《世界宗教研究》1996 年第 2 期。

钱顺清：《陶弘景与陶山》，《中国道教》1996 年第 3 期。

宫云维：《试论林灵素与宋徽宗》，《椮师范学院学报》1997 年第 2 期。

张泽洪：《周思得与〈上清灵宝济度大成金书〉》，《中国道教》1998 年第 1 期。

李远国：《道教符箓派诸宗概述（二）》，《中国道教》1998 年第 3 期。

徐宏图：《浙江的“十方板”、“子孙板”及其研究方法初探》，转引自张振涛：《来自香江的报告——“中国传统仪式音乐研讨会”侧记》，中国音乐学，1998 年第 4 期。

卿希泰：《道教神霄派初探》，《社会科学研究》1999 年第 4 期。

李显光：《许逊信仰小考》，《宗教学研究》1999 年第 3 期。

侯百朋：《郭璞永嘉郡卜城说质疑》，《温州师范学院学报》（哲学社会科学版），2002 年第 5 期。

胡珠生：《郭璞永嘉郡卜城史实不容否定——与侯百朋先生商榷》，《温州师范学院学报》（哲学社会科学版）2003 年第 1 期。

陈志平：《李建中年谱》，《书法研究》2002 年第 6 期。

王颋：《林灵素事迹考论》，《暨南学报》2002 年第 1 期。

朱越利：《净明道与摩尼教》，《中国学术》第十四辑，中华书局，2003。

黄睦平：《陈靖姑传奇与其在闽北的信仰民俗》，《中国道教》2005

年第 5 期。

林孝瞭:《荪湖道乡》,《中国道教》2006 年第 4 期。

罗宁:《唐代〈八仙传〉考》,《宗教学研究》2006 年第 3 期。

叶明生:《陈靖姑信仰略论》,《闽都文化研究》2006 年第 2 期。

刘同彪、蔡克骄:《从〈岐海琐谈〉看温州民间信仰》,《温州大学学报》2006 年第 4 期。

高寿仙:《刘基与术数》,《浙江工贸职业技术学院学报》2006 年第 3 期。

俞美玉:《刘基的道教仙学思想论略》,《周口师范学院学报》2006 年第 3 期。

崔红建:《葛洪生卒年考辨》,《潍坊教育学院学报》2006 年第 4 期。

唐长孺:《天平道与天师道札记十一则》,《中华文史论丛》(总第八十三辑),2006。

胡晓慧:《天下第十二福地——陶公洞探源》,《中国道教》2007 年第 4 期。

陈守文:《刘基后裔、文物、遗迹在温州丽水分布情况调查》,《浙江工贸职业技术学院学报》2007 年 4 期。

周松芳:《刘基与谶纬术数关系平议》,《浙江社会科学》2008 年第 2 期。

钟国发:《东晋江东天师道首领杜昺考论》,载连晓鸣主编《天台山暨浙江区域道教国际学术研讨会论文集》,浙江古籍出版社,2008。

吴光、张宏敏:《论老庄道教对刘基学术思想的影响》,《浙江工贸职业技术学院学报》2008 年第 3 期。

林亦修:《展演民间社会生活本质的民间宗教——温州〈灵经大传〉和陈靖姑信仰阐释》,《社会科学战线》2008 年第 10 期。

叶明生:《临水夫人信仰文化源流与发展史探讨》,《中国首届临水夫人陈靖姑文化学术研讨会论文集》上册(资料本),古田,2010。

谢重光、蓝青:《宋代以来闽西、粤东陈靖姑信仰流变略考》,《中国首届临水夫人陈靖姑文化学术研讨会论文集》上册,古田,2010。

张宏敏：《刘伯温的道缘》，《中国道教》2010 年 4 期。

张泽洪：《道教〈度人经〉的思想与现代价值》，《西南民族大学学报》（人文社会科学版）2011 年第 3 期。

方蓬：《人神之际——昭明太子信仰研究》，安徽大学硕士学位论文，2011。

陈文龙：《王契真〈上清灵宝大法〉研究》，中国社会科学院研究生院博士学位论文，2011。

陈文龙：《走向民间的道派——上清灵宝东华派略述》，《世界宗教研究》2011 年第 2 期。

林子周：《苍南民间的杨府爷信仰》，载《温州杨府侯王信俗文化学术研讨会论文集》上册，温州大学出版社，2011，第 287 页。

林敏霞：《杨府爷信仰的“流变”——多元视角的探讨》，《民族论坛》2012 年第 7 期。

梅重：《鲸头杨府殿之访》，《文化交流》2012 年第 3 期。

陈庆泛：《温州杨府侯王信俗及主要特色文化活动综述》，《神州变化》2012 年第 5 期。

赵文杰：《南雁荡山风景名胜历史变迁调查研究》，浙江农林大学硕士学位论文，2015。

林亦修、鲁益新：《地方化：温州陈靖姑官庙神班研究》，载叶明生主编《澳门陈靖姑文化论坛——首届澳门临水夫人陈靖姑文化国际学术研讨会文集》，宗教文化出版社，2016。

刘屹：《度人与度亡：一卷本〈度人经〉的形成及其经教基础》，《敦煌吐鲁番研究》第十六卷，上海古籍出版社，2016。

李政阳：《宋徽宗崇道成因新考——以宋本〈度人经〉为中心》，《世界宗教研究》2018 年第 5 期。

李政阳：《宋本〈度人经〉的文本与信仰初探》，《中国本土宗教研究（第二辑）》，社会科学文献出版社，2019。

五　外文文献

司马虚（MichelStrickmann）：《最长的道经》，刘屹译，《法国汉学》

第七辑，中华书局，2002。

Paul R. Katz（康豹），*Demon Hordes and Burning Boats: The Cult of Marshal Wen in Late Imperial Chekiang*（厉鬼与送船：中国帝制晚期浙江的温元帅信仰），Albany: State University of New York Press，1995.

六　报刊资料

《杭城盛会》，《申报》光绪十三年五月廿四（1887 年 7 月 14 日）。

《清·王步霄》，洞头新闻网，2007 年 4 月 10 日，http://www.dtxw.cn/system/2007/04/10/010216501.shtml。

蒋逸人：《古琴轶闻》，《钱江晚报》2007 年 3 月 20 日，第 D0007 版。

黄晓慧：《寻访西仙源》，《温岭日报》，2007 年 5 月 11 日，第 7 版。

魏丽：《刘伯温峡山得道》，《潍坊日报》2008 年 5 月 19 日，第 B3 版。

裴建林：《古琴是这样进京的》，《钱江晚报》，2008 年 12 月 5 日，第 C0004 版。

章鹏华：《苍南县在藻溪镇发现一清代庙宇建筑杨府宫》，中国文化遗产，2008 年 12 月 17 日，http://www.wdwb.cn/bencandy.php?fid=44&id=766。

金渭迪：《委羽仙踪》，黄岩在线，2009 年 5 月 13 日，http://www.05760576.com/2009/05/13/1849002310_10.html。

金渭迪：《东仙源考》，黄岩在线，2009 年 6 月 8 日，http://www.05760576.com/2009/06/08/1447012345.html。

沈克成：《温州话——古汉语的活化石》，《温州日报》2010 年 12 月 30 日，第 15 版。

沈不沉：《谁骑白马赈哀鸿》，《温州晚报》2012 年 7 月 7 日。

黄兴龙：《历史上的东瓯王信俗活动》，《温州日报》2013 年 4 月 18 日，第 5 版。

林子周：《苍南林家的武林传奇》，《温州日报》2013 年 7 月 17 日。

黄兴龙：《千秋俎豆 东瓯王庙》，温州日报瓯网，2013 年 3 月 21 日，http://www.wzrb.com.cn/article456690show.html。

跋

道教是中国唯一的本土宗教。鲁迅先生说："中国文化的根柢全在道教。"道教为中国古代的科学技术做出了重大贡献，作为传统文化资源，对现代文化相关产业的发展具有积极的促进意义。

温州的宗教信仰异常发达。温州地区为浙江道教的重镇，名山鼎兴，宫观众多，高道辈出，道派纷呈，对浙江乃至中国道教都有深远的影响，在中国道教史中占有重要的一席之地。因此，温州道教史研究具有重要的学术价值和现实意义。

2013 年浙江大学道教文化研究中心与温州大学国学研究中心商定合作撰写一部研究温州地区道教历史的专著。相关研究人员曾经数十次深入温州进行田野调查。本书就是双方合作的重要成果。

本书由陈安金和孔令宏拟订提纲，各人分头写作，初稿完成后，陈安金和孔令宏进行统稿并提出修改建议，经修改而形成现在的样子。各章节撰写人为：第一章第一至三节，浙江大学道教文化研究中心孔令宏教授；第一章第四节、第二至第四章，浙江大学道教文化研究中心韩松涛副主任；第五章第二节，浙江万里学院王巧玲副教授；第五章（除第二节）、第六章，浙江大学道教文化研究中心博士生李东。浙江大学道教文化研究中心硕士研究生费超宇进行了校对。田明伟、冀晋才、张志超、黄丹丹等同志参加了审稿工作。

虽然我们尽心尽力搜集文献资料，认真研究，按照学术规范进行写作，但是，学术研究没有止境，疏漏之处在所难免，敬请方家不吝指教。

本书的顺利出版要感谢温州市社会科学联合会以及社会科学文献出版社王芳女士、胡百涛先生的大力支持。

陈安金　孔令宏

2020 年 5 月 20 日

图书在版编目（CIP）数据

温州道教史／陈安金等著．-- 北京：社会科学文献出版社，2024.1
ISBN 978-7-5201-3498-9

Ⅰ．①温… Ⅱ．①陈… Ⅲ．①道教史-研究-温州
Ⅳ．①B959.2

中国国家版本馆 CIP 数据核字（2023）第 159669 号

温州道教史

著　　者／陈安金　孔令宏　韩松涛 等

出 版 人／冀祥德
责任编辑／胡百涛
责任印制／王京美

出　　版／社会科学文献出版社·人文分社（010）59367215
地址：北京市北三环中路甲 29 号院华龙大厦　邮编：100029
网址：www.ssap.com.cn
发　　行／社会科学文献出版社（010）59367028
印　　装／唐山玺诚印务有限公司

规　　格／开　本：787mm×1092mm　1/16
印　张：23.25　字　数：337 千字
版　　次／2024 年 1 月第 1 版　2024 年 1 月第 1 次印刷
书　　号／ISBN 978-7-5201-3498-9
定　　价／198.00 元

读者服务电话：4008918866